The Hometown Of Yangming

U0569693

2022
阳明学研究报告

浙江国际阳明学研究中心　主办

张宏敏　编著

浙江工商大学 出版社
ZHEJIANG GONGSHANG UNIVERSITY PRESS

·杭州·

图书在版编目(CIP)数据

2022阳明学研究报告 / 张宏敏编著. -- 杭州:浙

江工商大学出版社,2024. 10. -- ISBN 978-7-5178

-6226-0

Ⅰ. B248.25

中国国家版本馆CIP数据核字第2024SM3002号

2022阳明学研究报告
2022 YANGMINGXUE YANJIU BAOGAO

浙江国际阳明学研究中心 主办

张宏敏 编著

责任编辑	张晶晶
责任校对	沈黎鹏
封面设计	胡　晨
责任印制	祝希茜
出版发行	浙江工商大学出版社
	(杭州市教工路198号　邮政编码310012)
	(E-mail:zjgsupress@163.com)
	(网址:http://www.zjgsupress.com)
	电话:0571-88904980,88831806(传真)
排　　版	杭州朝曦图文设计有限公司
印　　刷	广东虎彩云印刷有限公司绍兴分公司
开　　本	710mm×1000mm　1/16
印　　张	30.25
字　　数	435千
版 印 次	2024年10月第1版　2024年10月第1次印刷
书　　号	ISBN 978-7-5178-6226-0
定　　价	108.00元

谨以此书纪念阳明先生诞辰550周年

（1472—2022）

阳明先生画像

浙江省人民政府主办的"世界阳明学大会"（2022年11月23日上午，余姚）

浙江省人民政府主办的"世界阳明学大会"（2022年11月23日下午，绍兴）

国家社科基金项目"清代阳明学文献整理与思想演变研究"（20BZX070）
阶段性成果

浙江省习近平新时代中国特色社会主义思想研究中心立项课题暨浙江文化研
究工程项目"中华文明的浙江印记"（24WH01ZD）经费资助出版

目　录

当代中国"阳明学热"的十大标志

  王阳明（1472—1529），名守仁，字伯安，是中国明朝伟大的哲学家、思想家、政治家、军事家，也是杰出的教育家和书法家。他生于浙江余姚，卒于江西南安，葬于浙江山阴洪溪乡（今绍兴市柯桥区兰亭镇花街村鲜虾山）。生前获封新建伯，官至南京兵部尚书兼都察院左都御史，后遭人诬陷，被削夺伯爵。卒后38年即明朝隆庆元年（1567），被追赠新建侯，谥"文成"。明朝万历十二年（1584）获准从祀孔庙。王阳明曾修道于会稽山阳明洞天，自号阳明子、阳明山人，故学者尊称他为阳明先生。

  由于王阳明是中国历史上公认的立德、立功、立言"真三不朽"者，有明一代即"门徒遍天下，流传逾百年"，"嘉、隆而后，笃信程朱，不迁异说者，无复几人矣"（《明史·儒林传》）；其思想不仅在明代中后期的学术界占据核心地位，而且在后世更是"风行天下，传遍中国，走向世界"（杜维明语），故而王阳明的生平事功与学术思想，一向受到学术界的重视与研究。近年来，我们不断提倡"文化自信"，并视传统文化为一种"独特战略资源"，再加上党和国家领导人对阳明语录及阳明学核心命题的关注与阐述，王阳明与阳明心学已经获得广大干部、专家学者及社会各界的普遍重视，并成为中华传统文化中的一大"显学"①。

---

  ① 吴光、张宏敏、金伟东：《王阳明的人生智慧：阳明心学百句解读》，中国方正出版社2016年版，第1页。

本书"导言"拟通过十大标志性学术事件来对当代中国的阳明学研究现状进行全面回顾,进而对当下"阳明学热"中出现的若干问题进行反思:(1)中国国家领导人在不同场合对阳明学语录的引述与对阳明学核心命题的阐释;(2)存有王阳明遗迹的各省市区县加大了对阳明学遗迹的保护与修缮力度;(3)王阳明纪念馆、阳明文化广场、阳明文化公园的修建与王阳明铜像雕像的竖立;(4)《传习录》《王阳明全集》在数十家出版社的陆续出版与不断印刷;(5)上百家出版社推出近千种王阳明与阳明学研究专著;(6)阳明学研究论文的大量发表与阳明学研究辑刊的不断创办;(7)《百家讲坛》阳明学公开课与各种阳明学讲堂、阳明学专题讲座的开设;(8)全国各地各类阳明学会议、阳明学论坛、阳明文化节、阳明文化活动周的不断举办;(9)国家社科基金、省市哲学社科规划等各种级别的阳明学研究课题的立项与推出;(10)高校科研院所的阳明学研究机构与社会团体性质的王阳明研究会的不断成立。

一、中国国家领导人在不同场合对阳明学语录的引述与对阳明学核心命题的阐释

基于弘扬传统文化、提倡文化自信的目的,习近平总书记一贯重视对王阳明与阳明心学核心命题"知行合一""立志"论的研究与阐释。

2004年6月30日,时任浙江省委书记习近平同志在省社科联、省社科院调研时发表讲话,对"阳明学派"的历史学术地位予以揭示:"浙江自古以来就是人文荟萃、人才辈出的地方,文化底蕴十分深厚。在中国思想史上,浙江曾经出现过独树一帜的浙东事功学派,影响传布海外的阳明学派等。"①

2006年2月5日,时任浙江省委书记习近平同志在《与时俱进的浙江

---

① 习近平:《努力繁荣发展具有时代特征中国特色浙江特点的哲学社会科学：在省社科联、省社科院调研时的讲话》,载《浙办通报》第95期(浙江省委办公厅编),2004年7月2日。

精神》一文中对"王阳明的批判、自觉"精神予以阐释，指出："……无论是王充、王阳明的批判、自觉，还是龚自珍、蔡元培的开明、开放……都给浙江精神奠定了深厚的文化底蕴。"①他还在《与时俱进的浙江精神》一文中引用了王阳明的"知行合一"："按照学在深处、谋在新处、干在实处的要求，学以立德，学以致用，知行合一，大力推进'三个代表'重要思想和科学发展观在浙江的实践，做到'真学、真懂、真信、真用'，从而使理论转化为思路，转化为效果，转化为全省广大干部群众认识和改造世界的强大精神动力。"②

2006年2月9日，习近平同志在接受"人民网"记者专访时，对"以创始人王守仁为名的阳明学派"在中国文化史上的地位予以阐述："浙江在历史上有许多著名的学派，如以吕祖谦为代表的金华学派，以陈亮为代表的永康学派，以叶适为代表的永嘉学派，以创始人王守仁为名的阳明学派等……这些学派和人物在中国文化史上独树一帜，有较高的地位，他们的思想、观点已经成为浙江的文化基因，形成了浙江特有的人文优势。"③

2006年2月17日，习近平同志在《浙江日报·之江新语》上发表的《多读书，修政德》一文也引述了王阳明"知行合一"的命题："要修炼道德操守，提升从政道德境界，最好的途径就是加强学习，读书修德，并知行合一，付诸实践。"④

2007年3月25日，习近平同志在《之江新语·"书呆子"现象要不得》一文中再次引用"知行合一"一语："要充分考虑生动的实际生活和现实的确切真实，注重研究新情况，认真分析新问题，积极寻求新对策，努力做到知行合一，理论联系实际，实实在在地做事情，尽心尽力地干工作，而不是热衷于追求热闹，只摆花架不种花，只摆谱架不弹琴。"⑤

---

① 习近平：《与时俱进的浙江精神》，《浙江日报》2006年2月5日。
② 习近平：《与时俱进的浙江精神》，《浙江日报》2006年2月5日。
③ 董少鹏：《"八八战略"从头越：专访中共浙江省委书记习近平》，《国际金融报》2006年2月9日。
④ 习近平：《之江新语》，浙江人民出版社2007年版，第175页。
⑤ 《之江新语》，第271页。

　　2011年5月9日，时任国家副主席习近平同志到贵州调研，在贵州大学中国文化书院与师生座谈时发表讲话，高度评价了王阳明，他说："我也很敬仰王阳明先生，'龙场悟道'就在此地。不仅中国人敬仰他、学习他，阳明心学也影响到东亚、东北亚地区，像日韩等。我们贵州的文化传承，对他的学习更应该有深刻的心得。王阳明的一生真正做到了知行合一，既是一个伟大的哲学家、思想家，也是一个伟大的政治家、军事家。他讲到的几点基本要求，第一条就是立志，我想年轻人首先就应该立志，'志不立，天下无可成之事'。立志就是要养浩然之气，就是要修炼、砥砺、磨炼、苦学。"[①]"志不立，天下无可成之事"出自王阳明在贵州龙场龙冈书院讲学时撰写的《教条示龙场诸生》一文。[②]习近平同志还勉励大学生朋友们："我们不仅要学国学，更要学习马克思主义，学习中国特色社会主义理论。我们现在坐在书斋里，潜心学习，就是要养浩然之气，选定我们立志的目标、奋斗的目标。这种选择意义重大，如果方向错了，就会南辕北辙。希望大家在学校的时候要树立远大、正确、崇高的理想，并在实践中去考验、磨炼，虽九死而犹未悔，才是真正坚定的理想。""择业要与'立志'结合起来。孙中山先生要求年轻人'要立志做大事，不要立志做大官'，我赞成这个看法。""希望同学们把坚持走中国特色社会主义道路、为中华民族伟大复兴而奋斗这个志向立住、立好、立牢。把学习和择业与崇高理想结合起来，既志存高远，又脚踏实地，在实践中经受考验，全面磨炼和提升自己，在报效祖国、服务人民的过程中获得社会的承认，体现自己的人生价值。"[③]这些语重心长的话，表明党和国家领导人对青年一代寄予了殷

---

① 上述引文见《习主席参加我们"溪山论道"读书会——习近平与大学生朋友们（四十二）》，《中国青年报》2022年4月22日；《习近平考察贵州：勉励学子立志做大事》，载《贵州日报》2011年5月12日第1版；《习近平论阳明文化》，载《当代贵州》2015年第46期。《当代贵州》杂志编辑按语："中华优秀传统文化是习近平总书记十八大以来治国理念的重要来源。作为优秀传统文化的重要组成部分，阳明文化堪称精粹。近年来，习近平多次在不同场合提到王阳明或引用王阳明学说，为阳明文化赋予了新的时代意义。"
② ［明］王守仁撰，吴光等编：《王阳明全集》（简体版，下引版本同），上海古籍出版社2012年版，第804—805页。
③ 上述引文见《习主席参加我们"溪山论道"读书会——习近平与大学生朋友们（四十二）》，《中国青年报》2022年4月22日。

切的期望，也对王阳明的教育思想做出了高度评价与现代诠释。

党的十八大以来，习近平总书记又在多次讲话中提到王阳明，强调与阐释了阳明心学，特别论述了"知行合一""志不立，天下无可成之事"的内涵与当代启示。兹举其要者。

2014年1月20日，习近平总书记在党的群众路线教育实践活动第一批总结暨第二批部署会议上，结合马克思主义的群众观阐释了"知行合一"的内涵以及"知""行"各自的作用："群众观点是马克思主义观点的重大观点，群众路线是党的生命线和根本工作路线，贯彻党的群众路线，知是基础、是前提，行是重点、是关键，必须以知促行、以行促知，做到知行合一。"①

2014年3月7日，习近平总书记在参加第十二届全国人大第二次会议贵州代表团审议时指出："体现一个国家综合实力最核心的、最高层的，还是文化软实力，这事关一个民族精气神的凝聚。我们要坚持道路自信、理论自信、制度自信，最根本的还有一个文化自信。中华民族历来对自己的文化有着强烈的认同感和自豪感，只是到了近代沦为殖民地半殖民地时，文化自信、国民自信受到极大损伤。中国人民在长期的革命斗争中，选择了中国共产党、选择了社会主义制度，走上了改革开放的正确道路，开创了建设中国特色社会主义的新的时期，正在为实现中华民族伟大复兴的中国梦而努力奋斗。只要把我们的优秀文化传承好，社会主义核心价值观建设好，就一定能把我们的国家建设成为社会主义强国。王阳明曾在贵州参学悟道，贵州在弘扬传统文化方面有独特优势，希望继续深入探索、深入挖掘，创造出新的经验。"②

2014年3月25日，习近平主席在法国《费加罗报》上发表了署名文章，指出："中国人讲'知行合一'，法国人讲'打铁方能成铁匠'，都强调

---

① 中央文献研究室、中央教育实践活动办公室编：《习近平关于党的群众路线教育实践活动论述摘编》，党建读物出版社、中央文献出版社2014年版，第39—40页。
② 《习近平总书记参加贵州代表团审议侧记》，《贵州日报》2014年3月10日。

要把思想转化成为行动。"①

2014年5月4日，习近平总书记在考察北京大学时，就培育和践行社会主义核心价值观对广大青年提出要求："道不可坐论，德不能空谈。于实处用力，从知行合一上下功夫，社会主义核心价值观才能内化为人们的精神追求，外化为人们的自觉行动。"②

2014年9月24日，习近平主席在纪念孔子诞辰2565周年国际学术研讨会暨国际儒学联合会第五届会员大会开幕会上发表讲话，他指出，要把"经世致用、知行合一、躬行实践的思想"③作为中国优秀传统文化对解决当代人类面临的难题的重要启示之一。

2014年10月8日，习近平总书记在党的群众路线教育实践活动总结大会上发表讲话，指出："实践证明，集中教育活动只有坚持知行合一，不断让思想自觉引导行动自觉、让行动自觉深化思想自觉，才能抓得实、做得深、走得远。"④

2015年11月19日，习近平主席在亚太经合组织第二十三次领导人非正式会议第一阶段会议上发表讲话，援引了王阳明《教条示龙场诸生》中的一句名言"志不立，天下无可成之事"⑤。"中国古代先贤说：'志不立，天下无可成之事。'人不能没有理想，合作不能缺少方向。亚太合作要面向未来、引领未来，谋划大手笔、塑造大格局。"⑥

2015年12月11日，习近平总书记在全国党校工作会议上发表讲话，引用了王阳明《传习录》中"种树者必培其根，种德者必养其心"的讲学

---

① 习近平：《特殊的朋友，共赢的伙伴》，《费加罗报》2014年3月25日；又见《习近平在法国〈费加罗报〉发表署名文章》，《人民日版》2014年3月26日。

② 习近平：《习近平谈治国理政（第一卷）》，外文出版社2018年第2版，第173页。

③ 习近平：《在纪念孔子诞辰2565周年国际学术研讨会暨国际儒学联合会第五届会员大会开幕会上的讲话》，《人民日报》2014年9月25日。

④ 习近平：《在党的群众路线教育实践活动总结大会上的讲话》，《人民日报》2014年10月9日。

⑤ 《王阳明全集》，第804页。

⑥ 习近平：《深化伙伴关系，共促亚太繁荣：在亚太经合组织第二十三次领导人非正式会议第一阶段会议上的讲话》，新华网，2015年11月19日。

语录①："'种树者必培其根，种德者必养其心。'党性教育是共产党人修身养性的必修课，也是共产党人的'心学'。"②从而明确提出了"共产党人的心学"的新命题。

2016年1月12日，习近平总书记在第十八届中央纪律检查委员会第六次全体会议上发表讲话，引用了《传习录》中"身之主宰便是心"③的阳明语录："全面从严治党，既要注重规范惩戒、严明纪律底线，更要引导人向善向上，发挥理想信念和道德情操引领作用。'身之主宰便是心'；'不能胜寸心，安能胜苍穹'。'本'在人心，内心净化、志向高远便力量无穷。对共产党人来讲，动摇了信仰，背离了党性，丢掉了宗旨，就可能在'围猎'中被人捕获。只有在立根固本上下功夫，才能防止歪风邪气近身附体。"④

2016年5月17日，习近平总书记在哲学社会科学工作座谈会上发表讲话，他列举的25位中国思想大家中就有王守仁以及阳明学者李贽、黄宗羲："中华文明历史悠久，从先秦子学、两汉经学、魏晋玄学，到隋唐佛学、儒释道合流、宋明理学，经历了数个学术思想繁荣时期。在漫漫历史长河中，中华民族产生了儒、释、道、墨、名、法、阴阳、农、杂、兵等各家学说，涌现了老子、孔子、庄子、孟子、荀子、韩非子、董仲舒、王充、何晏、王弼、韩愈、周敦颐、程颢、程颐、朱熹、陆九渊、王守仁、李贽、黄宗羲、顾炎武、王夫之、康有为、梁启超、孙中山、鲁迅等一大批思想大家，留下了浩如烟海的文化遗产。中国古代大量鸿篇巨制中包含着丰富的哲学社会科学内容、治国理政智慧，为古人认识世界、改造世界提供了重要依据，也为中华文明提供了重要内容，为人类文明做出了重大贡献。"⑤

---

① 《王阳明全集》，第29页。
② 习近平：《在全国党校工作会议上的讲话》，《求是》2016年第9期。
③ 《王阳明全集》，第5页。
④ 习近平：《在第十八届中央纪律检查委员会第六次全体会议上的讲话》，《人民日报》2016年5月3日。
⑤ 《习近平在哲学社会科学工作座谈会上的讲话》（2016年5月17日），《人民日报》2016年5月19日。

2016年6月24日，习近平主席在上海合作组织成员国元首理事会第十六次会议上发表讲话，指出："'知者行之始，行者知之成。'实践证明，'上海精神'催生了强大凝聚力，激发了积极的合作意愿，是上海合作组织成功发展的重要思想基础和指导原则。"① "知者行之始，行者知之成"即出自《传习录》中陆澄的记载："知者行之始，行者知之成。圣学只一个功夫，知、行不可分作两事。"②

2016年7月1日，习近平同志在庆祝中国共产党成立95周年大会上发表讲话，再次援引王阳明"志不立，天下无可成之事"语，进而指出："理想信念动摇是最危险的动摇，理想信念滑坡是最危险的滑坡。一个政党的衰落，往往从理想信念的丧失或缺失开始。我们党是否坚强有力，既要看全党在理想信念上是否坚定不移，更要看每一位党员在理想信念上是否坚定不移。"③

2016年9月4日，习近平主席出席二十国集团领导人杭州峰会并致开幕辞。在开幕辞中他引用了"知行合一"语："知行合一，采取务实行动。我们应该让二十国集团成为行动队，而不是清谈馆。"④

2018年5月2日，习近平总书记在北京大学师生座谈会上发表讲话，他三次引用王阳明的语句。（1）"坚持办学正确政治方向"引用了《礼记·大学》中的"大学之道，在明明德，在亲民，在止于至善"。"在亲民"即王阳明倡导的《古本大学》中的"在亲民"⑤，而不是朱熹《四书章句集注》中的"在新民"⑥。（2）"给广大青年提几点希望"，希望之二是"要励志，立鸿鹄志，做奋斗者"，这里就引用了王阳明说的："志不立，天下无可成之事。"（3）"给广大青年提几点希望"，希望之四是"要力行，知行合

---

① 习近平：《在上海合作组织成员国元首理事会第十六次会议上的讲话》，新华社，2016年6月24日。

②《王阳明全集》，第12页。

③ 习近平：《在庆祝中国共产党成立95周年大会上的讲话》，《人民日报》2016年7月2日。

④ 习近平：《构建创新、活力、联动、包容的世界经济：在二十国集团领导人杭州峰会上的开幕辞》，新华网，2016年9月4日。

⑤《王阳明全集》，第1页。

⑥［宋］朱熹：《四书章句集注》，中华书局1983年版，第3页。

一，做实干家。……学到的东西，不能停留在书本上，不能只装在脑袋里，而应该落实到行动上，做到知行合一、以知促行、以行求知，正所谓'知者行之始，行者知之成'。每一项事业，不论大小，都是靠脚踏实地、一点一滴干出来的"。

2019年3月1日，习近平总书记在2019年春季学期中央党校（国家行政学院）中青年干部培训班开班式上发表重要讲话，强调并要求广大干部特别是年轻干部要"在常学常新中加强理论修养""在知行合一中主动担当作为"①。

2019年3月18日，习近平总书记在学校思想政治理论课教师座谈会上发表讲话，要求思政课教师"要自觉做到修身修为，像曾子那样'吾日三省吾身'，像王阳明那样'诚意正心''知行合一'，自觉做为学为人的表率，做让学生喜爱的人"②。

2019年4月30日，习近平总书记在纪念五四运动100周年大会上发表讲话，他引述了王阳明《教条示龙场诸生》中的"立志而圣则圣矣，立志而贤则贤矣"③，鼓励青年学子志存高远，激发奋进潜力。④

2021年3月1日，习近平总书记在2021年春季学期中央党校（国家行政学院）中青年干部培训班开班式上发表讲话，强调年轻干部必须立志做党的光荣传统和优良作风的忠实传人，"对党忠诚，必须一心一意、一以贯之，必须表里如一、知行合一，任何时候任何情况下都不改其心、不移其志、不毁其节"⑤。

2021年9月1日，习近平总书记在2021年秋季学期中央党校（国家行政学院）中青年干部培训班开班式上发表讲话，他指出："我常说要修炼共

① 《习近平在中央党校（国家行政学院）中青年干部培训班开班式上发表重要讲话》，新华社，2019年3月1日。
② 习近平：《思政课是落实立德树人根本任务的关键课程》，《求是》2020年第16期。
③ 《王阳明全集》，第804页。
④ 习近平：《在纪念五四运动100周年大会上的讲话》，《人民日报》2019年5月1日。
⑤ 《习近平在中央党校（国家行政学院）中青年干部培训班开班式上发表重要讲话》，新华网，2021年3月1日。

产党人的'心学',坚持学思用贯通、知信行统一,其中一个重要目的就是要求党员干部坚定理想信念、增强党性。形成坚定理想信念,既不是一蹴而就的,也不是一劳永逸的,也不是自己认为坚定就坚定的,而是要在斗争实践中不断砥砺、经受考验,而且这种考验是长期的,很多时候也是严酷的,是要终其一生的。"①

2022年3月1日,习近平总书记在2022年春季学期中央党校(国家行政学院)中青年干部培训班开班式上发表讲话,强调:"坚定理想信念,必先知之而后信之,信之而后行之。坚定理想信念不是一阵子而是一辈子的事,要常修常炼、常悟常进,无论顺境逆境都坚贞不渝,经得起大浪淘沙的考验。……年轻干部必须牢记清廉是福、贪欲是祸的道理,经常对照党的理论和路线方针政策、对照党章党规党纪、对照初心使命,看清一些事情该不该做、能不能干,时刻自重自省,严守纪法规矩。守住拒腐防变防线,最紧要的是守住内心,从小事小节上守起,正心明道、怀德自重,勤掸'思想尘'、多思'贪欲害'、常破'心中贼',以内无妄思保证外无妄动。"②

2023年6月2日,习近平总书记在文化传承发展座谈会上发表讲话,他指出:"中华优秀传统文化有很多重要元素,比如,天下为公、天下大同的社会理想,民惟邦本、为政以德的治理思想,九州共贯、多元一体的大一统传统,修齐治平、兴亡有责的家国情怀,厚德载物、明德弘道的精神追求,富民厚生、义利兼顾的经济伦理,天人合一、万物并育的生态理念,实事求是、知行合一的哲学思想,执两用中、守中致和的思维方法,讲信修睦、亲仁善邻的交往之道等,共同塑造出中华文明的突出特性。"③这"实事求是、知行合一的哲学思想"中的"知行合一"就是王阳明的哲学范畴。

这一系列重要讲话中的"用典"即引用阳明语录、阳明学核心命题,

---

① 习近平:《努力成为可堪大用能担重任的栋梁之才》,《求是》2022年第3期。

② 《习近平在中央党校(国家行政学院)中青年干部培训班开班式上发表重要讲话》,新华网,2022年3月1日。

③ 习近平:《在文化传承发展座谈会上的讲话》,《求是》2023年第17期。

体现了习近平总书记对阳明心学的内涵及其当代意义的深刻理解，也是对中华优秀传统文化进行的创造性转化和创新性发展，更揭示了阳明心学在当今实现中华民族伟大复兴实践中的理论价值与深远意义，值得我们认真学习并付诸实践。

二、存有王阳明遗迹的各省市区县加大了对阳明学遗迹的保护与修缮力度

近年来，存有王阳明遗迹的省份及相关的地市、区县、乡镇，诸如浙江省宁波市（余姚市）、绍兴市（越城区、柯桥区），贵州省修文县（龙场镇）、贵阳市，江西省赣州市（崇义县、大余县、龙南县）、吉安市青原区，广东省和平县，福建省平和县，安徽省滁州市，广西壮族自治区南宁市等地，纷纷加大人力、物力、财力、智力投入，修缮保护王阳明遗迹。

浙江省余姚市一直致力于推动全国重点文物保护单位"王阳明故居"的修缮与功能拓展，龙泉山"中天阁王阳明先生讲学处""余姚四先贤故里碑"也得到了保护。2019年4月9日，余姚市申请的"阳明故里"和"阳明故居"商标，已被国家知识产权局审核通过。绍兴市柯桥区以"王阳明墓"为中心，建设"阳明文化园"；绍兴市越城区西小河边王衙弄的绍兴王阳明新建伯府遗址经过考古发掘，当年"伯府第"的庭院石板、阶沿石、立柱基础等均保存完好。如今，观星台、饮酒亭已修缮，伯府第、碧霞池、大埠头、船舫弄、假山弄、王衙弄的复建工程已经完成；"王阳明新建伯府遗址"因此入选2020年度浙江十大考古新发现。①位于会稽山景区宛委山的阳明洞天完成保护工作。杭州凤凰山万松书院在复建过程中添置了王阳明塑像，玉皇山南的天真书院（精舍）遗迹已经得到发掘。

贵州省修文县维护修缮"三人坟""阳明洞""玩易窝""龙冈书院"等

_____

① 《浙江考古新发现①丨绍兴王阳明故居：碧霞池边焕新颜》，浙江新闻客户端，2021年2月1日。

王阳明遗迹，贵阳市扶风山"阳明祠"的文物修缮和展陈提升工程也顺利完成。福建省平和县尊称阳明先生为"平和县父"，加大了九峰镇"王文成公祠"的保护力度。安徽省滁州市复建明朝的太仆寺，修缮了龙潭、来远亭、梧桐冈等王阳明当年的讲学地。广西南宁市也加大了对敷文书院、青秀山"阳明先生过化之地"等阳明遗迹的宣传力度。河南浚县大伾山的王阳明诗文碑刻、阳明洞、阳明书院遗址也得到妥善保护。

江西省赣州市崇义县在思顺乡齐云山村桶江（桶冈）王阳明刻石"平茶寮碑"处，修建了阳明文化主题公园，使得阳明文化在当地得到很好的展示。位于赣州城西北通天岩风景名胜区的阳明学遗迹，诸如通天岩、观心岩、忘归岩上的王阳明摩崖石刻与讲学场景得到妥善保护与复原，郁孤台历史文化街区内的赣州阳明书院也已经对外开放。大余县围绕青龙铺"阳明先生落星亭"，打造阳明文化研学旅行基地。龙南市玉石岩的"阳明小洞天"，已经完成了修缮工作。吉安市青原区为打造心学文化体验区，复建了青原山阳明书院。

三、王阳明纪念馆、阳明文化广场、阳明文化公园的修建与王阳明铜像雕像的竖立

为了让"真三不朽圣人"王阳明以直观、立体的形象走进大众的视野，同时方便社会各界人士礼敬王阳明、学习王阳明，余姚、绍兴、杭州、贵阳、修文、赣州、南昌、崇义、龙南、和平、平和、南宁等"阳明先生过化地"，均辟有王阳明纪念馆、阳明文化广场、阳明文化公园，同时还竖立有阳明先生的铜像、塑像、雕像等。

浙江省余姚市的王阳明故居实则是阳明先生纪念馆，对王阳明的生平学行以视频、图文、蜡像的形式进行宣传、展示；同时，王阳明故居广场竖立有香港孔教学院院长汤恩佳博士捐赠的一尊阳明先生铜像。由府前路历史文化商业街区、武胜门阳明文化商业街区、龙泉山历史文化风貌区等三大板块组成的"阳明古镇"的建设，意在打造集观光旅游、休闲度假、

商务会展、创意文化等旅游业态为一体,具有"阳明故里"特色的综合性休闲国际文化旅游目的地,以弘扬和传承阳明文化。其中,武胜门阳明文化商业街区将新建王阳明纪念馆、姚江书院,与现有的王阳明故居一道,成为城市文化新地标。王阳明祖居地余姚市大岚镇阴地龙潭村也有王阳明先生的铜像,并建有"王阳明祖居地纪念馆"。余姚阳明中学建有阳明亭,立有阳明先生的石雕像,供求学少年瞻仰。基于王阳明生于余姚、葬在绍兴,宁波至绍兴的城际列车以"阳明号"命名。2022年11月1日,绍兴市重修的王阳明故居与新建的王阳明纪念馆、阳明广场正式对外开放;阳明广场上竖立有高4.5米、青铜质地、左手抚心、右手展臂的王阳明雕像。2020年9月30日,位于绍兴市上虞区陈溪乡的"王阳明陈溪游学展陈馆"开馆。①绍兴阳明小学置阳明先生讲学铜像,鼓励少年学子立志求学;位于绍兴的浙江工业职业技术学院内,也有王阳明铸铜艺术雕塑。因王阳明撰《万松书院记》,杭州万松书院在复建之时,竖立了王阳明教书、童生听讲的塑像。2022年,浙江省桐乡市大麻镇发掘《封礼部主事一诚徐公行状》《答某人书》《明故尚书祠部主事徐公墓志铭》《徐母沈孺人墓志铭》《徐母蔡太孺人行状》等史料,有力证明了王阳明父子与大麻徐家的联系,在大麻镇新建有"王阳明读书处"纪念馆。②

贵州省修文县龙场镇围绕"阳明洞天",以"心学圣地,王学之源"为定位,竖立王阳明在龙冈书院给黔籍弟子门人讲学的塑像;拓建"王阳明纪念馆",修建"中国阳明文化园",复建"龙冈书院",进而传承"知行合一"的阳明学真精神。阳明洞王文成公祠中有日本友人捐赠的阳明先生铜像,其纪念意义非同寻常。贵阳市扶风山的"阳明祠",其正殿中央竖立有由汉白玉雕刻成的"王阳明雕像"。贵阳孔学堂建有纪念明代大儒王阳明的"阳明馆",馆中有王阳明雕像一座。贵阳市东山仙人洞下,竖立有王阳明雕像一座。2022年12月12日,贵阳学院阳明文化馆建成并举行了开馆

---

① 《跟着阳明游陈溪 上虞这个游学展陈馆开馆啦》,浙江新闻客户端,2020年10月2日。
② 《大麻镇举办纪念王阳明先生诞辰550周年座谈会》,桐乡市人民政府官网,2022年10月31日。

仪式。

江西省崇义县是王阳明生前奏设，而今全县上下致力于打造阳明文化品牌，新建阳明山、阳明湖、阳明路、知行公园、阳明书院、良知楼、阳明展览馆，处处弥漫着阳明文化的气息。赣州市通天岩有阳明先生铜像，以及王阳明与邹守益、陈明水等弟子讲授良知学的塑像。南昌市建阳明公园，竖"旷世大儒：王阳明"像，并刻有王阳明生平事迹的黄岗岩浮雕；为使"阳明一生精神，俱在江右"①得以充分展示，2020年7月，南昌市委宣传部启动了江西（南昌）王阳明纪念馆的筹建工作。

广东省和平县为宣传阳明文化，在阳明镇建"王阳明纪念馆"，竖阳明先生铜像。福建平和县亦系王阳明生前奏设，在建县500周年之际，建阳明公园，竖阳明先生像，以纪念和缅怀阳明先生的丰功伟绩。广西南宁市博物馆中有王阳明在敷文书院讲学场景的塑像；隆安县隆安中学既有王阳明塑像，又有王阳明石刻画像碑。2022年9月30日，由南宁威宁集团与南宁学院合作共建的"王阳明在广西展示馆"在南宁三街两巷历史文化街区开馆。甘肃兰州王氏后人为缅怀阳明先生，筹资修建王阳明纪念馆，竖王阳明汉白玉朝服像。山东青岛黄海学院因以"知行合一"为校训，校园内竖有王阳明雕像。台北阳明山辟有阳明公园、阳明书屋，也有王阳明先生造像，供游人瞻仰。

20世纪90年代，为了纪念王阳明先生，加强中国余姚市与日本安昙川町之间的友好交流，两地在共同努力下，在滋贺县高岛郡安昙川町字上小川中江藤树纪念馆内开辟了一个中式庭院"阳明园"，它架起了中国余姚与日本安昙川町相互交流的桥梁。2022年10月31日，为纪念王阳明先生诞辰550周年，旅日华侨、日本京都中国书画院理事长谢春林等旅日华侨到访位于日本高岛市的阳明园，学习阳明文化，了解阳明生平，缅怀一代先贤。

---

① 沈善洪主编：《黄宗羲全集》第7册《明儒学案》，浙江古籍出版社2005年版，第377页。

四、《传习录》《王阳明全集》在数十家出版社的陆续出版与不断印刷

由于"阳明学热"的持续升温以及普罗大众对王阳明了解、专家学者对阳明学研究的需要，据不完全统计，已经有100余家出版社推出了各种版本的《传习录》，50余家出版社出版了不同版本的《王阳明全集》。下面兹择要介绍。

（一）各种版本的《传习录》

《传习录》是研习阳明心学的基本文献，在王阳明生前已经刊刻。钱穆认为《传习录》是"中国人所必读的书"。梁启超《传统文化入门书要目及其读法》认为："读此（《传习录》）可知'王学'梗概。"20多年来，各种版本的《传习录》不断走向市场，与读者见面。在此兹举其要者。

2000年，12月，上海古籍出版社推出"杨国荣导读"的《阳明传习录》。2001年，6月，凤凰出版社出版"阎韬注评"的《传习录》。2003年，11月，云南大学出版社出版"胡兴文等译"的《传习录》。2004年，1月，岳麓书社出版"张怀承注译"的《传习录》。2007年，12月，蓝天出版社出版《传习录》。2008年，1月，中州古籍出版社推出"于自力等注译"的《传习录》。2009年，3月，贵州人民出版社出版"于民雄注、顾久译"的《传习录全译》；11月，华东师范大学出版社出版"陈荣捷著"的《王阳明传习录详注集评》①。

2010年，9月，广陵书社出版《传习录》；11月，复旦大学出版社出版"吴震著"的《〈传习录〉精读》。2012年，4月，岳麓书社出版"萧无陂校释"的《传习录校释》，中国画报出版社推出《传习录》；5月，复旦大学出版社出版"吴震解读"的《传习录一百句》；12月，上海古籍出版社出版

---

① 1983年12月，《王阳明传习录详注集评》先是在台湾学生书局出版。

"邓艾民注"的《传习录注疏》①。

2013年，5月，凤凰出版社推出"插图本"《传习录》；10月，中国华侨出版社出版"陆东风编"的《传习录》。2014年，1月，中国华侨出版社出版"彩图全解"版《传习录》；6月，武汉大学出版社出版"李问渠编译"的《传习录》；7月，北京时代华文书局出版"叶圣陶点校"的《传习录》；8月，人民出版社出版"李德峰著"的《此心光明——评说王阳明与〈传习录〉》。2015年，5月，九州出版社出版"梁启超点校"的《传习录集评》；7月，江苏凤凰文艺出版社推出"张靖杰译注"的《传习录》；8月，长江文艺出版社出版"萧无陂注译"的《传习录》；11月，重庆出版社出版《王阳明〈传习录〉全鉴》。2016年，1月，哈尔滨出版社出版"钱明、孙佳立注"的《传习录》，江西人民出版社推出"慢读"系列的《传习录》；2月，中信出版社出版"吴震、孙钦香注"的《传习录》；5月，中华书局出版线装本《传习录》，作家出版社推出"高高注"的《传习录》；7月，孔学堂书局出版"何善蒙编著"的《传习录十讲》。

2017年，4月，台海出版社出版《传习录》；5月，辽海出版社出版"肖卫译注"的《传习录》；12月，上海古籍出版社出版"佐藤一斋撰、黎业明整理"的《传习录栏外书》，北京联合出版公司出版"叶圣陶点校"的《传习录》。2018年，1月，金城出版社出版"马祝恺主编、罗海燕点校"的《传习录》；3月，中华书局出版"王晓昕译注"的《传习录译注》；4月，国家行政学院出版社出版"高敬注译"的《王阳明先生传习录》；6月，文化发展出版社出版"鲍希福点校"的《传习录》；8月，三秦出版社出版"费勇译"的《传习录》，中国华侨出版社出版"朱孟彩编"的《传习录全解》；9月，中国致公出版社出版"叶圣陶点校"的《传习录》，江苏凤凰科学技术出版社出版"王学典编译"的《传习录》；11月，武汉出版社出版"李问渠编译"的《传习录》，九州出版社出版"叶圣陶点校"的《传习录》；12月，国家图书馆出版社推出"吴震解读"的《传习录》。2019年，

---

① 2000年11月，《传习录注疏》在中国台湾法严出版社出版。

1月，北京时代华文书局出版"温彩凤编注"的《传习录》，崇文书局出版"董子竹著"的《王阳明传习录再传习》；4月，三晋出版社出版"叶圣陶点校"的《传习录》；5月，北京联合出版公司出版"姚彦汝译"的《传习录》。2020年，4月，石油工业出版社出版"叶圣陶点校"的《传习录》；5月，上海古籍出版社重版"杨国荣导读"的《阳明传习录》；7月，台海出版社出版"张权译注"的《传习录》。2021年，6月，上海古籍出版社出版"黎业明译注"的《传习录》（全本全注全译）。2022年，6月，上海古籍出版社又出版"黎业明撰"的《王阳明传习录校笺》。

在这上百种的"注疏""译注"本《传习录》中，具备严肃性、学术性的不过数种，主要有陈荣捷的《王阳明传习录详注集评》、邓艾民的《传习录注疏》、佐藤一斋的《传习录栏外书》，还有吴震的《传习录精读》、黎业明的《王阳明传习录校笺》。

（二）不同版本的《王阳明全集》

1992年，12月，上海古籍出版社最早推出了署名"吴光、钱明、董平、姚延福编校"的《王阳明全集》；2011年，10月，又推出修订版的《王阳明全集》；为方便大众阅读，2012年，12月，推出了简体横排版的《王阳明全集》，并不断重印。2012年，12月，上海古籍出版社出版"束景南撰"的《阳明佚文辑考编年》；2015年，4月，该书增订再版。2016年，7月，上海古籍出版社推出署名"束景南、查明昊辑编"的《王阳明全集补编》；2021年，3月，推出《王阳明全集补编》的"增补本"。2018年，3月，上海古籍出版社合并"吴光、钱明、董平、姚延福编校"的《王阳明全集》与"束景南、查明昊辑编"的《王阳明全集补编》，汇编成"繁体升级版"的《王阳明全集》，称"王阳明存世作品'大全集'"。

1996年，11月，红旗出版社出版"张立文主编"的《王阳明全集》。1997年，8月，北京燕山出版社推出《王阳明全集全译本》。2008年，10月，中华书局出版署名"施邦曜辑评"的《阳明先生集要》。2010年，12月，浙江古籍出版社推出署名"吴光、钱明、董平、姚延福编校"的《王阳明全集（新编本）》，被列入"浙江文丛"，此后数次重印发行。2013年，12月，人民文学出版社出版《王阳明全集》。

2014年，1月，中国书店出版社出版《王阳明全集》；2月，中国画报出版社推出《王阳明全集》；7月，辽海出版社出版《王阳明全集》；8月，黄山书社、中国文史出版社分别推出《王阳明全集》《王阳明全书》；11月，线装书局、团结出版社、民主与建设出版社分别出版《王阳明全集》。2015年，5月，天津社会科学院出版社推出《王阳明全集》；华中科技大学出版社推出"简体注释版"《王阳明全集》；6月，中华书局出版署名"王晓昕、赵平略点校"的《王文成公全书》。

2016年，3月，中华书局将《王文成公全书》易名为《王阳明集》，作为"中华国学文库"之一种出版；5月，天津古籍出版社出版《王阳明全集》；9月，中州古籍出版社出版《王阳明全集》；12月，中国文联出版社推出《王阳明全集》；2017年，3月，天津古籍出版社推出《王阳明集》；4月，北京燕山出版社出版《王阳明全集》，吉林文史出版社出版《王阳明全集》；10月，中国华侨出版社出版《王阳明集》。2018年，3月，中央编译出版社推出《王阳明全集》；11月，北京大学出版社出版《儒藏》本《王文成公全书》。2020年，8月，凤凰出版社出版"全民阅读版"《王阳明集》；9月，团结出版社出版"文白对照"《王阳明全集》①。

2022年，11月，广陵书社出版"王强、彭启彬汇校"的《王文成公全书汇校》，这是《王文成公全书》自明隆庆六年刊行以来，第一次进行的深入校勘整理工作。全书以日本国立公文书馆藏郭朝宾本《王文成公全书》为底本，参校《居夷集》2种（通校），《传习录》7种（通校4种），《阳明先生文录》11种（通校4种），《阳明先生文录续编》2种（通校），《阳明先生年谱》2种（通校），《王文成公全书》5种（通校1种）。全书校记5500余条，呈现了关于王阳明诗文集最新最全面的版本研究与校勘成果，值得

---

① 2020年9月19日，由中国文化书院、中国阳明心学高峰论坛组委会、团结出版社联合主办的"为天地立心"心文化研讨会暨《文白对照王阳明全集》《读懂王阳明：阳明心学入门》新书发布会在北京举办。

关注。2022年10月，北京燕山出版社出版的毛汝麒本、天真书院本的《阳明先生年谱》标点整理本，也值得关注。

目前已经出版的50余种《王阳明全集》中，我们还是推荐上海古籍出版社出版的"吴光、钱明、董平、姚延福编校""束景南、查明昊辑编"的《王阳明全集》，再辅以浙江古籍出版社出版的《王阳明全集（新编本）》。后出转精，广陵书社出版的《王文成公全书汇校》，是目前各种版本的"王阳明全集"中的最佳版本。

再有，"四库全书系列"大型文献汇编出版后，阳明后学文献也陆续得到编校整理。2007年，浙江省社会科学院策划的"阳明后学文献丛书"（7种10册）在凤凰出版社出版；2013—2017年，上海古籍出版社推出"阳明后学文献丛书"（7种10册）。2015年，四川大学出版社影印出版《阳明文献汇刊》（54册）；2018年，西泠印社出版社影印出版《阳明先生珍稀文献二种》；2018年，社会科学文献出版社影印出版《王阳明珍本文献丛刊》（15册）；2019年，北京燕山出版社影印出版《阳明文献汇刊二编》（60册），广陵书社影印出版《王阳明文献集成》（141册），巴蜀书社影印出版《阳明学文献大系》（208册）；2020年，广陵书社影印出版《域外刊刻阳明先生文献》（15册）、《王文成公全书（郭朝宾本）》，孔学堂书局影印出版《新刊阳明先生文录续编》；2021年，北京燕山出版社影印出版《日本阳明学文献汇编》（55册），广陵书社影印出版《王阳明稀见版本辑存》（82册），北京燕山出版社影印出版《王阳明家族关系家谱》（65册）；2022年，北京燕山出版社影印出版《阳明行迹方志文献选刊》（528册），北京燕山出版社影印出版《阳明心学文献丛刊》（400册），巴蜀书社影印出版《阳明心学书院文献丛刊》（13册），巴蜀书社影印出版《季本文献辑刊》（20册），巴蜀书社影印出版《王宗沐文献辑刊》（20册），巴蜀书社影印出版《罗近溪文献辑刊》（10册）。

此外，不同版本的"王阳明书法集"也得以出版。1996年7月，西泠印社出版社出版"计文渊编"的《王阳明法书集》；2008年1月，台大出版中心出版"杨儒宾、马渊昌也编"的《中日阳明学者墨迹：纪念王阳明龙场之悟五百年暨中江藤树诞生四百年》；2015年1月，中国美术学院出版社出版"计文渊编著"的《王阳明法书研究》；2015年8月，上海辞书出版社出版"孙宝文编"的《王阳明书何陋轩记》；2016年10月，贵州大学出版社出版"杨德俊主编"的《王阳明龙场遗墨》；2017年10月，故宫出版社出版"故宫博物院、绍兴博物馆、王阳明研究院编"的《王阳明书法作品全集》；2022年7月，国家图书馆出版社出版"计文渊编"的《王阳明书迹》。

五、上百家出版社推出近千种王阳明与阳明学研究专著

据不完全统计，30多年来，上百家出版社推出近千种以"王阳明传记""阳明心学研究""阳明后学研究"为主题的书籍，其中既有严肃的学术专著，还有大量带有历史、文学传奇色彩的畅销书，诸如《明朝那些事儿》《知行合一王阳明》《明朝一哥王阳明》等。

其中，我们认为有学术研究性质的专著主要有30余种。（兹按出版时间排序）

（1）《王学通论：从王阳明到熊十力》，杨国荣著，上海三联书店1990年版，华东师范大学出版社2003年版、2009年版。（2）《有无之境：王阳明哲学的精神》，陈来著，人民出版社1991年版，北京大学出版社2006年版，生活·读书·新知三联书店2009年版。（3）《陆王学述》，徐梵澄著，上海远东出版社1994年版，崇文书局2017年版。（4）《心学之思：王阳明哲学的阐释》，杨国荣著，生活·读书·新知三联书店1997年版、2015年版，中国人民大学出版社2009年版。（5）《王阳明与明末儒学》（中译本），〔日本〕冈田武彦著，吴光、钱明、屠承先译，上海古籍出版社2000年版，重庆出版社2016年版。（6）《明代哲学史》，张学智著，北京大学出版社2000年版，中国人民大学出版社2012年修订版。（7）《阳明后学研究》，吴震著，上海人民出版社2003年版、2016年增订版。（8）《良知学的展开：王龙溪与中晚明的阳明学》，彭国翔著，生活·读书·新知三联书店2005

年版、2015年增订版。(9)"阳明学研究丛书"(11册),吴光主编,董平、钱明、吴震、陈永革、朱晓鹏、何俊等著,中国人民大学出版社2009年版。(10)《传奇王阳明》,董平著,商务印书馆2010年版、2018年修订版。(11)《阳明学述要》,钱穆著,九州出版社2010年版。(12)《王阳明》,〔加拿大〕秦家懿著,生活·读书·新知三联书店2011年版。(13)《青年王阳明(1472—1509):行动中的儒家思想》,〔美国〕杜维明著,生活·读书·新知三联书店2013年版。(14)《阳明精粹》卷一《哲思探微》,张新民著,孔学堂书局2014年版。(15)《王阳明大传》(中译本),〔日本〕冈田武彦著,重庆出版社2015年版、2018年修订版。(16)《人生第一等事:王阳明及其后学论"致良知"》,〔瑞士〕耿宁著,商务印书馆2014年版。(17)《觉世之道:王阳明良知说的形成》,杨正显著,北京师范大学出版社2015年版。(18)《由凡至圣:阳明心学工夫散论》,张卫红著,生活·读书·新知三联书店2016年版。(19)《王阳明年谱长编》,束景南著,上海古籍出版社2017年版。(20)《王阳明的人生智慧——阳明心学百句解读》,吴光等著,中国方正出版社2017年版。(21)《吾心自有光明月:王阳明思想原论:从"身—体"的立场看》,汪学群著,中国社会科学出版社2017年版。(22)《王阳明"万物一体"论:从"身—体"的立场看》(修订本),陈立胜著,北京燕山出版社2018年版。(23)《入圣之机:王阳明致良知工夫论研究》,陈立胜著,生活·读书·新知三联书店2019年版。(24)"日本阳明学研究名著译丛"(8种),邓红、欧阳祯人主编,〔日本〕高濑武次郎、井上哲次郎等著,焦堃、连凡、陈晓杰等译,山东人民出版社2019年版、2022年版。(25)《阳明大传:"心"的救赎之路》,束景南著,复旦大学出版社2020年版。(26)《王阳明:"心"的救赎之路》,束景南著,复旦大学出版社2021年版。(27)《王阳明身心哲学研究:基于身心整体的生命养成》,李洪卫著,上海三联书店2021年版。(28)《王阳明传:十五、十六世纪中国政治史、思想史的聚焦点》,李庆著,上海古籍出版社2021年版。(29)《朱子学与阳明学:宋明理学纲要》,吴震著,北京大学出版社2022年6月版。(30)《王阳明心学与西方思想研究:启蒙视域下的主体性精神》，张海燕著，人民出版社2022年8月版。(31)《王阳明纪行：探访王阳明遗迹之旅》，〔日本〕冈田武彦著，吴光策划审校、徐修竹译，浙江人民出版社2022年10月版。

浙江宁波为纪念王阳明诞辰550周年，2018年由宁波市社会科学院发布的"阳明心学研究重大招标课题"成果在2022年被纳入"宁波文化研究工程·王阳明诞辰550周年专题研究"丛书，并集中出版，分别是：杨德俊编著的《王阳明行踪遗迹》，贵州大学出版社2021年10月版；王永昌主编的《阳明心学与企业家精神》，中国社会科学出版社2021年12月版；钱茂伟等合著的《阳明心学与浙东文化研究》，人民出版社2022年8月版；张海燕的《王阳明心学与西方思想研究：启蒙视域下的主体性精神》，人民出版社2022年8月版；文炳、潘松、刘吉文等合著的《阳明心学海外传播研究》，浙江大学出版社2022年10月版。

六、阳明学研究论文的大量发表与阳明学研究辑刊的不断创办

（一）阳明学研究论文的大量发表

通过"中国知网""万方数据库"，以"王阳明"为主题进行文献检索，我们可以发现以下情况。

1949—1978年，报刊中以"王阳明"为主题的论文数量颇少：1957年1篇，1959年2篇，1962年3篇，1963年2篇，1964年3篇，1972年1篇，1974年2篇，1975年4篇，1978年1篇。这是因为在这30年间中国正处于社会主义革命与社会主义建设时期，还经历了"文化大革命"的特殊历史阶段，所以，学术界对王阳明的研究颇少，即便是关注王阳明，也是批判王阳明其人的。

1979—2008年，中国奉行"改革开放"的基本国策，随着政治、经济、文化领域的"拨乱反正"，学术研究开始正常化、逐渐理性化，以"王

阳明"为主题的论文发表以及硕、博士学位论文的撰写数量逐渐增加，由个位数递增到十位数、百位数：1979年5篇，1980年8篇，1981年17篇，1982年21篇，1983年6篇，1984年12篇，1985年15篇，1986年19篇，1987年30篇，1988年43篇，1989年71篇，1990年52篇，1991年47篇，1992年55篇，1993年45篇，1994年55篇，1995年64篇，1996年75篇，1997年84篇，1998年90篇，1999年72篇，2000年102篇，2001年69篇，2002年126篇，2003年133篇，2004年162篇，2005年200篇，2006年238篇，2007年249篇，2008年243篇。论文整体数量的递增，主要与高校哲学学科（中国哲学专业）硕、博士学位点数量的设置以及硕、博士研究生的招生数量相关。

2009—2012年，这4年的"王阳明"研究论文数量基本保持稳定：2009年354篇，2010年421篇，2011年369篇，2012年461篇；然而，从2013年开始，"王阳明"研究论文数量呈现出井喷趋势：2013年502篇，2014年507篇，2015年707篇，2016年749篇，2017年992篇，2018年886篇，2019年868篇，2020年734篇，2021年613篇，2022年620篇。这足以说明近10年（2013—2022）来出现的"阳明学热"，就学术层面而言还在持续升温；2020—2022年间，因"新冠疫情"，线下召开阳明学学术研讨会受影响，阳明学研究论文发表数量呈现出下降趋势。

随着2013年兴起的这波"阳明学热"，不少报纸也加大了王阳明研究文章的发表力度，国家级报纸如《人民日报》（"理论版"）、《光明日报》（"国学版""史学版""理论版"）、《中国纪检监察报》（"思想栏目"）、《中国社会科学报》（"哲学版"），省级报纸如《贵州日报》（"理论周刊"）、《浙江日报》（"思想者"栏目），刊文频率较高。而地市级报纸，围绕"王阳明"的新闻报道数量则是居高不下，主要以《绍兴日报》《宁波日报》《余姚日报》《贵阳日报》《贵阳晚报》为主，每报每年刊登的阳明学相关的新闻稿多达数十篇。

（二）学术期刊"阳明学研究专栏"的开设

为了突出王阳明研究的重要性，加大阳明学的宣传力度，贵州、浙江、江西等省高等院校主办的人文社科版学报、社科机构主办的学术期刊也纷纷设置"王阳明研究""阳明学与地域文化研究"等特色栏目。

比如：在浙江省，《浙江学刊》每年固定有1期开设"阳明学研究"专栏；《浙江社会科学》每年12期固定设置的"浙学研究"专栏中，大多刊发的是阳明学研究的论文；宁波日报报业集团主管的《宁波通讯》，几乎每期刊发1篇宁波学者撰写的阳明学研究论文；《中共宁波市委党校学报》"浙东学术与中国哲学"专栏、《宁波大学学报》"浙东文化研究"专栏，也刊发一定数量的阳明学论文。在贵州省，《贵州大学学报》《贵州师范大学学报》《贵阳学院学报》的"社会科学版"，以及《贵州文史丛刊》《当代贵州》《孔学堂》《贵阳文史》等期刊，纷纷聘请省内外有一定知名度的阳明学专家作为学术顾问或栏目特约主持人开设"阳明学研究"专栏。特别是《贵阳学院学报》自2015年设置"阳明学研究"专栏以来，截至2022年底已连续刊发了269篇阳明学研究论文①。在江西省，《赣南师范大学学报》开设了"王阳明与地域文化研究"专栏，《江西师范大学学报》也开设了"王阳明研究"专栏。2020年以来，《名作欣赏》刊物推出了百余篇由绍兴文理学院在校大学生撰写（卓光平指导）的王阳明诗文名篇赏析、大型原创历史话剧《千古一圣王阳明》评述、当代《阳明传》评论文稿。

贵阳孔学堂主办的《孔学堂》（夏季号）2022年第2期开设"纪念王阳明诞辰550周年专号"，刊发阳明学论文7篇，分别是：杨国荣教授的《中国哲学中的王阳明心学》，吴震的《何为阳明学的文化研究？》，李承贵教授的《心学色调的君子——王阳明对儒家君子人格内涵的发展及其当代启示》，张新民教授的《过化与施教——王阳明的讲学活动与黔中王门的崛

---

① 此数据根据"中国知网"显示的以"王阳明"为主题的"文献来源"之《贵阳学院学报》（社会科学版）的统计而得。2019年11月25日，全国高等学校文科学报研究会评定《贵阳学院学报》"阳明学研究"专栏为"全国高校社科期刊特色栏目"。

起〉，陈立胜教授的《如何与天地万物成"一家之亲"——王阳明亲民说发微》，温海明教授的《文与悟："良知即是易"的意本论解读》，刘悦笛研究员的《良知与良觉，性觉与心觉——兼论王阳明思想的儒佛之辨》。

（三）阳明学研究辑刊的不断创办

不少高校科研机构还创办了阳明学研究辑刊。比如：贵州大学中国文化书院主办的《阳明学刊》（贵州人民出版社、巴蜀书社、贵州大学出版社出版），贵州省阳明学学会主办的《王学研究》（内刊），余姚国际阳明学研究中心主办的《国际阳明学研究》（上海古籍出版社出版），武汉大学阳明学研究中心与中国阳明文化研究园、孔学堂合办的《阳明学研究》（人民出版社、中华书局出版）。贵阳学院则主办有两种"阳明学论集"：一种是《贵阳学院学报》编辑部主办的《阳明学研究新论》（江西教育出版社、中国社会科学出版社出版）；一种是阳明学与黔学研究院主办的《王学研究》（西南交通大学出版社、社会科学文献出版社出版）。浙江省稽山王阳明研究院、中华孔子学会阳明学研究会主办《中国心学》（商务印书馆出版）。中国东方文化研究会阳明文化委员会创办会刊《阳明文化研究》（内刊）。中国明史学会王阳明研究分会、赣南师范大学王阳明研究中心、赣州市社会科学界联合会共同主办《阳明文化研究》。国外，日本二松学舍大学王阳明研究所主办的《王阳明》，一年一期；韩国阳明学会主办的《阳明学》，一年四期，实现了出版常态化。

经过数据对比分析，我们可以发现：近10年（2013—2022）来"阳明学热"下阳明学研究论文数量的激增，与这些阳明学研究学术辑刊的创办、人文社科类学报期刊中"阳明学研究"栏目的常年开设有着直接关系。

七、《百家讲坛》阳明学公开课与各种阳明学讲堂、阳明学专题讲座的开设

为了满足广大民众对王阳明生平事迹与阳明心学基本常识了解的需要，

在专家学者和百姓之间架起一座知识桥梁的中央电视台科教频道《百家讲坛》栏目，先后邀请来自哲学、文学、历史等不同学科领域的阳明学专家，开讲"传奇王阳明""五百年来王阳明""王阳明"。

2010年12月10—23日的《百家讲坛》，邀请浙江大学哲学系教授董平主讲"传奇王阳明"，共14讲，演讲稿结集成《传奇王阳明》一书出版。[①]此后，董平教授还在浙江大学开设"王阳明心学"视频公开课，共9讲。2017年4月，南京师范大学文学院教授郦波受邀参加《百家讲坛》栏目，主讲"五百年来王阳明"，共26讲，并结集出版同名著作《五百年来王阳明》。[②]为纪念王阳明去世490周年，2019年2月20日—3月3日，江西师范大学历史系教授方志远在《百家讲坛》主讲"王阳明"，视频整理稿以《王阳明：心学的力量》[③]为题出版。"王阳明"连续3次进入《百家讲坛》栏目，这足以说明"王阳明"在新闻媒体与当代社会民众心目中的地位。在2014年1月7日，于丹、董平、方志远3位教授联袂开讲百家讲坛特别节目"奇人王阳明"，围绕王阳明的成长经历、军事奇才的秘密、"知行合一"的观点进行阐述。

2016年，由中国社会科学院监制的大型纪录片《中国通史·王阳明心学》在央视电影频道播出。

2021年3月22—26日，作为国内首部系统梳理王阳明传奇人生和心学思想的纪录片——《王阳明》（5集）在中央电视台科教频道播出。该片由国家广播电视总局宣传司指导，为国家广播电视总局重点纪录片项目。该片采用真实再现历史人物的创作手法，以今人视角梳理王阳明的人生历程，阐释其心学思想的演变历程、核心要义，通过人物故事体察阳明先生"知行合一""致良知""明德亲民"等思想精髓。这5集纪录片，依次按"溺""困""悟""功""明"五个主题切入。

2021年10月10日，《典籍里的中国·传习录》在央视播出。这期节目

---

① 董平：《传奇王阳明》，商务印书馆2018年版。
② 郦波：《五百年来王阳明》，上海人民出版社2017年版。
③ 方志远：《王阳明：心学的力量》，商务印书馆2019年版。

围绕集中体现王阳明哲学思想的语录体著作《传习录》展开，讲述书中最富有特色的"知行合一"思想，传承注重实践、实干兴邦的重要理念，并从王阳明波澜壮阔的人生命运中，感悟"知是行之始，行是知之成"的先贤智慧。

与央视科教频道《百家讲堂》《王阳明》的演讲、纪录片相配合，高校科研单位、企业、社会团体以及与王阳明行迹有关的地方政府，举办的阳明学演讲、报告会更是数不胜数。比如，2017年山东省尼山书院承办了山东省委宣传部、山东省文化和旅游厅主办的"阳明学公开课"，《光明日报》"国学版"全程关注报道。①贵阳孔学堂依托贵州的独特优势，深入挖掘"知行合一"的阳明精神，创办"王阳明大讲堂""阳明心学与当代社会心态研究院"，开展阳明文化系列讲座。修文县在阳明洞现场教学基地设置了"重德修文"大讲堂，并与孔学堂合作开展了一系列的"孔学堂·阳明洞会讲"。

在王阳明的故乡，余姚市委市、政府大力实施阳明文化传播弘扬工程，创设"余姚阳明讲堂"和"余姚人文大讲堂"，邀请吴光、陈来、成中英、陈卫平、杜保瑞等阳明学研究专家，面向机关干部、普通市民、学校学生、企业员工，开展"王阳明心学思想的当世价值""王阳明的思想精髓"等专题讲座。同时，余姚市委宣传部组建阳明文化宣讲团，开展阳明文化宣讲"五进"活动，截至2022年12月，已宣讲700余场次，让阳明文化在王阳明家乡的大地上熠熠生辉。绍兴市委、市政府从加强文化自信建设的高度出发，对绍兴阳明文化的传承保护进行了整体设计，搭建"绍兴王阳明研究院""浙江省稽山王阳明研究院"等学术传播平台。

此外，浙江图书馆与浙江省儒学学会合作举办"王阳明公开课"，宁波"甬上传习社"举办《传习录》读书会，福建平和县创办"阳明传习堂"，赣州阳明书院与赣南师范大学、中国明史学会王阳明研究分会合作举办了一系列阳明学公益讲座。这里，我们特别介绍一下，2019年6月，华东师

---

① 《阳明学公开课课程预告》，《光明日报》2017年4月30日。

范大学哲学系与冯契学术成就陈列室联合举办了"阳明学与世界文明青年哲学研修营",这个"研修营"通过杨国荣、潘小慧、吴震、黄勇、陈立胜、董平等阳明研究专家的专题讲座、问答研讨、团队探究等,为参加"研修营"的青年学者呈上了一场阳明学的学术盛宴,取得了不错的学术反响。2022年,陕西师范大学哲学学院、关学研究院还举办了"纪念王阳明诞辰550周年系列学术讲座"。

八、全国各地各类阳明学会议、阳明学论坛、阳明文化节、阳明文化活动周的不断举办

为了宣传王阳明、弘扬阳明学、促进阳明文化与旅游产业的结合,王阳明的出生地宁波余姚,归葬地绍兴柯桥,悟道地贵阳修文龙场,良知教揭示地赣州、南昌,王阳明生前奏设的平和、和平、崇义三县,不断举办"阳明学国际学术研讨会""阳明学高峰论坛""阳明文化节""阳明文化活动周"等系列活动。

改革开放40多年来,浙江省社会科学院一直有整理阳明学文献、研究阳明学的优良学统,先后协助余姚、绍兴策划了一系列阳明学国际学术研讨会:1989年4月在余姚举办了"首届国际阳明学研讨会",1999年3月在绍兴召开了"纪念王阳明逝世470周年国际学术讨论会",2007年4月在余姚举办了"王阳明故居开放暨中国余姚·王阳明国际文化活动周",2009年11月在杭州召开了"纪念王阳明逝世480周年暨阳明学派国际学术研讨会",2012年11月在绍兴召开了"纪念王阳明诞辰540周年·绍兴阳明心学与蕺山学派国际研讨会",2014年1月在绍兴举办了"纪念王阳明逝世485周年国际学术研讨会"。

为进一步推动阳明学研究国际化,2011年8月,浙江省余姚市人民政府与中国社会科学院联合组建"国际阳明学研究中心",并在2011年10月31日举办了第一届"国际阳明学研讨会",此后在2012年、2014年的10月31日举办了第二、三届"国际阳明学研讨会",并出版会议论文集《国际阳

明学研究》。2017年，在宁波市委、市政府的指导下，将每年10月31日（王阳明诞辰日）定期举办的余姚"阳明文化日"升格为10月31日—11月6日举办的"宁波（余姚）阳明文化周"，且固定于10月31日上午在王阳明出生地瑞云楼王阳明故居前广场举行"纪念王阳明先生诞辰礼贤仪典"，先后举办了以"走进新时代的阳明心学""阳明心学与变革中国""阳明心学与良知善治""阳明故里·明理力行"等为主题的"中天阁论道"。2022年恰逢王阳明诞辰550周年，余姚更是把"阳明文化周"升格为"阳明文化季"，通过举办纪念王阳明诞辰550周年礼贤仪典、世界阳明学大会、"阳明心学的时代价值"学术论坛等活动，吸引更多民众了解、学习阳明文化，让阳明文化"飞入寻常百姓家"。

绍兴则在2017年10月举办了"阳明文化周"系列活动，有"纪念王阳明诞辰545周年"学术研讨会、"越文化·阳明学·东亚文明"高峰论坛、"全国首届阳明研究机构联席会议"等，又于2018年6月承办了"第二届中国阳明心学高峰论坛绍兴闭幕论坛"，2019年5月主办了"第三届中国阳明心学高峰论坛"，2020年10月召开"2020阳明心学大会"，2021年10月召开"2021阳明心学大会"。2022年是王阳明诞辰550周年，11月23日，由浙江省人民政府主办的"世界阳明学大会"在浙江宁波余姚、绍兴举行，而在绍兴召开的"世界阳明学大会"则是"2022阳明心学大会"①。2016年以来，浙江工商大学也连续举办了4届"阳明学与浙江文化学术论坛"。

贵阳市修文县先后于1999年、2002年、2005年、2009年、2016年、2018年②连续举办了6届"国际阳明文化节"，使得修文县成为当代阳明心学研究和传播中心之一。2014年以来，贵州省文史研究馆、浙江省文史研究馆以阳明学研究为交集点，合作搭建"黔浙文化合作论坛"，成立"阳明学研究中心"，还举办了以"文化中国：时代的使命与学者的承担""阳明学的当代价值与传承创新""知行合一：新农村文化建设探讨暨阳明学的理

---

① 有关2020年以来绍兴"阳明心学大会"的讯息，请参阅浙江省稽山王阳明研究院主办的"阳明心学网"（https://www.yang-ming.net/2020m.html）。
② 拟定2020年举办的第七届"国际阳明文化节"因"新冠疫情"影响推迟召开。

论与实践研讨"为主题的学术研讨会。①贵阳学院自2012年以来，先后与修文县、贵阳孔学堂、贵州省儒学研究会、韩国阳明学会合作，举办以阳明学研究为宗旨的"知行论坛"。2022年12月9—12日，"纪念王阳明诞辰550周年暨第七届'知行论坛'全国学术研讨会"在贵阳以线下＋线上的方式举行。截至2022年12月，"知行论坛"已举办了7届，会议论文结集成《王学研究》公开出版。2022年是王阳明诞辰550周年，贵阳孔学堂推出纪念王阳明诞辰550周年的"六个一"系列活动，即举办一场论坛、举办一场展览、出版一本图书、推出一个专题系列讲座、举办一场会讲、展陈一批图书。

此外，浙江大学、清华大学、复旦大学、中山大学、贵州师范大学、上海社会科学院以及江西的南昌市、赣州市、崇义县、大余县、龙南市、青原区（吉安市）、南安镇，福建的漳州市、平和县、福州市，广东的河源市、和平县，广西的南宁市、梧州市、武宣县也举办有各种形式、规模不等的"王阳明与阳明学研讨会"。

九、国家社科基金、省市哲学社科规划等各种级别的阳明学研究课题的立项与推出

为了繁荣发展哲学社会科学，鼓励高校教科研人员积极投入基础领域的学术研究，全国哲学社会科学工作办公室、教育部社科司以及各省市的社科规划（工作）办立项、推出了一大批以"阳明学"为题的科研项目。

根据"全国哲学社会科学工作办公室官网"提供的信息，1992年以来立项的国家社科基金重大、重点、一般、青年、西部、后期资助项目中与"阳明学"有关的课题有：1992年立项课题中的"王阳明及哲学与贵州文化"，1994年立项课题中的"王阳明与明代后期文学"，2002年立项课题中

---

① 贵州省文史研究馆、黔浙文化合作论坛阳明学研究中心编：《心学思想世界的新开展："黔浙文化合作论坛"阳明学研究论文集》，贵州人民出版社2018年版。

的"王阳明与阳明学派系列研究",2003年立项课题中的"阳明心学美学:从本体工夫论切入",2007年立项课题中的"文化整合与社区和谐——兼析王阳明南赣社区治理及意义""明清时期贵州阳明学地域学派研究",2011年立项课题中的"阳明佚文辑考编年""融合和发展——阳明心学之研究",2012年立项课题中的"王阳明道德哲学与儒学人文信仰的建构",2013年立项课题中的"阳明年谱长编""明代天主教与阳明心学关系研究",2014年立项课题中的"阳明文化与现代国家治理研究""阳明心学与明中后期词新变研究",2015年立项课题中的"阳明后学文献整理与研究""日本阳明学家经典著作译注与研究""阳明学与明代内阁政治研究""阳明心学美学与禅宗美学思想的比较研究""王阳明身心哲学研究""阳明学发展的困境及出路""王阳明道德哲学的现象学诠释""阳明学:儒道融合的心学建构",2016年立项课题中的"明代阳明学派诗学思想研究""阳明心学与关学融合汇通问题研究""阳明学在朝鲜半岛的传播及其影响研究""阳明学与近代中国变革研究",2017年立项课题中的"阳明大传:'心'的救赎之路""阳明学诠释史研究""王阳明传习录校笺""阳明学派与中晚明的知识学",2018年立项课题中的"阳明后学思想互动与中晚明学术共同体建构研究""王阳明思想在西方的翻译、传播与影响研究""阳明心学与中晚明剧坛嬗变及戏曲文化生态研究""阳明学与朱子学的互动研究""中晚明阳明心学民间道德教化与传播研究""王阳明濒危军事著作校注",2019年立项课题中的"王阳明心学与浙东思想文化研究""现象学视域中的阳明心学研究""以吉安地区为中心的阳明学与地方社会研究""道德哲学视域下的王阳明思想及其现代意义研究""《传习录》与王阳明其他单刻本稀见孤本文献全国调研、影印出版与总汇总校""阳明学派'以内在证超越'之路径研究""王阳明思想在英语世界的译介与阐释研究""王阳明心学美学思想研究",2020年立项课题中的"清代阳明学文献整理与思想演变研究""晚清民国阳明学文献收集整理与研究(1840—1949)""王阳明'四句教'诠释史研究""阳明心学著作的翻译与西传研究""工夫论视域下阳明心学《论语》诠释研究""阳明后学的'接引'工夫研究""王阳明的情感与心性哲学研究"，2021年立项课题中的"阳明诗赋编年笺证""阳明学知识论问题研究""阳明后学心性论分化与统合的逻辑发展研究"，2022年立项课题中的"东林学派与阳明后学工夫论比较研究""日本江户时代阳明学的流变及其影响研究""阳明心学美学与道家美学思想的比较研究""阳明学派四书学研究""王阳明'万物一体'论""南赣地方文献中王阳明史料的搜集、整理与研究""爱默生超验主义与王阳明心学比较研究""阳明学的经典建构、学说互动与历史书写"。①

此外，2016年，武汉大学教授欧阳祯人主持了教育部人文社科重点研究基地重大攻关项目"阳明心学的历史渊源及其近代转型研究"；2022年，欧阳祯人教授获批2022年度国家社科基金冷门绝学研究专项学术团队项目"钱绪山学派、龙溪学派与近溪学派文献整理及思想研究"。

2016年以来，为了推进贵州省的传统文化与阳明学研究，贵州省社科规划办与贵阳孔学堂合作推出了资助力度特大的"传统文化单列课题"，其中，阳明心学研究课题占了重头。如：2016年立项课题中的"东亚阳明学与阳明文化研究""阳明心学与马克思哲学在中国的早期传播""阳明学文献整理与研究""日本阳明学研究名著译丛""阳明心学与当代中国的社会发展研究""王阳明诗集编年校注"，2017年立项课题中的"阳明学与中国各地域文化系列研究""阳明心学与当代社会心理学研究""近代中国阳明学的学术史研究""关中王学研究"，2018年立项课题中的"王阳明心态思想研究""阳明学与中国现代性问题""二曲学派对阳明学的多维发展"，2019年立项课题中的"阳明心学对先秦儒家思想的传承与发展""良知学的工夫历程与工夫谱系研究""王阳明'良知易'哲学体系研究"，2020年立项课题中的"阳明心学与黔地茶文化的意义建构""王阳明及其后学的礼学思想研究""陆王心学与当代国人的人文信仰建构研究""认知科学与阳明心学的实证研究""浙中王门四书学研究"，2021年立项课题中的"阳明心

---

① 上述国家社科基金重大、重点、一般、青年、西部、后期资助项目信息，均来自"全国哲学社会科学工作办公室网站"（http://www.npopss-cn.gov.cn/）。

学的海外传播和世界影响研究""中国共产党人的'心学'对中华优秀传统文化的继承与发展研究""韩国汉籍中阳明学资料的收集、整理与研究""新时代阳明文化传播路径研究""近溪学脉交游考述与明末王学分流、转向研究",2022年立项课题中的"《王阳明全集》主题索引编制及基于索引的数字人文若干问题研究""阳明心学与西方哲学心性论之比较研究"。此外,贵阳学院阳明学与黔学研究院也有贵州省高校社科基地年度招标课题。

为了推动阳明学的综合研究,绍兴、宁波、余姚也推出了一系列阳明学研究招标课题。2017年,绍兴王阳明研究院发布的阳明学公开招标研究课题中有"阳明学通史""越地文化与阳明学""王阳明的政治思想与社会治理"等项目。2018年,宁波市社科联推出"阳明心学研究系列"重大招标课题,其中有"王阳明大辞典""阳明心学的当代价值与世界意义研究""阳明心学与文化自信研究""王阳明行踪遗迹研究"等。2019年5月,"中国阳明心学高峰论坛"推出"阳明心学研究"招标课题,有"阳明心学与中国传统文化"等。2020年12月,以浙江省稽山王阳明研究院名义推出的"2020阳明心学研究"招标课题,有"王阳明心学对现代新儒学的影响""阳明学与民间社会建设研究"。

十、高校科研院所的阳明学研究机构与社会团体性质的王阳明研究会的不断成立

(一)实体性质的阳明学(王阳明)研究所、研究中心、研究院

1992年,浙江省社会科学院成立了中国第一家学术研究实体性质的"浙江国际阳明学研究中心",主要从事阳明学、阳明学派以及中国儒学的研究。

1996年,贵州师范大学阳明学研究中心成立;2015年1月16日,贵州师范大学牵头成立了"贵州阳明文化研究院",该院是贵州省阳明文化研究的最高机构。

2002年12月，贵州大学中国文化书院成立，2003年增设贵州大学阳明学研究所，2013年又增设了阳明文化研究院。

2005年12月，贵阳学院王阳明研究所成立，2007年改名为"贵阳学院阳明学与地方文化研究中心"，2016年再改名为"贵阳学院阳明学与黔学研究院"。

2009年5月，滁州市王阳明研究会成立。

2010年10月，修文县阳明文化研究发展中心成立。

2011年8月26日，余姚市人民政府和中国社会科学院历史研究所合作共建"（余姚）国际阳明学研究中心"。

2012年11月，绍兴国际阳明学研究中心在蕺山书院成立。

2013年12月9日，浙江万里学院成立王阳明研究院。

2014年8月，武汉大学阳明学研究中心成立。

2015年3月25日，赣南师范大学王阳明与地域文化研究中心成立。

2015年10月，贵阳市成立阳明文化（贵阳）国际文献研究中心。[①]

2015年12月23日，黔浙（浙黔）文化合作论坛阳明学研究中心成立。

2015年12月，北京知行合一阳明教育研究院（"致良知四合院"）与清华大学心理学系联合成立"清华大学心学与心理学研究中心"；同时，还与北京大学哲学系联合发起成立"北京大学阳明学研究中心"。

2016年4月10日，贵阳孔学堂挂牌成立"阳明心学与当代社会心态研究院"。

2016年11月18日，绍兴王阳明研究院在绍兴文理学院成立。

2017年7月11日，贵州财经大学阳明廉政思想与制度研究中心成立。

2017年10月17日，临沂大学阳明学研究中心成立。

2018年3月16日，宁波财经学院阳明文化研究所成立。

2018年11月3日，慈溪市阳明文化研究中心成立。

---

① 阳明文化（贵阳）国际文献研究中心主办大型网站——"数字王阳明资源库全球共享平台"（https://www.e-yangming.com/index.html），值得关注。

2018年11月6日，宁波市王阳明研究院成立。[1]

2018年11月17日，浙江省稽山王阳明研究院在绍兴成立。

2019年4月11日，浙江工业职业技术学院阳明实学研究院成立。

2019年4月16日，江西理工大学与崇义县人民政府合作共建的"阳明文化研究与传播中心"成立。

2019年4月23日，江西吉安市青原区"青原山阳明文化研究传播中心"成立。

2019年7月，贵州大学阳明学研究中心成立。

2019年11月25日，福建江夏学院阳明学研究院成立。

2019年12月25日，中国传媒大学阳明书院成立。

2020年6月18日，漳州职业技术学院王阳明（文化）研究中心成立。

2020年8月，浙江工商大学东亚阳明研究院成立。

2020年9月25日，绍兴文理学院王阳明研究中心成立。

2020年11月7日，中国东方文化研究会阳明文化委员会广西阳明文化研究团队成立。

2020年11月12日，浙大宁波理工学院阳明文化创造性转化与传播基地成立。

2021年1月12日，贵州龙场王阳明研究院成立。

2021年10月，河北省社会科学院阳明学与现代儒学发展研究中心成立。

2021年11月28日，贵阳信息科技学院（原贵州大学明德学院）阳明书院成立。

2021年12月1日，龙南市王阳明研究会成立。

2022年10月31日，浙江省良知阳明文化研究院、浙江省阳明良知慈善基金会揭牌仪式在王阳明故里——余姚举行。

---

[1] 2021年1月8日，宁波市王阳明研究院挂牌于浙江万里学院。相关信息见《宁波市王阳明研究院在我校挂牌》，浙江万里学院新闻网，2021年1月8日。

此外，宁波大学、贵州大学、绍兴职业技术学院先后设立有通识教育性质的"阳明学院"。浙大宁波理工学院办有"阳明学堂"，宁波财经学院设有"阳明讲堂"。

（二）民间组织、社会团体性质的"王阳明研究会""王阳明研究专业委员会"

按照成立时间的先后顺序，对民间组织、社会团体性质的"王阳明研究会""王阳明研究专业委员会"梳理如下：1994年成立的贵阳市王阳明研究会；1995年成立的修文县王阳明研究会；2000年成立的余姚市王阳明学术思想研究会；2012年成立的余姚阳明中学王阳明研究会，贵州省阳明学学会，甘肃省兰州市王阳明文化研究会；2013年成立的江西王阳明文化遗产保护基金会，江西阳明研究中心；2014年成立的广东省和平县王阳明研究会，广东省岭南心学研究会；2016年成立的江西省王阳明研究会，福建省漳州市平和县王阳明研究会，中华孔子学会阳明学研究会；2017年成立的中国明史学会王阳明研究分会，宁波市王阳明文化研究促进会，绍兴市王阳明研究会，陕西省文化传播协会阳明心学研究会，广东省阳明心学研究会；2018年成立的河南省儒学文化促进会王阳明专业委员会；2019年成立的中国朱子学会阳明学专业委员会，中国东方文化研究会阳明文化专业委员会，胶东阳明心学研究会；2020年成立的杭州学习生活促进会阳明学院；2021年成立的宜春市王阳明文化研究会；2022年成立的广西王阳明研究会。

2017年还设立有"全国阳明研究机构联席会议""全国阳明史迹保护研究联盟""阳明教育联盟"。

域外成立的阳明学会、阳明学研究所主要有：1995年成立的韩国阳明学会，主办会刊《阳明学》；2000年成立的日本阳明学会，创办会刊《姚江》。此外，日本二松学舍大学设有阳明学研究所，主办期刊《阳明学》。

（三）民间书院性质的阳明书院

据不完全统计，民间书院性质的阳明书院主要有：2001年建成的贵阳"阳明精舍"；2012年成立的"青原区阳明书院""致良知四合院"；2017年成立的"赣州阳明书院""甬上阳明传习社""山东省尼山书院阳明学实修研究中心"；2018年成立的台北"阳明书院"等。余姚市阳明街道阳明社区也成立有"阳明历史文化研究小组"，每年定期编印《阳明史脉》辑刊。据悉，日本京都也建有民间讲学性质的"阳明书院"。

总之，改革开放以来，尤其是近10年（2013—2022）来，在政界、学界、企业界、民间社会组织的积极推动之下，在浙江、贵州、江西、广东、广西、河南，包括北京、上海等省区市的有关政府机关、高校科研院所、企业家及社会民间人士的多方参与下，王阳明与阳明心学"热"了起来、"火"了起来。我们称王阳明与阳明心学为当下中华优秀传统文化研究的一大"显学"，也是名副其实。

十一、对当下"阳明学热"的几点反思

包括"阳明学"在内的中华优秀传统文化是中华民族独特的精神标识，当下的"阳明学热"有助于唤醒我们对中华优秀传统文化的热爱和对中华民族精神家园的回归。但是，伴随"阳明学热"而来的问题也不少。比如，学者在对阳明良知心学的解读上至少有以下几方面问题，需要引起我们的警惕与反思。

第一种倾向是把王阳明神格化、神秘化、教主化，将王阳明说成一位高高在上、遥不可及的"真三不朽圣人"，实则王阳明也是一个有血有肉活在现实世界中的人。他是一个真性情的人，他是一位儒者，一位教书先生，更是一位传统意义上的儒家士大夫。其实，王阳明也是一个悲剧性的历史人物，我们不妨读读他在广西写给京城友人的书信、写给皇帝的奏疏，就不难理解暮年王阳明有家不能回、有病不能医的凄凉处境。这从王阳明临

终前给朝廷上的最后几道奏疏以及客死他乡乃至嘉靖帝"下诏停世袭，恤典俱不行"的历史事件中可以看出。《明史·王守仁传》载："守仁（王阳明）既卒，桂萼奏其擅离职守。（嘉靖）帝大怒，下廷臣议。萼等言：'守仁事不师古，言不称师。欲立异以为高，则非朱熹格物致知之论；知众论之不予，则为朱熹晚年定论之书。号召门徒，互相唱和。才美者乐其任意，庸鄙者借其虚声。传习转讹，背谬弥甚。但讨捕摔贼，擒获叛藩，功有足录，宜免追夺伯爵以章大信，禁邪说以正人心。'帝乃下诏停世袭，恤典俱不行。"将心比心，把王阳明还原为一个普普通通的读书人、儒家君子、传统儒家士大夫，如此理解王阳明其人其事其学，也是可以、可行的吧？阳明学，本质上就是儒学，他是孔孟儒家道统一系的学术传人。就好像孙悟空始终跳不出如来佛的手掌心，实则阳明先生终其一生也没有逾越孔孟儒学的基本精神，他正是一位向先秦孔孟（经典）儒学回归的"真儒"。

第二种倾向是把阳明心学玄学化、形而上化，有对阳明学做过度诠释之嫌，把"心即理""知行合一""致良知""四句教"解读得天花乱坠，让人摸不着头脑。实则阳明先生的语录、文录、诗歌，都是围绕儒家"四书五经"而展开的经学诠释。阳明学是在与孔孟儒学、程朱理学的对话语境中形成并展开的，既不是一种知识论性质的学问，也不是宗教化、高深莫测的神秘体验，而是一种如何做人、做君子的道德仁学。

第三种倾向是在解读王阳明与阳明学的过程中，出现了小说化、庸俗化、媚俗化。一些王阳明的传记文学，大多根据《阳明先生年谱》以及冯梦龙的《阳明先生出身靖乱录》，泛泛而谈；甚者还有猎奇化的倾向，探讨分析王阳明的个人生活隐私。还有，把阳明心学视作"心灵鸡汤"以贩卖知识的行为，也有必要进行反思。

第四种倾向是对王阳明学术研究的主观情绪化、意识形态化。一个说法是"中国有三个人可以称为圣人：孔子、王阳明、曾国藩"。有人在宣讲王阳明与阳明学时，动辄说阳明学是推动日本明治维新的"原动力"。对于这些主观情绪化、激进式的提法，也应予以理性甄别与学术考量。对此，许全兴、吴震、邓红、李承贵教授都有专文予以回应与澄清，①兹不赘言。

"世界上没有完全相同的两片树叶"，王阳明已定格于属于他的那个大时代。今人把500多年前的王阳明作为膜拜的对象，恐怕不太合时宜，因为传统经学诠释视域下的"阳明心学"，并不能解决当今时代面临的所有问题。尽管如此，王阳明的人格魅力以及阳明学核心命题"良知即天理""知行合一""致良知""明德亲民"中所体现出来的儒家人文精神，尤其是以"一体同仁"为宗旨的人类命运共同体的理念，则需我们来传承与弘扬。历史学家郭沫若在《伟大的精神生活者王阳明》一文中指出："他（王阳明）的一生是自强不息的奋斗主义的体现，他是伟大的精神生活者，他是儒家精神的复活者。"这就涉及阳明心学的创造性转化、创新性发展这一有意义的研究课题。

阳明先生有云："（士农工商）四民异业而同道，其尽心焉一也。"②时至今日，我们可以把传统的士农工商"四民"转化为政府官员、专家学者、商人企业家和普通民众的"新四民"。作为阳明学的爱好者、"阳明学热"的推动者，"新四民"虽然"异业"，但是基于一个共同的目标，在学习、研究、传播阳明良知心学之"道"的过程中，宜"尽心"坚守道德底线、心存敬畏意识、良知意识、感恩意识，学习王阳明、尊敬王阳明，努力做到"个个心有阳明"。

"谁人不有良知在"，作为一个称职的阳明学爱好者与专业研究者，更应恪守学者的本分，"守初心、担使命"，学习阳明先生的"致良知"之教、弘扬阳明先生"知行合一"的真精神，践行阳明先生"天地万物一体之仁"的大情怀，对王阳明其人其事其学做出符合历史真相而又通俗易懂的研究与阐释。"时代是思想之母，实践是理论之源"，进一步说，如果当代的阳明学研究者能够对在16—17世纪"门徒遍天下，流传逾百年"（《明史·

---

① 许全兴：《请别拉毛泽东为"王阳明热"抬轿》，《湖南科技大学学报》2018年第6期。吴震：《漫谈阳明学与阳明后学的研究》，载《阳明学研究》（第二辑），中华书局2016年版，第1—12页。邓红：《日本的阳明学与中国研究》，广西师范大学出版社2018年版。李承贵：《迈向新时代的阳明学研究》，《贵阳学院学报》2018年第1期。
② 《王阳明全集》，第776页。

儒林传》）的阳明心学做出创造性转化、创新性发展，以开创出适应新时代的"新心学"，则真是"为天地立心，为生民立命，为往圣继绝学"了！

阳明言道："知善知恶是良知""良知乃吾师""良知二字是参同""但致良知成德业""良知是个是非之心"。扪心自问，"良"知之"心"，在日常的道德生活实践中，我们在努力培育与呵护吗？在道德的"是"与"非"之间，我们是否遵循"良知"而做出了合乎天理道义的正确选择？"知行合一"，我们在明白了"良知心学"中的"知"之后，真的努力去"行"并做到"问心无愧"进而"心安理得"了吗？

"圣学宫墙亦久荒"，"致良知"永远在路上。这里，我们借用阳明先生的一句哲理诗——"圣学工夫在致知，良知知处即吾师"——作为结语。

上篇

王阳明与阳明心学研究

王阳明的一生，以文治武功著称于世。其卓著者，一是平定了明朝中期赣、粤、闽、湘四省交界地区的连年匪乱，并奏请朝廷同意设立了福建平和、广东和平、江西崇义三县，促进了当地经济社会文教事业的发展；二是平定了宗室宁王朱宸濠的阴谋叛乱，稳定了中央政权；三是安抚了广西瑶族土司的叛乱，平定了八寨、断藤峡的匪乱，稳定了西南边疆地区。[①]因其功勋卓著，王阳明生前被朝廷封为新建伯，死后被追封新建侯，谥"文成"。

王阳明的学说简称"阳明学"或曰"阳明心学"，其学远承孟子，近继象山，而自成一家，影响超越明代而及于后世，风靡海内而传播中外。所谓"阳明学"，就是由王阳明所奠定、其弟子后学传承与发展，以"良知"为德性本体，以"致良知"为修养方法，以"知行合一"为实践工夫，以"明德亲民"为政治应用，[②]以"天地万物一体之仁"为境界追求的良知心学，可谓儒家真正意义上的"内圣外王"之学。

王阳明虽然在少年时期就立下"读书学做圣贤"的大志，但在青年时期因感"圣贤难做"，故长期浸淫于辞章、佛老之学。弘治十二年（1499），28岁时中进士。次年六月，被授以刑部云南清吏司主事。直到弘治十八年（1505）34岁时，才真正归本"圣人之学"即儒学。正德元年（1506），阳明35岁时，因上疏请诛太监刘瑾等"八虎"，而被贬为贵州龙场驿驿丞。龙场的艰苦环境，磨炼了他的意志，使他悟得了"圣人之道，吾性自足"而"不假外求"的道理，又在与来访学者的切磋与体悟中揭示出"知行合一"之旨，这就是著名的"龙场悟道"。其后，他在庐陵县令任上实践其"亲

① 吴光：《吾心自有光明月：王阳明的生平事功与思想学说介绍》，载《王阳明全集》（简体版）卷前，上海古籍出版社2015年版，第9—26页。
② 吴光：《王阳明的人生与学问》，《光明日报》2017年4月30日。

民"学说与"为政不事威刑，惟以开导人心为本"①的基层治理理论；在平定赣、粤、闽、湘四省交界地区的匪乱，继而平定宁王朱宸濠的宗室叛乱（"宸濠之乱"）并经历"忠泰之变"的煎熬与"事上磨炼"后，于正德十五年（1520）秋在赣州通天岩讲学时正式提出"致良知"学说，并在南昌讲学时阐发之；晚年在家乡绍兴讲学宣讲"致良知"之教时，又提出"天地万物一体之仁"说与"四句教"理论，从而最终完成了其"良知心学"的理论建构。

兹围绕王阳明生平事迹研究、王阳明学术思想研究、王阳明的比较研究、王阳明与地域文化研究、王阳明著作文献的整理与研究等五个方面，对2022年学术界关于"王阳明与阳明心学研究"的最新进展予以综述。

张宏敏编著的《2021阳明学研究报告》（浙江工商大学出版社2022年10月版）一书，系对2021年阳明学界关于阳明学研究论著、学术活动的全面梳理与系统总结。先是梳理出当代中国"阳明学热"的十大标志，对当代阳明学研究现状进行概述；书稿主体分上、中、下三篇，介绍了2021年度"王阳明与阳明心学研究""阳明后学研究""海外阳明学研究"的最新学术研究成果。张宏敏此前独立编著有《阳明学研究综合报告》《2019阳明学研究报告》《2020阳明学研究报告》。

曾顺岗、谢群洋、陆永胜主编的《阳明学研究年鉴2019》（孔学堂书局2022年10月版）一书，评介2019年国内外阳明学研究的学术成果，为学界同仁了解阳明学研究提供了参考。

曾顺岗、谢群洋主编的《阳明学研究年鉴2020》（孔学堂书局2022年10月版）一书，对2020年度阳明学研究的相关文献进行归纳和总结，评介国内外阳明学研究的学术动态和学术前沿，以期进一步推动阳明学的研究和传播。

肖立斌、曾顺岗、谢群洋主编的《阳明学研究年鉴2021》（孔学堂书局2022年10月版）一书，对2021年度全球范围内的阳明学研究进行了总结

---

① 《王阳明全集》，第1008页。

和归纳。

向淑文、李承贵主编的《阳明学研究新论》（第五辑）（中国社会科学出版社2022年8月版）一书，收录了近年来在《贵阳学院学报》（社会科学版）"阳明学研究"专栏上刊发的有关阳明心学思想、阳明心学与心理学、阳明学研究方法论、阳明后学研究、阳明学的传承与发展、阳明学与朱子学比较的学术论文，集中反映了阳明学研究的新动态，展示了阳明学研究的新成就、新思路与新突破。

浙江省稽山王阳明研究院、中华孔子学会阳明学研究会编的《中国心学》（第2辑）（商务印书馆2022年8月版），设置"当代心学探索""心学哲学阐释""域外心学进展""区域学派研究""家族史与谱牒研究"等五个板块。论集以"阳明心学研究"为主题，集中展示学术界有关阳明心学的最新研究成果。同时，也关注中国哲学史上与心学相关的人物、思想、问题研究，心学与国外哲学思想的比较研究等。

顾久主编的《阳明心学与中华文化的骨气和底气：2022"阳明心学·龙场论坛"论文集》（贵州人民出版社2022年9月版）一书，系通过了专家评审作为正式参加贵阳市修文县为纪念王阳明诞辰550周年而举办的2022"阳明心学·龙场论坛"的36篇论文的汇辑。

徐方主编的《大道人心：纪念王阳明诞辰550周年论文集》（宁波出版社2022年10月版）一书，是纪念王阳明诞辰550周年的论文作品集，包含14篇与阳明心学相关的论文。这些论文或研究阳明心学的某一个方面，或探讨阳明心学在国内外传播的现状，或讨论阳明心学在当代的价值。

一、王阳明生平事迹研究

我们认为，王阳明的传奇人生，可以析分为十六段：瑞云降世、少年志向、亭前格竹、科场得失、弹劾权奸、龙场悟道、庐陵治理、北京讲学、滁州讲学、南都讲学、南赣平乱、南昌平叛、忠泰之变、天泉证道、思田平乱、南安尽瘁。关于王阳明波澜壮阔的人生经历研究，第一手的文献史料是其弟子、门人撰著的行状、年谱，即黄绾的《阳明先生行状》①、钱德洪的《阳明先生年谱》②；日本阳明学家冈田武彦先生的《王阳明大传》③，今人束景南教授新编的《王阳明年谱长编》④《阳明大传："心"的救赎之路》⑤也值得参阅。

2022年的阳明学界主要围绕王阳明的生平事迹、"龙场悟道"、人物交游三方面，继续对王阳明的传奇人生予以关注。

（一）王阳明生平事迹的综合研究

计文渊《〈王阳明七代遗像〉及相关世系考述》（《赣南师范大学学报》2022年第4期）一文指出，《王阳明七代遗像》由王阳明十六世孙王造周家传，但原画像已毁，现仅存的是该画像的旧照片一帧，拍摄于1931年，这张民国老照片对研究王阳明家族世系的真实性具有重要文献价值。通过考证该照片保留的原画像上的清至民国年间的题跋，同时对照当地相涉王

---

① [明] 黄绾著，张宏敏编校：《黄绾集》，上海古籍出版社2014年版，第456—484页。
② 《王阳明全集》，第1000—1093页。
③ 〔日〕冈田武彦：《王阳明大传》（中译本），重庆出版社2015年版、2018年修订版。
④ 束景南：《王阳明年谱长编》，上海古籍出版社2017年版。
⑤ 束景南：《阳明大传："心"的救赎之路》，复旦大学出版社2021年版。

氏先世谱牒的源流，而对王阳明家族相关世系的真伪问题进行深入探究。

钱明《王华迁居与山阴王府——兼述阳明学之创设》（《人文论丛》2022年第1期）一文指出，学术界及王华后裔关于迁居山阴的具体时间有10余种说法，时间跨度从王阳明10岁到50岁不等。时人虽对王华迁居山阴的具体时间没有明确记录，但大体上都限定在王华致仕那年。从11岁到31岁的20年间，阳明在家乡居住的时间并不长，总共加起来不超过3年，在相当长一段时间内，"归越"还是"归姚"两说在《年谱》[①]等文献中同时存在。阳明31岁以后已迁居山阴、在府城安家基本上可以确定。《年谱》中的"归越"应该是指越城，但"皆在越"并不等于已举家迁居越城，而可能是指暂时僦居于越城。王华开始在山阴建房并最后携全家定居山阴，除了其"本籍山阴""世居山阴"欲"复还山阴"以及在府城、省城买地建房乃当时官员之时尚等原因外，还与他在余姚城内本无宅邸，科举及第后又不再续租余姚城内的"瑞云楼"有莫大关系，更与其长子因王阳明遭刘瑾迫害下狱贬谪，自己遭降职又被勒令致仕，为免遭乡人猜疑嘲讽，摆脱社会舆论的负面影响，欲通过占卜找个"绝不闻当世事"的清净之地有直接关系。

高丽娜《王阳明诗书传家》（《宁波通讯》2022年第13期）一文指出，被清代名士王士祯称赞为"明第一流人物"的王阳明，"立德、立功、立言，皆居绝顶"。出身书香门第的王阳明秉承着诗书传家的思想，一直倡导读书学道，认为心即理、心即道，通过读书悟到自己的良知。他的成长过程有"五溺"：任侠、骑射、辞章、老庄、佛家。"读书是为了学圣贤"是少年王阳明立下的志向。郭沫若曾形容少年王阳明炽烈的志向："一种不可遏抑的自我扩充的努力明明是在他青春的血液中燃烧着的。"18岁时他就拜访了儒学界的泰斗娄谅，并得其真传。

李为学《王阳明和大礼议》（《读书》2022年第5期）一文，对王阳明

---

① 《年谱》，收录于吴光等编校：《王阳明全集》，浙江古籍出版社2010年版，第437—438页。下同。

在明嘉靖朝"大礼议"事件中的立场与观点予以解读。

润声《王阳明经世致用经历概要》(《互联网周刊》2022年第3期)一文指出，自明朝正德三年龙场悟道以来的数百年间，王阳明被认为是史上少有做到立德、立功、立言之"三不朽圣人"。《传习录》也被认为是融儒释道各家思想精髓的大成之学，然而在实际阅读中，常因究其字句之意而疏略学说的完整要义，犹如瀚海拾贝，最终读后忘前，难获一二。为此对王阳明的人生经历及思想发展以时间轴做简要摘录，对阳明学说的脉络有个整体印象，以便于能对其思想有更多的领会。

姚刚《旁引曲谕　开陈善道——王阳明〈谏迎佛疏〉评论》(《秘书之友》2022年第5期)一文认为，正德十年（1515），佞佛无度的明武宗听闻乌斯藏有一位可预知"三生事"的"活佛"，便不顾群臣极力谏阻，着手遣派宦官刘允前往迎迓。据《武宗实录》载，此行仅是各类番供及赏赐已使得"内库资金为之一匮"，加上往迎之费亦要消耗"盐茶之利数十万计"。王阳明的《谏迎佛疏》便是针对如此劳民伤财乱政之举而作，时人以其"深得谏君之体"，推为"国朝奏疏第一"。

龙辉《王阳明平定宸濠之乱》(《文史天地》2022年第1期)一文指出，正德十四年（1519），宁王朱宸濠起兵叛乱。此次叛乱非为害一方的匪乱可比，朱宸濠有皇室血统、有理由、有实力，完全存在颠覆朝廷的可能。王阳明在江西群官无首、责不在己、兵力无多、邻省观望的情况下，毅然决然挑起平叛重任，与宁王展开攻心战，灵活运用兵法，仅用月余时间便将其打得一败涂地。但他发现，真正的挑战还在后面。此次平乱奠定了王阳明军事家地位，种种考验更激发他提出"致良知"主张，完成了心学思想体系的建构。

王群红《王阳明的困境人生探析》(《文化创新比较研究》2022年第13期)一文指出，一方面王阳明先生的道德、功业、文章冠绝当世，辉耀千古；另一方面阳明先生又多灾多难，屡陷困境，真可谓九死一生、百难备尝。阳明先生为何屡陷困境？他能够摆脱困境和他哪些个人因素有关？阳明先生的困境人生和他的"三不朽"伟业之间有哪些联系？弄清楚这三个方面的问题有助于我们对王阳明本人、他的三不朽伟业，以及阳明心学有更多的了解。

赵连赏《王阳明爵位服像考识——以朝服为例》（《文史杂志》2022年第4期）一文指出，崇敬圣贤，为其作像是中国古代的传统。王阳明作为古代先贤之一，保存下来的各类形象有不少。虽然王阳明所处时代距今并不遥远，但王阳明着装形象却参差不齐，能够准确表现其官服着装内容者为数并不多，给现代社会认识王阳明服装和未来为王阳明作像造成了困扰。不过，通过对明代服饰制度的考察，可以大体还原流传下来的王阳明爵位服的真实面貌。

张菁洲《仪式与赞文：王阳明像赞的历史文化功能》（《华中学术》2022年第3期）一文指出，像赞是图像与文字的结合体。王阳明像赞既是王阳明画像的产物，也是王阳明作为独立个体的"象形"，虚实相合、音声相形。随着王学的演变和历史的发展，"像赞"在特定的历史时期具有独特的文化意义。王阳明像赞通过时空的虚置实现了"画像主"—"画作者"—"赞文作者"的表意模式，丰富了阳明文献的文本形态和言说方式。赞类文体具有仪式感和神秘性，王阳明像赞"画赞一体""立像尽意"的表达方式被赋予了仪式功能与艺术性质，从而参与到思想意识的建构与传导中，实现宣传与教化等多重功能。

（二）王阳明"龙场悟道"的研究

刘青衢《论王阳明悟道的三重体证——兼辨"神秘主义"论》[《安徽大学学报》（哲学社会科学版）2022年第1期]一文指出，理性主义哲学将王阳明乃至心学一系的悟道体验称作"神秘主义"，认为所悟乃"纯粹意识"，是"偶发""个性"和"主观"的，把握不到客观实在。然而，回到心学自身传统，阳明走的是在实践基础上的直觉体证进路：他借助佛老的虚寂本体转向儒家道德本体，以"生生"统摄"虚寂"，上达仁学，是为本体体证；又以解悟、证悟、彻悟为工夫次第，通过长期理论学习和现实磨炼，由渐悟而至顿悟，是为工夫体证；阳明久疑于"格物致知"问题，终在龙场大悟，由主体而上遂宇宙境界，是为境界体证。经此三重体证，阳明悟道体验表现出了强烈的生命实践品质，其既不是所谓的"神秘主义"，也非纯粹的理性主义，而是隶属中国哲学体证的形而上学传统。在"以中国解释中国"的诠释学背景下，应重新认识此一传统形上学的特点及意义。

刘妮、曹维琼《论龙冈四规与龙场悟道及阳明心学的关系》[《贵阳学院学报》（社会科学版）2022年第5期]一文指出，龙场悟道，是王阳明人生中的大事件，是阳明心学建构的大事件，也是中国思想发展史上的大事件。然而，龙场悟道悟出了什么？却没有一个相对全面、相对完整的答案。以王阳明在贵州龙场龙冈书院发布的龙冈四规为切入点，探究其主旨，探讨其与龙场悟道、与阳明心学的关系，可以由此而得出，龙场悟道，王阳明取得了两个成果：其一，悟出了做人之道，确立了人生三观，实现了人生转折；其二，悟出了做人之学，以人生三论为基础，建构起阳明心学。龙冈四规与龙场悟道的两个成果密不可分，既是阳明三观的重要支柱，又是阳明心学的重要内容，值得认真研习。

陈泽恺、金亮《新编历史京剧〈阳明悟道〉》（《中国戏剧》2022年第10期）一文指出，该剧以明代哲学家王阳明在贵州龙场的经历为主要题材，讲述明代正德年间，王阳明不顾杀身之祸上疏直言，触怒宦官刘瑾，谪贵州龙场后，在荒僻艰苦的环境里，悟"圣人之道，吾性自足"，始论"知行合一"的故事。该剧浓墨重彩地重现了王阳明先生"长思顿悟"的历史瞬间，也充分展现了独具贵州地域特色的诗意之美。

（三）王阳明的人物交游研究

王程强《王华、王阳明父子与徐爱的科举之路》（《文史天地》2022年第4期）一文指出，科举制度是隋唐时期开创的人才选拔制度，宋、元、明、清各代沿用，于1905年废除，沿袭1300余年之久。明代是科举考试的鼎盛时期，无数读书人利用所学知识通过科举考试，改变命运，经邦治国，报效国家，留下历史美名。浙江余姚是明代科举重镇，人才辈出。余姚人王华和其子王阳明及其女婿徐爱就是通过科举考试走向辉煌人生的，他们的科举之路有着不同的故事。

徐道彬、姜波《程敏政"道一"论与阳明心学的形成》（《船山学刊》2022年第1期）一文指出，探究明朝中期王阳明心学思想的成因，是宋明理学研究的重要议题。阳明心学之源既有远承孟子和陆九渊的心学因素，也有同时代周边学者的商讨切磋之功。而作为王阳明的座主，程敏政以"道具于心"的"道一"思想，曾深刻地影响了王阳明学术的致思趋向，为心学的兴起导引先路，提供了契机。可以说，程敏政"道一"论是阳明心学形成的源头之一。

童飞《李梦阳诗文中"职方王子""王子"新考——兼论王阳明自京赴谪路线》（《明清文学与文献》2022年刊）一文指出，李梦阳集中有5首诗文《发京师》（2首）、《哭白沟文》、《卫上别王子》（2首），其中的"职方王子""王子"，束景南《王阳明年谱长编》认为是王阳明，郝润华《李梦阳集校笺》认为是王尚纲。这两种看法均误，根据诗文中提供的信息，再结合相关史实，可知"职方王子""王子"是指陕西庆阳卫人王纶。《王阳明年谱长编》根据这些诗文中的地点，描述王阳明"出彰义门，过白沟，至卫上"，然后抵达钱塘的赴谪路线亦误。王阳明正德二年（1507）闰正月初一出京后，并未绕道河南，实际上是沿京杭大运河乘船南下钱塘的。

张山梁《王阳明手下"儒将"李增》（《文史天地》2022年第8期）一文指出，在《王阳明全集》中，有一位人物被王阳明频频提及。王阳明在3份奏疏和1份公移中，先后9次予以褒奖甚至上疏奏请"旌擢"。他就是王阳明巡抚南赣、征寇平乱时期的一名手下"儒将"——广东乐昌知县李增。李增（生卒年不详），漳州府海澄县（今漳州市龙海区）人，弘治十三年（1500）龙溪学岁贡，正德十年（1515）任广东乐昌知县，著有《易经折中》一书。

二、王阳明学术思想研究

阳明学界围绕王阳明学术思想的研究，主要涉及阳明学研究的方法论，阳明学的学术定位，阳明心学的理论特质，王阳明的哲学、政治、军事、教育、文学、美学、伦理、经学、史学、佛教、道教、书法思想，以及对王阳明的历史评价、阳明学的当代意义研究与阐释等。兹对2022年的相关王阳明研究成果进行概述、评论。

（一）阳明学研究的方法论问题

张小琴《阳明心学方法的现象学解读》[《江苏师范大学学报》（哲学社会科学版）2022年第1期]一文借鉴海德格尔现象学方法，从三个方面剖析阳明心学方法，可以看到：第一，阳明从人的自身意识（自知）探索真己和良知的精神本质，通过致良知工夫实践最终回溯到真己，这个思路类似海氏现象学建构；第二，将"万物一体"作为人与万物的存在境域，探索真己的存在建制，以真己的伦理存在彰显天道，这个思路类似海氏现象学还原；第三，探索自身个性和存在方式的差异性，这个思路类似海氏现象学解构。

周磊《心学批判：基于气学的立场》（《文史哲》2022年第6期）一文指出，基于气学立场的心学批判，不仅有助于我们检视心学理论建构中有待完善、提升的部分，也有助于我们提炼气学作为学术流派的一些基本主张。禅学化的成功，政治势力的助推，是气学认为心学能够占据时代舞台的两大原因。作为宋明儒学中"辟禅"最彻底的一脉，气学以禅学化的心学为批判对象，围绕以"良知"观为核心的心学形上学，以及以"知行"

观为核心的心学一体论，进行了全方位的解构，其具体展开为：立足"良知即知觉"的理论前提，气学主张"良知非实体""良知非天理"。无论是通过实践检验，还是将其收归于"一念"领域内成立，气学都认为"知行合一"面临理论自洽上的困难，而"知行合一"作为大众的行动纲领，则混淆了圣与凡、理想与现实间的界限，最终会造成"所知非真知""以知为行""以行为知"等后果。对于禅学化所带来的心学教派化，气学也进行了深入剖析与批判。

（二）阳明心学的学术定位与理论特质研究

谢桃坊《王阳明"良知之学"辨原》（《中华文化论坛》2022年第2期）一文认为，王阳明创立的"良知之学"，远源于孟子的良知与性善之说，近源于宋代陆九渊的心学。他以良知为本性之善，求至善之用即是亲民，主体切实知善即是知行合一；由良知推己及人，视国如家，则天下可治。其知行不仅在于主观意念之内完成，而必然又与社会现实政治相关联。他的事功卓著，有助于封建社会统治政权的维护，却与其所提倡的良知、亲民、性善之说相背离，使其具有统治思想意识性质的知行，在政治事功中得以合一。我们对于其"良知之学"及事功有必要做出重新评价。

杨国荣《中国哲学中的王阳明心学》（《孔学堂》2022年第2期）一文指出，王阳明的心学涉及"心与物""心与理""心与事""致良知"以及"本体与工夫"等多重方面。在心物关系上，王阳明认为"意之所在便是物"，其含义不在于以人的意识或心体在时空中构造世界，而是通过心体的外化活动（心的意向性活动期）来赋予相关对象以意义，并由此形成意义世界。在心与理的关系上，王阳明以"心即理"融合两者，由此，作为普遍法则和规范的理不再表现为独立于个体的外部存在，而个体意识也扬弃了本然的形态，获得了普遍的自觉形态。王阳明所注重的"心"同时又关联着"事"的展开过程。在心学中，"事"构成了理解物、把握道的前提，并在成就人的过程中呈现本源的意义。以事成人关乎以良知为内容的德性，良知本身则既包含理性的规范，又展开为"好善恶恶"的情感认同，并以恒定之志为内容。作为综合性的意识，良知与"本体"具有相通性，"致良知"则与后天的工夫一致。"良知"和"致良知"之辩，在心学中表现为本体与工夫之间的关系。从总体上看，通过沟通"以工夫说本体"与"以本体说工夫"，王阳明肯定了本体和工夫之间的统一。

吴震《何为阳明学的文化研究？》（《孔学堂》2022年第2期）一文指出，阳明学无疑是一种哲学，但它同时也是一套"思想—文化"系统。在晚明时代出现了诸多"阳明文化"的思想现象，这些现象表明晚明社会在思想文化等方面形成了多元化的发展。虽然关于何谓"文化"的问题，我们至今无法最终获得一个公认的确切定义，但通过概念溯源，可发现在上古中国出现的"文化""文明"以及"人文"这三个概念之间具有内在关联性，表明儒学原本作为一种思想文化形态具有悠久的人文主义精神传统，形塑了中国传统的文化世界。从文化视域来审视阳明学，我们会发现作为儒家心性论的阳明学理论对于重建人文秩序具有一种"文化"建构力。另一方面，当阳明学作为外来文化传入东亚地域的李氏朝鲜和江户日本之后，经历了诸多"本土化"的深刻转变，通过对这些文化交流现象的探讨也将有助于我们重新认识阳明文化乃至儒家文化的跨地域、跨文化的思想意义。

王青青《阳明心学的生命哲学发微》（《安顺学院学报》2022年第1期）一文指出，在经过"遍求百家""百死千难"的曲折之后，王阳明终在龙场一悟"圣人之道，吾性自足"，自此指明天理内蕴人心中为良知本体。良知具有本体意义，生化天地万物，天地万物与人是一个完整的生命体。人在这个生命体中具有特殊性，只有人能够觉悟到良知，感应天地万物为一体。人与天地万物的这种内在直观的体验，也决定了个人生命的追求承担着他者的责任。儒家对于成圣的追求，也即是对于个体生命超越的追求，阳明这里即是良知本体扩充至极，全体呈露、无有亏欠无障蔽。

杨泽波《论阳明心学存在的偏颇》（《哲学研究》2022年第3期）一文指出，与西方流行的感性、理性两分结构不同，孔子思想内部为三分结构，除欲性外，仁性和智性都是道德的根据。阳明心学的基础是"心即理"，这个"心"是良心，属于仁性的范畴，阳明于此多有推进，纠正了朱子学理的缺失，这是其功；但其主张"良知之外更无知"，把格物致知完全纳入心学系统中，等于否定了智性的作用，这又是其过。这一缺陷直接引出"良知具足"的观念，构成其学理上的失误。阳明思想有此失误，源于未留意孔孟心性之学存在的分歧，以为顺着孟子的思路走便是得了孔子的真传，其结果自然会陷于一偏了。

苏晓冰《王阳明哲学是道德相对主义吗?——从"侃去花间草"一段文字看》(《中国社会科学报》2022年4月19日)一文指出，王阳明试图在心与物相接的过程中，分辨出两种截然有别的机制：其一便是上述处于个体好恶的反馈路径；其二则是"不作好恶""好恶一循于理"的路径。在王阳明看来，前一路径是对后一路径的干扰和损坏，去掉前者，后者方能呈现。"有所忿愤好乐则不得其正"，因而变化气质，去掉一己之私，将身心调适至高度平衡的状态，才能复归面对具体事物时那种本然的良性反馈的状态，此即所谓"心之本体"；而其条例节目之呈现，便是所谓"天理"。

伍红军、毛建卫《阳明实学：思想内涵、传承谱系与学派生成》(《人文天下》2022年第4期)一文认为，以实学"经世致用"之义绳之，阳明学属于广义上的实学，而明清实学家多出自阳明学派，则是一个不争的事实。王阳明的实学思想，体现在其"心是实理"的本体论、"知行合一"的方法论、"实地用功"的实践论、"崇实黜虚"的经世论等多个方面，若以阳明学的门径来命名，是为"阳明实学"。阳明实学一脉，起于阳明本尊实学思想的在绍生成，承于早期王门的绍兴主实派主张，转于绍兴内生的蕺山学派的实学中转，合于源自绍兴的浙东学派的实学大成，其以绍兴府为地域中心进行传播和发展，以知行合一、经世致用为基本主张，可以称为"绍兴府学派"。

孙明柱《实行、实知、实用：传统实学的历史展开》(《人文天下》2022年第4期)一文认为，实学精神发轫于孔子，内涵有三：实行、实知、实用。魏晋玄学消解了圣人实学精神，注重形而上本体论和神秘体验认识论。在佛教完成中国化以后，宋明又重新展开实学。朱子强调"分殊"在"理一"中之实行，提倡"格物致知"之实知，但过于强调"内圣"，而忽视了"外王"，在实用上有所不足。阳明综合朱、陆，强调良知的践行在"下学"，主张"致知格物"之实知，同时事功卓著，但未开显实学。泰州学派顺"良知即天理"的路子发展，使实学走上歧路。顾炎武以亡国之思，开显实学之实行、实知、实用，最终提出"明体适用"的实学宗旨，将实学精神开显出来。

梁博宇《其说非出于苏，而血脉则苏也——论阳明心学与苏氏蜀学之关系》[《宁夏大学学报》（人文社会科学版）2022年第5期]一文指出，以"三苏"为代表的苏氏蜀学是宋代重要儒家流派，在北宋与以"二程"为代表的洛学并峙一时，在南宋则被理学渐渐压倒，沦为隐学。而在明代，以王守仁为代表的阳明心学却被时人认为"血脉则苏"，与苏氏蜀学关系密切。王守仁留下的文字中虽未直接点明对苏氏蜀学的态度，却在人性论、本体论、修养工夫论等诸多重要论题上继承和发展了苏氏蜀学的观点，并在继承孔子原始儒家哲学、否定孟子"性善论"和程朱理学的学术立场上与苏氏蜀学同进退。明代人认为阳明心学"血脉则苏"，实非无据。

（三）王阳明的哲学思想与哲学范畴研究

王阳明是"明代最伟大的哲学家"的判定，是无可置疑的。围绕王阳明哲学性质的判定以及阳明哲学思想所涉核心范畴的解读，诸如"心即理""良知即天理""知行合一""致良知""天地万物一体之仁""立志""诚意""本体与工夫""四句教"等，2022年，学界同仁开展了有意义的研究，并取得了丰硕的理论成果。

1. 王阳明哲学思想的综合研究

丁为祥《实践与超越：王阳明哲学的诠释、解析与评价》（增订版，孔学堂书局2022年10月版）一书，论述了王阳明哲学的形成、发展、结构、特征和王阳明哲学的境界等。本书在原版基础上，进行了大幅度的修订、扩充，新收录了作者最新的阳明学研究成果。

朱承《治心与治世——王阳明哲学的政治向度》（增订版，孔学堂书局2022年10月版）一书，通过分析王阳明的致良知说、万物一体论、心性观念等所蕴含的政治寓意，从形上根据、社会理想、秩序运作的内在担保等方面具体地揭示了王阳明心学的政治哲学内涵。

钱茂伟等合著《阳明心学与浙东文化研究》（人民出版社2022年8月版）一书，主要从解读浙东学术的核心精神入手，梳理了阳明心学与浙东文化源流的互动，阐释了浙东文化如何影响王阳明与阳明心学，阳明心学又如何影响了浙东文化。该书第一、二、三章，意在说明哪些浙东人、哪些浙东文化因素影响了王阳明；第四章，意在阐述阳明心学的基本精神；第五至十一章，意在说明阳明心学对明末、清初、近现代浙东人与浙东文化的影响；最后一章，点明阳明心学活在当下，至今仍有学术生命力。

蔡仁厚《王阳明哲学》（浙江教育出版社2022年7月版）一书重版，对王阳明的人生经历、思想变化及其真正传达的哲学思想予以阐释。

周志文《阳明学十讲》（中华书局2022年7月版）一书，通过对阳明学之前儒学史的溯源、阳明学出现的背景分析、王阳明人生与学术的精道论述、阳明后学的发展以及对后世的深远影响的解读，让读者深切感受到王阳明"不世出之天姿""冠绝当代，卓立千古"的道德、功业与文章。

丁为祥《中国哲学通史·明代卷》（江苏人民出版社2022年6月版）一书，从肩负"道统之传"的曹端出发一直到提倡"诚意慎独之学"的刘宗周，全面地梳理了明代哲学的发展脉络，论证了明代理学——心学与气学在总体继承朱子学基础上的两种不同走向，最后将儒家心性之学推向高峰，并由此开启了明清之际的反思与批判思潮。其中，第五章对王阳明的心性之学予以解读，第六至九章对阳明后学代表性的人物及其对阳明学的发展予以论述。

许家星《精一之传——王阳明道统思想探幽》（《中州学刊》2022年第4期）一文指出，道统论是王阳明良知学的重要内容。阳明道统论以"精一之传"为宗旨，阳明认为此道始于尧舜禹之十六字心法，经孔颜（孟）仁学、周程道学而最后为其心学所传承。阳明在极力摒除朱子学于道统之外时，对作为同调的象山、甘泉心学之不够精一皆有所不满，并以明人伦之学极力驳斥心学为禅学之诬评。阳明道统论有其动态发展历程，其若干

"出格"之论体现了阳明学的理论创新与儒学传统、理学共识之间同异交错的紧张关系："颜子没而圣学亡"作为阳明早年未定之说，实质上是对宋儒所揭示的颜孟之别这一道统分判的接续；孔子九千镒之论与"夫子贤于尧舜"之传统实相背离，体现了阳明学因病发药所隐含的矫枉过正之处。阳明的道统论呈现了阳明学与朱子学的继承发展关系，也表明道统论依然是儒学未来发展所必须面对之重要课题。

傅锡洪《简易与真切的互蕴：王阳明工夫论的内在理路》[《西南民族大学学报》（人文社会科学版）2022年第4期]一文指出，王阳明晚年对工夫提出了"只是要简易真切"的要求，这实际上道出了他工夫论的要义。在他看来，朱子学烦难而不简易，佛道二教简易但不真切，只有他在龙场所悟的依凭本心（亦即本体）做身心修养工夫才是既简易又真切的。简易之为简易的关键是本体自然对工夫具有支撑作用，真切之为真切的关键是不忽视本体的这一作用，而是使意识指向本体、诉诸本体，真正发挥本体的作用。简易内在的要求也自然蕴含着真切。对普通人来说，如果没有真切，简易是无法落实的，也只要真切就可以达到简易。两者构成相互需要、相互转化的关系。这一互蕴关系构成了阳明工夫论的内在理路。

张茂泽《论王阳明的学术观》[《贵阳学院学报》（社会科学版）2022年第3期]一文指出，阳明心学是王阳明在其学术观指导下进行学术研究的产物，研究阳明心学不能不关注阳明的学术观。阳明所谓学术主要指圣学，即现实的人进行人性修养、文明教化，成为理想的圣贤的学问；而圣学集中体现为经学，在学术史上则以心学为主线；致良知是经典诠释的前提、核心和目的，以人情解经也是阳明自己常用的方法。批判俗学，揭露其自私自利根源，则可为弘扬正学、昌明圣学扫清迷雾，排除障碍。

沈顺福《阳明心学与人类主体性》[《贵阳学院学报》（社会科学版）2022年第5期]一文指出，王阳明常常说人做主宰、心做主宰。作为主宰者的人通常有两重身份即人类和个体。王阳明所说的"主宰者"应该是指人类；"人做主宰"应该是指在由人和万物等组成的生命体中，人类是主宰者。最终主宰者即良知也是人性。良知做主宰即人性做主宰，也就是人类主宰宇宙万物的生存。王阳明突出了人类主体性。至于个体与个体性，王阳明基本忽略。

阮春晖、周飞蓉《君子意象与良知学的构建：王阳明哲学的人格维度》[《邵阳学院学报》（社会科学版）2022年第5期]一文指出，阳明哲学中君子意象的塑造，体现在君子之道、君子之学、君子之仕等方面。君子之学以诚意为主，诚意又内蕴于良知学之中，表明君子之学与良知学具有内在一致性。君子意象的融入，使得阳明哲学带有积极的人格色彩，具有确立主体地位、呈现真实情感世界、省思主体自我等方面的人格维度。阳明良知学之构建与实施，其实也是君子意象的塑造与完成。

2."心、意、知、物"关系的研究

曾海军《重估王阳明"心外无物"论的价值——读丁纪〈鹅湖诗与四句教〉所思所得》（《天府新论》2022年第6期）一文指出，丁纪的《鹅湖诗与四句教》一文对阳明学的兴盛表达了忧虑。以"心学"著称的阳明学实则落在了"意"上。"心"的地位看似至高无上乃至无所不包，却并无对"意"的主宰作用。这就使得王阳明的"心外无物"论所表达的"心"与"物"的关系，反倒落在了"意"与"物"上。以"意"与"物"的关系而论，阳明学显然没有处理好万事万物的存在问题。心外何以无物，其用意在于为了让人明白亲不存于事亲之外，王阳明为了达到这种效果却在义理上顾此失彼。就思想本身的价值而言，王阳明的"心外无物"论确实被大大高估了。

龚晓康《"物"之呈现、聚集与诚明——基于阳明心学的考察》（《孔学堂》2022年第3期）一文指出，学界依王阳明"意之所在便是物""心外无物""以其明觉之感应而言，则谓之物"等说，形成了意义论、价值论、感应论等观点，而对阳明"身心意知物是一件"之说则甚少留意。"身心意知物是一件"表明，"物"为心、知、意、身之聚集，并构成了源初的存在场域：本心之感应而有良知之明觉，良知之明觉而有意识之发动，意识之发动而有事物之呈现，事物之呈现而有身体之感触。这种身—心—意—知—物所共同构成的源初场域，即物之"自体"；经由意识之对象化而为身

体所感触者，则为物之"现象"。而基于主体间性的作用，"物"也具有客观实在性。但是，意识在自我象化的同时往往存在着小我的执着，遂使身—心—意—知—物的源初场域破裂，"物"成为外在于人的存在者，而人亦为外物所役使。故而，格物的重点在于诚明工夫，物来顺应而不为物所役，最终回归源初的存在场域。究言之，阳明所论之"格物"，超越了单纯的事物认知而成为道德的工夫，"不诚无物"说也就获得了存有论的阐明。

乔建宇《王阳明"心"概念研究》（山东大学硕士学位论文，2022年5月）一文认为，王阳明的"心"概念包含"血肉心"与"本体心"两种要素。"血肉心"是"一块血肉"与"气之灵"的有机结合，其同一于个人的身体，是个人生存活动的源头。"血肉心"的发用以"气"为媒介，活泼的、无限隔的"气"为"与物同体"乃至"万物一体"提供了实然层面的可能性，在"一气流通"的意义上，天地万物与人类构成一个整全的生命体。在"万物一体"的视域下，一方面，天地万物的声、色、味与变化等皆需要在人类"血肉心"的活动中从混沌走向澄明；另一方面，人类与天地万物的关系是对个人身体中"血肉心"与耳、目、口与四肢关系的类推。因此，"血肉心"是人类生存活动与宇宙生生造化的经验性本源与主宰。"本体心"以良知或性（理）为内容，是形而上的终极实体。就其属性而言，可以展开多方面的描述。比如从时空的角度来看，其表现为永恒与普遍；从语言与知觉的角度来看，其超言绝象；从人对其的价值与情感投射的角度来看，其表现为绝对与至善。"本体心"以否定的方式对待差异，在差别中自身等同，是伴随着差别，在差别中保持自身的"一"。"本体心"为以"血肉心"为本源的生存活动提供了普遍规范与"合法性"依据，赋予了儒家价值观念以客观实在性，是人类生存活动与宇宙生生造化的终极性本源与主宰。"血肉心"与"本体心"的关系问题可以被理解为理气关系问题的心学表达。"本体心"是形而上者，"血肉心"是形而下者，二者是分属形而上下的异质的存在，相互间有明确的、不可逾越的界限；与此同时，"本体心"与"血肉心"又处于一种"相即而不离"的状态当中。"本体心"代表人的普遍本质，"血肉心"则代表人的具体存在，"本体心"遍在于一切"血肉心"中，每一个"血肉心"中都包含一完满的"本体心"。"血肉心"与"本体心"在相即关系中表现出"相成"与"相夺"两种同时存在的活动方式。"相成"指"本体心"与"血肉心"相互依傍，相因为用，二者互相离不开对方。没有以"血肉心"为本源的生存活动，"本体心"便无法呈现；没有"本体心"的立法与奠基，以"血肉心"为本源的生存活动便如同禽兽一般，堕入失序与混乱。"相夺"指"本体心"与"心中贼"（"血肉心"为"私欲客气"所浸染的部分）相互较劲、相互斗争，二者不断地争夺对个人生存活动的主导权。工夫活动在某种程度上便是同"心中贼"战斗的过程，而立志则标志着将"心中贼"客体化并对其宣战。"一念为善之志"的确立是"血肉心"与"本体心"之间所发生的遭遇活动，即"感而遂通"，这一活动对于人的生存而言具有转折性的意义，其标志着立志主体对动物性生存的超越。

唐春艳《〈传习录〉中"心"的蓄意隐喻研究》[《文学教育》（上）2022年第6期]一文指出，在学术话语中，隐喻构建者常常通过蓄意隐喻向受众阐明晦涩的抽象概念，以达到知识传授或交流的目的。《传习录》辑录了王阳明与其门人及友人之间的学术对话，集中体现了王阳明本人的思想，是研究阳明心学的重要文献。"心"是心学研究的核心概念。王阳明继承和创新了中国传统儒学中"心"的概念，并借此系统阐释了应该如何"正心"，从而达到教化世人的目的。本研究以《传习录》中"心"的蓄意隐喻为语料，探究"心"的蓄意隐喻的认知构建过程及其对阳明心学思想形成和传播的功能。

张振《论王阳明的"格物"思想》（《西部学刊》2022年第13期）一文指出，王阳明深受朱子格物思想的影响，加之他的不懈探索与工夫实践，使得格物思想较朱子更进一层，具体体现在：朱子以"至"字来训释"格"字，而阳明更侧重"至"字中兼有的"正"的含义；"物"是"意"所指向的对象，意念所在即是"物"。故此，王阳明格物的对象即是心体所感应的万物，此万物可以是客观的物，也可以是主观的物。格物合起来理解就是"正意念之不正"使之归于心体之正。正意念是需要工夫的，通过格物工夫达致心体的流行无碍，这便臻至了万物一体的境界，方是尽心尽性之学。

尉学斌《论王阳明"格物"说的演变及其困境》（《中华文化论坛》2022年第6期）一文指出，阳明学说与朱子学之间关联密切，二者的复杂关系也比较典型地表现在对《大学》中"格物"的阐释差异问题上。王阳明格竹失败，固然有其自身误解的原因，却也凸显了朱熹"格物"说本身可能存在的问题，因此王阳明在别创己说后对"格物"有了新的解释，并于随后与同仁的反复辩难中逐步修正完善自己的学说。然而，王阳明"格物"说在自身学说体系中的圆融贯通并不能完全应对基于朱子学传统的质疑。究其根本，其缘由或在于阳明学说对《大学》文本的依托，以及对朱子学传统在某些形式上的借用与转化，而王阳明"格物"说的提出方式，也为我们指示了解决其困境的可能性方向。

杨富斌《对阳明心学"心外无物"学说的过程哲学诠释》[《河北师范大学学报》（哲学社会科学版）2022年第5期]一文指出，阳明心学把陆九渊提出的"心即理"学说进一步扩充为"强形式"的"心外无物"学说，乃是以彻底的心物一元论为宇宙论和本体论基础，把宋明心学推向了彻底的经验论顶峰；"心外无物"所坚持的彻底经验主义认识论，既体现了彻底的主体性原则和主体间性原则，也坚持了能动的革命的反映论原则和"面向事物本身"的现象学方法的基本精神，在哲学倾向上同马克思的实践唯物主义哲学所秉持的实践论基本倾向是一致的。从怀特海过程哲学视域审视和诠释阳明心学的"心外无物"学说，不仅有助于澄清历史上对阳明心学的哲学性质和基本特征的各种曲解和不实之词，而且有助于我们今天在传承中华优秀传统文化时真正贯彻"古为今用"的原则，有助于我们实现对中华传统优秀文化的创造性转化，以期为我们当今在中华大地上建设现代化强国和社会主义生态文明社会提供一定的理论借鉴和实践动力。

陈胜飚《武术修炼视角的王阳明"心外无物"思想研究》（《武术研究》2022年第8期）一文采用三重诠释法，从武术修炼视角对心学的"心无外物"思想进行了"实然考察""应然推测"和"可然联想"。认为，"心无外物"思想对武术多个方面的内容有着指导性和启发性的意义：以武技修炼视角解读"心无外物"思想，即强调武者在武技修炼时要做到"内外合一""发挥良能"；以武德修炼视角解读"心无外物"思想，即强调武者在培养武德时要重视"生生之仁""德艺双重"；以武道修炼视角解读"心无外物"思想，即强调武者在修炼武道时应追求"圆融无碍""无累无滞"的超然物外的精神境界。

3."知行合一"的研究

关欣《德性知识论视域下的"知行合一"——兼论对"良知"的新诠》（《江西社会科学》2022年第1期）一文认为，当代西方知识论的发展内含对认知主体之智德（intellectual virtue）的强调，其讨论焦点已逐渐从向外求真转移到认知的实践向度上来，在一定意义上与中国传统"知行"哲学的实践智慧相契合。如果将王阳明的"知行合一"说置于中西哲学比较的视域下考察，"知行合一"的知识论含义得到了学界的广泛关注，但其作为一种认知结构是否具有普遍价值，则尚待进一步厘清。理解阳明所言"良知"作为道德的知识与非道德意义上的知识之异同，可以德性知识论为参照，因为阳明"知行合一"说不仅与道德活动相关，也对一般意义上的认知活动的过程性和连续性有深刻揭示。而对"知行合一"做知识结构分析，能使"良知"知识论面向的特点被更清晰地展现出来。

曾国锋《王阳明"知行合一"中的道家思想》[《九江学院学报》（社会科学版）2022年第1期]一文指出，知行关系是中国哲学的重要内容。王阳明将知行关系理解作"知行合一"，在构建其"知行合一"思想的本体论时认为"良知自明"便包含了道家的"道之自然"观念；其"心物关系"便是借鉴了道家"道物关系"模式，并为"知行合一"提供了可行性依据；另外，王阳明在追求"天人合一"的过程中，也学习了道家"物我关系"理论，从而使"知行合一"得以具体开展。

李承贵《王阳明"知行合一"说之特质》（《江海学刊》2022年第2期）一文指出，"知行合一"是王阳明基于自我生命体验提出的命题。在这个命题中，"知行合一"被定义为"知行关系"的"本体"，试图确立解决"知行关系"的基本范式，并表现出形上性；"行"之为"知行合一"基础的确认，提出了把握"知行轻重"的参考答案，并体现了经世致用的实学精神；"知行合一"中的价值诉求，反映了阳明对"知行合一"应用意义的期待，体现了超越性和理想性；"知行合一"的多重性表明"知""行"不是静止的合一、抽象的合一，而是动态的合一、具体的合一，凸显"知行合一"的最佳模式是"知行相适"。不过，"知行合一"之所以为"知行本体"，之所以"以行为本"，之所以蕴含"价值诉求"，之所以表现为"多重合一"，乃是"心体"使然。因此，王阳明"知行合一"是由"心体"主宰、孕育的"知""行"运行系统，是"心体"这一道德智慧的深切投射。质言之，王阳明"知行合一"是以"心体如此"为核心，以"知行本体""以行为本""价值诉求""多重合一"为基本元素构成的有机理论体系，因而成为中国哲学史上处理"知""行"关系的典范，并在理论和实践上表现出丰富且积极的启示。

龚晓康《"知行合一"：复归本体的明觉与能动》[《南昌大学学报》（人文社会科学版）2022年第5期]一文指出，王阳明的"知行合一"说乃是基于知行本体而展开的。知与行之所以被分为两件工夫，并非道德认知与实践的脱节，而是知行本体为私欲所隔断。而知行本体即是心之良知良能，故"知行合一"的本旨在于"知良能，是良知；能良知，是良能"，即一切知行活动皆应复归作为知行本体的良知良能。阳明所谓的复归知行本体，并非意味着摒弃意识的认知与身体的行动，而毋宁说是，意识的认知与身体的行动皆应基于心之本体。如此，"行"方具有先天的自明性，"知"方具有本源的能动性。阳明的"知行合一"说，回答了道德知识的先天来源与道德行为的根本动力问题，在当代社会仍然具有重要的现实意义。

高海波《王阳明"知是行之始，行是知之成"新诠》[《国际儒学》（中英文）2022年第3期]一文指出，"知行合一"是阳明学研究中引起较多讨论的一个问题。有的学者倾向于从"同质的时间差"角度来理解阳明的知行关系，这一理解与对阳明"知是行之始，行是知之成"命题中"始"与"成"的诠释有密切关系，持这一观点的多数学者都倾向于将其解释为"开始"与"完成"。这样的话，知行之间存在极短的时间差就是很自然的事情。这种对"始"与"成"的理解是有问题的。而佐藤一斋的看法更有道理，他主张"始"与"成"应该被理解为"方始"和"作为"（或"表现"），在这种理解中，知行就是一种体用同时的关系，而不是先后关系。阳明上述命题中的"始"与"成"的用法，应该来自《易传》的"乾知大始，坤作成物"。因此，阳明的"知行合一"说与其易学思想有着密切的关系。在阳明的易学思想中，乾坤是体用同时的关系，由此可以推断，知行也是体用同时的关系，而不是时间先后关系。

马萍萍《工夫与知行——论王阳明"知行合一"与朱熹知行观的关系》[《汕头大学学报》（人文社会科学版）2022年第10期]一文指出，在朱熹与阳明思想中，知行关系与工夫论密切相关。知行关系的根本在于心理关系，而心与理一又是工夫论的重要内容。心与理一便能知行合一，知行合一是工夫的必然结果。朱熹与阳明在工夫论上的出发点有所不同，朱熹基于气质人心，而阳明则是立足于心之本体良知。因为出发点的不同，二者在知行关系上便有不同的侧重，朱熹重在致知以立心之本，而阳明重在力行，以至于良知于事事物物。实际上，"知先行后"与"知行合一"既是做工夫的两种不同路径，也是做工夫的两个阶段。

罗伯友《浅析王阳明的"知行合一"研究》（《汉字文化》2022年第23期）一文指出，阳明心学是儒家哲学的集大成者。王阳明在秉承儒家道统的基础上，吸纳佛、道等多家之长，建构出自己的阳明心学。王阳明在龙场悟道的生死契机下提出"心即理"，树立了自己的心本体，又通过自己独特的"知行合一"命题提供本心流行发用的可能，再到"致良知"的工夫落实。至此，王阳明成功建构了一门通过"知行合一"而打通本体论和修养论的"心学"体系。在该文中，笔者将论述王阳明正是因为对"心"做了"知行合一"的创新性规定，而使自己的"心即理""心学"建立在坚实的基础上。

谭笑《道德与非道德知行合一之分殊》[《首都师范大学学报》（社会科学版）2022年第6期]一文指出，王阳明在论证知行合一的观点时，从射箭、书画等身体性实践入手，将"知"落脚在伦理实践上。虽然这些实践知识都是情境敏感的默会知识，但其性质却有着本质区别，构成了两类不同的知行合一。它们的不同，一方面体现在默会知识的属性上，另一方面也体现在习得过程中。黄勇和郁振华之间关于动力之知的争论，本质上是关于是否需要区分这两类不同的知行合一问题的争论。动力之知的概念错误地将能力之知等同于"可以做某事"。

杨大龙《王重阳功行思想与王阳明知行观的比较研究》（《学术探索》2022年第4期）一文指出，王重阳功行思想与王阳明知行观中都蕴含着对于性命的反思和追求，但两者对于性命反思的逻辑起点和性命追求的至高境界却大相径庭。王重阳的性命观以性命双修的内丹理论为基础，主张"性主命宾"的观点，强调在内修真功、外修真行的内外贯通之中实现全真而仙的性命超越。王阳明的知行观以良知为核，主张"心即性即命"的观点，着重通过以心定性、以心定命来贯通性命与身心，以呈露良知，从而在致良知的过程中实现尽性致命的性命追求。相比而言，王重阳以性功为主，内外双修，体现出性宗渐修的特点；王阳明以良知为核，是以良知统率性命之学，体现为心宗顿悟的特点。

姜晓宇《对"知行合一"与"致良知"的关系探析》（《今古文创》2022年第47期）一文指出，知行合一与致良知都是王阳明重要的思想主张，充实着阳明心学的体系，但是不少学者就二者关系提出了疑问并进行了探讨。有学者认为，王阳明后期所提出的致良知已经与之前的知行合一分属不同的路数，或者认为这两种观点实际上是相同的，又或者认为致良知是对知行合一的一种理论深化，并且致良知在某种程度上使得知行合一得到了更好的诠释。王阳明所提出的知行合一和致良知的主张实际上是一种递进关系，是一种理论的深化。因此，该文在探究王阳明理论发展的历史背景的基础上，对知行合一与致良知的理论内涵进行阐述，从而揭示出致良知这一观点是在何种程度上对知行合一有所发展的，其何以是阳明心学的升华，在何种意义上为儒学的发展提供了新的契机。

4. "心即理"与"良知即天理"的研究

张高阳《从"理本"向"心本"演化路径探究——以陆王心学"格物

致知"思想为中心》[《阜阳师范大学学报》（社会科学版）2022年第3期]一文指出，陆九渊开宗心学明显受到了程颢思想的影响，但"破后而立"，通过对"格物致知"的发展性诠释，开启了由"理本"向"心本"演化的道路，将"心"提升到与"理"相同的本体地位。经王阳明批判性继承发展，确立了"心"独一无二的本体地位，大胆以"良知"为"理"，以为善去恶为致知手段，为学者找到了为学的极简道路。

熊小俊《王阳明"为学"观探究》（《汉字文化》2022年第12期）一文指出，王阳明的哲学核心是其关于良知的学说。论及为学时，与良知多有牵涉。探究阳明为学之旨要，则面临为学的可能性、必要性及其意蕴等问题，文章围绕以上问题的解决而展开。为学之可能性关涉为学的前提，在阳明的学说中，人人皆具良知，良知则是为学之前提。为学之必要性又关涉着为学的工夫，良知虽是人人皆有，常人常被私意遮蔽，不能将其显现，因而需要为学的工夫将其去除，显明良知。其后则是为学之意蕴，阳明为学的意蕴即是让良知本体扩充得尽，通过为学去除人的私意障碍，由有小我之私复归本真大我，通达圣人之境。

刘万鹏《"良知"与"见闻之知"——阳明心学思想中的知识批判之维》[《贵阳学院学报》（社会科学版）2022年第6期]一文指出，阳明基于"良知"与"见闻之知"的区分实现了他对知识批判的哲学思想。他对见闻之知的批判并非对知识本身的批判，而是直指作为知识主体的人之存在。阳明批判见闻之知的核心目标在于揭示人作为实践和责任主体向来在场。对于今天的人们而言，阳明的知识批判所提供的最终教益是：不要遗忘了人自身的存在。活在良知观照下的社会生活中，这将意味着：坦然承认我们负有责任，我们即是向来在场的主体，我们将在历史中证成我们的良知。

李振纲《心外无教、心外无经、心外无学——王阳明"乙酉三记"发微》[《贵阳学院学报》（社会科学版）2022年第3期]一文指出，王阳明是中国文化史上为数不多的哲学家和文武兼备的教育家，其所创立的良知本体论心学带有极强烈、极浓厚的教化性、生活性、实践性及此三性圆融的治理性。王阳明传奇的一生自始至终与"道"密不可分，少年出入佛老彷徨寻道，早年颠沛流离于龙场"悟道"，盛年亦儒亦宦孜孜然以心宣道，晚年移席天泉桥上与高足证道，旋即死在统兵靖边返归途中，可谓以身殉道。"乙酉三记"是其毕生宣道、实践教化儒学的一个缩影。以往阳明学研究的专著宏文成果丰富，从微观上具体呈现王阳明心外无教、心外无经、心外无学的思想精髓，或不失为深化阳明学研究的一种有益尝试。

高地勇《良知的主体性展开与康德的道德自律》（《绵阳师范学院学报》2022年第3期）一文指出，王阳明从"心即理"这一基本命题出发，建立心体，并引入"良知"这一范畴，突出了人的良知在道德实践中的主体地位。康德取消一切外在的经验，把纯粹理性作为道德实践的依据，从而建构一套严格的道德形而上学体系。深层次比较两位哲人的思想，就能发现无论是王阳明的良知还是康德的纯粹理性，皆强调人的主体性以及道德依据的先天性。然而两者之思想亦有区别，主要体现在良知本身具备情感，而纯粹理性排斥一切情感。关于德福一致，康德认为现世中幸福与道德是没有因果关系的，唯有通过悬设灵魂不朽与上帝，并在道德中实践对这两个先验理念的信仰，以期在后世中达到德福一致。王阳明则将良知与道德情感视为一体，在道德实践中便能获得超越感官享受所带来的愉悦，使德行与幸福在此世中就关联起来。

胡振夏《良知与理气——基于"精一""精神""精灵"的分析论》［《贵阳学院学报》（社会科学版）2022年第2期］一文认为，王阳明的良知概念涵摄"精一"之精的理面向与"精神"之精的气面向。前者涉及阳明对朱子"精一"之理的反思，后者涉及阳明吸收道教"精气神"的思想诠释良知。在朱子，"精一"之理基于认知心来觉察，并非心的自然呈现；阳明则认为，相关感应下的自然生发作为心之生意，直接呈现灵明之理，进而指出理与生发之气关联为良知之生发流行。这点进一步反映在他借助"精气神"的思想中，诠释良知为精明之气的感应流行。基于此，他推及良知为灵明自知的生生流行，以天地万物为精灵的生生化成。良知经由这一诠释展现良知生生流行的思想，阳明理气的内涵基于良知生生彰显的灵明义与流行义来理解。

5."良知"与"致良知"的研究

习细平、张新国《追寻实践智慧——王阳明"良知"论的精神旨趣》（《哲学分析》2022年第6期）一文指出，以德性解释王阳明的"良知"概念是学界以往的主流看法，即将之诠释为与从孟子到象山的"本心"相一致的范畴。这实质上主要是从"仁"的脉络来看的结果，如果从更广的视域看，"智"的意义同样不可忽视。对于王阳明哲学"智"德的探求，内在地导向对人的实践智慧的深层次考察。与理学以往诸形态的境界形而上学不同，王阳明良知论的精神旨趣在于为人的伦常行动灌注以权事制宜实践的智慧，即事砥砺和锻炼日用常行中的好恶之心，主张人不只是以良知为尺度来规范自己的道德行动，同时提倡人超越美德而追寻自然之诚德。

路传颂《良知既非能力之知亦非动力之知——与郁振华、黄勇商榷》（《社会科学文摘》2022年第1期）一文指出，受到分析哲学家吉尔伯特·赖尔区分命题知识和能力知识的启发，郁振华用能力知识概念解释王阳明的良知（下文称这种观点为"能力论"），而黄勇则认为良知既非命题知识，也非能力知识，而是包含两者但又有别于两者的动力之知（下文称这种观点为"动力论"）。该文认为，无论是能力论还是动力论，都违背了"知行合一"的宗旨，适得其反地证明了"知而不行"在道德上并不是过错。此外，这两种理论在解释我们对道德知识的常识理解、解释广泛的道德现象方面存在着许多难题。

林丽、马寄《本真之"情"——"良知"知"是"知"非"的内在机理与其普遍达成探析》[《贵阳学院学报》（社会科学版）2022年第5期]一文指出，阳明"心学"结穴为"致良知"。如何理解"良知"成为一切入阳明"心学"奥义的机枢所在？学界多从西方哲学"先验""本体"范畴出发诠释"良知"，该文则回到中国哲学自身的语境——孝悌，指出"良知"的基质为本真之"情"。本真之"情"不仅能以"好""恶"判断"是""非"，还能将所判断之"是""非"导向是其所"是"非其所"非"。至于对出于一己"好""恶"之"是""非"能否达成道德准则所需普遍的质疑，该文指出本真之"情"的本真性保证着一己之"好""恶"同样具有道德准则所需的普遍。职是之故，一己之"好""恶"亦能够担当道德准则之重任。

乐爱国《王阳明会认为"盗贼也有良知"吗?》[《江南大学学报》(人文社会科学版)2022年第1期]一文指出，王阳明讲人人皆有良知，不少人据此推断他会认为"盗贼也有良知"。王阳明曾受命巡抚南、赣、汀、漳，除盗安民，同时也讲君子与小人的对立，并认为那些为不善者，虽然作为人，其本然也有良知，但终究由于"物有不格，意有不诚"而归于小人。而且，王阳明讲人人皆有良知，只是就人之本然而言，不可由此直接推出现实中的盗贼也有良知；他虽然偶尔也以盗贼为例，论证人人皆有良知，但最终并不是要说明"盗贼也有良知"，更多的是强调要致良知，要诚其意，正是要说明并非所有人都能致良知。尤其是，王阳明讲小人"虽曰知之，犹不知也"，明确否定小人之有良知。

康晓瑛《"良知"与"致良知"：王阳明个体道德建构研究》(西北师范大学硕士学位论文，2022年5月)一文指出，"良知"与"致良知"是王阳明哲学的核心命题，也是王阳明心学体系的两个十分重要的支撑点。该文主要从个体道德建构的维度，对王阳明"良知"和"致良知"的思想体系进行较为深入的分析，一方面从学理上对王阳明思想做出阐释，另一方面也为当下中国人的个体道德建构提供一些启示和借鉴。个体道德的实现奠基于个体道德的建构。个体道德从结构上来说，既包括个体道德意识，也包括个体道德行为。王阳明首先将个体道德意识规定为"良知"，体现为道德理性、道德情感和道德意志的统一；其次，王阳明从其心学体系出发，将个体道德行为看成是"致良知"和"知行合一"，即通过立志、立诚、事上磨炼和不断用功的工夫使良知本体全部显现的过程。王阳明个体道德建构的最终目标在于达到圣人人格的实现。由此，我们可以看出，王阳明建构了一个以"良知"为内核，通过"致良知"和"知行合一"的实践来达到圣人人格目标实现的较为完整的道德修养体系。就本质而言，王阳明以"良知"和"致良知"为核心所建构的个体道德修养体系并没有超出其"心学"即主体意识的范围,其"知行合一"也是在主体意识范围内的道德意识与道德行为的统一,仍然将个体道德建构局限在主体意识的范围之内。但是其对个体道德意识在个体道德建构中作用的强调,对个体道德实践过程中"致良知"和"知行合一"的强调,对于市场经济和现代性背景下中国人的个体道德建设仍具有十分重要的启发意义。

雷静《王阳明"致良知"工夫心曲考察:以正德年间散曲诗歌为例》[《上海交通大学学报》(哲学社会科学版)2022年第1期]一文认为,王阳明在明代正德年间提出的"致良知"说不仅是哲学命题,更是其道德实践工夫。探析正德年间王阳明创作的散曲、诗歌等直抒胸臆的文本,将直面"致良知"说产生的心路历程,从而呈现出阳明所强调的"良知即是非""自致其良知"等工夫关键。阳明由致良知工夫体证得出,良知作为是非标准,而自致其良知的自信,正是对良知作为是非标准的自立自信,其归于万物一体之仁的不容已,这既是士人的为己之学,更是使天下人自致其良知的大同理想。

张锦枝《王阳明良知教确立后意论的变与不变》(《中国哲学史》2022年第6期)一文指出,王阳明的意论经历了几次变化。其中,以平濠后至良知教确立的一段时期内变化最为精微。阳明良知教的确立说明阳明对知有一成熟的理解,同时,他对意以及意与知、物关系的理解有一新的进境。其主要的变化在于,对于知的理解从原先的心之已发转变为贯通未发已发,意由心之所发的表述转变为知之感应,由意定义知与物的学说在心知一体确立后转变为知决定意。不变的是,工夫始终落实在心之已发上。由此产生的问题有,知行不能合一,诚意与致知作为第一义工夫的不确定,心与意的脱节,意在心、知序列中的凹陷,等等。最终,这些问题要求析出阳明意的两层含义,才能得以解决。

刘悦笛《良知与认知的中国之辩——从"以真导善"与"以善启真"的互动观之》(《管子学刊》2022年第1期)一文用比较哲学的方法,从"知什么"(knowing that)和"知如何"(knowing how)的区分出发,以陆象山和王阳明思想为考察中心,重思知与德之辩。从孟子的良知到王阳明的致良知，从四端始发的小良知到涵盖宇宙的大良知，其中的中介环节就是陆象山的"吾心"。王阳明的良知既非"知什么"也非"知如何"，而是一种良觉，即对至善的一种道德直觉。既然致知非知，那就揭示出德性之"尊"与问学之"道"的张力。关键问题在于，从陆象山到王阳明恰恰割裂了德性之"尊"与问学之"道"，并试图用前者去涵盖与包纳后者。尽管从陆王心学开端就已割裂德与知，如今恰恰要找回认知与良知的本然关联，这也是中国哲学可以贡献给世界的独特之处。从人类的真善关联来看，"以真导善"与"以善启真"恰为真善关联的两个基本维度，中国古典哲学尽管更倾向于在"以真导善"上逡巡反思，但也在"以善启真"上给当代发展以诸多启示。

郑泽绵《王阳明的"良知见在"说与儒家时间意识的突破》（《文史哲》2022年第2期）一文认为，王阳明的"良知见在"不同于阳明后学的"良知现成"，宜从时间意识的维度并在儒释道互动的大背景下加以探讨。良知不是超越时间的本体，而是有时间性的。良知典型地表现为道德意识对凡俗的私意计度的时间意识的斩断；"良知见在"不是理论陈述，而是实践的指点，也即让学生专注于当下的、非功利的道德实践，放下对过去与未来的执着与算计。"见在"在阳明用语中大多数应当理解为"尚存"，"良知见在"即"良知尚存"，虽不完满，但蕴含着缺而待圆的动势。此语警策人们：当下一念良知醒觉就该行动，沉浸在非功利的时间体验中从事道德实践。阳明论"良知见在"时还说"过去未来事，思之何益"，可见它与意念管理有关，钱德洪、邹守益、孙应奎与王畿等阳明后学都点出了这种关联。在时间体验上，道家与佛教对儒家构成了挑战：庄子有"无古无今"，郭象有"忘先后之所接"，禅宗有"前后际断"和"无念"。阳明点出"良知见在"，化用了禅宗的斩截的时间体验工夫，以工夫论之"断"求本体论之"续"，才使儒家从佛道的威胁中突围，而觅得新的工夫进路。

张兴《从孟子"良知"到〈大学〉"诚意""致知"——论王阳明"致良知"思想的来源与内涵》（《山东省社会主义学院学报》2022年第3期）一文指出，王阳明的"致良知"学说是结合《大学》八条目中"诚意""致知"条目与《孟子》一书中的"良知"说，并结合自己人生经历的切身体会，即强调"心"指导下的实践特征，所提出的一种当时历史背景下的全新学说。从"致良知"思想的来源来看，主要包含三方面的内涵：一是"致良知"之"至极其良知"的内涵，即从善的方面来说，将自己的"良知"逐步扩充，以达到极致；二是"致良知"之"使无亏缺障蔽"义，即从恶的方面来说，就是要学者去除自己的私欲遮蔽、间隔，体现的是逐步去除遮蔽、恢复本体光明的过程；三是"致良知"之"知行合一"义，"致"字所体现出来的行动内涵，即"良知"要通过行动展现出来。

郝永《王阳明致良知之教》（中华书局2022年8月版）一书指出，王阳明提出的"致良知"是阳明学最为核心的命题，形成了"致良知"的心学哲学体系。王阳明的"致良知"哲学，不仅是纯粹的理性思辨，还是感性的诗意栖居，不仅是形而上的静态理论，还是形而下的动态教传，是为"致良知"之教。该书对王阳明"致良知"哲学和"致良知"之教，不仅从《传习录》入手，还通过对大量文篇的文本细读、对文献本身的细致钩沉，对王阳明的"致良知"之教做了全面、系统、深入的研究，全面介绍了"致良知"之教的内容，以及这一命题产生、演变、发展的过程，同时还尝试对阳明后学做一全面观照，从而加深对宋明理学这一学术思潮的理解。

何红娟《"良知"与"致良知"逻辑关系分析》（《牡丹》2022年第20期）一文指出，"良知"和"致良知"并非简单的认识论与实践论的关系问题，王阳明思想中的知行合一也并非简单的理论与实践相统一的问题。"良知"并非全知，而是一种初念、直觉知和自然知。"良知"的能力仅限于分辨善恶，在这个分辨的过程中需要穷尽人理、发挥"良知"的作用，这便是"致良知"。"良知"与"致良知"在知行合一的构思和实践中走向统一。知行合一问题是王阳明"良知"与"致良知"思想的实践性表现，也是研究知行合一理论逻辑的基础。知行合一终归是一种道与德的哲学关系问题。"知是行的主意，行是知的工夫。"有知无行可谓无知，也就是没有"致良知"，如果没有"致良知"，知行问题就无法妥善解决。

傅锡洪《王阳明工夫论演进的内在线索》（《上饶师范学院学报》2022

年第5期）一文指出，在王阳明工夫论的演变过程中，隐含着一条很少受到关注但却非常重要的线索，即重心由真切转向简易，再由简易转向真切。在以诚意指点学者，并且自身长期做诚意工夫，而工夫日益真切的基础上，阳明于1520年左右正式提出致良知宗旨，明确揭示出能指引和推动工夫的本体，工夫的简易性由此显豁无遗。这反映出他工夫论的重心已由真切转向简易。不过，诚意及其反映的工夫的真切性，在他以致良知为主的工夫论中仍具有重要地位。诚意是学者切实做简易工夫的内在要求和必然结果，对诚意的强调可以纠正学者出于工夫简易而不信良知或轻忽怠惰的倾向。在充分感受到良知内在动力和准则的基础上，阳明于去世前几年特别强调真切，并提出一体之仁和真诚恻怛等观点以解释良知，这表明他工夫论的重心已由简易转向真切。从理论上来说，简易与真切是互相蕴含的关系，他不同时期的工夫论，只是强调了这两者中的一者而已。

李幼蒸《"致良知"为仁学伦理实践学之"新三纲"——从历史符号学—解释学角度解析》［《重庆交通大学学报》（社会科学版）2022年第1期］一文指出，王阳明一生学行，在讲学方面可分为道德学传播与伦理学思辨两大片。前者为面对一般民众的通俗性宣讲（始自贵州处夷时期），后者为与弟子、学友的"理论性"深思；前者的性质类似"传教"，后者的性质属于探究学理。两类活动交互叠合，均以"良知学"为统一的标榜。"致良知"遂相当于在推广与提升仁学之"学的伦理学"实践中之另一"心学三纲领"。如果将阳明学的大学辨与良知学结合起来看，阳明学的"心学化"实践也通过其"三纲领修辞术"包含着两步骤，即"大学三纲领"之心学化（大学改本）与"心学三纲领"之心学化（致良知）。

崔钰洁《王阳明致知工夫论探析》（华东师范大学硕士学位论文，2022年4月）一文指出，费丽帕·富特（Philippa Foot）在讨论亚里士多德的美德伦理学时，提到了美德两难困境：一方面"自制者"克服极大的困难倾向行美德之事具有道德上的优越性；另一方面难以行美德之事，正是由于其在美德上的不圆满。富特对这一难题调和式的观点并未触及问题关键，她把行美德之事是否愉悦、主体处境是否艰难作为重点。事实上，两者区分的关键在于行为是否出乎心体。本于心体的德性行动符合内心意愿，愉悦心情不过是意愿满足后的表征。值得称赞的德性行动不仅仅是出于理性自觉规范，更应是心得其宜、自然而然的，这一点在王阳明的致知工夫论方面有更好的论述。王阳明指出，"生知安行者"和"困知勉行者"修养工夫上的差异，正是圣凡二重境界区分的关键。"困知勉行者"出于规范，强制自己勉力而为，而"生知安行者"行美德之事不思而为、自然而然，在意念上不存在刻意和执着，显然是后者更值得称赞。经过长久除蔽致知的工夫进阶，从自觉、自愿到行为自然而然，最终达致不勉而中、自由无碍的境界，这使得实有诸己的"真知"得以实现。在这里，自律与自然相一致，德性行动不再表现为有意为之、勉强为善，而是获得了自然向善的形态，这种形态融于良知之中，是良知心体的内在真诚要求。

王天歌《"致良知"与"心态秩序"：王阳明与费孝通思想之相通及其当下启示》（《河北学刊》2022年第3期）一文认为，阳明学说中的"致良知"与费孝通所提出的"心态秩序"在致思路径上均强调心性的自知自觉。对比"致良知"与"心态秩序"中"自知""自觉""自省"等品格之间的内在关联，分析两种思想在当代多元文化视域下的共振因素及其实践内核，有利于思考在当代如何谋求人类文明的共存共荣以及"大同社会"理想的实现途径。"致良知"与"心态秩序"两种思想对人性、人心的关怀，以及对人类未来发展的共同思考具有内在关联性，不仅共同呼吁道德自觉性的回归，而且将个体"良知"的发现提升到全人类"心态"的层面上，从而为如何实现当代人类文化的和谐发展提供了思考的方向。

颜可达《王阳明致良知及其道德实践研究》（长沙理工大学硕士学位论文，2022年6月）一文指出，王阳明的"致良知"学说是其心学的主要思想。王阳明的"良知"思想是以孟子的"心性学说"、陆九渊的"心学"为核心，对朱子"思想"中的一些问题进行了思考而构建的。不同于那些在书斋中苦心孤诣建构自己思想体系的哲学家，王阳明的良知学说是在他不断的理论探索和事功磨炼中逐渐形成的，是其道德实践的灵魂。该文以致良知为核心，分三部分对其进行阐述。第一部分主要是解释王阳明致良知的思想。从王阳明生平和思想历程，结合其时代背景探究致良知学说的发展历程，并从"是非心""天理""成圣""格物"的角度探讨其道德意蕴，以及从王阳明晚年提出的"四句教"中，寻找致良知的真切法门。第二部分则是从实践的角度进一步阐述致良知的方法和途径。具体而言，便是以知行合一为主线，以致良知的实践方法为升华，包含"知行合一""静坐""省察克治""事上磨炼""不动心"等具体工夫。纵观其经历，自龙场悟道始，平乱、剿匪、讲学育人、觉民行道，无一不包含其致良知的工夫和其在道德上的实践。第三部分是基于该文致良知的思想启示和当代意义。总而言之，王阳明"致良知"学说对于人类主观能动性的追寻和关注，提出了一个新的角度。对解决当代在道德上出现的"个性"和"共性"的突出问题有促进作用，对我们进行道德修养、完善人格，构建良好的社会秩序都具有一定的学习和指导意义。

6. "立志"与"成圣"的研究

汪学群《王阳明的立志说》[《贵阳学院学报》（社会科学版）2022年第2期]一文认为，王阳明强调立志，指要立圣人之志而非其他志向，而且必须从良知入手，良知纯洁便有圣人之志。立志是根本，是成功的先决条件；立志虽然是起点，但非终点，立志的目的在于学道，学即为学，道即为学之道，追求道德上的完善；立志又与工夫关系密切，是用功的前提，从某种意义上说，立志就是一种工夫。王阳明把立志纳入良知心学范围，凸显良知的自觉。

刘宇蒙《王阳明的志论研究》（华中师范大学硕士学位论文，2022年5月）一文指出，王阳明的志论就像其不凡的人生经历一样，具有强大的生命力和实践意义，研究王阳明的志论，必然将其理论思想与实践活动紧密联系起来，看王阳明在理论上是如何论志的，在实际生活中又是如何践履的，从而深入系统地阐述阳明志论的理论基础、精神特质、实现路径和历史地位。"志"在中国哲学史上占有重要地位，通过全面研究王阳明的志论思想，不仅可以系统梳理其独特的志论体系，剖析王阳明践志的普遍修养工夫，还能在彰显王阳明的立志事迹的同时，在一定程度上弥补学术界对王阳明志论研究不是那么充分的遗憾，帮助我们更加全面、系统和深刻地理解王阳明的哲学思想。文章分四个部分对王阳明的志论进行研究。第一部分是对王阳明之前儒学志论发展的梳理。自先秦时期起"志"就引起各学派的关注，儒家学者更是在价值抉择和道德实践中将"志"作为最高的价值追求。王阳明作为儒学志论的集大成者，其志论更能体现儒家知行合一的实践品格，通过阐述先秦儒家志功论、北宋二子志气论和宋明理学意志论，为王阳明的志论研究奠定理论基础。第二部分以王阳明的身心关系为出发点，通过对志与气、志与知、志与物三对范畴关系的阐述，看王阳明是如何以心论志和以身论志，从而构建起思维意识与行为本体相结合的志论思想体系的。王阳明的志论主要表现为：为己、成己和无我，在为己之志的基础上摆脱意气干扰成就自我，在真知体悟中忘却本体从而实现自我的超越，"志"为阳明心学的发展奠定了基础。第三部分回归到王阳明志论的真实本体，通过探讨王阳明的践志途径，凸显"志"的真实价值，从少年"读书学圣贤"的个人志向到晚年"人人皆可成圣"的伟大理想，阳明之志逐渐演变为众人之志，王阳明"志"的实现历程和路径反映了人类在认知自我过程中的普遍性，从而总结了一套王阳明践志的普遍修养工夫。其核心观点主要有三：一是定心之功；二是慎独之功；三是栽培之功。志是个体自由意志与普遍道德之理的统一，由此奠定了阳明哲学思想的道德行为准则。第四部分则是在对王阳明志论进行客观评价的基础上分析阳明志论的当代启迪。我们既要看到王阳明志论的理论贡献，同时也要厘清其志论的历史局限性。王阳明的志论存在主观意志的片面性、主体自由的局限性和实践工夫的滞后性，但阳明志论对个人、社会、国家均有一定的启示意义，依次呈现为独立人格的自主选择、道德规范的思想指南、自信自强的民族希望，基于此对王阳明的志论探究显得格外重要。

李月华《以身成志——王阳明立志思想研究》（华东师范大学硕士学位论文，2022年5月）一文指出，立志思想在阳明心学中占据重要地位。该文从立志、养志和成志三个环节论述阳明的立志思想。王阳明主张立"圣人之志"。气充盈天地之间，人之主体在此基础上获得身心的统一。志与身共同生长并一同展开。在身心统一的基础之上，王阳明认为志如种子（根），立志就如立根。志是气之帅，志有方向，指引着人之身的成长，也即是成人的方向。立志之后还需养志。为己从身上看，涵养其志便是修身。坚持志行合一，施以养志工夫，不断从身心上去践行。在承认立志的前提之下，不断去体认其志，进而深化对己志的认识，并让志获得现实性的意义。持志养气便是在坚持人之灵性禀赋的同时，追求坚定的意志，实现人的德性。人之志本质上都是来自人的本性，只是已发之时各有不同。故而需要做责志（去私）和诚意之功。阳明强调真志，立诚便是在不伤及人之本性自然流露的同时，达到去除私意的目的。去除私意便是在体知，不断作"事上磨"之功，人之身与人、事、物打交道。在这样的过程之中逐渐形成稳定的志，使其拥有现实意义。阳明认为，身体生长的理想样态，便是在不断养志的过程之中成就一体之仁。此时，身便关联着天地万物，是人之道德良知在天地万物间的体现。从个人之志达成群体之志，实现自我德性的养成。志成，身不仅知痛痒，还可以由己拓宽到他人、物和天地之间，进而获得一种共同的生命使命感。

邵友伟《从"立志"到"致良知"——王阳明道德修养的工夫进路》（《理论界》2022年第2期）一文指出，"致良知"是王阳明思想体系的核心，同时也是其道德修养的归宿。从广义上看，王阳明的心学是"吾性自足，不假外求"的，但是从狭义的道德修养来看又是可以拾级而上的。其道德修养大致分为"立志"和"致良知"两个阶段，"立志"提供了成圣成贤的方向，"致良知"奠定了道德修养的方法和路径。"立志"与"致良知"是其为学不同阶段的学问的头脑和为学方法。立志是道德修养的基础，是"致良知"的开始；致良知是道德修养的完善，是"立志"的深化。

杨谦《"有过"，还是"无过"？——王阳明圣人有过无过辨析》（《中国哲学史》2022年第2期）一文指出，有别于程朱一脉的"圣人无过"论，王阳明明确提出"圣人有过"。与此同时，王阳明又隐隐传达出"圣人无过"之意向，使得阳明的圣人形象存在明显的矛盾。实际上，"圣人有过"是心学内向型工夫的必然结果，正基于此，阳明"圣人无过"说才得以成立。在阳明的圣人设定中，"圣人有过"与"圣人无过"是并在的，并无矛盾，前提就是良知的当下呈现，能有过即知，知即改。而良知实践中，有过、知过、改过三者同时呈现，虽存在逻辑上的先后关系，但并无时间先后可言，呈现出有过与过消（无过）一时并在这一看似矛盾的内在契合的情形。有关阳明圣人有过与无过的讨论，真正显豁出良知自知自觉的固有特质，对整体把握阳明的良知实践以及心学的现代开展具有启发意义。

刘艳《从良知学看王阳明的圣人观》（《唐都学刊》2022年第4期）一文指出，王阳明以"良知"为基础，主张满街人都是圣人，从静态与动态的存在形式赋予良知天理、天道的内涵，又从现实的角度以"是非之心"来阐释良知先天所具有的辨善恶、明是非的能力，人人都是潜在圣人。在王阳明的思想中，先天良知是成圣之本，后天致良知才是成就圣人的现实途径。致良知，一方面指的是要达到对本然之良知的自觉，另一方面指的是以良知而行。作为一种成圣工夫，致良知不离于见闻，也不泥于见闻，既是潜在圣人转化为现成圣人的途径，又是现成圣人维持圣人气象的根本。王阳明强调后天的主观努力是致良知的关键，圣人是"可学而至"的。王阳明所理解的圣人并非完美之人，而是在生活中追求天理、不断磨炼的现实之人。

周艳菊《王阳明"狂者胸次"与"圣人气象"的趋融》[《宁波大学学报》（人文科学版）2022年第6期] 一文指出，《尚书》中的"惟圣罔念作狂，惟狂克念作圣"在后世经学阐释中逐渐开启了"狂"与"圣"之间的分野，宋代以降屡有对"狂""圣"分野的质疑与重释，明代关于"狂"与"圣"的讨论开始往"心学"之路上走。王阳明在致良知的思想框架中阐释"狂"及"狂者胸次"，"圣"及"圣人气象"。王阳明认为，狂者依良知真是真非而行，在行为上"嘐嘐圣人而行不掩"，有"凤凰翔于千仞气象"。他提出"圣人之道，吾性自足"，将成圣的根据牢牢安置于人的内心，"圣人之学，惟是致此良知而已"，将圣人之道与自己的致良知之学绾合起来，高屋建瓴地提出"圣人气象不在圣人而在我"。在他的思想中"狂"与"圣"渐趋弥合，在他的人格上"狂者胸次"与"圣人气象"也渐趋融合。

"狂者胸次"与"圣人气象"趋融的关捩就在于"裁"。以"致良知"裁之，"狂"之资与"圣"之质在阳明的人格上趋于圆融自如。

7. "天地万物一体之仁"的研究

王进文《王阳明"万物一体"说的义理疏释与道德实践——致良知视角下的本体论、工夫论与境界论》[《贵阳学院学报》（社会科学版）2022年第1期] 一文指出，阳明由致良知所开展的"万物一体"之说，是在传承儒家从先秦"天人合一"到宋明"一体之仁"思想精华的基础上，通过对自身生命历程的反思与体悟，揭示心即是理，赋予良知既内在又超越的理论意义与"成己成物"的道德实践面向，极大地深化和扩展了儒家一体观的意涵。"万物一体"既是阳明对个人生命历程不断反思与体悟的结果，也是其成己、成人、成物道德实践的全幅展现。就本体论而言，阳明"万物一体"之说的良知既是道德主体，也是万物生生之理。就工夫论而言，人道、天道本是一体，与天地万物为一体即致良知之展开，在知行合一过程中亲亲、仁民、爱物。就境界论而言，阳明"万物一体"的至诚至真、至仁至善与至乐至美是三位一体的，只有超越有无之分、物我之隔，化解了有无之间的紧张与物我之间的对立，才能达到"本体即境界，境界即本体"的理想。

谭振江《阳明心学"万物一体"观的独特内涵探析》（《学理论》2022年第11期）一文指出，古代先哲的思想多蕴含"万物一体"的观念。王阳明汲取各家尤其是宋儒与禅宗的思想，晚年他提出并传讲"万物一体"观，旨在弥补并扩展"致良知"说。其独特的内涵主要体现在三方面。一是良知能感应万物，万物与人同体而大悲。二是心与物同源共性，人与万物同根一体。三是圣人以天地万物为一体之仁；圣者无我，博施济众，可谓万有一体之圣仁。"万物一体"的观念高远、宏博、深邃，于现实与未来意义甚多。

吴根友、刘思源《宋明儒的"一体之仁"与儒家式的"共生主义"》（《孔学堂》2022年第3期）一文指出，近年来，随着全球性环境危机的加深，"共生"思想在世界范围内得到了各界有识之士的进一步重视。在西方，出现了"共生主义"学说和运动；在中国，从政府到企业界都在调整发展模式，确立了绿色发展的理念。就思想史而言，中国传统哲学中蕴含着许多与"共生主义"核心价值理念相契合的思想因子，如"天人合一"的观念。尤其是宋明时期的理学家，他们在传统天人观的基础上发展出"万物一体"和"一体之仁"诸命题，可以视为一种古典的、伦理型的"共生主义"。析而言之，宋明儒在"气本论""理本论"和"心（良知）本体论"的基础上，发展出三种古典儒家式的"共生"思想，既可与现代"共生主义"接榫，亦可以起到借鉴、发明的作用，进而为共同应对纷繁复杂的现代性问题提供中国古典的思想资源。

陈立胜《"大抵心安即是家"：阳明心学一系"家"哲学及其现代影响》（《开放时代》2022年第6期）一文指出，阳明学"身家之私""身家之累""心安是家""友道第一""孔孟在家出家"这一系列"家"观念的提出，是由其"一体不容已"之仁学终极情怀而来的。"一体不容已"成为缩结心学讲学活动所构成的性命共同体的纽带。被感动者"自不容已"地要突破"身家之私"的限围，并与"同志"结为一"会"一"孔氏家"一"道""学""政"三位一体的性命共同体。这一系列"家"观念不仅为近现代中国"革"家之"命"的革命意识形态提供了"材料"和"凭借"，而且也为后者做足了"主题"上的铺垫工作，而"西方的冲击"则让这两者之间的连续性呈现出"断裂性"。揭示阳明学"家"哲学的现代效应，既有助于厘清近现代家庭革命思潮的内源性因素，也对进一步探索在现代性中究竟应当如何安顿儒学的"家"情怀有所裨益。

8."拔本塞源论"的研究

王闻文《阳明"理欲"关系窥探——基于对〈拔本塞源论〉的考察》（《学理论》2022年第7期）一文指出，《拔本塞源论》作为王阳明晚年的重要著述之一，其包含了"万物一体""圣人之学""理欲之辩"等重要思想。而其中对理欲关系的阐释更是切中与精练，这不仅体现在他把理欲关系与其他思想结合在一起论述，从而更加通透地阐释了这一学说，既区别于程朱理学所言之理欲的内涵，又从心学的层面对其进行新的赋义；而且更可以从中窥见理欲关系在其哲学体系中的地位，即理欲关系作为其哲学中的一个重要思想，贯穿于其心即理、致良知、知行合一等学说之中，并统摄这些思想。继而由对"理欲"关系的立与破，阐发其心学思想，更为重要的是导归圣人之境，以承继儒家道统。

牛伟《宋明理学的"拔本塞源论"——以二程、朱熹、王阳明为考察中心》（《朱子学研究》辑刊，2022年卷）一文指出，王阳明的"拔本塞源论"受到学界的普遍关注。陈来、冈田武彦等经过考证认为：在宋明理学中首先提出"拔本塞源"的是二程，但两位学者未对二程的"拔本塞源"进行分析。实际上二程之后、王阳明之前，宋代学者如胡宏、朱熹、吕祖谦、张栻等也都论及过"拔本塞源"。

9. "四句教"的研究

周新宜《王门"四句教"之我见》（《百科知识》2022年第21期）一文指出，"四句教"指明朝哲学家王阳明在晚年时期所言的"无善无恶心之体，有善有恶意之动，知善知恶是良知，为善去恶是格物"四句，一般把这四句看作王阳明心学的精髓和概要。短短四句蕴含了王阳明对"心""理""气""良知"等哲学概念的深刻阐释。所以，思考"四句教"的含义并尝试多角度理解，对了解王阳明心学有重要意义。

杨泽波《"隐默说"："无善无恶心之体"新解读》（《中国哲学史》2022年第2期）一文指出，对于阳明"四句教"中"无善无恶心之体"一句，除一些人持质疑态度外，主要有"无滞说"和"至善说"两种解读方式。这两种方式都有所得，也都有不足。儒家生生伦理学将良知界定为建基于生长倾向之上的伦理心境，为解读提供了一种新的可能，这就是"隐默说"。所谓"隐默说"，是指作为伦理心境的良知具有"第二本能"的特性，其本质是一种潜意识，未遇事接物时处于隐默状态，不显现自身，既无善相也无恶相，只是在遇事接物后才会显露自己，进而有善有恶，知善知恶，为善去恶。"隐默说"不完全排斥"无滞说"和"至善说"，但更加重视良知作为道德本体的特性和状态，可能是一种更为合理的解读方式。

孙迎贵《渐悟与静坐——阳明工夫论的两条路径》（山西师范大学硕士

学位论文，2022年5月）一文指出，阳明于天泉证道时揭示"四有""四无"八句教法，为其判教体系，是阳明对己之平生心学所做的最终总结。区分"四有""四无"的关键在于对"无善无恶"的本体论解读。"无善无恶"正指本体对言相的超越特性，在"体用一源"大背景下，"无善无恶"本体必然展现出"至善"气象。以有无此超越追求为界，"四有说"仅止于善恶伦理的澄清，言"至善"本体，为后天之学；"四无说"则为证悟超越的先天之学，直立"无善无恶"本体。为中人立教，龙溪与双江分别吸取阳明引而不发却适合其说的工夫论述，明确挺立了"渐悟法"与见性静坐法——这两重先天路径。与一般印象不同，龙溪跳出了天泉证道时的高谈阔论，重新回归了"四句教法"言说下的体证模式，选择了与"顿悟法"相对的"渐悟法"。考虑到超越本体无有对工夫细节或阶次的任何规定，未悟者拟迹"自上而下"真性周流的同时寻求"自下而上"的证悟已是最合适的实践方式。于是，相较于诚意工夫的严肃取向，更应界定为"发用"的"实行义"致良知工夫更贴合"四无"气象，成为"渐悟法"拟迹行为的具体实践方式。但致良知工夫存有见在良知的理论前提，不能为人接受。为此，龙溪提出"提醒良知"与"全体放下"作细节叮嘱以保证"渐悟法"实践的合法性。另外，龙溪通过对"一点灵明"与"一念之微"的提倡，分别于本体与工夫层面推进了"渐悟法"的细量化。一般来讲，根于心学、理学二派于本体层面的理解不同，静坐工夫分作两种：理学派坚持"性体"隔绝，须加向外工夫以谋求与内在超越共振后的豁然贯通，此系静坐工夫亦不允许直指超越，而仅为保持"惺惺"态度的涵养；心学派"心体"概念的提出既试图保有超越又给予了体知的可能，于是，见性静坐法为隔绝有限、混合主客后体知超越的内求路径。问题在于，超越与体知之间存在固有矛盾，而见性静坐法对有限的隔绝意味着其最终必须指向某种存在以期体证的达成。相较于白沙，阳明"非实感体知"的说法不能成功补救本体降落的同时，也弱化了工夫路径的挺立。于是，阳明对见性静坐法的摒弃出于学理原因，并将其教授的见性静坐工夫归为收放心性质以掩盖之。不同一般认知，阳明于弘治十八年（1505）正式教授见性静坐法，此后，阳明倡此静坐法为第一义工夫，直至正德十五年（1520）明确摒弃。阳明之后，双江明持见性静坐法，为工夫路径的挺立明言"实体"，此法"体立而用自生"的达成即为"四无"境界的实现。

步小东《存在视域下王阳明致良知思想的心理研究——以"四句教"为线索》（吉林大学博士学位论文，2022年5月）一文认为，良知是人人都有的内心的声音，但常常很隐蔽和很微弱，如何让它发声并成为我们的主宰是每个人内心的呼唤和时代的呼唤。王阳明作为儒家的重要一派——心学的创始人之一以及集儒释道于一身的大成者，一生的学问可以用"致良知"三个字来概括。"致良知"是什么含义？它对于现代中国人有什么意义？它是否可以从心理的角度进行阐释？它是否具有心理的应用价值？对这些问题的回答是该论文的主要内容。阳明学作为实践哲学，找到其背后的心理支撑很重要。而且阳明学有诸多可与现代心理学产生共鸣的思想资源，比如"心""意""知""物""善恶""动静""乐""心即理""诚意""良知""知行合一""万物一体"等。有些学者从某个心理角度，比如道德心理、认知心理、教育心理、人本心理等对阳明思想进行了研究，但是这些研究并不系统与深入。找到贯穿阳明心理思想的完整线索，挖掘阳明学在心理应用方面的独特价值，是该论文的突破点与创新点。与儒家的传统一致，阳明学问的宗旨是探寻"成大人"之道。如何"成大人"，阳明毕生探索后得出的结论是"致良知"。这个结论是如何得出的，需要对阳明有关的观点进行梳理。他最具代表性的观点是其晚年总结的四句教："无善无恶心之体，有善有恶意之动，知善知恶是良知，为善去恶是格物。"如何从心理的角度解读这四句话，是该论文的重点。该文对这四句话一一进行了解读。不过，不同于大多数从伦理角度的解读，该文是从存在的角度对它们进行了全新的解读。整个"四句教"都是为了说明"致良知"。那么为什么要先说"心之体"？"心之体"指人的本体，是人本质的体现。人的本体为什么是"无善无恶"呢？因为本体要借助对象才得以显现，"无善无恶"是无对象时本体没有显现的状态。本体虽然没有显现，但是一定要"有"，要在心"中"。没有它，人就失去了存在的根据。"心即理"指的就是本体是人存在的根据。"心即理"的"心"指本心，"理"不是理智，而是非思维的、有情感的、有导向的直觉。总之，"无善无恶心之体"说的是人存在的本体，这是良知未显现时的状态，是"致良知"的起点。本体进入现实世界后发生了分化，产生三种意识：一种是本体意识；一种是由本体产生的意识；一种是由意识产生的意识。后两种意识对应于"意之动"的两种情况：一种是"意未动"，意识由"未动"的本体产生；一种是"意动"，意识由意识产生而变动不已。"有善有恶"指"未动"的本体产生的意识是"善"意识，"动"的意识产生的意识是"恶"意识。那么为什么本体产生的意识被视为"善"，意识产生的意识被视为"恶"呢？是因为本体自发地产生意识，这种意识对本体无碍；意识产生的意识受到前意识制约，本体与这种意识失去了关联，这种意识阻碍了本体的呈现。可见，"意"的"善恶"并不是源于道德判断，而是源于对其来源的判断，也是对其是否阻碍本体呈现的判断。"诚意"就是专注于本体意识，让意识都由本体产生。这样，一方面产生的都是"善"意；另一方面，本体不被意识以及外物所制约，人得到真自主与真自由。意识产生时，良知同时具有。如果意识是由本体产生的，它产生的同时良知显现；如果意识是由意识产生的，它产生的同时良知是隐匿的。所以良知"知"的是意识是否由本体产生。由本体产生就是"善"，不由本体产生就是"恶"。这就是"知善知恶是良知"的含义。就这个意义来说，良知是存在本体的显现。良知的显现是知、情、意三者共同作用的结果。从"知"的角度来说，良知是一种智的直觉，是对意识是否由本体产生的觉察；从"情"的角度来说，良知是一种本体发出的"顺万物而无情"的适中的情感；从"意"的角度来说，良知是立足于实践的自由意志。良知显现有两种方式：一种是作为主体的显现，良知表现为"真我"，让个人的真正主宰得以建立，让自我不断建构与扩充，还不会带来类似"超我"的压制；一种是作为意识的显现，良知是"未分化意识"，具有类似"正念"的特点，又具有超越时间维度的特点。最后一句"为善去恶是格物"可以将前面三句串联起来。第一句指理想世界，第二句指现实世界，第三句指理想世界作用于现实世界（即意义世界）的条件，最后一句指意义世界的建构。对于人如何有意义地存在，这一句告诉了实践的方法——"格物"。因为"格物"指将良知扩充至事事物物上，所以"格物"即"致良知"。要想"致良知"，先得确定"良知"的无上地位，这就是"立志"。另外，静坐、养气、戒慎恐惧都有助于涵养"良知"本体，这是"致良知"的正面工夫。然后得去除"良知"显现的最大干扰——"私欲"，靠的是不管有事、无事时的"省察克治"，这是"致良知"的反面工夫。而且，"省察克治"已经包含了"知行合一"方法论。"致良知"就是这样不停歇地去私欲与"省察克治"，最终形成直觉、思维、情感、行为的习惯，把"良知"运用变成生活常态、生命信仰与存在方式。这时的"致良知"就具有了治"心"之功，既可以用于意义治疗，又可以让人真正自我实现与自我超越，还可以得到真正的主体幸福感。总之，该文用"致良知"概括阳明的思想，从存在的视角解释"心""意""知""物"以及"善恶""心即理""诚意""格物""致良知"等概念。这种解释使阳明思想突破了原有狭窄的伦理视阈，而进入到更广阔的心理视阈。这个视角的研究具有一定的理论价值，不仅为阳明学的现代化开辟了新路，还有助于推动我国本土心理学的研究；并且"致良知"既与"理想世界"关联，又与"现实世界"关联，还与"意义世界"关联，因此可以与各层次的意识关联，通过作用于这些意识可以促进心理健康与心理成长，具有广泛的实践价值。

都兰雅《阳明思想中"恶"之问题研究》（武汉大学硕士学位论文，2022年5月）一文指出，主流儒者推崇孟子的性善说。针对于此，学界内外不乏质疑儒家人性论过分乐观天真的声音。在性善说的理解下，人性非恶意味着什么？恶从何来？如何去恶？这是儒学理论中亟待澄清的问题。王阳明关于"恶"的探讨以"意"的偏失为枢纽。"意"是心之发，而心之本体是良知，因而"意"原本是出自良知的，"意"本来有善而无恶。然而，人会"自欺"，即忽视欺蒙良知与物交感时自然所发的知是知非与好善恶恶之"意"，人亦会为"习气"所移，即人受到生长于其中的不良习俗环境的影响，受到生来禀赋的浑浊驳杂之气质的影响。由此，"意"的表现有所夹杂人的安排思索、有所留滞，偏离于良知自身之发用而沦为"私意"。心中有了"私意"便有许多动气处，气之动乃受后天之习染所扰动，也就有了"恶"的出现。"意"偏离于良知自身之发用，阻碍了良知彰显，这是阳明对于"恶"之出现的根本解释。"恶"之出现可以溯源于"自欺"与"习气"两种因素，而气质与习俗环境作为命定的因素，是"恶"之出现可以诉诸的缘由，不决定"恶"的出现。人之立志依循良知抑或自欺而忽视良知之发用，乃是根本地决定"恶"是否出现的关键。人的志之不立，乃是"恶"出现的根本原因。因此任何人都需要为作善作恶负上根本的责任。意念发动处有善有恶，良知始终知善知恶，良知之知善知恶是一种切于吾人之身的明觉感应。阳明的良知统摄孟子的四端之心，良知阐明了人之性善。良知之知是对天地万物本然之知，良知是对天理即天地万物一体之理的感通明觉。去恶工夫的关键，是防治"意"偏离于良知自身之发用，回归先天本具固存之良知并以良知作为人生的主宰，则进而回归与天地万物一体的感通明觉。王阳明对于"恶"问题的论述，在孔子论"过"的思想与孟子论"不善"的思想以及宋儒有关"恶"的思想中，可以找到一定的理论渊源。王阳明承先于孟子的性善论，又照察了现实生活中的恶的存在，从而使为善去恶的道德修养工夫成为人人应有的追求。人人有先天本具固存之良知，故人人皆有向善为善之依据。"私意"阻滞了良知之天地万物一体的感通明觉，此即是"恶"之产生。"恶"不具有本体性，"恶"在人性中是无根的，故而"恶"可去除。阳明以引导人走出"恶"为要，但其是以对"恶"的起源进行剖析为基础，进而开出有效的除"恶"之方。

10. 阳明心学中其他哲学范畴的研究

黄仕坤《王阳明"心气一体"思想论析》[《海南大学学报》（人文社会科学版）2022年第6期]一文指出，王阳明气化思想与"心物一体"之旨相通：心物融通一体即呈现为一气之流行。因此，"气"的实情指"心气一体"清明和善的生生存在，并具化为阴阳的相生变易：良知发见心物一体存在的"生生"，呈现为阳气伸发之神与动；良知生发心物一体存在的"虚寂一体"，表现为阴气凝成之精与静。然而，清明和善的"心气一体"

存在，会因习染私欲遮蔽心性，异化为"心气二分"的浑浊恶气存在，故气的清浊善恶只是对私欲障蔽深浅的表征。就工夫言，私欲对心性的遮蔽开始于对志意的汩没，进而导致格物致知等致良知工夫的失败。因此，只要人时刻切实地做得正心、诚意、修身、格物的知行合一之致良知工夫，就能转化对象化的混浊恶气存在，复显心物融通的清明和善且真实无妄的一气生生存在。如此，心、气、致良知一体不分，且"知"与"行"是"心气一体"存在的两面。

刘彦鑫《王阳明气论研究》（兰州大学硕士学位论文，2022年5月）一文认为，"气"在王阳明心学中发挥着重要的作用，"气"同"理""心体""良知""性""情""意"以及"万物一体"等范畴紧密关联。在阳明的思想中，以"理者气之条理，气者理之运用"为主要表现形式，"气"与"理"呈现为一体两面的关系，"理之生生"和"气之生生"共同构筑起万物共在共生之一体的"生生世界"。人的生存价值在这个由"理—气"结构所成就出来的"生生世界"中展现出来，因为"人"在阳明心学中的特殊性，所以理气关系就人的生存而言，自然转变为"良知"与"气"的关系。该文将从"知""性""情""意"四个层面来分析阳明"良知"和"气"的关系。这四个层面分居在"良知流行过程"的两个阶段：无善恶区别的"知"与"性"的阶段；有善恶区别的"情"和"意"的阶段。"知"和"性"是"知觉"和"气质"，阳明没有将"知觉"和"气质"视为恶或恶的来源，"知觉"是良知能力的发用，"气质"即气质之性，但是气质"清浊"的分别不是善恶之所在，而是人成就自身的着力点，"性"并不作为区别人之善恶的依据。恶是在第二阶段的"情"和"意"处显发的，以"私欲""客气"为主要形式，因为良知被私欲遮蔽时，良知对气的原初的主宰效用得不到全然显现，"气"便成了"无秩奔放"之气。去除私欲客气之病即须行为善去恶的"致良知"工夫，即是"立志"和"集义"。且"气"在阳明处是贯通"本体论""生存论""工夫论"三个层面的。

傅锡洪《论王阳明的"动静合一"——从一元两层本体工夫看》（《孔学堂》2022年第1期）一文指出，王阳明倡导的工夫至少有两个特色：第一，因工夫围绕本体展开，本体与工夫合一，故其主张的工夫是一元本体工夫；第二，因本体在不同阶段有不同表现，故工夫又可以分为着意循理与自然循理两层。以一元两层本体工夫为视野，可以梳理出阳明论"动静"的思路。"动"有三层含义：有事，从欲，着意。"静"也有三层含义：无事，循理，自然。其中第一层中无事之静只是有事之动的一种特殊情况。相应地，动静合一既可指应事与未应事的心是同一个心，也可泛指循理，还可专指自然循理。在后两者中，前者已经做到正确，后者则不仅正确而且自然。自然正确不仅是个体良知的极致表现，同时也是天道的特点。

吕经纬《生命现象学视域下的王阳明论"诚"》（《衡水学院学报》2022年第3期）一文认为，"诚"是王阳明心学思想中的核心概念，在复杂的时代环境中产生，具有丰富的理论内涵和实践指向。从生命现象学的视域来看，对象性的观察不是生命现象自身，生命现象是自行感发的。生命不被外界所规定，按照生命自身的显现方式去显现自身并体认自身。阳明的"诚"以一种非意向性的视角来感受生命，"诚"沟通生命和世界，"诚己"是本真生命自身对自身的体会，没有被局限在意向性所构造出的"我"的思辨性形象，是一种在日常践履中培养的自行感发的情感性生命。阳明思想中的"诚"对于解蔽现代社会对人的异化、促进本真生命的回归具有积极的意义。

于晓玥《阳明学"寂"范畴研究》（河北大学博士学位论文，2022年5月）一文认为，在阳明学意义上，"寂"是心的本然状态和本质属性。一方面，"寂"是在心物关系中被理性推知而未被感性认知的认识论范畴；另一方面，"寂"是在相对待的心物关系中超对待的本体论范畴。阳明学对"寂"范畴的理解，既显现着心学对禅学本体论的取法，同时辨疏了心学与禅学基于认识论分途而显现的根本学理差异。作为一种存在状态，"寂"不否认"心""物"的客观性。"心"对"寂"的体认是各个体同一的切身体验。天地间必然存在尚未被知觉且具有被知觉之可能的"物"处于"寂"的状态，与"心"不间断地构成"同归于寂"的关系。作为禅化的儒学，阳明学以"虚寂"概念指摘释氏心物支离之病，又借"虚寂"一语挺立体用问题。"虚寂"兼具虚灵与明觉两重内容，但是区别于释氏的"养觉而啬用"，在阳明学话语体系中凸显"养觉而通用"。故"唯识无境"说因借心识的本体性论证万法皆空、离念即真，被谓为"虚寂"；"心外无物"说则是心性与物性的共同升华，彰显着我与天地万物之存在与意义的"明白"。然而，阳明学以知行活动中人的主体性为第一性，以心物同体为价值导向，这必然推动"寂"的认识论意义的解构与转向。作为本体论范畴，"寂"是"致良知"的本己本质和终极趋向。首先，"良知"是"寂然不动之本体"。"寂"以"知体常寂"的先验性和"无存无忘"的无执性成为良知之为"良"的本质属性。"虚寂"以"空空"之秘藏义和"屡空"之破执义赋予"良知"禅学意味，同时推进构建良知本位的三教本一论。循于"虚寂"的应然本质，"寂体"等同于"良知"；而循于"虚寂"的实然状态，"寂体"则是"良知"未发时的"上一截"。其次，作为超对待的良知本质，"寂"与"感"的关系呈现出"常寂常感""无寂无感"的同一性。其一，"寂"是跻于"有""无"之间的本体论和境界论范畴："寂照含虚"即"无"的境界，"合寂感""彻内外"即"有"的境界。而"寂"曰"无"、"感"曰"有"则是以"寂以宰感"的认识论视角阐释"寂"的"无而未尝无"，带有佛学的"空""无"色彩，与阿赖耶识的变现说互通。其二，"寂"即"静""定"。"静""定"意味着在"无"的境界上展开"有"的知行活动，这是主体意识自觉遵循良知的结果。其三，"寂感无时"是就良知本体而言的，"感前有寂"是就致良知的"预"的工夫而言的。其四，"几"是"寂""感"之间的端倪，亦是"寂""感"一贯的良知。"见在的几"是良知的自我澄明，可谓为"独"；亦是良知的动而未形，而更重于"生"。若谓"几"与"寂""感"是相并列的三种心灵状态，或谓"寂""感"之间无有"几"，而以"寂为感之几"，亦均是以"寂"为先在和主导，依属于"有无不形"的"无"境界。最后，"致良知"是以"归寂"为终极趋向的"良知"的自我明证。"归寂"与"通感"的关系化约为"感处做归寂"和"归寂以通感"两种工夫形式。"感处做归寂"是以"寂"言"悟"："致良知"存于"一念之微"，"一念自反"即是"归寂"。"归寂以通感"是以"寂"

言"修"："静"中存养"良知"，保证"良知"充量呈现。在"即用求体"的一元论中，"归寂"的本质是良知"自反"；在"立体达用"的二元论中，"归寂"的本质是良知"存养"。两者以不同的本体论结构和工夫论形式诠释着"归寂"与"通感"的"体用一源"。阳明学"寂"范畴的价值取向关系着心学体系的立论与发展，勾连着三教之学的激荡与融合。在本体论层面，以"寂体"代"良知"推动了良知学的转折，其中二元论倾向刺激着阳明心学至朱子性理学的转向，同时实现了朱学体用观在心学思想体系中的展开。"寂"范畴未泥于宗教形式，却粘连着宗教气质。它以人的内在超越性涵摄了宗教性，表现出修身与修心的"立体"取向。"立体"取向实现了宗教精神和道德伦理的统一，使得"主静"思想主导的"静坐"工夫重新成为中晚明儒者的重要工夫形式。"寂"的境界体验通常是持之以恒的自我修养的结果。在自我深化与自我扩展的过程中，主体进入一种无与伦比且无法被剥夺的精神境域。"寂"的境域实现了良知的自我澄明，带来不可言说的乐感体验，它以体悟"与物同体"为最高价值，超越时间和空间以及其中一切差别，带来绝对的崇高感和神圣感。"寂"境界以终极的自我转化和神秘的心理体验融通于"禅"境界，同时以出世精神尽入世之事而超越于"禅"境界。"寂"是一个超理性的非理性范畴，彰显着伦理且超伦理、审美且超审美的精神境界。

闫伟《王阳明的中和思想：以〈传习录〉为中心》（《宏德学刊》2022年第2期）一文指出，中和思想是宋明儒学中有关心性修养与所达境界的重要问题，受到理学家与心学家的普遍关注。宋儒以体、用分释中、和，未发之中与已发之和相矛盾。王阳明《传习录》对心之未发与已发进行了新的阐释：至善无恶的良知贯通心之本体与发用，是"未发之中"与"已发之和"的统一。在阳明看来，为达到传统理学追求的"存天理、灭人欲"的中和境界，需要一定的修养工夫。出于对中和概念的认知，阳明以"致中和"作为心性修养的实践方式：心之未发层面上戒慎恐惧、戒私去欲；心之已发层面上静坐息虑、省察克治。

大卫·巴拓识、杨彬《王阳明之"真己"修养观：全球共同体视域下发展开放性的自我认同》(《当代中国价值观研究》2022年第2期)一文旨在探究王阳明之"真己"修养观,以相关同等理念"心之本体"以及《传习录》中的"原只是个天理"为出发点,进而思考王阳明哲学中提出的"本体""躯壳""嘘吸""同体""形体""灵明"等术语,以及更为久远的概括性词语,如"体""躯"和"大体"。此外,通过"性"与"气"、"理"与"气"等关联词,王阳明的哲学箴言"知行合一""气"不可分(即"一气流通")以及"原无非礼"的观点(与其著名的"良知"一词有关),阐述了他对于"己"的理解。文章还探究了王阳明为何会如此关注"己"这一古词,以及他所提出的"真己"一词与旧词相比有着哪些重要变化。最后,文章思考了当今全球共同体的背景下,我们应该如何利用王阳明思想建立包容又开放的自我认知。王阳明提出的有关人的观点,例如"一嘘吸"和"体网络"——"活力系统"以及"身"——"具象人格",均根植于"真己"这一概念。这些思想必须自我修养而成,这也适用于满足当前全球时代精神的迫切需要。

杨嘉妍《王阳明"精一之功"探微》(《名家名作》2022年第26期)一文指出,王阳明在《传习录》中极力推崇《尚书》中的"人心惟危,道心惟微;惟精惟一,允执厥中"。从这句话中可以提炼出"精一"这一中心观点,这在王阳明的学说中也有所体现。该文旨在分析王阳明的主要思想,以探究阳明心学的"精一之功",发现致良知与心即理的关系,求索"精"的内涵,阐述"精一之功"对当下的意义。

杨抒漫《论王阳明对"何思何虑"的解读》(《平顶山学院学报》2022年第6期)一文指出,王阳明对"何思何虑"的解读以程朱之学为背景,认为圣人无需思虑的原因是其能够去除思虑之私心、顺应万物自然之理并体悟天理。通过扬弃程朱之学,王阳明建构起了对"何思何虑"的独特理解,其内涵包括三方面:第一,"何思何虑"的性质是本体与工夫的统一,而非效验;第二,达到"何思何虑"的主要途径是思虑天理和致良知,次要途径是去除私心;第三,去除思虑之私心的根本方法是穷此心之理,而非于事物上穷理,亦非分居敬和穷理为两事。王阳明对"何思何虑"的解读在明代思想史上具有里程碑意义，使阳明心学而非程朱理学成为众学者理解"何思何虑"时的主要参照。

龚晓康、史英达《"太极元无极"：阳明心学视域下的太极无极之辨》（《周易研究》2022年第5期）一文指出，对于周敦颐"无极而太极"一语，朱熹与陆九渊有往复的辩难。王阳明对此有所评价，他认为周敦颐"洞见道体"，而朱陆则"皆未之悉"。从现有的文本来看，阳明乃是基于心学立场讨论太极与无极问题的：心之感应而有万物的呈现，故为"太极"；心之感应无有抽象的体性，故为"无极"；太极与无极皆是就心之感应而言，故"太极元无极"。这里存在着宇宙论向本体论的转变。同时，阳明认为太极生生之理超越于动静之上，且"循理之谓静，从欲之谓动"，故超越动静之义又关联着天理与人欲的问题。这样，阳明又从本体论转至了工夫论："心"发动而有仁义礼智，为一切道德法则的源泉，故"定之以中正仁义"为"太极"；"心"不耽着于抽象的体性，无有私欲之扰动，故"主静"为"无极"。由此，阳明基于"太极元无极"之辨，构建起了融摄宇宙论、本体论与工夫论于一体的整全心学体系。

傅锡洪《良知即已发而为未发——王阳明的未发已发论探析》（《哲学评论》2022年第2期）一文指出，源自《中庸》的"未发""已发"因牵涉到喜怒哀乐中节与否的重大问题以及体用、动静等重要议题，而在宋明儒学中极具重要性。王阳明反对朱子强调未发之性与已发之情，以及未发之静与已发之动阶段的工夫的区分。他未发已发论的要旨在于：作为生生不息的戒惧之念的良知既是情又是性，是即已发而为未发。以此为基础，他的未发已发论主要从和即是中以及动静合一两个层次展开。牟宗三等学者尽管看到良知必然要发用出来，却仍然把良知理解为超越的本体，偏离了阳明自身从即已发而为未发的角度把握良知的思路。

郭淑新、汤小宾《"洒落"与"敬畏"：阳明心学蠡测》（《东岳论丛》2022年第3期）一文认为，宋明理学既是儒释道长期论争与融合的产物，亦是先秦与汉唐儒学在新的历史条件下哲理化与系统化的结晶。王阳明主张"洒落为吾心之体，敬畏为洒落之功"，使道德主体的情感挥洒与理性自觉相互含摄，从而在一定程度上，既避免了道德主体拘泥于本然之体而丢失自由天性，又防止了自由天性悖离本然之体而变得肆意任性。因此，阳明心学比之早期儒学更具形上性，较之程朱理学则更具本真性。在"洒落"与"敬畏"之双重变奏中，阳明心学在"致良知"的征程上奏响了明代心学之华章。

吴益生《不动心与不动气——中年王阳明的静定工夫论》[《宁波大学学报》（人文科学版）2022年第1期]一文指出，王阳明龙场悟道之后到揭示致良知宗旨之前，是其思想上的中年时期。"不动心"与"不动气"作为主体精神稳定和内在力量成熟的体现，在阳明这一时期的生存境域中频繁出现，二者共同构成其静定工夫论言说的重要脉络。在应对军事与政治的双重危机中，心气不动之所可能，与阳明自信本心以及义理担当密切相关。气的顺适与心的静定乃为同一事件，皆指向主体对生生不息的本体之探索与契会。阳明教揭良知之后，二者皆被纳入致良知工夫中去。从不动心（气）到致良知，阳明的学养造境从中日显邃密精微，圆熟自然。中年时期的王阳明最终得以突破自我生命的限制，在生活世界与思想世界中实现了双重开拓与转进。

马寄、方玲琴《从"主静"到"动"中用功——宋明理学工夫趋向及内在逻辑探析》[《贵阳学院学报》（社会科学版）2022年第3期]一文指出，宋明理学的核心是本然"心体"的探析及发明本然"心体"的工夫法门。宋明理学工夫发展趋势是从"静中用功"转向"动""静"相贯，其内在逻辑是对本然"心体"的不同认知。周敦颐工夫法门为"主静"，这源于他对本然"心体"的无欲的理解。这奠定了宋明理学工夫的历史和逻辑起点。朱熹将"心体"划分为"未发""已发"。基于此，他倡导"动""静"交互用功。王阳明由龙场悟道而跻入圣域，其最初工夫法门是"静中用功"。后来，他认识到"静"中用功工夫有流入"空虚"之弊，于是转而主张"动"中用功，并于这一工夫视域下实现其思想的第二次飞跃——"致良知"。明儒学殿军刘宗周的工夫法门是"动""静"相贯。这源于他对本然"心体"的理解。

帅萌、牟永生《王阳明忍耐思想及其当代启示》(《哈尔滨学院学报》2022年第3期)一文认为,王阳明忍耐是为纠"为学之志不真切""文盛实衰"等流弊,寻求解决社会矛盾的良方,构建新的学说体系,重振理学精神。王阳明忍耐思想具有恻隐、忍辱、弘毅等内涵,他于克己去欲、政治实践、以道进退等方面践行忍耐。王阳明忍耐思想高扬人的主体意识,打破凡圣之间的不可逾越性,对现代人"忍己"正心实现修身养性、"忍人"处世实现物我和谐、忍耐达"乐"之境界等有着积极启示。

王占彬《论王阳明"为己""克己""成己"的修养论》(《山东青年政治学院学报》2022年第3期)一文指出,身心关系是王阳明思想中的重要论题。其中,他在回答学生萧惠的问题时所阐发的躯壳与真己之合一,对研究其身心观有重要意义。王阳明的为己之学可分为"为己—克己—成己"三步。人们为了保全身心,就能消除私欲,进而能成就身心,三方面紧密联系,使得躯壳和真己获得现实的统一。王阳明认为,真己是躯壳的主宰和根基,躯壳是真己的载体和官能,保全躯壳的根本方法就在于成真己、致良知。真己即天理,亦即生生之理,这是身心统一的本体论依据。王阳明的身心合一思想影响了泰州学派的"保身""安身"理论,也对当今养生观念有一定的启发意义。

(四) 王阳明经学史学思想研究

我们知道,古本《大学》是阳明心学诸多命题得以生成的一部重要经典,对儒家传统经典即"四书五经"的诠释是历史上任何一位儒学家都绕不过去的学理思考,王阳明也不例外,在研读儒家经典的过程中,其形成了自己独特的经学观。

1. 王阳明经学思想综合研究

黄家庭、崔海东《王阳明的经学思想》[《贵阳学院学报》(社会科学版)2022年第4期]一文指出,阳明以唐虞三代之圣学为学问之标准,认为三代之后,大道不行,虚文胜而实行衰,孔子方删繁就简,整理经典,以存大道,"六经之学"方始形成。后儒妄增,附以传记,甚至加诸谬误,更演为支离，完全悖离孔门家法。故阳明认为继承六经之学，当诉诸良知，以心体道，简易直接，不必妄增私意。以此原则为指导，阳明又批评了朱子对《大学》之增改，冀以恢复古本之状态。

2. 王阳明的《大学》诠释研究

程旺《从〈大学〉学重思阳明良知教的建立》[《贵阳学院学报》（社会科学版）2022 年第 4 期]一文指出，王阳明良知教的建立与其《大学》诠释密不可分，从"格物"之困到"诚意"为本再到归宗"致知"，阳明的思想宗旨得以逐步澄明，并以良知灌注"致知"，以《大学》心、意、知、物作为基本的问题、理路和结构，不断推动良知教的体系化。立足经典本身来看，良知教视域中"致知"，为格物、诚意、正心提供着逻辑依据，为修身工夫构建内在条理，更拓展了《大学》全体大用之境地，形成了独具一格的《大学》学。《大学》作为"宋明六百年理学家发论依据之中心"，深刻影响了理学范式的演进逻辑，走出朱子"格物教"的"良知教"为此提供了又一个典范例证。

张兴《〈大学〉学史研究》（《国际儒学论丛》2022 年第 1 期）一文指出，郑玄、孔颖达、朱熹、王阳明四人的注疏可谓是历代《大学》注疏中最重要的组成部分，从经学诠释的角度来看，汉唐时期学者的《大学》注解完全是以政治为核心，尤其是以国君与大臣为核心。而宋明时期学者的《大学》注解主要是从道德角度出发，尤其以学者的道德修养为核心。郑玄的《大学注》体现了郑玄的政治理想，即以"君明臣贤"为核心的"为政"思想解读；而孔颖达的《大学正义》则是以"诚意之道"为理论基础，以"为政之道"的顺利实行为宗旨；而朱子的《大学章句》则是以学者的"修己治人"作为宗旨，以"格物致知"作为学者的最重要修养工夫，自然而然推之"新民"（即治人）；而王阳明的《大学》学，虽然早年以"诚意"为主，但在晚年则以"致知"结合《孟子》之"良知"，结合自身之切身体悟，提出"致良知"学说，则阳明的《大学》学是以"致良知"作为自己学说的核心。后世之学者，虽时有不同之见解，但依然逃不出这四种主要的解读方式。

刘亚明《王阳明恢复〈大学〉古本"亲民"意图考论》(《内江师范学院学报》2022年第9期)一文指出，朱熹把《大学》三纲领之一的"亲民"改写为"新民"，王阳明则极力主张恢复《大学》古本"亲民"。这引起了一场持续至今的争议。王阳明对朱熹理论的挑战使他付出了学术上的不利声誉和巨大政治代价，但依然故我。王阳明恢复《大学》古本"亲民"之举有其目的，主要表现在三个方面：一是从文献考据上返本复原，恢复《大学》古本原文；二是为打通经典与其良知心学的理论关隘，达到一种相互阐释的逻辑互证；三是出于"万物一体之仁"下伦理政治实践的需要，而从理论上建立根源性和合理性的依据。

谢青松《发现"吾心之良知"——对王阳明〈大学问〉的一种解读》(《人文杂志》2022年第10期)一文指出，王阳明晚年口授的《大学问》，高度浓缩了他生平讲学义理，堪称"阳明之心印"。在此文当中，王阳明依次回答弟子关于《大学》文本的提问，集中体现了王阳明"心学"之思想精髓。所谓"大人"，就是发现了自己并非这个有形有相的血肉之躯（"形骸"），而是那个无形无相的纯净意识（"万物一体之仁"），进而认同于"万物一体之仁"的人，那是"我"的真实身份（"真己"）。"大人之学"旨在探索自己的真实本性，发现"吾心之良知"。具体来说，就是要通过格物、致知、诚意、正心，保持觉知、安住当下，进而超凡入圣，达到"至善"之境。

陈怡《关于"如何读〈大学〉"的浅见》[《国际儒学》(中英文)2022年第3期]一文指出，先了解《大学》的古本，再仔细阅读朱熹等人的《大学》改本，同时探求王阳明等人主张古本的原因，才能真正体会朱、王等人对《大学》看法的优点和缺点。前人关于《大学》分经传的提法欠妥，"三纲领"的提法也不够准确，"格致补传"引起了很大争议。但从文章逻辑角度看，的确应该对《大学》"古本"进行修改，而修改的原则之一是改本应尽少地添加文字，只应进行适当重组。为更好地呈现《大学》的逻辑结构，可以借鉴程颐、朱熹、蔡清、唐君毅、程石泉等前代学者的意见，融入个人的阅读心得，提出新的《大学》的"建议改本"，以使其更便于今人阅读并把握其内涵。

毛朝晖《〈孟子〉〈大学〉与阳明心学的经学奠基——基于发生学视角的分析》（《中州学刊》2022年第10期）一文指出，阳明心学以"成圣"为出发点，以"圣即理"为根本前提，由"心即理"和"致良知"两个命题建立其义理结构。从发生学的视角看，阳明早年的成圣之学由朱子入手，其悟后的义理结构与《孟子》契合。但是，阳明晚年对孟子、朱子都有批判，他认为朱子《大学》改本偏离了孔子的成圣之学，孟子的"集义"工夫论有二元论的嫌疑。为此，他认为有必要批判朱子的《大学章句》，并修正孟子的工夫论，这促成了其晚年恢复《大学》古本的举动及其对《大学》的新诠释。简括言之，阳明心学的建构是由朱子《大学》改本的扬弃而切入《孟子》，再由《孟子》的修正而上溯到《大学》古本，并最终以此作为其经学的奠基与归宿。

3. 王阳明的《论语》学研究

唐明贵《王阳明〈论语〉诠释的"浙学"特色》（《中华经典研究》2022年第2期）一文指出，王阳明在诠释《论语》的过程中，从时代诉求出发，对朱子《论语集注》中的某些解说提出了质疑，削弱了朱注的权威地位，展现了"浙学"的批判精神。与此同时，他抱着兼容的心态，对朱学中的合理内容诸如"体用一源""存理灭欲"等思想予以借鉴和吸收，体现了"浙学"的兼容精神。他通过对《论语》的创造性诠释，从中生发出"心即理""良知说"和"知行合一"等心学思想，拓展了儒家的内圣学，建构了独具特色的心学体系，体现了"浙学"的创新精神。阳明《论语》学无论是在明代学术思想史上还是在中国"论语学史"上都有其意义与贡献。

毕景媛《王阳明〈论语〉诠释的心学立场及本体意蕴》（《东岳论丛》2022年第3期）一文认为，王阳明心学《论语》学，是其扬弃、反思朱子学说以心理为一、心外无理的心学观念，对《论语》文本做出的创造性理解。为对治朱子"格物"说"析心与理为二"的可能偏向，王阳明的《论语》诠释，在"知—行""天理—存天理""良知—致良知"的即本体即工夫的哲学观念下，始终通贯着一种"合心与理为一"的心学（良知学）立场。这种从以心本体（天理、良知、本心）为核心的心学观念出发对《论语》文本的诠释，充分反映了阳明心学《论语》学"六经注我"的哲学化诠释特点；同时，阳明在天理、良知、本心的本体论观念下对《论语》文本的思想解读，也十分明显地反映了其《论语》诠释的本体诠释意蕴。

朱承《何以正名——王阳明对"孔子正名"的理解》[《贵阳学院学报》（社会科学版）2022年第4期]一文指出，《传习录》第43条中，王阳明曾就"孔子正名"的历史问题提供了一种不同于朱熹《论语集注》的心学方案。对于孔子关注的卫国国君名位问题，《论语集注》的方案凸显的是人伦原则优先性、先君遗命的合法性以及权力的公共性，而王阳明的方案更强调人情在政治权力、公共生活中的重要性。《论语集注》强调"父子之别"来进行"正名"，王阳明则主张以"父子之情"来化解"名位危机"，从而为权力的合法性进行"正名"。王阳明对于"孔子正名"的理解，从建设性、两全性出发去维护"君臣父子"的儒家伦理原则，显示了一定的政治智慧。

4. 王阳明的《诗经》学研究

2022年，不见相关研究。

5. 王阳明的礼学思想研究

邓彭晖《王阳明对"克己复礼"的心学化诠释——兼论与朱熹诠释的区别》[《贵阳学院学报》（社会科学版）2022年第3期]一文认为，王阳明的礼学思想具有明显的"以心释礼"特征。在阳明看来，"克己"不仅仅是克除私己，而是要把握由"真己"出发的"为己"；"复礼"也非回复天理准则，而是复万物同体之良知本体。王阳明对"克己复礼"的心学化诠释与朱子学的理学化诠释有明显区别，奠定了阳明后学诠释"克己复礼"的基调，同时也拓展了对儒家礼学思想的诠释空间。

6. 王阳明的易学思想研究

谢金良《〈周易〉对阳明心学美学思想的影响》[《复旦学报》（社会科学版）2022年第3期]一文在以往阳明心学研究成果的基础上，主要结合《王阳明全集》的文本材料，从易学、美学的角度较为全面深入地阐述《周易》对王阳明及其心学美学思想的重要影响，依次从五个方面加以分析论述并得出重要结论：《周易》是王阳明一生中最用心精研的经典；龙场悟道是王阳明对儒家易学精髓的顿悟；阳明心学是以《周易》学说为指导的儒学思想体系；阳明心学旨在传承超凡成圣的儒学美学智慧；"良知即易"是阳明心学美学的思想精髓。源于伏羲、文王、孔子等千古圣学的阳明心学，秉承"中正和谐"的易学与美学智慧，提倡知行合一、超凡成圣，促使儒学传统文化得以发扬光大，对于新时代的审美文化建设仍有积极意义。

温海明《文与悟："良知即是易"的意本论解读》（《孔学堂》2022年第2期）一文指出，王阳明易学思想文本内容不多，目前学界已有论文对文本的运用重复率较高。鉴于有学者指出笔者1998年的论文没有把"良知即是易"加以深入的哲学分析，所以此文从意本论的角度，从"文"（文本期）与"悟"（境界期）两方面深入研讨"良知"与"易"的关系。该文基于《周易明意》意哲学的角度研讨阳明易学相关材料，力图穿透学界之前对阳明易学的文本诠释，并借助《周易明意》意本论哲学境界来领"悟"阳明易学材料与其心学哲学的内在关系，从而从意本论角度深入剖析和建构阳明心学"良知"与其易学哲学的关系。总之，该文从意本论哲学的角度，围绕文本与境界之间的张力，继承和发展学界之前从体用论角度研讨"良知"与"易"的既有成果，深入分析与阐释阳明"良知"与其易学哲学思想。

刘万鹏《从"龙场三卦"看王阳明对价值世界的理解》（《周易研究》2022年第6期）一文指出，"龙场三卦"是解读王阳明易学思想的重要文本，从王阳明对恒、遁、晋三卦的解读来看，他此时所思考的核心问题是如何理解价值世界以及如何看待价值世界与现实世界的矛盾冲突。通过对恒卦的解读，王阳明指出价值世界具有客观性、历史性和实践性，否定了价值相对主义与主观主义的理论立场。通过对遁卦的解读，王阳明主张当价值世界与现实世界发生冲突时人们应当坚持价值理想，但同时也应当注意实践的策略性，不能忽视对客观条件和可能性的分析；当理想中的价值世界暂不具有现实可能性时，可以选择策略性遁世。通过对晋卦的解读，王阳明说明了价值之落实与成就理想人格的关系，并提出理想人格的成就终将对推动价值之落实发生积极的作用。"龙场三卦"在哲学义理上层层推进，体现了王阳明对价值世界及其与现实世界、主体实践之关系的系统性思考。

7. 王阳明的《春秋》学思想研究

2022年，不见相关研究。

8. 王阳明的史学思想研究

2022年，不见相关研究。

（五）王阳明政治军事教育思想研究

1. 王阳明的政治思想、社会治理思想研究

余怀彦《谈谈王阳明的政治思想》（《中华文化与传播研究》2022年第1期）一文指出，王阳明从政治、哲学高度审视民族矛盾、社会问题，在平思田之乱过程中，他几乎走遍广西深入调查两个多月，以中华民族是一家的情怀，拨乱反正，用心用情以服众，并依靠少数民族解决了200年未能解决的八寨、断藤峡土匪问题，稳定了社会秩序。王阳明将平乱巨款建书院、庙宇等文化设施，促进民族文化交流，加强汉族与少数民族干部队伍培训，而给自己留下仅够回家的路费，他把全部精力贡献给人民，敢为民说真话办实事，在当时社会，王阳明的政治眼光和智慧非常人所能及也。

欧迪、刘强《唯物史观视阈下王阳明政治思想探究》（《今古文创》2022年第33期）一文指出，明大儒王阳明开创的阳明学派影响甚广，其心学体系的完成离不开贯之一生的政治实践。受特殊的家世背景、理论涵养、社会环境影响，王阳明形成了以理想社会模型为核心的涵盖君臣民三者关系、法制纪律、军事政策、兴学启民等主要内容的政治思想。对此，人们需坚持历史唯物主义的观点，在历史与现实的统一中考察王阳明政治思想的当代价值，让王阳明的政治思想在当代中国重新焕发活力。

周建华编著的《王阳明乡村社会治理思想的理论和实践》（江西高校出

版社2022年6月版）一书，是一部研究王阳明乡村社会治理的思想和实践的论文集，涵盖了王阳明治理崇义、庐陵、南赣、平和、上杭、九连山区、南安府、赣州府等乡村或辖区的思想理论和实践研究，系统整理了王阳明乡村社会治理的历史记载，以及后世关于王阳明乡村社会治理和文教过化评价的研究，尤其详细考证了王阳明治理乡村社会的思想理论和实践活动的缘起、内涵，并将王阳明乡村社会治理思想的理论和实践成果与当今社会建设现状进行比对，提出了具有现实参考意义的乡村社会治理观点。

郭杨《南赣乡约与王阳明乡村治理思想》（《楚雄师范学院学报》2022年第5期）一文指出，王阳明不仅是一位杰出的政治家，还是一位杰出的思想家，他以其心学思想体系开创了中国哲学史上的心学时代，又以其平定江西民变、宁王叛乱实现了自己在功业上的追求，更以其乡村治理实践践行了儒家修齐治平的理想。他在巡抚南赣汀漳期间推行的一系列乡村治理方案，对于缓和社会矛盾、淳化乡风民俗、重构乡村秩序都起到了积极作用，对后世乡村治理思想亦产生了深远的影响。

陈海斌《从王阳明与海瑞赣南施政看明代基层社会治理》[《云南民族大学学报（哲学社会科学版）2022年第2期]一文指出，王阳明与海瑞都曾在南赣主政一方，以其所面临之实际问题展开社会治理。王阳明抚赣，首重思想道德教化，立社学、建书院、联讲会、举乡约，剿抚并用、刚柔并济，建立起以保甲和乡约为一体的基层社会治理体系。海瑞在兴国的施政，重视改善民生，清丈田地，推行一条鞭法。改革地方机构，重整里老人制度，完善基层社会组织。从王阳明与海瑞的赣南施政，可以窥见明代国家治理基层社会的路径，展现出王朝国家治理地方的基本面貌。其治理经验，可为当今基层社会治理提供历史借鉴和启示。

陈立胜《如何与天地万物成"一家之亲"——王阳明亲民说发微》（《孔学堂》2022年第2期）一文指出，王阳明的"明德亲民之学"是阳明学义理系统的核心组成部分。其说可划分为早、晚期两个不同的阶段。唯有从"明明德工夫论"与"王道观"双重视野方能理解其精义与特色所在。其强烈的"泛亲化"亲民论述让"亲"拥有了建构普遍的社会秩序、宇宙秩序的意义，并与"天下一家""中国一人"论述一起成为近现代中国社会秩序重构的一个重要的精神动力，因而具有广泛的思想史效应与深刻的现实意义。

曹树荣《明德亲民：王阳明的治道思想研究》（贵州大学硕士学位论文，2022年6月）一文以《王阳明全集》所载的王阳明生平"奏疏"和"公移"为主要文献资料，参正正史和地方史志文献，全面系统分析王阳明治道思想的发展过程、思想内容和内涵，探讨其治道思想的历史价值和社会价值，希冀以"明德亲民"为线索重新发掘王阳明治道思想，批判继承其思想精华，推动王阳明思想的创造性转化和创新性发展。研究认为，王阳明治道思想是王阳明思想的重要组成内容，不仅与明朝政治经济、社会发展脉络紧密联系，而且是其心学思想的集中表现。王阳明在长期的社会治理实践中，最终形成以"明德亲民"为核心的治道思想。"政在亲民"是王阳明治道思想的为政主旨，在心学思想影响下，呈现出"明德亲民"为一体的核心特点，即"明德"为"亲民"本体，"亲民"为"明德"工夫。王阳明治道思想内容包含"知行合一""致良知"和"万物一体"，同时也是其治道思想系统性、阶段性和全面性的集中彰显。"知行合一"使王阳明治道思想极具实践色彩，"明德亲民"体用不二的关系更加紧密，纠正为学、为政两事的谬误；在"致良知"和"万物一体"下，"明德亲民"的范畴得到延展和升华。"致良知"中的"圣凡平等"和"四民平等"使"民"的地位得到上升和扩展；"万物一体"的理想境界使"明德亲民"得以升华，"明德亲民"同儒家的修身齐家治国平天下产生紧密联系。在担任南赣巡抚、江西巡抚和两广总督兼巡抚期间为政教化一方，王阳明的治道思想体现出教养并重、以民为本和内圣外王的实践特点。教养并重中的教化和养民不分先后主次，呈现的是一种互为表里的协同和合关系；以民为本是"明德亲民"之"亲民"的内在要求，内圣外王则是"明德"的必然归趣。王阳明治道思想有着丰富的内涵和实践经验，既是中国古代治道思想在明中叶时期的传承与创新，也是中国优秀传统文化的积淀与结晶，其治道思想充满着人文关怀和道德诉求。探究王阳明治道思想及其历史价值，对于推进新时代国家治理体系和治理能力现代化，有着重要的借鉴价值和现实意义。

2. 王阳明的税收法律思想

李杰《王阳明良知法效理论研究论纲》（《文化学刊》2022年第9期）一文指出，起首以考察王阳明热中的法学界之参与，发掘出王阳明法律思想研究中的一个重要问题：良知法效。然后以论纲形式承接进一步的讨论，包括"现代→古代，古代→现代"相向努力后反思出的"现代→古代"正反合研究进路，用比较、哲学、文献以及实证等四个研究方法，探讨良知法效理论的基本问题、王阳明的良知法效理论以及王阳明良知法效理论的证成与比较等三个核心议题。

3. 王阳明的廉政思想研究

陆永胜《良知与廉行——阳明心学对当代廉政建设的启示》（《廉政文化研究》2022年第5期）一文指出，在体用论视域内，阳明心学体现为内在义理层面的由本体到工夫的展开和外在实践层面的由本体到事为的展开，二者在心与理和心与物两个向度达到辩证统一，从而为王阳明的廉政思想和实践的当代转化与价值启示提供了理论逻辑担保。阳明心学以"良知"为廉政之基，以"亲民"为廉政建设的用功之地，以"知行合一"为廉政建设的规范要求，以"乡约"为廉行的外部约束手段，形成了一个心学化的廉政思想与实践体系，此对于促进各级党员干部洁身自好，真做事、做实事，构建取信于民的廉洁社会具有重要的借鉴意义。

姜晓宇《破心中贼 明觉未来》（《宁波通讯》2022年第19期）一文指出，明代思想家王阳明曾指出："破山中贼易，破心中贼难。"他认为，山中之贼，其在明，每一个人都可以看到、知道，对其有所了解，因而可以寻找到合理的破"贼"之法。但心中之"贼"，无声无息，我们无从察觉。它是多种多样、变幻无穷的，譬如说有自私自利之"贼"，有妒忌猜疑之"贼"，有求名之"贼"，有求利之"贼"，有贪图权位之"贼"，有贪图美色之"贼"，有瞻前顾后之"贼"，有心浮气躁之"贼"。

4. 王阳明的军事思想研究

苏成爱校注的《王阳明军事著作校注》（中华书局2022年11月版）一书，系对与王阳明相关的兵学文献的校勘和注释。该书分为上、下两编。上编为《王阳明评注武经七书》，是王阳明对《孙子》《吴子》《司马法》《尉缭子》《六韬》《三略》《李卫公问对》等七部兵学著作的简要批注。此次整理，以美国亚利桑那大学图书馆藏本为底本，以明代申用懋刻本为校本，以《续古逸丛书》所收静嘉堂本《武经七书》、文渊阁《四库全书》所收《武经七书》等为对校本，在校订文字是非、异同基础上，对王阳明批注的文字加了必要的注释。下编为《兵志》，是王阳明从《左传》《国语》《战国策》《越绝书》《吴越春秋》《史记》等六部文献中搜集到的战例汇编。此次整理的底本为上海图书馆藏明刻本，整理者除了校订文字、训释文意，还为每个选段编了序号，拟了标题，考订了相关事件发生的时间。

刘荣茂《俎豆与军旅非二事：阳明学人的用兵实践与工夫修炼》[《广西大学学报》（哲学社会科学版）2022年第1期]一文认为，与传统儒学反对武力和战争的态度有异，王阳明及其后学中的用兵者越发强调兵将的重要性。其军事实践的最大特点是从工夫论的角度融摄兵学。孟子所言"不动心"与"养气"等不仅是文士的修身工夫，亦是兵将必备的心理品质。危险的兵事处境成为一个特殊的修身场域，提升了阳明等人的为学进境。阳明学人的用兵实践是阳明学"事上磨炼"之工夫论旨趣的一个生动呈现，既彰显出儒学工夫论的实地用功的特质，又是对传统兵学的拓展。

韩西雅、杨静《王阳明军事"攻心术"及其实践应用》（《今古文创》2022年第43期）一文指出，"心学"宗师王阳明不仅在人文领域拥有极高的造诣，作为一介文人，他更是在军事活动中取得了"战无败绩"的成果，为后世树立了一代"兵儒"的典范。他将心学与兵学进行巧妙结合，强调"攻心为上"，形成了独特的军事心理思想，并在镇压南赣民变、平定朱宸濠叛乱、征讨两广地区少数民族武装等军事活动中取得了良好的效果。其核心"攻心术"更是被多次运用于军事活动中，为后世军事理论的发展提供了重要的借鉴。

王密密《叶适与王阳明兵学思想比较——基于宋明兵儒融合视域》（《孙子研究》2022年第4期）一文指出，在兵儒融合的历史大进程中，有两位相隔300年的先贤大儒叶适与王阳明做出了重大贡献。他们不仅是永嘉事功学与心学的中坚力量，而且还以文臣身份领兵战场，并取得了惊人的战绩。两位的兵学思想也极具比较价值：在兵策方面，他们以民为本，兵民结合，选练精兵，教之行伍，寓兵于农，措置屯田；在兵论方面，他们集中于仁诈之辨，急病先难，与《孙子》观点虽有微歧，但各有所重，并都具有极高的军事素养，战场之上做到此心不动。研究两人思想，对重建当代道德之风，重视民生问题，提倡实践实学有着极其重要的研究价值。

5. 王阳明教育（含书院教育）、教化思想研究

2022年10月28日，"《走近阳明》专题教育系列教材新书"在浙江省余姚市阳明小学正式发布，这是国内首套正式出版的阳明文化专题教育教材，分为《图说阳明》《寻迹阳明》《感知阳明》《品读阳明》4册，覆盖小学、初中、高中三个学段。（1）《图说阳明》（浙江教育出版社2022年5月版）一书，以绘本为载体，让学生重点学习王阳明立志、勤奋、改过、责善的良好品质。（2）《寻迹阳明》（浙江教育出版社2022年5月版）一书，以故事为载体，按王阳明一生现有的遗迹为点展开，让学生理解王阳明的待人处世之道，为国为民之情和为学为圣贤之路。（3）《感知阳明》（浙江教育出版社2022年5月版）一书，以主题大单元的方式，让学生感知王阳明作为哲学家、思想家、军事家、教育家等维度的丰功伟绩，培养学生的社会责任感和民族自豪感。（4）《品读阳明》（浙江教育出版社2022年5月版）一书，以王阳明及其弟子的经典原文为题材，让学生通过思辨等方式体悟阳明心学要点，理解中华优秀传统文化的博大精深，树立为国立学、为国立功的志向。

王清竹《立志　勤学　改过　责善——读王阳明〈教条示龙场诸生〉有感》（《旗帜》2022年第6期）一文指出，明武宗正德元年，王阳明被贬谪到贵州龙场做驿丞。在这里，他对自己的学问和人生进行了彻底而冷静的反思，终于顿悟认识到"圣人之道，吾性自足，向之求理于事物者误也"，这就是著名的"龙场悟道"。他在龙场讲学授徒，创立了龙岗书院，并写下了著名的《教条示龙场诸生》一文。这篇文章是王阳明写给学生的训示，也是王阳明毕生追求的治心修身之法，他从"立志、勤学、改过、责善"四个方面立下准则，希望诸生"慎听毋忽"。

王敏《王阳明〈教条示龙场诸生〉之教育观探微》（《汉字文化》2022年第18期）一文指出，阳明《教条示龙场诸生》所论"立志""勤学""改过""责善"是以构成其"致良知"学说的心即理说、知行合一论以及万物一体论为哲学基础。《教条示龙场诸生》实继承了朱子《白鹿洞书院揭示》的教育理念，但因所处社会环境与所施对象不同，二者又有所区别。近代教育家竺可桢、陶行知等人在进行教育实践的过程中继承并发展了阳明《教条示龙场诸生》之教育观念。

桑东辉《阳明学的传播及当代启示——以书院为中心》（《思想理论战线》2022年第3期）一文指出，作为中国儒家思想重镇和宋明理学的翘楚，阳明心学在明代中后期出现并迅速传播，在士林诸生和广大民众中具有十分广泛的影响，成为当时的显学。在很大程度上，阳明学的广泛传播和迅速崛起与其重视书院、推广讲会关系密切。王阳明自从龙场悟道后，首倡龙冈书院。此后，书院讲学成为王阳明以及王门后学思想传播的主要方式。客观地讲，阳明学的书院教育是非常成功的，而且成为一种制度化的学术传播方式。但阳明学在思想传播和书院教育方面既有经验也有教训。在新时代，阳明学的传播和书院教育对于中国传统文化的创造性转化和创新性发展仍富有启示作用。

贺志韧《王阳明之书院教育思想》[《金陵科技学院学报》（社会科学版）2022年第3期]一文指出，王阳明极大地推动了书院教育的发展，书院教育反过来也为阳明心学的发展提供了现实基础。王阳明的书院教育思想主要包括立志、勤学、改过和责善四个方面。王阳明认为：立志是前提，要立成圣成贤这样的大志；勤学是基础，学习的目的主要是完善个人的德性；改过是关键，不要害怕犯错，但要积极改过；责善是延伸，要主动帮助朋友和师长认识自身的不足，但要注意方式方法。这四个方面形成一个教育体系，指导教育者围绕完善个人和他人的道德品行展开教育。

刘杰、蔡亮《王阳明师徒交游的历史图景及其现代育人价值》（《教育文化论坛》2022年第6期）一文指出，师生交游是中国传统教育的重要形态之一。王阳明师徒交游活动体现出对知识、真理与良知的敬畏，师生交游形成的成长共同体具有经历共享、情感共鸣、思想共振和价值共识等特点。王阳明师徒交游研究对于高校育人工作具有重要意义，既响应了习近平总书记对于高校育人工作的深度关切，也有助于挖掘阳明师生交游中蕴藏的现代育人价值，纾解高校日常教育中师生关系的困境。王阳明师徒对知识、真理与良知的赤诚信仰与热烈追求，对于推动当代大学生扩大实践的机会、场景，构筑师生成长共同体，具有重要的现代启示。

刘子格《王阳明心性思想及德育价值研究》（山东师范大学硕士学位论文，2022年5月）一文指出，王阳明用一生实践和体认所创立的心性思想体系相对完备而充盈，内含有重要的德育价值，不仅对古代社会德育建设起到重要作用，也会给当前的社会德育建设提供一定的理论基础和理论借鉴。习近平总书记曾在各种会议及场合中多次公开指出我们应在当今时代对王阳明的心性思想进行创新性应用，使其发挥增强民族自信和提升道德修养的重要作用。文章通过对王阳明心性思想体系的系统分析，总结出其具有的丰富德育价值，同时也对其局限性进行客观分析，旨在为我国德育建设提供有益的理论借鉴。该文共分为四个部分。第一部分是对王阳明心性思想的形成背景进行概括，主要从社会基础和理论渊源两大方面对王阳明心性思想的产生背景做介绍。其中社会基础部分主要从王阳明心性思想产生的政治背景、经济背景以及文化背景展开论述；理论渊源部分则从孟子的心性论对王阳明心性思想的影响、程朱理学对王阳明心性思想的影响以及陆九渊的心学思想对王阳明心性思想的影响三个方面进行论述，为下文该思想的基本结构的形成提供合理的基础支撑。第二部分是对王阳明心性思想的基本结构进行介绍，主要围绕心性本体、心性的形成以及心性的归宿三部分对王阳明的心性思想结构展开详细论述。其中心性本体是王阳明对"心"与"性"的具体界定；心性的形成则符合"以'心即理'为起点，以'知行合一'为核心，以'致良知'为终点"的逻辑体系；心性最终通过"将良知推至事事物物"和"将良知推至极致"两个方面达到其最终归宿。第三部分是对王阳明心性思想的历史德育价值及其局限性进行论述，该部分先是从理论与实功方面对心性思想的德育价值做介绍，随后又客观地对其局限性做了简要总结。其中德育价值方面，从理论价值与实功价值两大方面展开讲解，主要涉及"确立道德教育导向、强调道德教育思想以及建立道德实践方法"等三大方面；其局限性主要围绕"具有唯心主义先验论色彩""具有泛道德主义倾向"以及"本质仍是维护封建统治"三点展开论述。第四部分是王阳明心性思想的当代德育启示，主要从当今德育建设中存在的困境出发，有针对性地论述王阳明心性思想对个人德育的启示，并在最后将其对学校、家庭等方面的德育启示进行简要概括。其中，对个人德育的启示主要从启发人们坚定理想信念、提升道德品质以及淬炼道德修养三个方面分别总结王阳明心性思想中的当代德育价值，从不同角度对王阳明心性思想的德育价值进行了较为具体全面的分析，从各个层面理性探讨其对个人德育建设的具体指导意义。

李春强《王阳明口传心授讲学策略谫论》[《文学教育》（下）2022年第5期]一文指出，阳明龙场悟道后，与师友弟子之间讨论问学、辨析学理，采取了口耳面授、身体心验的讲学策略。一方面，面对不同弟子、朋友、门人的提问，答以一系列的良知心学义理范畴。显隐并存、即兴简易，情境把握、"自明""自悟"。另一方面，以"体道成圣"为最高追求，借由"行著习察"之个体体验、超越个体之审美体验，彰明良知之教。今日深入剖析"口传""心授"讲学策略，既利于全面认识王阳明道德理想主义人格形成过程，也益于深刻理解阳明良知之学的实学属性及其后学衰颓之缘由。

杨道宇《论阳明教学思想的历史地位与当代价值》（《教育文化论坛》2022年第1期）一文认为，阳明心学在与朱熹理学的争辩中逐渐沉淀为中国两大古典教学传统之一，并作为中华优秀传统教学文化的基因与血脉，实实在在地影响着以保国救亡为特色的近代教学改革和以复兴中华民族为己任的现代教学改革，从而使近现代教学改革呈现为"以中华心学为本体，以西方文化为功用"的基本格局。然而，阳明心学却在现代中国教学研究中遭受主观唯心主义的误解，从而使中国学者对阳明教学思想的研究谨慎而稀少。阳明心学的"心即理""致良知"与"知行合一"思想在当今社会所显现的巨大教学价值，使得我们必须正视阳明教学思想的历史地位，反思过去的误解，端正研究的态度，完成对阳明心学的创造性转化。

陈艳萍、雷成耀《蒙以养正：〈社学教条〉对当代小学教育的启示》（《安顺学院学报》2022年第1期）一文指出，明代著名思想家、教育家王阳明的蒙学著作《社学教条》被称为"儿童教育的圣经"。《社学教条》包含《蒙训大意示教读刘伯颂等》与《教约》两篇，是王阳明离任江西之际对社学老师的叮嘱。其主旨内容是在剖析明代蒙学教育中存在种种问题的基础上，以尊重儿童天性为出发点、以歌诗习礼读书为主要内容、以道德教化为根本的蒙学教育主张。王阳明在《社学教条》中所阐述的教育思想，对当代小学教育仍然具有重要的启示。

秦晓《蒙以养正：王阳明儿童教育思想探析》（《绍兴文理学院学报》2022年第3期）一文指出，王阳明儿童教育思想既是儒家传统教化思想的发展，也体现其心学思想的主旨。有见于现实功利化教育的弊端，王阳明主张道德教育的优先性，以"教以人伦"为教育原则，通过开展歌诗、习礼和读书等教学活动培育儿童乐学、善学、向上的精神，促进儿童身心健康发展，达到"蒙以养正"的德性教化目的。王阳明的心学思想涵摄其儿童教育理念，教育的最终目标是期望通过"致良知"的工夫进路达成儒家的理想道德境界，在知行合一的践履中将儿童培育成君子。将王阳明儿童教育的思想精华和当今儿童哲学的发展内涵相结合，引导儿童在信息化时代成长为德智兼备的人。王阳明儿童教育思想透露出深厚的爱意，彰显出儒家"仁民爱物"的仁爱精神。

穆栩樟《王阳明童蒙教育思想探究》（《教育界》2022年第10期）一文指出，王阳明基于社会大环境和自己的学说基础，提出了独特的童蒙教育思想。他注重童子的美育和德育，倡导通过歌诗、习礼、背书诵书等方式"宣其志""存其心""开其知觉""涵养其方"，从而帮助童子走上自己的"格物致知"之路。在教学中，王阳明主张尊重儿童的身心发展规律和个体差异，提出"童子自有童子的格物致知"，应该"随人分限所及"。王阳明的童蒙教育思想对后世产生了深远影响，值得广大教师探究。

于慧《王阳明具身哲学视角下的师德养成》（《中小学德育》2022年第3期）一文指出，迥异于西方传统的意识性哲学，中国古代哲学代表之一的王阳明哲学思想以身体来澄清道德内在理路，形成"身—心—行"息息相关的道德发展模式。王阳明身体哲学认为，身体是获得道德感知和道德经验的重要因素，身体的相通性和真实性能够让人们体会他人所感，使身心互动交融，生发出道德认知，内化于心，外化为道德行为。基于王阳明身体哲学之思，可以揭示师德生成逻辑：身体隐喻道德概念，身心一体以意释德，身物不二以行履德。由此实现教师职业道德的养成之道：在身体实践中产生"共鸣"机制，以仁爱关心学生，在知行合一中省察克己和反思践履。

（六）王阳明文学书法艺术思想研究

1. 王阳明的文学理论研究

高利华主编《思想与文学：走进王阳明的精神世界》（浙江大学出版社2022年11月版）一书，收录高校青年学子关于王阳明诗文创作、阳明文学传记研究等各类论文40篇。

武海军《皆有一段圣贤义理在其中——选本批评视野下的散文家王阳明》（《光明日报》2022年7月18日）一文指出，选本批评视野下的散文家王阳明呈现出丰富复杂的样态，选本对阳明散文既有彰显的一面，也有遮蔽的一面，但由于选本的认可度以及选家对王阳明事功、学术、文章之间的选择与权衡等诸多原因，王阳明成了被遮蔽的散文家。

童飞《论王阳明对"辞章之学"态度的演变——基于文学交游的视角》（《绍兴文理学院学报》2022年第7期）一文指出，"辞章之学"是王阳明学术和思想的重要组成部分，大致始于弘治五年（1492），并贯穿其一生。从其文学交游可以窥见，王阳明对"辞章之学"的态度经历了习染、热衷、沉溺、回避、反思五次转变。王阳明习染"辞章之学"始于北雍期间的小规模酬唱，热衷期以龙泉诗社的结社吟咏为标志，沉溺期以京师大规模酬唱、"西翰林"群体、京师八人吟会为主，回避期以刻意逃离辞章和不自觉参与酬唱为特征，反思期以深刻总结辞章利害和有意与昔日文友决裂为主要表现。厘清王阳明对"辞章之学"态度的演变，有助于加深对王阳明诗文、思想及其发展轨迹的理解。

杨旭辉《晚明心学思潮下的"民间发现"》（《天水师范学院学报》2022年第6期）一文指出，晚明文坛在心学思潮的影响下，文坛高举性灵、天机、自然等理论大旗，在这一文学发展的进程中，文学家们纷纷将民间歌谣作为重要的学术资源和学术发现，借以为其性灵一路的文学理论张目。

2. 王阳明的诗词歌赋与戏曲研究

艾冬景、郭万金《心学哲思下的诗情关怀：王阳明诗歌态度论》（《北方论丛》2022年第2期）一文认为，王阳明是明代最具魄力的思想大师，同时还是一位被哲学名声所掩盖的性情诗人。虽也曾"溺志辞章之习"，但进德修业却是更为核心的人生关注，诗文始终被其视为"道德"余事。追慕狂者品格、豪杰精神的王阳明虽以"讲学明道"为志，但对"本于性情"的应酬文字亦有一定认可，良知学说中本就包含着对个体志愿的积极关注，而此正是阳明心学对于诗歌的最大宽容所在。

杨薏冉、卓光平《王阳明诗歌中"风"意象探微》（《文化学刊》2022年第3期）一文指出，"风"是王阳明诗歌中的一个典型自然意象，诗歌中的"风"是外在的自然之风在王阳明内心的投射。根据王阳明基于不同身份对风的审视思索，可以将诗歌中的"风"分为文士笔下的"风"、儒者笔下的"风"和逸者笔下的"风"。不同层面的"风"展现了王阳明在面对外物时丰富多彩的心境。第一层面的文士之"风"是王阳明从一位文人墨客的角度感受风，从中喻示生活经历与人生境遇；第二层面的儒者之"风"是基于一位载道之士的角度，以"风"意象彰显王阳明的高洁品质、进取热忱与复兴儒学的祈愿；第三层面的逸者之"风"是王阳明作为一位隐逸之士，借"风"来传达自己的出世之思与圆融心性。

杨薏冉《王阳明诗歌中"浮峰情结"的探析》（《芒种》2022 年第 5 期）一文认为，王阳明一生跋涉多地，其中浮峰山是王阳明人生的一大注脚，浮峰阶段的诗歌也同样是王阳明诗歌创作中十分重要的一部分。从浮峰诸作的写作跨度及诗歌内蕴来看，可见王阳明对于浮峰山及浮峰诗社的情感非同一般，可用"浮峰情结"来概括。该文从三个方面阐发王阳明的"浮峰情结"：其一为浮峰诸作中呈现的山水胜景，这亦是诗人从现实角度观察浮峰；其二为浮峰诸作中流淌着的文化情缘，这是王阳明从文化角度体味浮峰；其三为浮峰诸作中蕴藏的山人契合与心灵归依，这是王阳明从命脉角度归因浮峰。现实中的浮峰山以独有的奇崛幽谧构筑了浮峰诗社及相关活动的理想文化氛围。浮峰山的景致与浮峰阶段的文化生活共同构成了王阳明的浮峰情结，奠定了王阳明的斯文命脉。

董豪《"初心"与王阳明的成圣之道》（《天水师范学院学报》2022 年第 6 期）一文指出，"诗言志"是中国文学的典型特征，王阳明曾有与"茶陵派""七子派"诗人群体砥砺辞章的经历，既能继承中国古典诗学传统，又能接受当时优秀的诗学理论。诗歌创作中，他能广泛吸收唐宋诗的长处，情理并重，故其诗可作为窥探其精神情志的途径之一。阳明在其诗中多次写到"初心"，期望不要负了初心，"初心"就是其思想的真实表露。在诗歌中，"初心"时而指圣贤之志，时而又指归隐之情，看似矛盾而实则统一。他以圣贤自期，一方面积极进取，为道而仕；一方面又归隐讲学，复兴师道，追求内圣。在他身上，仕与隐、内圣与外王看似对立而实则合一。通过结合其生平经历与交游等资料，解析阳明诗中"初心"的内涵，探讨其初心的矛盾又统一之特性，可揭示阳明之向往隐逸乃是表象，成圣才是目标，如此他方能内外兼修，最终达到无入而不自得之境界。

徐艳《经典镜像中的知音——王阳明眼中的陶渊明》（《光明日报》2022 年 7 月 18 日）一文指出，对陶渊明之心神向往，在王阳明作于正德五年（1510）的《过安福》一诗中得到集中表白："清风彭泽令，千载是知音。"正德初年（1506），阳明因触怒宦官刘瑾，被贬谪至贵州龙场。如今谪庶期满而复官就任江西庐陵县知县，对于宦海风波的厌倦之情，在与渊明的异代契合里得到表达："归兴长时切，淹留直到今。含羞还屈膝，直道愧初心。"江西彭泽县令是陶渊明最后一次出仕，80多天便挂冠而去。鄙弃仕途而回归初心的陶渊明，于是成为王阳明的知音。

张学松《〈思归轩赋〉与王阳明的乡愁》（《光明日报》2022年7月18日）一文指出，乡愁是流寓赋的基本主题，但在王阳明之前的流寓赋，其乡愁的内涵主要是对故国、故都、故土、故园的眷恋与怀念，而明代心学大师王阳明于正德十四年（1519）在赣州所写《思归轩赋》则别开生面，抒发了有别于传统的别样乡愁。

黄敦兵《宋明儒者性理诗的家国情怀——以王阳明〈登阅江楼〉为中心》（《名作欣赏》2022年第4期）一文指出，宋明儒学经典文本的建构，是在辞章、义理、文本诠释等多重互动的立体化进程中推进的。宋明儒者在创通经义、推进儒学文本经典化的过程中，不断突显了义理、辞章与训诂相结合的特点。尤其是以王阳明为代表的宋明儒者，在他们的性理诗创作中，深深涵容了哲学思想之维与儒家家国情怀的德政关切，体现了诗人哲学家在语言哲学上的某种"自觉"。

雷恩海、董豪《王阳明〈次韵毕方伯写怀之作〉释证及其学术史意义》（《天水师范学院学报》2022年第1期）一文认为，王阳明《次韵毕方伯写怀之作》在《王文成公全书》和《王阳明全集》中均编次于卷二十九《续编四》与魏五松唱和作品之间，创作时间有弘治九年（1496）王阳明第二次会试落第归余姚时期和弘治十六年（1503）在西湖养病期间。经详明考释，以为此诗当作于弘治十六年王阳明西湖养病时期。而这首诗的颔联上句在《王阳明全集》和《王文成公全书》不同版本中，有"平王"与"平生"之差异，以为当作"平生"。在此基础上，进一步释证此诗，以为王阳明标举"孔颜心迹"的道德思想修养和"皋夔事业"的建功立业——内圣外王之"初心"，要摆脱此前溺于仙释之习，而归于儒学正途。因而，《次韵毕方伯写怀之作》体现了王阳明在学术路径上的转变，即由沉溺于仙佛之学到回归儒学的转变，具有思想史与学术史的意义。

林玮《王阳明诗歌创作的哲学分野——以34首居越诗为例》（《中国美

学》2022年第2期）一文指出，王阳明平藩居越，标举"致良知"之后，作有34首"居越诗"，是诗歌文本和阳明哲学相互诠释、印证的重要材料，可以用以探求中国文学文本所蕴含的哲学意味。阳明的"居越诗"可分为理趣诗与抒情诗两类，前者以表现诗人个人玄思为主，后者则多为山水感物之作。二者分别表征了阳明哲学中"依自"和"傍他"的分野，代表了"敬畏"与"洒落"两种不同的精神取向。在阳明哲学及其个人性格特质的"狂者胸次"整合之下，"敬畏"与"洒落"成为"致良知"的一体二面，二者在诗学意义上最终指向了美学上的"万物一体"观。

马雯彬彬《论王阳明诗中的悲苦色彩》（《广西科技师范学院学报》2022年第3期）一文指出，作为"明代第一流人物"，王阳明一生除在心学学术体系构建上成就瞩目外，诗歌创作成就亦不逊色。作为社会主体中的士人、学术主体中的学人、政治主体中的仕人、儒家传统下的仁人，王阳明的诗歌充满了浓厚的悲苦色彩，主要体现在四个方面：一是由于仕途乖蹇，频繁的离别与远离故土，其诗流露出伤别之苦与首丘之思；二是政治上频遭贬谪，其诗表现出诗人贬谪之痛与苦闷之情；三是对于当时世道衰败、人性堕落的现实社会，诗人怀有感世之伤与忧世之心；四是在学术思想的构建与传播中，诗人往往产生道穷之悲与穷途之感。

蒋琴青《"狂者胸次"——王阳明〈月夜〉覆议》（《名作欣赏》2022年第23期）一文指出，王阳明晚年时曾于中秋月圆之夜创作了两首《月夜》诗。据考证，这两首诗作于明世宗嘉靖三年（1524）甲申中秋。两首《月夜》诗高度凝练了阳明晚年的思想，其中《月夜》（其二）实为阳明自况之诗，这首诗集中呈现出阳明晚年所达之精神境界——"狂者胸次"，阳明的"狂者胸次"既熔铸于其"知行合一"的教法之中，又贯注于其"致良知"的思想体系之内。

张婷婷《王阳明的戏曲观及晚明传奇对阳明形象的塑造》[《南京艺术学院学报》（音乐与表演）2022年第5期]一文指出，王阳明提出的心学思想大行于明代中晚期，在"致良知"知行合一的实践中，各门各类艺术均兴起一股"发乎本心"的艺术思潮。王阳明重视艺术的感化力量，倡导戏曲"感激良知""有益风化"，认为以生动而易懂的戏剧演绎圣贤之道，通过直抵人心的表演展现人人心中的良知，激发观众的为善之心，就易达到移风易俗的目的。心学思潮带动晚明戏曲创作崇尚真情、珍视本真、倡导本色。而王阳明立德、立功、立言的人生经历，本身即充满着戏剧性，成为晚明传奇的编剧选材，蔚为时代的风景。

薛婷、张大军、殷玲玉《王阳明"乐本人心"音乐观的逻辑进程与意义》（《丝绸之路》2022年第4期）一文指出，王阳明的"心学"作为宋明道学又一高峰，完成了儒学从程朱的"理本论"向"心本论"的过渡，其"乐本人心"音乐观将"心"与"乐"体用一源，把儒家礼乐践行指向人的内在自觉，更适用日常流行。阳明后学在此基础上将音乐审美引向了唯情说，也走向了儒学礼乐教化的反面。该文通过探析王阳明"乐本人心"音乐观的逻辑进程，并对其美学意义加以分析。

3. 王阳明的书法思想研究

计文渊编录《王阳明书迹》（3册，国家图书馆出版社2022年7月版）一书，汇集了王阳明一生不同时期的诗文、书札手迹及碑刻作品100多件，不仅具有艺术欣赏性，还具有较高的史料和学术价值。此外，计文渊还在汇编《王阳明法书文献集》，将在《王阳明书迹》基础上新增40多件王阳明法书作品，也包括编者个人收藏的明清刻本的阳明文集。

（七）王阳明美学伦理生态思想研究

2022年，学界同仁对王阳明的美学思想、伦理思想、生态思想进行了研究，尤其是围绕王阳明道德伦理、道德哲学的研究阐释，有不少研究论文发表，值得关注。

1. 王阳明的美学思想研究

潘立勇《宋明理学休闲审美哲学的内在张力》（《文艺研究》2022年第4期）一文指出，原始儒家所推崇的曾点之乐是其休闲理想，宋明理学对原始儒学的超越同样体现在休闲审美哲学上。自由是休闲与审美的内在规定和基本特征。因自由的两重性规定，儒家的人生境界追求具有某种内在张力。根据修为方式的不同，宋明理学的代表人物形成"敬畏"与"洒落"两种并峙的人生风范，分别侧重于规范休闲的工夫制约和直切休闲的本体和乐。阳明心学以成熟的本体工夫论化解了"敬畏"与"洒落"的矛盾和张力，体现了独特的休闲审美智慧，突破和超越了宋明理学休闲审美哲学的内在张力。王阳明超越前人常取的"遁世"或"谐世"的休闲方式，体现了"无入而不自得"的休闲智慧和境界。

吴树波《心学美学的禅宗色彩及其嬗变》[《江南大学学报》（人文社会科学版）2022年第5期]一文指出，陆王心学在本体论上将先前理学家们预设的外在本体拉回内心，并有意无意地向禅宗看齐，破除了超越之"道心"与现实之"人心"的分辨，因而更加切近美学，尤其是禅宗的生命美学。在后期，随着禅宗化程度的愈益加深，心学美学越来越走向自然主义。在一些王门后学那里，原本笃实稳健的心学修养工夫悄然瓦解，取而代之的是类乎洪州禅法的随顺自然，并越走越远，直至传统的儒家道德审美境界最终蜕变为建基在自然人性论之上的非道德审美境界。

章辉《简论理学美学三大流派的独特贡献》（《马克思主义美学研究》2022年第1期）一文指出，宋明理学美学三大流派各有其特色与独到贡献。程朱一派首次构建美的超验本体，使"理""理趣"成为美学范畴，推重"居敬""穷理"的工夫，善于发挥六艺教化的美育功能，以"大公""圆""敬畏"为境界，其形上旨趣对现当代美学话语仍具影响。气学一派以"气"为美学本体，以"气化"为审美生成过程，重"氤氲"形态，倡导内外／主客并重的工夫（"大心"与"变化气质"），追求"太和""民胞物与"之境界，开生命美学、生态美学之先河。心学一派以"心""身"为本，将"良知""性灵"纳入美学范畴，其心上工夫强调缘机体认与直觉领悟，呈现"洒落""乐""狂者胸次"之境界，由此促成了中国美学话语在关系论、价值论、情感论、个性论等多方面的理论突破，并为现代美育转向提供了学理基础。

2. 王阳明的伦理思想研究

李萍《论阳明心学伦理思想之现代性困境及转换》（《北方工业大学学

报》2022年第2期）一文指出，阳明心学处于中国古代哲学发展的延长线上，一方面它继承了孔孟身心性命之学和程朱开创的理学，另一方面它又提出了向内反省的致知路线。阳明后学予以推进，将"吾性自足、不假外求"的主张普及民间，出现了"新民"运动。尽管阳明心学包含了革命性内容，但总体上属于意图伦理，它不关注后果，缺少来自经验观察、可计算知识的支撑，这使得阳明心学仍然无法直接构成现代社会的伦理精神。我们必须做出"创造性转化"，才能将阳明心学发展出能为现代社会个体提供合理的行动意义的新说。

沈雨航《王阳明"知止"思想的道德诠释》（《许昌学院学报》2022年第4期）一文指出，王阳明在对朱熹"知止"思想进行批判的基础上系统诠释了"知止"的道德内涵。他认为"知止"是对作为心之本体以及作为"明明德""亲民"之极则——"至善"的追求，将"止于至善"作为"知止"的德性指归。王阳明把良知作为知止的德性根据，其作为是非之心能分善恶，其作为有无动静的统一还能恢复心体安定。"八条目"就其价值推断而言都是致良知一事。对于"知止"的德性实现，王阳明从万物一体出发，提倡格物达"诚意"之极以"止于至善"，并向内寻求以发现良知，同时主张知行合一，一体并进，从整体和实际中实现至善的终极目标。王阳明的思想在当今仍彰显着德性的光辉，对于提升公民道德修养、构建和谐人伦关系及稳定社会秩序等具有重要的现实意义。

于树博《王阳明道德哲学研究》（西北大学硕士学位论文，2022年6月）一文指出，王阳明的心学是中国哲学的一个高峰。这里的道德哲学不同于西方哲学中的用语，王阳明的道德哲学包含作为本体以及德性基础的"道"以及来源于"道"的"德"性。所以王阳明道德哲学以"道"与"德"作为绝对的理论核心，为人的德性的来源、德性实践行为的必要性、实践方式、善恶问题等都做了本源性的论证，进而王阳明道德哲学就展现为一个体系化的、完整的理论，即作为至上者的"天"的绝对自由的辩证运动作为本体论，良知所体现的内在自由作为德性的根据，致良知与知行合一作为实践哲学。在此基础上，可进一步将王阳明的心学分析为万物一体思想、良知批判论以及本性论自由。王阳明心学通过"万物一体之仁"将天人纳入一个完整的辩证运动之中，于是，王阳明通过绝对的、先天内在的"良知"进行了彻底的批判，这体现在王阳明对俗儒、佛老等的批判之中，并且通过"诚"范畴建立了其"知行合一"的实践哲学，由此才使得"良知"成为"实践的"，同时这也极大地丰富了道德实践理论，使得人的生存本身成为"天道"运行的一个辩证环节。王阳明道德哲学以良知为基础，并同时论证了良知的本源性，人的修养实践活动一依良知，而排除外部世界乃至道德情感的影响，这在本质上体现的是人的自由本性，这也是儒学乃至道家一贯的自由主张，即自然，即本性，即自由。学界目前对儒学中"道德"一词的使用较多地还停留于伦理学范围之内，而"道德"在儒学中不仅意味着个人的德性或品格，而且还强调了德性来源即是"道"，故以王阳明道德哲学为研究对象可以清晰地理解儒学中"道德"的含义。同时学界的普遍共识在于王阳明心学与朱熹理学的分别，可是依照"天道"生生不息的辩证过程来看，王阳明与朱熹思想不仅具有内在一致性，而且还作为同一个辩证运动的不同环节。

3. 王阳明的生态思想研究

2022年，不见有研究王阳明生态思想的论著。

（八）王阳明佛教道教思想研究

我们知道，王阳明早年有出入佛老的经历，关注作为一个儒家圣人的"王守仁"，也应该关注王阳明的佛教、道教的思想，毕竟王阳明的别号"阳明山人"即来自道教的"阳明洞天"。

1. 王阳明的儒学与佛道关系综合研究

刘悦笛《良知与良觉，性觉与心觉——兼论王阳明思想的儒佛之辨》（《孔学堂》2022年第2期）一文指出，王阳明的良知论乃是作为一种"觉学"而存在的，并不是知即为觉，而是良知实乃一种良觉，但不是一般意义上的觉，因为只有道德理性潜藏其中的良觉才是良知。该文认定佛教本土化之"佛性本觉"就潜在地浸渍到阳明的思想深层，从而终成"理—

知—心—觉—性"的基本思想架构。从佛教的影响来看，这种良觉就是由"性觉"而来；从儒家的传承观之，这种良觉本自"心觉"而发。实际上，作为人类"情理结构"的良知，本然具有"知—情—意"全整结构，也就是既包含理性化的观念和意志，也包孕感性化的情感。良知乃是理性内在积淀的结果，但却呈现为道德直觉的外化形式。王阳明意义上的"结圣胎"，就是这种理性凝聚的规程及其结果。

2. 王阳明与佛教关系研究

李万进《王阳明对佛教心性论的吸收与改造》（西北大学博士学位论文，2022年5月）一文指出，王阳明作为明代心学的集大成者，在建构心学心性论时，面临着明朝中期社会存在的问题，即政治腐败、官场昏暗。同时，对于当时社会流行的程朱理学，王阳明认为程朱理学不从自我内心之中去寻觅天理，而是于外在的事物上去寻求天理，这就是程朱理学存在的弊端。为了解决当时的社会问题与程朱理学的弊端，王阳明将目光集中在佛教，特别是禅宗心性论上面。禅宗心性论主张个人应该从自我内心之中去寻觅成佛之道，主张心外无佛，这在王阳明看来就能够纠正于心外去寻觅天理的弊端，就能够做到心与理的合而为一，也就是王阳明提倡的心即理。同时，由于个人能够真正从自我内心去寻求圣人之道，那么就能够做到心口如一与身心合一，就不会产生口头上讲圣人之道，行为上做男盗女娼的伪君子。王阳明认为，吸收佛教心性论特别是禅宗心性论的观点，可以解决当时社会与程朱理学存在的问题与弊端。王阳明建立的心学心性论是以儒学思想为基础而形成的，因此弥补儒学在心性论领域存在的问题与弊端，也是王阳明吸收与改造佛教心性论的重要原因。先秦儒学心性论，只是提出了一些概念与命题，但并没有具体地去阐述与论证，这成为后世儒学思想家们不得不面对的一个困境。佛教心性论擅长抽象思维的阐述与论证，这种长于抽象思维的论证方式为王阳明所吸收与借鉴，反映到王阳明心学心性论中，就体现为王阳明对于心与性的具体含义进行了多层次的深入分析与论证，由此提出了心即是性的命题。佛教心性论对于心与性两个概念的论述极为详尽，也极为精审，王阳明吸收了佛教心性论的这种论证方式。同时，为了确保心学心性论的儒学本质属性，王阳明否定了佛教心性论中缘起性空的空性，替之以儒学的仁义礼智信的核心内容，这样就完成了对佛教心性论的改造。与此同时，王阳明通过论证心即性、性即理，从而推论出心即理的命题，这之中王阳明借鉴了禅宗心性论心即佛的命题。王阳明认为，他论证的心即理的命题，能够解决程朱理学于心外寻觅理以及析心理为二的弊端。王阳明将心即佛转化为心即理，以理这一概念替代了佛这一概念，这样心学心性论既解决了程朱理学存在的问题与弊端，又确保了心学心性论的儒学本质属性。王阳明还以致良知的心性工夫论，改造了禅宗心性论的相关内容。致良知的心性工夫论是王阳明建立的心学心性论的重要内容，王阳明视之为自我的创新之见。这一创新的理论，是王阳明基于儒家本位的价值取向，吸收与改造禅宗心性论的结果。王阳明吸收与改造佛教心性论的特点与理论模式，对明朝思想产生了深远的影响。这种影响既体现在儒学领域，也体现在佛学领域。在儒学领域，刘宗周、王夫之等明清之际的著名思想家，都对王阳明吸收与改造佛教心性论的理论模式进行了回应。从刘宗周、王夫之等儒学人士的回应中可以看到，王阳明吸收与借鉴佛教心性论的论证模式，以此来重新论证儒学心性论的相关内容，成为儒家学者的共识。同时，摒弃佛教心性论的空性这一出世间的价值取向，从而确保自我创立的心性论具有儒学的本质属性，也是明清之际一些思想家们普遍采用的理论模式。明代中后期的佛教界，面临着王阳明吸收与改造佛教心性论从而建构了心学心性论的挑战，佛教人士不得不对此予以回应，这主要体现在明代一些佛教僧人对于王阳明心性论的述评之中。王阳明吸收与改造佛教心性论，体现了明代儒佛思想融合与会通的关系。王阳明作为明代心学的集大成者，能够把握到时代的理论气息，审时度势，主动地融合与会通儒佛心性论，积极地吸收与改造佛教心性论，从而才能够推陈出新，创立了具有自我特色的心学心性论。

李建飞《王阳明心学中的佛教思想研究》（云南师范大学硕士学位论文，2022年5月）一文认为，阳明心学是中国传统儒学的思想结晶，自阳明心学的产生、发展以及完善成熟的各个阶段，将儒学作为心学的主体，同时汲取外来佛教思想的精髓来为僵化的儒学注入新活力。但由于佛教理论与传统中国文化、社会产生不可调解的矛盾，王阳明采取了批判性的继承方式，遂形成"亦儒亦佛、儒体佛用"的心学体系，史称"新儒学"。时代因素对王阳明心学起着至关重要的作用。阳明心学的产生是在明朝社会变革的背景下所形成的一种思想体系，在社会风气的转型、儒学的转向、佛教的传播等诸多因素的影响下，王阳明以天下为己任，创心学、劝人心、治社会，朝着重建理想社会目标而努力。王阳明因得罪当权派宦官刘瑾，被贬至贵州龙场，但王阳明心怀天下，以此为契机，依托早年对佛禅思想的认知，扩展心学，将龙场作为自身学说的第一站，在此提出"心即理"的思想观点。阳明心学是一个不断完善发展的思想体系，以"心"为基础，引佛法入心学，提出"知行合一"学说，并在"知行合一"学说的基础上完善心学理论，进而提出"致良知"观点。良知学是阳明心学的高度总结与概括，将阳明心学推向新的高度。王阳明心学是一个环环相扣的思想体系，一环扣一环，相互补充，相互发展。王阳明借鉴佛教思想，以"援佛入儒"的方法实现"儒佛互补"，奠定阳明心学"儒体佛用"的准则，达到纠正人心、对儒学进行改造的目的，并推动佛教中国化发展，对于个性的解放、思想的进步都具有促进作用。阳明心学预示中国封建社会进入晚期，不仅对明清社会，对近现代社会的发展乃至东亚都有着深远的影响。

丁建华《伦理视域下的王阳明禅学批判研究》（《五台山研究》2022年第2期）一文指出，王阳明虽常为人称"出入佛老"，但他是自觉地站在儒学角度上批判禅宗的。王阳明对禅宗的批判主要是立足于伦理维度，他认为，禅宗执着空寂，抛弃人伦，不分善恶，不顾家国天下，陷于自私自利的一己私求，虽也明心，但禅宗所明之心因缺乏经世致用而并非真正的"心"。王阳明这一批禅的伦理维度，与佛教内部对禅宗的批判维度基本保持一致。以慈愍慧日与宗喀巴为例，慧日与宗喀巴对禅宗的批判是围绕佛教最核心的伦理概念"业"展开的，因禅宗执空而使得以"业"（Karma）为基础的善恶果报不能安立，客观上消解了善、恶，进而否定了作为超越因果的佛教思想与实践本身。通过对比佛教内部的批判与王阳明对禅宗的批判可以发现，他们基本采用的伦理维度是一致的，就是对于世间善恶的破坏，而王阳明批禅伦理维度的意趣是指向儒学思想目标的，即通过破斥禅学之"偏"来显儒学之"全"。

祁从舵《阳明心学思想的禅学语源探微》（《汉字文化》2022年第16期）一文指出，以阳明心学话语为研究对象，主要从"心即理""致良知""无善无恶"等一些重要心学思想的表达形式上探讨了六类程式化话语表达式的禅语来源，剖解其所传递的话语信息意图，为印证心学与禅学之间的联系提供语言学上的依据。

3. 王阳明的道家道教思想研究

欧阳祯人、张旭《王阳明的良知之学对〈老子〉思想的继承与发展》（《老子学刊》2022年第1期）一文指出，王阳明良知学的形成与发展，不仅与佛教存在密切关联，而且受到了道家尤其是《老子》思想的深刻影响。该文试图就王阳明的良知学与《老子》思想之间的内在关联性进行考察，具体包括以下几个方面：首先，指出良知学在理论形态上对《老子》的本体、有无、动静、体用等思想的吸收与超越；其次，就工夫论层面分析良知学的"日减"工夫与静坐工夫对《老子》思想的涵化与融摄；最后，在此基础上，从理论目标的角度探讨良知学对《老子》简易之道、体极复命、自然无为等思想的汲取与超化。王阳明的良知学以儒为宗，援老入儒，使得阳明学以一种崭新的思想体系实现了儒道的融通与交汇，创造了明代心学思想的高峰。

曹正同、黄俊青《阳明心性论与道家性命观对比研究浅论》（《今古文创》2022年第27期）一文指出，儒家心性论与道家性命观虽然在核心概念、本体与工夫上有差异，但是以王阳明为开端的阳明心学却将心性论与道家性命观结合在一起，形成了自身独特的心学性命观体系。在这个体系中融合了道家性命双修的部分概念，从致良知本体与工夫角度，借鉴道学道德之本体与修身之工夫对道学性命观进行了延伸与融合，对儒释道三家思想融合有一定的推动作用。

（九）清代、近现代及当代新儒家的阳明学研究

2022年，学界同仁对阳明学在清代乃至近现代的影响，尤其对当代新儒家视域下阳明学研究进行了深入的研究与学术史梳理，这就为我们下一步撰写清代阳明学史、近现代阳明学研究史奠定了一定的理论基础。

1. 清代阳明学研究

黄振萍《明清之际王学"清谈误国"论质疑》[《清华大学学报》（哲学社会科学版）2022年第3期]一文指出，学界对阳明学哲学内蕴的阐发，多致力于挖掘王学的"庶民性"，更有论者将其与西方"启蒙"概念相比附。余英时认为，王学是"得君行道"不得而"觉民行道"，也有着觉醒下层的意蕴在。然而，除去对王学文本分析和讲学研究之外，学界对王门后学与国家之间的行迹研究，实际上却着力不多，基本沿用旧有话语表达，"清谈误国"论即为显例。明末清初流行的"清谈误国"论认为王学袖手谈心性，使明王朝陷入危机乃至崩溃，而这其实有着特定的历史语境，不可抽离来界定王学的性质。王学兴盛时，也是明王朝边患剧烈之时，考察王门后学在抗倭中的作为，以及边将翁万达的经历，可以发现，王门后学以国家为己任，勇于任事，履艰危，能自竖立，以志节振拔于一时，远非所谓"清谈误国"可涵盖。因此，弄清晚明清初"清谈误国"论的来龙去脉，可以为进一步讨论王学的历史进程及其与社会国家的关系奠定基础。

张克伟《清初阳明学者彭定求及其〈明贤蒙正录〉》（《赣南师范大学学报》2022年第1期）一文认为，清儒对明人传记之编撰颇为关注，既是他们对民族文化与历史发展历程的诠释，亦可说是他们的精神寄托及理想之落实与追寻。彭定求手撰的《明贤蒙正录》中所关涉学派学脉传承统绪之痕迹并不明显，然其绍承王学及融通朱、王之用心却昭然可见。从其内容加以窥测探讨，可以洞悉撰者颇具朱、王学说本一脉相承。两者应相资为用，同归至善，义趣一揆，坚持个人之学术个性，为研究学术确立新猷的理想与抱负。

2. 近现代阳明学研究

廖华洁《太虚法师对阳明学的判释与融合》（贵州大学硕士学位论文，2022年5月）一文探讨太虚法师对阳明学的判释与融会，阐述佛教视域下近代阳明学的展开进程，以期探讨传统文化的现代转化问题。该论文分为四个部分。第一章主要阐述太虚法师的儒学经历，梳理太虚法师儒佛观念的变化和转向，分析儒学对其人生佛教、人间净土思想的影响。第二章主要阐述太虚法师对阳明学"格物"思想的辨析，包括对"格物"概念的界定，"格物"与"正心"的关系，以及太虚对"即物穷理"的辩护。这一部分主要对朱熹、王阳明和太虚法师的格物观进行了比较研究，阐明太虚法师如何引进近代科学而对传统格物观的深化。第三章主要讨论太虚法师对阳明学"致良知"的判释，包括"致良知"对孟子和禅宗的继承关系、良知和佛性的关系，以及对"知行合一"的解读。太虚提出了"知、行、能之一致"，认为人不但需要知识与行为，也需要注重才能的培养，而这一点为阳明学所忽略。第四章阐释太虚法师如何以唯识学的视角，对阳明的"四句教"进行了判释与融会，探讨了"无善无恶心之体"与"无覆无记之阿赖耶识"，"有善有恶意之动"与"能善能恶之意识"，"知善知恶是良知"与正知善恶的"净善信心"，"为善去恶是格物"与"为善去恶是格致"之间的关系。在太虚法师看来，如果能以阳明学为总枢，接受欧美西方世界的科学、工业、民政、法治等学说文化，均衡地发展唯心、心物二元、唯物三派的哲学，以构造全世界人类所需要之哲学与文化，则可以大成"新中国之新哲学"。就此而言，太虚法师对于阳明学的判释与融会，对于复兴传统文化、树立文化自信极具借鉴价值。

殷国涵《佛教视域下的阳明心学——以太虚为中心》（《宗教学研究》2022年第2期）一文指出，太虚高度评价阳明心学，其原因在于：阳明心学在工夫论和整体风格上都近于禅宗；有事功之能，能有益于当时社会；为儒家之正宗，可作为文化统合枢纽构建新的中国哲学。太虚针对"致良知"与"是非之心"提出了质疑和批评，认为"良知"作为本体无法被加以"致"之工夫；"是非之心"既作为"良知"本体又作为心理功能具有逻辑困难，其必然正确性不具有充分保证，其素朴定义——"好恶"也不具备普遍性。太虚又尝试以唯识学会通、诠释"良知"与"四句教法"，以慧心所、信心所解释"是非之心""良知"，以八识分别解说"四句教法"，其中不乏闪光之处。

邓国光《心统性理：唐文治先生重建儒学经世之道统大义》（《天水师范学院学报》2022年第1期）一文指出，唐文治先生于儒学建树良多，其精神终始如一，皆为实现"正人心，救民命"之善愿，为此投身学术经世，奋斗终身。其经世之学，经学为用，理学为体。于唐先生学术原则，先生正名理学为"性理学"，彰显宋明以来儒学"道统"观念之确立，实现圣道，继往开来。唐先生一生精研、阐扬与实践"性理学"，其性理学专著存世凡四种，曰《性理学大义》《紫阳学术发微》《阳明学术发微》《性理救世书》。尤致意于"格物""致良知"，坚持修己治人以心学贯通程朱与陆王，涵摄清儒经世之学，饱含"伦理政治"之信念，谋求长治久安之根本性仁政意义，继天立极。

朱光磊《论唐文治对阳明学与朱子学的会通》（《朱子学研究》辑刊，2022年卷）一文指出，从当下的学术视野来看，朱子学的理解具有四条路径，分别是：明清以来学者对朱子学的诠释路径，马克思主义哲学史家对朱子学的诠释路径，现代新儒家对朱子学的诠释路径，宋元以来朱子学学者对朱子学的诠释路径。前三条路径塑造了当下朱子学的教科书形象。而唐文治作为晚清至民国期间最为著名的朱子学学者，其对朱子学的诠释秉承着第四条路径。

胡吉振、胡典顺、陶然、李永桃《陶行知教育理论对中国传统知行观的继承与发展》（《丽水学院学报》2022年第3期）一文指出，教育家陶行知的教育理论主要体现在他的行知理论中，而这个理论的历史文化渊源可以追溯到源远流长的中国传统文化。影响陶行知的行知理论的主要有：以孔子为代表的儒家的知行思想、以墨子为代表的墨家的知行思想和以王阳明为代表的陆王心学的知行思想。陶行知在前人的基础上开创性地提出了"行是知之始，知是行之成"的文化观念，强调了事实知识的重要性，拓宽了行知的范围，提倡劳心与劳力相结合的思想，主张认识是一个"行—知—行"的无限循环螺旋上升的过程，这是他对中国古代知行文化的发展。知行文化是中华民族传统文化的一个重要组成部分，陶行知的行知教育理论与中国传统文化中的知行理论是一脉相承的。陶行知的行知理论对增强民族文化自信和自觉、推动中国现当代教育的发展与改革都有着积极的意义与影响。

3. 新儒家视域下的阳明学研究

高瑞泉《隐显之间：心学历程中的"自由意志"》（《学术月刊》2022年第11期）一文指出，发自先秦孔孟一系的观念前驱，"自由意志"在近代心学的演化中呈现其概念化的脉络。王国维的《原命》、梁漱溟的"意欲"（Will）论文化哲学以及而后发生的"科玄论战"，使"自由意志"开始显题化。它有外在的触因，即与叔本华唯意志论的东传有关；又有本土的哲学根源，在心学观念史中有迹可循。往上追溯可至王门后学诸人。王艮的"造命"说在传统的"力命之争"中酝酿出对定命论的挑战，王栋、王塘南到刘宗周将"意"推演至本体的地位，以及将"意"与"志"相勾连的尝试，使"良知"论翻出了新面向。从词汇研究观念史来看，"意志"乃一个日语激活词，其在近代的诞生，应该获得超越语文学的部分解释。梁漱溟之后，熊十力提示以康德的"自由意志"绾合本体论与伦理学的哲学路径。熊氏传人牟宗三以"良知是呈现"为纲，将"自由意志"收纳为"良知"之一大属性，并将其转变为"智的直觉"课题，助成其建构"道德的形而上学"。"自由意志"的显题化和概念化，扩张了传统哲学的问题域，也深化了对于主体能动性的认识。

朱光磊《现代新儒家的阳明学研究》[《江苏师范大学学报》（哲学社会科学版）2022年第1期]一文指出，现代新儒家的阳明学研究具有三条路径。其一，以外释中。这条路径极大地凸显了阳明学中的形上意涵，并希望这种形上学的论说方式可以进入世界的哲学话语体系，以及这种论说方式所彰显的东方价值具有超越西方形上学的地位。其二，会通朱王。这条路径重新对朱子学、阳明学的差异进行新的解释，从而在一个更高的理论平台上化解了宋明儒学内部的差异，达成儒学内部的圆满融合。其三，面向现代。这条路径在阳明学本有的道德涵养之中，增加新的思辨理性和物理知识，从而将物理世界收纳进来，为现代性的开展奠定了理论上的基础。这些哲学体系的构建、哲学史叙述范式的转变，以及哲学现代新开展的努力，可以视为儒家知识分子在西学东渐背景下所交出的理想答卷。

韩强《王阳明心性论对现代新儒家的影响》[《河北师范大学学报》（哲学社会科学版）2022年第2期]一文指出，王阳明的心性论中包含着真我良知和知行合一的思想，这对后来的现代新儒家产生了很大影响，梁漱溟、熊十力融合西方柏格森的生命哲学提出了宇宙心和心性本体论，贺麟融合新黑格尔主义提出了主体逻辑心和自然的知行合一论，都充分发挥了王阳明思想。

梁瑶《浅析贺麟阳明学论述》（《汉字文化》2022第24期）一文指出，通过西方的哲学概念对中国儒家传统文化进行重新解释，贺麟对"知行合一""心"等进行了新的解读，建立"新心学"思想体系，体现出保留儒家的优秀部分以适应新社会文化环境需要的文化逻辑。同时，他对"儒者气度"的再思考与强调，体现出儒者经世济民、心怀天下的立世准则。

吴震《从本体到仁体——熊十力哲学及其与宋明理学的交汇》（《甘肃社会科学》2022年第4期）一文指出，熊十力在20世纪上半叶建构近代中国哲学的过程中有突出的原创性贡献。20世纪30年代初，熊氏建构了颇具中国哲学特色的本体论，认为与西洋哲学割裂本体和现象的二元致思趋向不同，中国哲学的本体既非超脱于万物之上的"独存"，亦非潜藏于现象背后的"原因"，提出了"由体显用""即用显体"的体用不二论。熊氏由此反对西洋哲学或佛教有宗的本体论所导致的"二重世界"或"二重本体"的理论弊端，显明中国哲学本体即"全体"、全体即"大用"的理论特色，构成其哲学的主要标识和理论贡献。熊氏在20世纪40年代更提出"仁体"说，揭示了仁体具有"生生之仁"和"一体之仁"两项宋明理学"仁论"的基本义，使得熊氏哲学既有不同于西哲或佛学的创新性，又与宋明理学尤其是阳明学传统存在思想交汇点。熊氏继而将仁体论拓展至儒家经学乃至外王学领域，提出了"经学即仁学"的儒学观及"以仁为统"的政治观，揭示了仁学在社会政治学领域的应有理论意义。总体来看，熊氏哲学作为近代"心学"的典型形态，对于接续儒学在近代中国的"一线之绪"以重建中国哲学作出了重要贡献。

杜倩《熊十力心本思想及其道德意蕴》（《今古文创》2022年第47期）一文指出，清末民初，在西方文化的极大冲击之下，儒家文化及其思想遭到重创，因此出现了长期以儒家文化为主的道德标准丧失、社会风气低下的影响，为了对治西学，重建中国哲学的形而上学，反省和重建道德基础，熊十力受宋明儒学传统的影响，立足儒学，以体用不二为宗旨，建立了以"本心"为本体的形而上学。现如今，由于受到西方多元价值观的影响，以利益为主的个人主义、利己主义逐渐影响着大众的观念，导致为了眼前利益抛弃社会道德的行为不断出现。因此该文通过探求熊十力心本思想中的道德意蕴，为当代社会的精神文明建设和道德建设提供了借鉴。心本论的道德意义在今天也仍有其独特价值。对于道德的新解读，给现今构建和谐社会提供了一定意义上的借鉴与启示。

张贝《新唯识论：心学的本体论重建》（《当代儒学》2022年第1期）一文指出，清末民初，在西学冲击之下，儒学呈现式微之势，其原因不仅在于西方文化之强势，更在于儒学本身之偏弊。这种巨大的文化落差导致了"意义危机"。熊十力所面对的生命困惑便是时代所抛出的问题在其生命中的体现，这些问题共同决定了熊十力对本体的追索。他试图通过本体论的建构融摄中西以破时代之困局。他认为东方哲学中唯儒学堪当重任，儒学中尤以心学能得孔孟之精髓，因而选择从心学路向进行本体论的重建。"意之所在便是物"将物收归于意识而有否认事物的存在之嫌，使得传统心学表现出反知倾向。熊十力转而以"本心"为绝对本体，承认有境为开出知识论敞开可能性。他认为"即体即用"虽对体有深刻把握，但是用开出不足。鉴于心学谈体遗用之弊，他提出"体用不二"以图寻求融摄中西的可能性。"体用不二"的展开有两个面向，即举体以成用和即用以显体。在两个面向的展开过程中，"本心"与体用的互动表征了本心的双重内涵：举体以成用表征了本心之作为绝对本体的意涵；即用以显体表征了本心作为本体之发用的工夫论意涵。"本心"作为显现为一切心物现象之绝对本体，可满足本体的所有定义。然而即使本心不具有"明觉"义相依旧无碍其成为本体。熊十力借用佛学资源尤其是唯识学对"本心即是本体"的命题进行论证，其中跳脱之处便以境识一体、体用不二为之缝合，其最终结果便是"本心即是本体"与"体用不二"的循环论证。他借由"翕辟""生灭"这两对概念进行宇宙本体论的建构，翕辟的生灭变化即足以显现为宇宙万象。熊十力将辟称为"体"，以其与绝对本体具有相同的德性。在人的证体工夫中，所证只是辟，而非绝对本体，绝对本体在心物诸现象的显现中并不具有在场性。在此意义上，本体只能作为本体宇宙论建构之悬设，其意义同于康德之"物自体"。熊十力以性智与量智为认识论范畴。量智具有向外求理和穷神知化的双重效用。向外求理之量智虽为认识论范畴，但会障蔽本心，显是需要被遮拨的对象。穷神知化之量智即是格物工夫；而性智作为对本体的觉悟则是致良知工夫。在此意义上，性智与量智属于工夫论范畴。性智即是"本心"之"明觉"，因而本心的"明觉"义相表征了本心的工夫论意涵。性智与量智归于工夫论范畴，也就意味着熊十力将知识论收摄于本体论的尝试终归破灭，他终究没能逃出从心性本体论无法导出知识的怪圈。这其实是心性本体论与知识论本身所存在的矛盾。从心性本体论出发无法走向知识论，从知识论出发也无法走向心性本体论。唯有在超越本体论和知识论的层级，以超脱的视角方能寻求二者融贯之可能。

陈昊《良知与知识的四种关系——唐君毅对王阳明良知学说的新发展》[《贵阳学院学报》（社会科学版）2022年第4期]一文指出，唐君毅在《中国哲学原论》诸篇，有三处较为集中的阳明学研究内容。《导论篇》"原格物致知"章，在《大学》诠释与朱王异同视域下，定位阳明学术基点在"真知其己知"与"知行合一"，指出阳明以良知统摄诸大学工夫，特出于《大学》朱子。《原性篇》第十四章，唐君毅疏释"良知心体，何以既是至善、又无善无恶"的难题，会通"四句教"的义理结构与"阳明为学三变"的历史演变。第三部分《原教篇》第十二章，由前两部分深化而来，唐君毅梳理良知诸义，阐发良知学核心概念与义理命题，新见迭出。此外，唐君毅代阳明答良知诸疑，并考察熊十力、牟宗三等同时代学者的良知新说，归纳论述良知与知识的四种关系："俱时而呈现之同一关系""更迭呈现之相斥关系""目的与手段之相从之关系""交互并在之关系"。这可视作良知学说的新发展，值得关注研究。

马士彪《儒家境界体验中的抽象置定与具体表现——以牟宗三对阳明与二溪的诠释为中心》（《中国哲学史》2022年第5期）一文指出，儒家的实践不仅关涉到工夫实践中的身心状态转换，亦关涉本体呈现后的境界体验。目前学界对两者的研究，往往借助"逆觉体证"与"冥契体验"的解释框架，但两者都未触及理学家境界体验表达中的本体状态转换问题，牟宗三透过"超越的分解"与"辩证的综合"方法对阳明与二溪境界体验表达所蕴含的深层义理结构——"抽象置定"与"具体表现"——的揭示，既囊括了"逆觉体证"的框架，又包含了对境界体验中本体状态转换的描述，或许可以为推进相关研究提供可资利用的理解模式。

尚文程《牟宗三的阳明学》（华侨大学硕士学位论文，2022年5月）一文是以阳明学为思想基底，以"良知"概念切入对牟宗三哲学的研究。此研究，一方面阐述了牟宗三哲学特别是"道德的形上学"对阳明心学的内在继承；另一方面也揭示了儒家心性之学在现代性问题上的回应，亦即传统心性之学的现代性建构问题。关于阳明学本身的思想主要涉及两个方面。其一，王阳明本人关于良知本体与工夫的论述，亦即阳明"良知学"的初成阶段。"良知学"建构的源发点在于对朱子学"天理"系统的对治以及其本人对"良知"问题的原初领悟，进而将伊川朱子系的"天理本体"内化为"良知本体"，从而使得良知心不仅是道德的情感更是宇宙的实体，此即"心即理"的进路。其二，王阳明殁后其后学关于良知问题的不同面向。依牟宗三言，此王学之分化主要是王龙溪之浙中派、聂双江和罗念庵之江右派、罗近溪之泰州派。牟宗三接过阳明学"心即理"的进路，以道德意识展露一"自由之无限心"。此心即是良知心亦即"知体明觉"，它既是道德的实体故能开"道德界"，又是宇宙的实体故能开"存在界"，由此"本体界的存有论"（无执的存有论）得以证成。至此阳明学只有一"本体界存有论"的可能性，对于"现象界"之知识则不能有积极的建构，甚至无理论之兴趣。"现象界"所涉及的首先是认识论的问题，亦即知性主体与对象何以可能的问题，关于此问题单由"心即理"所彰显的"良知呈现态"不足以解决。牟宗三基于此良知的呈现转出而讲"良知的自我坎陷"，通过此"知体明觉"的自我陷落而辩证地开出"知性"。此"知性"本质上作为一种"识心之执"故能执绕起"现象界"，成就一"现象界的存有论"（执的存有论）。合此两层存有论，即是牟宗三立足于儒家心性之学，尤其是阳明心学的传统，所建构出的具有现代性与典型性的"道德的形上学"体系。此"道德的形上学"体系既立足于儒学传统，又兼收佛学"一心开二门"的理性架构，同时还能融摄康德的道德哲学与黑格尔的辩证法，故能实现中国传统哲学与"现代性"的双向互动。传统哲学的"现代性"转型是牟宗三哲学体系的致思方向。这一方面实现了包含对"主体性""理性""自由"等现代性形而上学观念的建构，另一方面也能立足于中国的现代性这一通孔对以西方为主导的现代化进程进行批判性反思。

龚晓康《良知"坎陷"抑或"呈现"？——兼论阳明学对道德主体与认知主体的开出》[《湖北大学学报》（哲学社会科学版）2022年第6期]一文指出，牟宗三试图通过"良知自我坎陷"说解决主客的分化以及认知主体的开出问题，但他未能清楚地阐明良知"坎陷"的发生机制，由此带来诸多理论上的困境，尤其是道德主体与认知主体难以并立的问题。"良知自我坎陷"说既然基于"良知"而展开，那就有必要回到阳明学的语境，以对其做进一步的澄清。阳明学所言之良知，为"造化的精灵"，虽能呈显万物，但却"与物无对"，并不能自我坎陷以产生主客的分化。主客的分化其实是源于意识的作用，"意之所在便是物"，意识活动的发动者成为主体，意识活动的对象则成为客体。故而，主客的分化并非源于良知的"坎陷"，而是源于意识的自我对象化，由此而有道德主体与认知主体的开出。不过，两种主体的开出皆不离于良知的作用：良知之知善知恶，能为人提供先天的道德法则，依之而开出道德主体；良知之虚灵不昧，能使人有明觉精察之思虑活动，依之而开出认知主体。两种主体的开出皆是良知的"呈现"而非"坎陷"，故能并行不悖。就此而言，道德主体与认知主体之间既非相互开出，亦非相互消解的关系，而是有着不同的开出路径，但又可以相互促进。

马士彪《工夫实践与圆融化境——牟宗三对龙溪"四无句"的判教诠释》（《孔子研究》2022年第5期）一文指出，牟宗三在《王阳明致良知教》以及《陆王一系之心性之学》中对龙溪"四无句"持批评态度，而到了《从陆象山到刘蕺山》以及《圆善论》中则对龙溪"四无句"多有赞赏，认为龙溪是承续阳明"致良知教"的嫡系，并在"四无句"的义理规模上演说儒家式的"圆教"。这种前后的差异，乃是牟宗三运用"判教"方法对龙溪"四无句"义理"调适上遂"式的诠释。牟宗三对龙溪"四无句"的"判教诠释"透显出他本人理论旨趣的转化：前期注重工夫实践的过程，因此更加关注龙溪"四无句"的可能流弊；后期转向对境界内容的研究，在圆教的视域下发现龙溪"四无句"对成立儒家式"圆教"的意义与价值。

（十）王阳明的历史定位与阳明学的思想史地位研究

段新莉《"阳明学"研究的新视角新开拓——〈文艺复兴时代的王阳明〉评介》（《山东社会科学》2022年第4期）一文指出，李衍柱先生著《文艺复兴时代的王阳明》（人民出版社2021年10月版），全书50余万字，主要由叙言、上篇和下篇三部分构成，该书从世界文明史的视角，首次提出和概括地论说了王阳明在中华文明史上的卓越贡献和深远影响。

查建国、陈炼《探寻明代心学丰富内涵》（《中国社会科学报》2022年5月16日）一文指出，明代儒学的发展体现出向心学的转变，成为儒学发展史上一个重要阶段。这一儒学史上的历史性转折，以明代中叶王阳明心学的成熟及传播为基本标志。阳明心学的迅速传播，直接改变了明代中叶之后思想界的总体格局，并为此后思想界的近代转向提供了必要条件。

王中江《一等事和一等人：王阳明的魅力》（《衡水学院学报》2022年第6期）一文指出，王阳明超出了一般意义上的教师，他称得上人类的教师。东西方已列出的几位举世公认的人类教师，有苏格拉底、孔子、释迦牟尼、耶稣等。如果我们适当扩大一下这个名单，宋明新儒家朱熹和王阳明都有一定资格荣膺人类教师的荣誉。在中国秦汉以来的第二个1000年中，他们之所以能够拥有人类的教师和教化者的身份，是因为他们具有超凡的人格和智慧，是因为他们创建了人类的普遍理性和价值，是因为他们有大量的追随者、传承者和光大者。

万明《新旧之间：王阳明与明代早期近代化进程》（《贵州社会科学》2022年第7期）一文指出，明代白银货币化—市场经济的萌发，开启了中国早期近代化历史进程。这一历史进程的突出特点，是社会主体农民从身份到契约的转变过程，也正是马克思所说的走向"以物的依赖性为基础的人的独立性"的社会形态的过程。在新旧交汇点上产生的心学，是中国早期近代化历史进程的产物，其知行合一的理论构成中包含的时代精神和内在逻辑的颠覆性，表现在希冀启蒙人的独立性觉醒和开发人的自觉自律以达致社会自治理想模式。正是在这个意义上，王阳明不仅是中国早期近代化历史进程的见证人，更是中国早期近代化历史进程的引领者和推动者。如果从明代中国早期近代化历史进程的大背景出发重新审视王阳明的历史地位，那么他可被视为中国历史这一转型期最具代表性的伟大思想家和社会改革家。

（十一）阳明学的现实意义与当代价值研究

如何实现阳明心学的"创造性转化与创新性发展"是当下研究、宣传、弘扬阳明学的一个重大课题，而这必然涉及对阳明学现实意义的挖掘与当代价值的研究。2022年，学界同仁对此有深入研究。

1. 阳明学现代价值综合研究

陆永胜《心学何为？阳明学与当代中国文化建设》（孔学堂书局2022年10月版）一书，论述了作为当代文化资源的阳明学，于当代观念文化建设、当代制度文化建设、当代生活文化建设和当代阳明文化践行中的学术思想互摄和价值观念共生。

连玉明主编《跟王阳明学修心》（商务印书馆2022年10月版）一书，包括"语录编""训录编""文录编"三部分，内容涵盖王阳明的100句名言名句、24篇家书训示和42篇名篇遗作。其中："语录编"在注释、今译的基础上，从今人立身处世的角度出发，以简明易懂的文字深入浅出地阐释王阳明的人生智慧。"训录编"内容涉及王阳明对子弟、亲友、长辈、民众的训诫，通过对其训诫思想的解读与延伸，力求实现"古为今用"，起到"资政育人"的效用。"文录编"以王阳明的一生为主线，力图通过王阳明的名篇遗作串联起其跌宕起伏、波澜壮阔的一生。总之，该书通过全面梳理、释义、解析王阳明的名句、家训、名篇，讲述王阳明故事，深挖阳明学精髓，多角度、多层次地阐释王阳明的"心即理""知行合一""致良知""万物一体"的经世致用思想，以期为当代世界冲突与社会危机提供传统中国的一种解决方案。

2. 阳明心学与"共产党人的心学"的比较研究

薛丽丽、张亚军《论中国共产党人"心学"的内涵与价值》（《江南社会学院学报》2022年第2期）一文指出，对中国共产党人"心学"的研究，目的是使每一位党员能够在理性反思中拥有坚强的党性。中国共产党人的"心学"是对王阳明心学的扬弃，是根本之学、规律之学、成己之学、立志之学、"知行合一"之学。坚持中国共产党人的"心学"，有助于增强党性教育的系统性、推进共产党人的精神家园构建、增强党性教育的主体性、增强中国共产党人的主体自信以及增强中国共产党人的精神定力。

宋相呈《破心贼 行方圆 致良知：王阳明廉政思想的当代借鉴》（《廉政文化研究》2022年第2期）一文指出，王阳明的"心学"思想内涵丰富，其中所蕴含的廉政思想主要体现在"破心贼""行方圆""致良知"三个方面。他认为当私心杂念泛起，"恶向胆边生"时，一定要果断拔出"规矩"这把"利剑"，斩除"心中贼"，以达到"致良知"的廉政效果。在全面深化党风廉政建设的当下，积极借鉴王阳明的廉政思想，"破心贼"以筑牢思想基础，"行方圆"以完善制度体系，"致良知"以实现知行合一，对修好共产党人"心学"，推进新时代全面从严治党有着重要的现实意义。

雷恩海、张方星懿《"不忘初心"对阳明心学之传扬》（《天水师范学院学报》2022年第6期）一文指出，王阳明乃原创性的思想家，其思想颇具开放性和内蕴的丰富性，随着时代的发展，日益彰显出进一步阐释的可能。"不忘初心"之理论，乃是对阳明心学的创造性转化。"不忘初心"，既是对阳明心学之良知、致良知、省察克治、知行合一思想内涵的合理继承，也是创造性转化和创新性发展，此"初心"乃为中国人民谋幸福、为中华民族谋复兴；致良知，强调事上磨炼，突出其实践性；省察克治，倡导知行合一，强调自我革命、继续革命的精神。"不忘初心"，既是对党员个体的要求，更是对党组织的要求，也是中国共产党永远保持初心与强大生命力的密码。"不忘初心"的理论，既有来自传统的阳明心学的合理内核，也充溢着时代所赋予的鲜明内涵，是传统思想创造性转化和创新性发展的典范。

雷泳仁《习近平关于阳明心学重要论述探析》（《绍兴文理学院学报》2022年第5期）一文指出，习近平关于阳明心学的重要论述涉及阳明心学的总体评价及其主要观点、重要理念，高度重视阳明心学的创造性转化和创新性发展，注重发挥阳明心学在增强文化自信、加强政德建设以及推动国际关系健康发展等方面的现实借鉴意义。这些重要论述为推动阳明心学的普及和研究提供了重要指针。

3. 阳明心学对医学、心理学、社会心态学的启示研究

阮极《亲密关系中"因爱生恨"的原理与化解——基于阳明心学视角》[《贵州民族大学学报》（哲学社会科学版）2022年第4期]一文指出，所谓的"因爱生恨"如何形成？基于对大学生、青年夫妻、离婚人士的访谈及相关文献的研究发现，并非真正的"爱"产生了恨，而是"爱情"中的私欲产生了恨。该文基于阳明心学视角对"因爱生恨"原理进行讨论，认为阳明心学中的相关理论对当下中国人的婚恋实践有指导意义，也为当下婚恋中的"因爱生恨"提供了化解路径。

舒曼《阳明心学与现代心理疏导——写在王阳明诞辰550周年之际》[《南京师大学报》（社会科学版）2022年第6期]一文指出，现代心理疏导无论是在理论还是实践领域，都已成为心理学的热点。阳明心学"致良知""知行合一"等人性至善美德中所蕴含的积极心理学思想，与现代心理疏导致力于使国民更为健康具有同等的价值指归。以此建立关联，从阳明心学的智慧中汲取营养，为现代心理疏导提供基本的理论框架，同时结合现代心理疏导的过程进行分析，并运用阳明心学思想为现代心理疏导提供可能性方法。阳明心学为现代心理疏导提供共享性经验及指明未来可能性研究方向，为应用中国文化促进国民心理健康提供理论支持。

蒙莉橼《多元与同质之矛盾的调适——论阳明的良知对都市文化内在紧张的消解》[《贵阳学院学报》（社会科学版）2022年第2期]一文认为，与城市生活方式相应的都市文化在决定着"城里人"的文化生活。都市文化的整体稳定性是靠种种规范和制度来维持的，这在一定程度上牺牲了主体的多元化，经济全球化更是加剧了多元化与同质化这两者之间的矛盾。阳明的良知是本体与发用的统一，具有解决此矛盾的天然优势。它首先能够重新建立人的主体性，给予其充足的立足依据并丰满其构成，然后向外扩展，达致整个社会。如此，种种社会规范和制度就不再是对主体的外缘性强制，而是被内化为自身的行为准则。当代都市文化在经过阳明良知的调适之后，可实现主体的自我解放、自我完善、自我发展的提升，反过来亦可促进当代都市文化的发展。

4."知行合一"观的启示研究

尚锦辉《王阳明知行合一思想及对思想政治教育的启示》[《河北北方学院学报》（社会科学版）2022年第1期]一文认为，王阳明认为知行本为一体，并提出只有亲身实践才能获得真知，真知引发的就是真行，知是行动的开始，是行动的指导；行是知的完成，是知的践行。将王阳明的知行合一思想引入高校思想政治教育中，可以唤醒学生内心道德意识并为学生提供实践平台，这有利于提高思想政治教育的质量和学生的道德素养。

周宇、刘伟《王阳明知行思想的当代价值转化及育人体系研究》（《汉字文化》2022年第3期）一文指出，王阳明知行思想是我国传统文化的重要组成部分，学习王阳明知行思想，汲取知行合一思想精华研究当代价值转化和育人体系，对弘扬中华优秀传统文化，倡导学以致用，提升青年学生道德修养，加强道德教育，解决高等教育实际问题具有重要意义。

颜可达《刍议王明阳"知行合一"理论及现代价值》(《品位·经典》2022年第7期)一文指出，知行合一是王阳明有关道德实践以及道德认知关系的重要论述。这一理论对中国传统文化的影响深远，也成为后人为人处世、修身持家的基本道德准则。从科学实践以及伦理学的角度来看，对"知行合一"这一理论的现代价值进行探讨研究，对于培养人们的道德精神、构建人们的道德信念以及指导人们的道德实践都着有很积极的作用。

李文方《答时代之问：知行合一观在高校德育工作中的实践向度》(《公关世界》2022年第18期)一文指出，知行合一观是王阳明哲学思想中的一个重要主张，对当今大学生思想发展和素质提升仍有很大的价值，为协调大学生的"知"与"行"提供了新的思路。知行合一观在高校德育工作中的实践，可尝试从大学生立志教育、丰富大学生实践和引导大学生的自我管理着力，助力落实高校立德树人的重大使命。

朱旭、苏国红《王阳明"知行合一"思想融入高校德育工作新思路》(《宿州学院学报》2022年第4期)一文指出，王阳明"知行合一"思想在当前高校德育工作依然具有较强的现实指向性，在把握好"知行合一"理论内涵，明确其与高校德育工作融合的必要性后，再将其灌注到当下高校德育工作实践中，一方面，保证"知行合一"思想与当前新要求新思想有机融合，丰富高校德育工作理论；另一方面，促进高校德育工作依靠多元化的形式开展，这既符合新时代德育工作的需要，迎合青年学生的需求，也能切实提高高校德育工作的实效性。

刘腾子《"知行合一"观对大学生理想信念教育的启示》[《教书育人》(高教论坛)2022年第9期]一文指出，理想信念是人精神上的"钙"。大学生理想信念教育重在在实践中不断淬炼自我的精神境界和道德品格，以达到"知其善"与"行其善"的统一。王阳明的知行观强调"知行合一"复本体的明觉。这对当下大学生在理想信念上出现的"知而不行""行而不知""行而不久"问题有重要的启示。

焦佳禾《王阳明"知行合一"思想在初中〈道德与法治〉教学中的应用研究》（信阳师范学院硕士学位论文，2022年5月）一文认为，王阳明"知行合一"思想主要围绕"致良知"展开。所谓"致良知"，是要求人们秉持善良和正直的品德，并在日常生活中不断践行。在此过程中，王阳明也阐述了"知"与"行"的关系问题，认为"知"和"行"是事物发展过程的两个方面，知包含着行，行包含着知，二者并驾齐驱。初中是学生世界观、人生观、价值观形成的关键时期，此时把王阳明"知行合一"思想应用于《道德与法治》教学中，既有利于实现课程立德树人的目标，也有利于引导学生养成良好的德行。该文共分为三个部分。首先，梳理王阳明"知行合一"思想的形成背景和主要内容，从中挖掘该思想和《道德与法治》教学之间的关联性。基于当时官场腐败，社会风气低俗，百姓存在知行脱节的现象，为解决社会矛盾，传播圣人之学，王阳明提出"知行合一"思想。该思想强调："知"与"行"是一个过程的两个方面，本就是一个不可分割的整体。"知行合一"的"知"既指良知，也可指知识；"知行合一"的"行"指主体的实践行为，即通过实践来掌握知识。通过对其"知行合一"思想的归纳，从中发现该思想和《道德与法治》教学有着共同的目标指向、共通的践行路径以及共具的责任担当。其次，以三门峡市某初中为调查对象进行实地调研。通过了解初中生在《道德与法治》教学中的知行现状，分析其知行现状存在的问题，即部分学生道德生活中高知低行、重视理论知识轻视实践知识、部分学生的"知"与"行"脱节，进而从学生、教师和环境方面探究初中生在《道德与法治》教学中知行问题出现的原因。最后，基于上述的理论研究和实地调研，对王阳明"知行合一"思想在初中《道德与法治》教学中的应用提出对策，分别从完善初中生在《道德与法治》教学中的认识及能力的养成、促进初中《道德与法治》课教师自身专业化发展，以及优化初中生在《道德与法治》教学中知行合一意识的养成环境三方面展开论述。

纪文荣《王阳明的知行合一思想及其当代价值》（《今古文创》2022年第23期）一文认为，知行关系是中国哲学中的重要问题，被称为"千古一等人"的王阳明在前人的基础上创造性地提出了知行合一学说。王阳明的知行合一思想吸取了先秦儒家、佛教以及理学对知行关系的探讨，并在"心即理"的逻辑起点上以"致良知"作为通达知行一体境界的方法论。研究知行合一思想对于当前加强和完善社会主义思想道德建设是大有裨益的，有重大的现实意义。

魏鸿雁《王守仁"知行合一"思想在现当代的实践研究》（《名家名作》2022年第17期）一文指出，王守仁以"知行合一"为实践工夫，与致良知、经世致用统称为"阳明良知学"，对现当代社会发展具有深刻的现实意义。王守仁的心学思想在中国教育史、学术史和思想史上都占有重要地位。在梳理"知行合一"思想内涵的基础上，分析王守仁"知行合一"思想对个人和社会制度两方面的影响，总结出王守仁"知行合一"思想在现当代的实践价值。

张宇霞《习近平对中国传统知行观的超越》（大理大学硕士学位论文，2022年5月）一文指出，传统知行观是中国哲学体系中的一对重要范畴，主要内容从知与行的关系出发论述，包括知先行后、行先知后、知行合一三种关系。中国传统知行观的特点同时也在文中有所阐释，即知上重先天观念、行上重道德实践、重知行合一。其中，重知行合一是该章的主要内容，同时也是该文的重要组成部分之一。习近平对于知与行论述的主要内容在马克思主义认识论和历代中央领导集体关于知与行的论述基础上，对知与行的内涵与外延进行了拓展。首先是新时代的知主要表现为思想自觉，即强调充分发挥人民作为认识主体的主观能动性；其次是新时代的行主要表现为行动自觉，即强调坚持以人民为中心，走中国特色社会主义道路。通过新时代知与行的分析可以得出，新时代的知行合一主要表现为思想自觉与行动自觉并举，致力于使二者在实践中实现中华民族的伟大复兴，在中国式现代化建设的过程中更好地实现第二个百年奋斗目标。习近平坚持创造性转化、创新性发展的原则，对中国传统知行观的超越，具体表现为：对优秀道德认识的继承，及对重行传统的批判性继承，是对中国传统知行观的创造性转化；突破了纯粹的道德实践范畴，强调个人道德实践的重要意义以及尊重人民的精神独立性；对优秀传统民本思想的创新阐释，将其引申为人民至上，将人民利益放在第一位；构筑知与行联结的科学桥梁，则是将其引申为"学思用贯通，知信行统一"的知行观，并对如何落实做了研究与分析，是对中国传统知行观的创新性发展。习近平对中国传统知行观的超越具有重大意义，即有利于丰富和发展马克思主义认识论，有利于实现理论创新，更好地讲好中国故事；有利于传承中华文明，增强文化自信；有利于中国特色社会主义建设实践的方法创新，从而在不断的中国实践中实现中华民族的伟大复兴，以中国理论更好地关照中国现实，把握历史脉络，抒写宏大而深刻的中国历史。

5. 致良知、万物一体思想的现代价值研究

赖晨《王阳明"致良知"哲学思想对当代医学生医德教育规范化的启示》（《中国标准化》2022年第4期）一文立足于研究王阳明"致良知"哲学思想的核心要义，探讨该思想与医学生医德教育的关联性，并分析该思想对于当代医学生医德教育规范化的启示。

周一楷、张才圣《王阳明"致良知"与诚信人格培育》（《人文天下》2022年第8期）一文指出，明代大儒王阳明的"致良知"学说凸显了道德主体与道德法则的内在统一，是中华民族"知行合一"传统的道德实践。"致良知"蕴含的良知即心之本体、致良知即依良知而行的双重内涵，通过知行合一体现出本体、工夫的融通，与个体的道德践履形成了立诚以复良知本体、依良知而行以树信的双向结合机理。王阳明的"致良知"，通过摒除道德主体的私欲障蔽，扩充善之德性，激发诚信自觉，为提升德性修养、培育诚信人格提供了思想资源和价值支撑。

张勇《"何当闻此鼓，开尔天聪明"——王阳明良知心体智慧说的理论特质与现实价值》（《阿坝师范学院学报》2022年第3期）一文指出，王阳明认为传统儒家所言"聪明睿智"实为契合与体现人类科学精神的真正理性智慧，学者唯有做心学修养工夫、祛除心灵因迷己逐物而昏愦壅塞的遮蔽状态，方能切实达致良知心体圆满本具之至上理性智慧。此一基于心性工夫证成的良知理性智慧，实源自个体对宇宙本体与人生本真的深层彻

悟与内在觉解，故其不仅可超越体认形上本体世界的宇宙时空之维，更能融贯点化于形下现实的社会生活与人文世界，即引领知识技能之学，超越体认宇宙时空之维，发用于日用伦常与举业事功等社会活动。王阳明的良知心体智慧论对当代人类文明发展和文化建设具有不容忽视的重要启示意义。

李西顺《教师专业道德建构——以王阳明"致良知"学说为分析工具》（《教育研究》2022年第1期）一文指出，教师专业道德是师道与师德的内在统一，是专业价值与主体价值的内在统一，表征为基于德福一致原则的自我监督机制，帮助教师在不断变化着的教育情境之中，于内心建构深层稳定的价值根性，促使外在的师德规范获得内在的价值依据。王阳明的"致良知"学说强调致内在德性、立内在心性，不仅可为洞见教师专业道德之深层价值根性提供恰切的分析工具，而且可以帮助探明教师专业道德的建构路径：在专业承诺层面立其志；通过事事磨砺的知行合一之师德实践，逐步澄清、确证、珍视专业的内在价值；以师德的专业理想境界作为伦理支撑及价值引领。师德的专业理想境界既是利他奉献的，同时内蕴着对教师自身幸福的价值关切，应避免自我与他人之间的伦理不对称性；师德的专业理想境界是圆融共生的，以美善育美善，教师专业的内在之善、教师自身的幸福及学生的幸福皆含蕴其间，共同形成建构教师专业道德的合力。

6. 王阳明教育、德育、体育思想的现代启示研究

马璐《王阳明教育思想对高职通识教育的启示研究》（《教育教学论坛》2022年第24期）一文指出，随着教育部《职业教育提质培优行动计划》的实施，高职院校需要研究和实践通识教育在人才培养中的作用。通识教育的目的在于帮助学生树立积极的社会价值观和职业道德观，提升学生的批判思维能力，敏锐把握社会和行业的发展趋势，引导学生以更积极的眼光看待个人发展，从而成长为德、技并修的高技术人才。王阳明务实求真、知行合一的教育理念对高职通识教育的目标树立、课程设置、教育方法和评价标准等方面有非常积极的借鉴意义。

李淼《道德·秩序·和谐——王阳明心学德育思想的价值研究》（东南

大学硕士学位论文，2022年5月）一文指出，以德性伦理建构人的本然存在、社会价值和社会秩序是阳明心学德育思想的基本立场。阳明心学承孟子学说发展而来，其道德教化的致思路径延续了孟子"尽心知性知天"的修养逻辑，并在此基础上为道德的内向反思提供了先验的本体依据——"良知"。在阳明的德育思想中，良知是一切道德动机和道德行为的逻辑起点，它通过自我实现和自我开显，促成了社会秩序的合理构建，并设定了万物和谐的德育理想追求。因此，在致思逻辑上，阳明心学德育思想总是围绕着道德—秩序—和谐的逻辑进路次第展开的：以"心即理"为形上根据，从心理关系和心物关系两个向度展开，贯彻"知行合一"的内在维度，并在德育的过程中落实"致良知"的实践路径，最终臻至"万物一体"的终极价值诉求。作为挽救中晚明浮躁逐利之社会风气的思想武器，阳明的德育思想不仅重建了道德的本体根据和修养路径，其间更是蕴含着丰富的现代价值观念意蕴：在平等观上，至善良知的普遍存在性担保了人性平等和价值平等的可能；在自由观上，良知的二重性则使其获得了理性自由和个性自由的双重规定；在正义观上，在"当理"和"合理"之间依良知而行，则伴随着责任正义和社会正义的同时实现。然而，需要强调的是，这些价值观念的萌芽并不等同于现代意义上的平等、自由与正义，二者之间仍然存在着理论上的偏差和张力。客观分析阳明心学德育思想的理论特质和局限，是揭明其思想价值的前提。一方面，在知识、道德和价值的统一以及全面发展、和谐教育上，阳明之德育思想存在着理论的闪光和优点；另一方面，对后天环境的消解、德育理论视域的窄化以及单一的评价标准，又使得阳明德育思想难以克服其思想上的弊病。总的说来，阳明心学德育思想是一个逻辑严密、系统完备的理论体系，它以新的视角重新确立了道德的存在价值和实现路径，可以成为当前德育走向纵深发展和自我优化的思想资源：在德育原则和内容上，要坚持德育优先，实现平等原则和差异原则的互相补充，落实道德培养与价值目标的和合统一；在德育方法上，要灵活运用信仰教育与责任教育、个性教育和规范教育、德性培养和道德践履相结合的教学方法，使个体在多元的教育模式和丰富的德性实践中深化道德认知；而在德育目的上，要树立"学贵得之心"的评价标准，努力实现自我、自然和社会的和谐统一，并不断增强基于道德价值认同的德育实效性。概而言之，挖掘王阳明心学德育思想的现代价值，不仅有助于中华优秀传统文化的创造性转化和创新性发展，同时也为现代道德教育的改革与发展提供了有益的理论启示和方法启迪。

郭景琪、雷成耀《〈社学教条〉"栽培涵养之方"对小学地方课程开发的启示》（《兴义民族师范学院学报》2022年第5期）一文指出，地方课程的开发是提升学生综合素质的必然要求，是推动优秀传统文化创新发展和落实立德树人根本任务的重要途径。借鉴王阳明在《社学教条》中提出的"诱之歌诗、导之习礼、讽之读书"的儿童"栽培涵养之方"，可以从三方面对小学地方课程开发进行探索：开发诗歌鉴赏课程以陶冶学生情感；开发礼仪教化课程以涵养学生品行；开发课外阅读课程以开启学生心智。

廖玉林、刘聪《"事上磨练"：王阳明的德育方法及其当代价值》（《内江师范学院学报》2022年第9期）一文指出，"事上磨练"是王阳明提出的道德修养方法，也是其德育思想的重要内容。王阳明在"良知"的基础上，从人情事变和欲之萌动两个层面诠释"事"之意涵，提出克制私欲与躬行实践两条德育路径，构建出实现德育目的的方法体系。阐释王阳明"事上磨练"的德育方法，有助于实现"立德树人"的根本任务。

袁溧《王阳明道德自觉论及其现代价值》（《吉林工程技术师范学院学报》2022年第5期）一文认为，通过道德实践提升自身道德修养，成为孔孟之后至今一直在研究的道德主题。而王阳明在其道德自觉理论中提出了人"无善无恶"的本性，并强调这是人类将自身道德境界提升到"至善"的前提和基础，这也是王阳明道德自觉论的核心思想。在当前加强精神文明建设的背景下，王阳明道德自觉论展现了重要的现代价值。

姜璠《王阳明家训思想及其当代价值》（《名作欣赏》2022年第12期）一文认为，王阳明家训思想是王阳明立足阳明心学，对子孙晚辈的训导和教诲，意蕴深远且具有一定的道德教化作用。当前社会上存在着一些错误的价值观念，引发出诸多社会问题。为加强思想道德建设、提升人们的思想道德水平，推进中华民族优秀传统文化的传承和发扬，文章以修身、齐家、处世三方面为重点深入分析王阳明家训的思想内涵，从个人、家庭、社会等层面探究王阳明家训思想对加强思想道德建设的当代价值。

李承贵《心学色调的君子——王阳明对儒家君子人格内涵的发展及其当代启示》（《孔学堂》2022年第2期）一文指出，王阳明心学基本任务之一就是培养理想人格。王阳明继承了先秦儒家君子人格的论述与规定，对君子人格的内容与特质进行了发展和丰富。诚信务实、独立道中、自持节义、身任天下、自快其心、交接以德等，是王阳明君子人格的主要内容和品质，这些人格要素不仅具有内在的关联性，而且表现出鲜明的心学色彩，成为王阳明人格谱系中的中间环节和主体内容。王阳明所述君子人格不仅在理论上尝试了健康人格模式的探索，在实践上也为培养健康人格提示了方向，对当今社会的健康人格建设具有切实的启示意义。

7. 阳明心学对新时代大学生思想政治教育工作的启示研究

胡朝阳《王阳明心学融入"思想道德与法治"课教学探索》（《贵州开放大学学报》2022年第2期）一文指出，中华优秀传统文化是中华民族的文化基因，王阳明心学则是中华优秀传统文化中的精华，把王阳明心学融入高校思想政治理论课教学对于当代大学生坚定文化自信尤为必要。文章以"思想道德与法治"课教学为例，把王阳明创立心学的艰难经历、王阳明心学的"致良知"方法论、"知行合一"实践论融入课程的人生观、道德观、实践观教育，努力推动课程教学改革创新，增强思政课教学的思想性、理论性、针对性和历史文化底蕴。

钟志容《应用王阳明"心学"对本科学前教育专业学生生命教育的探索研究——以广东工商职业技术大学为例》[《中国多媒体与网络教学学报》（中旬刊）2022年第3期]一文针对本科学前教育专业学生特点，应用王阳明"心学"进行生命教育的教学方法进行探究，从王阳明创立的本体论、认识论、实践论和超越论等"四位一体"的完整哲学体系对本科学前教育专业学生开展有效的生命教育，从而达到本科学前教育专业的毕业生成为幼儿教育中最重要的主力军，他们对生命的正念、正言、正行等综合素质直接影响着祖国的下一代，起到童蒙养正，传承中华优秀传统文化的关键作用。

芦美丽、李炜、万树巍《"行学至善"高校文化育人探究——以浙大宁波理工学院阳明学堂为例》（《教育文化论坛》2022年第6期）一文指出，阳明文化中蕴含的"立志""知行合一""致良知""万物一体之仁"等思想是高校开展思政教育的重要理论资源。浙大宁波理工学院立足宁波阳明文化特色，通过阳明学堂对优秀传统文化进行转化，以阳明文化中体现思政教育的素材为基础，对大学生进行体验式思想政治教育；并结合现代文创与传播理念，将文化育人融入人才培养、社会服务、现实生活，开展"行学至善"高校文化育人实践。

任立伟、涂璇、吕育财、龚大春《阳明心学融入思想政治教育的思考与实践——以地方高校工科研究生为例》（《教育教学论坛》2022年第21期）一文指出，以习近平总书记对广大青年的"四个要求"为指导，以把思想政治工作贯穿研究生教育教学的全过程，实现全方位育人为目标，通过分析地方高校工科研究生在思想政治方面的薄弱点，结合具体情况，认为阳明心学是地方高校工科研究生思想政治教育良好的辅助素材，并对其融入地方高校工科研究生思想政治教育的方式进行了初步探索，以期提升研究生思想政治教育的质量和效果。

徐美净《思想政治教育如何"安心"——基于王阳明心学理论》（《知与行》2022年第3期）一文指出，王阳明创立了以"心即理""致良知""知行合一"为核心的心学体系，启迪民众构建心灵秩序、享受内心世界安宁。当今思想政治教育领域，面对工具理性遮蔽、资本逻辑渗透、理欲关系冲突等安心困境，可以借鉴王阳明心学体系来发挥思想政治教育的"安心"功能，即以"心理合一"指导思想政治教育走向理性与诗性的融凝，以"内外合一"促进思想政治教育效果的良性循环，以"知行合一"实现新时代思想政治教育的价值指归。

杨楠《论阳明心学对当代大学生思想政治教育的意义》（《教育文化论坛》2022年第5期）一文指出，阳明心学作为传统心学的集大成，是当代大学生思想政治教育的思想文化宝库。阳明心学彰显出的"立志""修身""实践"品格，对加强思想政治教育工作尤其是当代大学生思想政治教育实践具有十分重要的借鉴意义。该文以阳明心学对当代大学生思想政治教育的启示为中心，结合阳明心学思想的主要内容及特征，考察阳明心学当代复兴及其与大学生思政教育结合之可能，充分挖掘阳明心学对当代大学生思想政治教育的时代价值，思考和探讨阳明心学对创新大学生思想政治教育的启示。

李海涛《王阳明心学对提升大学生思想政治教育实效性研究》（东北农业大学硕士学位论文，2022年6月）一文指出，王阳明心学作为一门身心修炼之学，是中华优秀传统文化的重要组成部分，蕴含着丰富的思想政治教育内涵，值得当代大学生思想政治教育借鉴并取之精华。该文通过文献研究法梳理王阳明生平资料，阐明了王阳明心学的理论渊源、内容要义和主要特征，挖掘出王阳明心学思想中"心即理""致良知""知行合一"三个主要思想对大学生思想政治教育的价值，结合马克思主义理论和思想政治教育相关理论从教育目标、教育内容、教育过程、教育方法四方面提出提升大学生思想政治教育实效性的解决方案。其中，"心即理"思想提出"心之本体"高扬人的道德主体性，启发大学生思想政治教育要注重学生主体性，引导其树立正确的人生观、价值观；"致良知"思想提出在实践中通过亲身体认下足修炼人心的工夫，恢复澄明的良知，启发大学生思想政治教育要提升大学生道德修养能力，在日用常行中自我修养，加强大学生道德教育；"知行合一"思想提出力求"真知"与"力行"，克服知行分离，启发大学生思想政治教育要回归生活实践，做到知行合一。王阳明心学旨在从"心之本体"出发，通过"致良知"，去除遮蔽良知的私欲，恢复心体本来状态，最终达到圣贤。通过对比分析法和引申法分析了当前提升大学生思想政治教育实效性的相关因素，结合目前大学生思想政治教育中出现的问题，将王阳明心学中蕴含的思想政治教育价值融入大学生思想政治教育中，旨在帮助树立明确的大学生思想政治教育目标，丰富大学生思想政治教育的三观教育、道德教育、实践教育，强化和完善大学生思想政治教育过程，改进大学生思想政治教育方法，以期达到提升大学生思想政治教育实效性的效果。

8. 阳明心学对现代生活、企业管理的启示研究

谢茂圪《阳明心学对人格修养的现实作用》（《宁波通讯》2022 年第 7 期）一文认为，中国文化是有道德力的文化，中国教育是以立德树人为宗旨的教育。王阳明集立德、立功、立言"真三不朽"于一身，实现了古今圣贤的最高人格理想，其中立德排在首位。立德教育旨在培养出更好的人，而人之主宰在心，心正则身修。王阳明认为"读书只是调摄此心"，因此教育的第一要义在于锻炼心性，修养人格。人格修养至纯乎天理便是圣人。阳明心学认为"人人皆可为圣人"，明确指出"圣人必可学而至"。

王永昌主编《阳明心学与企业家精神》（中国社会科学出版社 2021 年 12 月版）一书，旨在从理论上厘清阳明心学与企业家精神的内在关联，并从实践上提出阳明心学对培育企业家精神的启迪。该书主要有四大学术价值。一是以阳明心学的学理研究为基础，注重发挥阳明心学的实践特性，将其与企业家精神相结合并展开应用研究，有利于开拓阳明心学研究的新视角。二是将阳明心学作为培育企业家精神的思想资源，有利于在培育企业家精神的过程中从中华优秀传统文化中汲取智慧，丰富企业家精神的多元化来源，拓展培育现代企业家精神的新视野。三是该书对作为浙东学派代表的阳明心学展开的应用研究，有利于传承源远流长的浙东文化传统，扩大浙江区域文化影响力，挖掘并发挥浙东学派的现代价值，进而促进新时代浙江文化的大发展、大繁荣。四是将中华优秀传统文化与时代现实问题相结合，既有利于弘扬中华优秀传统文化，推动传统文化在现代社会的创造性转化、创新性发展，也有利于增强文化自信、提升中华文化影响力，对彰显中国精神、中国力量、中国智慧具有一定的价值和意义。2022 年 7 月 10 日，由浙江工商大学、中国社会科学出版社联合主办的"《阳明心学与企业家精神》首发式暨阳明文化研讨会"在杭州举行。

王永昌、王磊《阳明心学与企业家精神汇通的内在机理探究》（《浙江社会科学》2022 年第 6 期）一文指出，阳明心学受到企业界广泛关注，并

且参与塑造现代企业家精神，有其原因与内在机理。人文思想与工商伦理之间存在着相互影响的内在关系，是阳明心学与企业家精神汇通的理论前提。阳明心学曾经参与塑造中国传统工商伦理与日本工商伦理，并且在中国现代工商伦理的转型过程中仍然发挥着重要作用，这为阳明心学与现代企业家精神的汇通提供了实践基础。中国现代企业家精神所需要的实践精神、创新精神、主体精神等与阳明心学本有的精神正相一致，构成了阳明心学与企业家精神汇通的思想契合点。

三、王阳明的比较研究

本报告所述王阳明的比较研究，主要涉及王阳明与先秦诸子（孔孟荀儒学、老庄道家、墨学）的比较研究，王阳明与宋明理学家（二程、张载、陆九渊、朱熹、陈献章、湛若水、王夫之、刘宗周、黄宗羲）的比较研究；还有，阳明心学与西方哲学的比较研究。兹把2022年的相关研究成果胪列如下。

（一）王阳明与先秦诸子的比较研究

2022年阳明学界的相关研究略显单薄。

（二）王阳明与宋明理学家的比较研究

1. 王阳明与朱熹的比较研究

吴震《朱子学与阳明学：宋明理学纲要》（北京大学出版社2022年6月版）一书，脱胎于作者在复旦大学的讲授课程"朱子学与阳明学"，借鉴了日本学者岛田虔次《朱子学与阳明学》、小岛毅《朱子学与阳明学》等的写法，结合思想史与哲学史，介绍了以朱子学和阳明学为代表的宋明理学其产生的思想背景、社会背景、问题源流、义理脉络以及大致的发展过程。

郑泽绵《诚意关——从朱子晚年到王阳明的哲学史重构》（人民出版社2022年6月版）一书认为，宋明理学中最重要的转折是从朱子学向阳明学的两大范式之间的转化。对此一思想史的巨变，传统的叙事是，青年王阳明为效法程朱理学的格物穷理而去格竹子之理，七天后病倒，等到他谪居龙场时方悟"圣人之道吾性自足"，最终反求诸本心，确立了心学立场。事实上，朱子与阳明最大的分歧不在于理的来源是在内还是在外，而在于如何确证自己的道德信念为真、如何确认自己的道德动机是纯粹无欺，最终是"诚意"的问题。因此，该书提出"诚意"中心说，并以此中心重构这个范式转化的历史。该书以"诚意"与"自欺"问题为中心，重构从朱子晚年到阳明的哲学逻辑进程，以"诚意史观"兼容和取代"格竹叙事"。朱子批评象山学派有自欺的危险，这令他更关注如下问题：诚意如何可能？自欺如何诊断？格物致知之后为何仍需诚意？这些问题困扰着晚年朱子，使之不得不反复修改其《大学》"诚意章"注，直至临终前三天。而阳明的知行合一、致良知与四句教等思想都可以看作心学对该问题的逐步解决和对朱子的回应。总之，该书系统地诠释了阳明哲学，在保持良知的先天性的基础上，揭示良知的开放性，探讨良知与经验如何结合、良知如何呈现于时间意识中，阐发良知与诚意之学对儒佛互动、中西文明互鉴的意义，将良知与诚意之学溯源到洒落与光风霁月的人文理想。

邓彭晖《王阳明对"克己复礼"的心学化诠释——兼论与朱熹诠释的区别》[《贵阳学院学报》（社会科学版）2022年第3期]一文指出，王阳明的礼学思想具有明显的"以心释礼"特征。在阳明看来，"克己"不仅仅是克除私己，而是要把握由"真己"出发的"为己"；"复礼"也非回复天理准则，而是复万物同体之良知本体。王阳明对"克己复礼"的心学化诠释与朱子学的理学化诠释有明显区别，这奠定了阳明后学诠释"克己复礼"的基调，同时也拓展了对儒家礼学思想的诠释空间。

钟治国、刘牧寒《朱子与王阳明的"良知"说合论》（《生命哲学研究》2022年第1期）一文指出，朱子所论良知的内涵与阳明之说基本相同，都是指人人皆有对其本具且完备的天理的本然体知，它呈现为人人皆知爱亲敬兄。但不同的是，朱子认为常人因气禀和物欲的遮蔽而使其良知不得完全呈露，因此便须因其已知之理而益穷之，通过至物穷理来显明此心本具之理，渐进至事物之表里精粗无不到、此心之全体大用无不明的境地。格物就是至物穷理以至其极，致知便是推其所知而无不尽，二者有次序之先后而无地位之高低。阳明则误认为朱子分心与理为二，因此批评朱子的格物穷理是外心穷理，工夫繁难支离。于是他反向而行，在与朱子相同的本体体认下却发展出更为简易的工夫路向。在致良知宗旨提出之前，诚意是其工夫体系的核心，格物是诚意之功，致知没有独立的工夫地位；致良知标揭之后，致知就是致良知，推致此人人本具、完具的天理于事事物物，格物便是事事物物皆得其应有的理则。致知是诚意之所本，格物是致知之实地，致知成了新的工夫核心。

朴炫贞《朱熹与王阳明的体用与中和》（《中国哲学史》2022年第6期）一文指出，朱熹与阳明体用观的差异导致朱、王思想的根本分歧。该文将朱熹的体用观界定为"划分性体用观"，而将王阳明的体用观界定为"连续性体用观"。该文又以朱熹与王阳明的体用观为基调，对于两者的中和说进行探究。朱熹明显地区分未发与已发的境界，其要点便是"先涵养，后察识"。与此相反，王阳明的体与用、中与和是同一本体的不同状态，而不是异质异层的关系。简单地说，在比较并分析朱熹与王阳明的哲学特色时，以体用观可以把握思想的根本分歧，这同样适用于对两者的中和说的解释，两者中和观的差异也可以得到最清楚的了解。

金世贞《朱子理生态主义与阳明心生态主义比较分析》（《朱子学研究》辑刊，2022年卷）一文指出，环境和生态系统因遭受破坏而造成的全球生存危机，是21世纪人们面临的最为严峻的问题。即使在当下，蹂躏自然生态系统的一方和努力保护地球的一方仍在激烈地搏斗。遭受破坏的自然生态系统不仅会影响其所在地区，对全球生存环境都会有所波及，甚至有可能使全人类走向灭亡。可见，环境问题是任何地区、国家或个人都绕不开的一个重要课题。

王磊《王阳明"误读"朱熹格物论之重思——基于心性之理与万物之理关系的考察》（《船山学刊》2022年第5期）一文指出，王阳明批评朱熹格物论"析'心'与'理'而为二"是否为误读，可谓众说纷纭。朱熹既然强调"心具众理"且"万理具足"，则即心求理应属可行，且足够穷尽世间万理，但他却要求学者一定去即物穷理，似有自相矛盾、心理为二之嫌。然而，朱熹的即物穷理实有心中性理须即物而显、万物之理乃心性所立两个隐微前提。心中性理须即物而显，故虽"心具众理"，而穷理工夫必于事物情境之中展开；万物之理乃心性所立，则虽即物穷索，而所求亦乃即物而显的心性之理。因此，朱熹强调即物穷理，同时也是彻底坚持了"心具众理""心与理一"的原则。然而，相关前提在朱熹哲学中虽天然内具，却未充分展开，直至阳明哲学才被明确诠释出来，从而正式澄清了格物工夫中物理与心理的合一问题。抛开误读问题，朱熹哲学天然内具却未充分展开的内容，到阳明哲学则被明确诠释而大放异彩，可说阳明格物论是对朱熹格物论逻辑一贯的发展与完善。

翟奎凤《本天与本心：宋明时期的儒佛之辨与朱王之争》（《江西社会科学》2022年第1期）一文认为，程颐"圣人本天，释氏本心"之说在宋元明清时期影响颇大，成为这一时期分判儒佛的重要标志性话语。南宋朱熹、真德秀对程颐此说皆有引申讨论或进一步解说，但他们的讨论限于论儒佛之别。明代对阳明学不满的朱子学者罗钦顺、崔铣、黄佐、陈建等借程颐"圣人本天"之说抨击阳明心学滑入佛禅之"本心"。阳明本人及其亲传弟子对罗钦顺以"释氏本心"来攻击其心学主张没有太多回应，但阳明后学或有心学背景的学者对罗钦顺等人的批评有较为激烈的反击。就儒家而言，过于强调"本天"与过于强调"本心"可能都有所偏，本天与本心可以统一起来。"天"表示存在之统体、本体、主宰、义理，心为主体、灵明、知觉、思想，心与天通；但心与天也不能等同起来，以使得主体既不失能动性，又要有敬畏心，避免主体性、个体性的膨胀与傲慢。

华建新《朱熹理学对王阳明前期思想进路的影响》（《教育文化论坛》2022年第3期）一文指出，阳明心学的发展是一个完整的过程，呈现出明显的阶段性。若以"龙场悟道"为界，探究王阳明前期思想进路的历程是无法绕开朱熹理学的。王阳明从前期探究朱熹理学到"龙场悟道"的转折，其思想的前后变化具有内在的必然性。正因为王阳明对朱熹理学有20余年的潜心钻研，才有可能发现朱熹理学在学术思想上存在的某种缺陷与不足，这就成了王阳明在学理上标新立异的逻辑前提及创立新说的切入点。在阳明心学创立之前，王阳明受朱熹理学的影响主要表现在：一是当时学风的熏染；二是余姚地域文化传统的潜移默化；三是姚江秘图山王氏家学传统的浸润等。就王阳明而言，主要是受朱熹"天理"观、"修身"观的影响，这可从王阳明所撰的《山东乡试录》程文中得到明证。阳明心学并非作为朱熹理学的对立面而存在，更不是对朱熹理学的反对，两者之间在学理上仍有诸多同质性的联系。两者的差异主要在于学术思想认识路径上的分歧，而非道德伦理目的追求上的分野，这也成为"朱王会通"在学理上的逻辑基础和学术研究深化的前提。

陈旭泽《从对"格物致知"的不同诠释看知识与道德的关系——从朱熹、王阳明到熊十力》（《新楚文化》2022年第11期）一文指出，"格物致知"既是中国传统儒家思想中的一个重要概念，也是宋明理学所争辩的一个重要范畴。朱熹与王阳明的诠释之分歧在于对天理的体认上。朱熹主张即物穷理，即一种从外到内的以知识为导向的成圣路径；而王阳明则将一进路由外在事物扭转至主体自身，即一种从内到外的以道德为导向的成圣路径。熊十力则在《读经示要》中指出，朱熹与王阳明二路失之偏颇，依《大学》本义，需要分别取朱熹之"格物"义与王阳明之"致知"义加以综合，才可保持知识与道德之间的张力。

2. 王阳明与陆九渊的比较研究

傅锡洪《朱陆王工夫论的结构差异》［《中南大学学报》（社会科学版）2022年第5期］一文指出，以往程朱理学与陆王心学的划分框架遮蔽了陆王内部的差异以及朱王的共性。就工夫结构而言，朱子从本心凭借不上的观点出发，主张工夫从后天的居敬穷理切入，并沿着《大学》八条目层层推进，他主张的工夫可谓二元八层非本体工夫。象山认为，本心之于工夫既具直接性也具充足性，人可以基本上完全凭借本心做工夫，后天努力则会起到负面作用，他主张的工夫可谓一元一层本体工夫。阳明高足王龙溪接近象山而异于阳明。在肯定后天努力的意义上，阳明与朱同而与陆异，他承认本心的作用，但认为后天努力通常对落实本心而言是不可或缺的，尤其在初学阶段更是如此。他倡导的工夫可谓一元两层本体工夫。朱、陆、王加上注重静坐的陈白沙等人，四者在宋明儒学史上构成四足鼎立的态势。

3. 王阳明与陈献章的比较研究

2022年，不见相关研究。

4. 王阳明与湛若水的比较研究

方旭东《王阳明对湛若水的最后论评》（《中国哲学史》2022年第3期）一文指出，王阳明与湛若水是明代心学阵营的两大宗师，虽私交甚笃，但论学互致批评。关于王阳明与湛若水的格物之争研究较多，但王阳明对湛若水的最后论评学者较少留意。据湛若水嘉靖八年（1529）三月祭奠王阳明文可知，王阳明去世前一个多月在广州穗石曾发表批评湛若水的言论。穗石讲学应有其事，湛若水的转述带有他个人表达习惯，但其中包含的要点与王阳明是年两封书信所言一脉相承。穗石讲学是王阳明去世前最后一次重要学术活动，是对现有王阳明传记的一个有益补充。湛若水对阳明的最后论评做了有利于自己的解读。

方旭东《从同化到自闭——论湛若水对阳明后学的因应》〔《复旦学报》（社会科学版）2022年第1期〕一文认为，厘清湛若水与王阳明及阳明后学的关系，对把握明代学术史十分重要。湛、王二人虽称好友，但讲学不契，互致批评。阳明逝后，湛若水把批评矛头指向其后学，尔后迫于形势，一改直接批评的做法，向阳明后学发出了"大同"号召，然实质是基于"吾道兼全"的信念企图强人同己，其得不到阳明学者响应几乎是注定的。出于强烈的门户意识，湛若水对阳明后学的讲学活动满怀戒备，不仅本人谢绝参加，还示意门人不可前往。在阳明后学活跃的嘉靖中后期，湛若水的这种因应使他不可避免地走向思想学术界的边缘。晚年甘泉频出"撤座""闭口"之辞，并非他故作矫情，而是他遭遇讲学危机真实心态的反映。

王路平、石祥建《明代江门学派在贵州的传播》〔《贵州民族大学学报》（哲学社会科学版）2022年第1期〕一文认为，江门学派源于程朱理学，开启阳明心学，却与程朱理学和阳明心学有所不同。在阳明"龙场悟道"之前，陈白沙的弟子、友人已经将他的思想带到了贵州，对贵州形成了很大的影响，就连王阳明本人也直接受到陈白沙思想的深刻影响，才有了震惊学界的"龙场悟道"。江门学派对贵州的影响，主要表现在三个方面：一是形成了富有王湛心学色彩的黔中王门学派；二是推动了贵州文化教育事业的发展；三是对稳定边疆做出了积极贡献。

孟曌楠《王阳明与湛若水的"心学"比较》（《青年文学家》2022年第21期）一文指出，在明代儒学的发展中，王阳明无疑是影响力最为显著的一位儒者，同时期的湛若水为其同辈友人，正德元年（1505），二人一见定交；湛若水四十五岁，与之"相与订终身共学之盟"，此后二人也多有书信、著作往来，互论儒释之道、论"格物"。二人虽一生为友，但学说不同，以至二人常被比较。

程潮《湛门与王门之间的"良知良能之辩"》[《燕山大学学报》（哲学社会科学版）2022年第4期] 一文指出，明代中后期的"良知良能之辩"，首先发生在王阳明与黄佐之间，王阳明去世后又在张文海与何廷仁之间继起，而以湛若水与欧阳德之间的论辩收场。辩论的内容涉及良知与良能、知与行、良知良能与知能、良知良能与知行诸关系。湛门主张良知良能并重，批评王门舍良能而言良知；王门主张良知内含良能，为圣不在才能。直至明末清初，仍有学者在指责王学"只言良知，不言良能"的过错。故湛门与王门的"良知良能之辩"，值得学界去探讨与反思。

5. 王阳明与王夫之的比较研究

赵阳《王夫之对"见在良知"说的批判与转化》（《船山学刊》2022年第1期）一文指出，"见在良知"说是中晚明理学思潮的重要论题，尽管同时期的学者也质疑"见在良知"说，但这些批评却没有足够的针对性。王夫之认同"见在良知"说要求的对于本心的肯定，但他进一步从天人关系下的性情关系定位、知觉与心官之间的联系与差别角度，对"见在良知"说的理论前提进行了批判。在此基础上，王夫之批判改造了"见在良知"说关于本心的主宰、性体的发用和本心与知觉的必要联系等理论成果，这些成果构成了他提出"性日生日成"说的重要理论前提。

赵阳《王夫之与阳明学"主意"论思潮》（《中国思想史研究》辑刊，2022年卷）一文指出，伴随着阳明学的演化，意与知的关系问题逐渐凸显，由此产生了"主意"论思潮。意知关系的论述在思维方式上指向了对未发已发的关系问题的探讨。王夫之对阳明学主意思潮涉及的理论话题有着明确的认识，并且进行了回应。一方面，他通过区分意、志，在概念不同的情况下延续了阳明学主意论的思考，同时又没有陷入直接将意志归为意根的思路，以持志解决了主意论面临的念起念灭困境；另一方面，他虽然也注意对未发之中的讨论，吸收了阳明学体用合一的思维方式，但却进一步贯彻天人之辨，在天人关系的中道理解下批判了主意论思潮诉求的本体工夫的思路。王夫之对于主意论思潮的回应，凸显出他已经注意到道德践行与道德评价的复杂性，开始具体地研究道德践行的历程及其问题。王夫之对阳明学主意思潮的辨析，体现出他对整个阳明学思潮进行批判反省的基本特点。

陈力祥、汪美玲《船山对朱子后学及阳明知行观之解构与重构》[《燕山大学学报》（哲学社会科学版）2022年第1期]一文认为，船山在知行观上的批判并不直接针对朱子之知行观，而是直接针对朱子后学以及阳明学之知行观。在深入考察及了解的基础上，船山认为，朱子后学"知先行后"观的问题在学理上判其为"划然之序"，即强调"知""行"工夫截然两分；在现实流弊上判其为"玩物丧志"，即学者久浸名物而丧失主意。船山认为，阳明"知行合一"的主要问题在学理上为"以知为行"，在现实流弊上则为"失者恍惚"，在学术根基上则为释氏之学；朱子后学与阳明之知行观具体问题各有不同，但存在的共同问题是"离行以为知"。船山秉持接续孔孟、横渠、朱子之正学的学术使命，将"知行"使用对象之外延限定于学者群体，以"实"重定知行概念之内涵，建构了强调实际效用最大化的"行先知后"及"行可兼知"的知行观。船山以"实"为儒学精神特质，并以此为基础重构儒学知行观，其指归在反儒学之空疏化及拒异学以守正学。

赵阳《王夫之对宋明理学的批判与发展》（西北大学博士学位论文，2022年6月）一文认为，王夫之对中国古代学术进行了全面的研究与总结，他对宋明理学的批判与发展就是这一学术工作的重要组成部分。王夫之把陆、王思想判为异端，他认为陆、王思想最主要的流弊在于宠情以配性，也不符合中道思维。王夫之对阳明学中无善无恶、良知与见在良知、《大学》诠释思想和知行观进行了批判。他在此基础上说明良知本身易与知觉、情感等混同，阳明后学关于良知的论述把良知主体的实在化路径导向了知觉与情感方向，对良知主体地位进行了抽象推演，在修养工夫上出现了不切实的倾向。王夫之继承了阳明心学对于良知主体的强调，辨别了良知与知觉的关系，利用中道思维对良知主体性进行了改造吸收。

杨超逸《伦理世界中致知与力行的合一——道德的能力之知或动力之知争论的王船山方案》（《思想与文化》2022年第1期）一文指出，关于王阳明的良知是道德的能力之知还是动力之知的争论，实质是知行合一说与知行本一说的差异。差异的核心在于，是否承认至少存在一种道德规范可以直接转化为道德行动。承认与否取决于如何解释人们的道德经验。王船山对王阳明的批判表明，解释道德经验需要以能够通达伦理世界为前提，以阳明学为基础的两种知行观都因为忽视了伦理世界而局限在个体范围内。只有通过力行，人们才能够参与到伦理世界的具体事务中，所以船山的伦理世界实在论方案主张行先知后。个体的德性扎根于伦理世界，并为具体行动提供动力。在此基础上可以重置两种知识：道德的能力之知强调德性涵养的过程；动力之知保证自觉涵养德性的意愿。两种知识都在个体与伦理世界的互动中完成。

康宇《明末儒学工夫论的转向及意义》[《南通大学学报》（社会科学版）2022年第4期]一文指出，宋明理学工夫论经历了由程朱到陆王的发展，至明中叶"致良知"的"内圣"工夫论，风靡一时。它适应了明代中后期商品经济的发展，社会政治对于人心的关注，实现了通过治"未发"来代替治"已发"的效果，使得儒家本是贯穿内圣外王的"广义"工夫论转变为一种纯粹讲究内在超越的"狭义"工夫论。但随着明末国家统治危机的出现，偏重"内实践"的工夫受到质疑，呼唤"外王"工夫的声音兴起。王夫之遵循以内圣开出新外王的思路，由异于阳明的《大学》诠释入手，重新定位"明明德"之"八条目"，建构出新的工夫论学说。该学说放大了"外王"的特质，强调工夫之内外交修互动的辩证，并使"外王"直指儒学义理本身，而非单纯的"忠君"，彰显了独特的学术品格，亦代表了明清之际理学的发展方向。

6. 王阳明与刘宗周、黄宗羲的比较研究

韩雪《"即用以求体，致和以致中"——刘蕺山对阳明工夫论的评述》（《中国哲学史》2022年第3期）一文指出，刘蕺山认为，阳明"致良知"不在"未发之中"上用功，却专在念起念灭处着力，是将工夫落在"致和"上，不仅将"良知看得粗了"，也可能会导致工夫"落后一着"。故而，他试图对此"致和以致中"的工夫论进行修正，主张"谨凛于一念未起之先"，体现出自身的学术倾向。蕺山如此评述是否恰当？该文拟从蕺山对阳明工夫论的批评、阳明工夫论的固有逻辑、蕺山评述背后的价值取向等三个方面来对此问题做出辨析。

范一波《"蕺山四句"的思想内涵与理论特征研究》（云南师范大学硕士学位论文，2022年5月）一文指出，刘宗周是明末蕺山学派的创建者，其学术思想以慎独、诚意为宗旨。明代中叶以后，学者对阳明四句教的曲解使阳明后学出现玄虚与狂荡之弊，修养工夫无法落到实处。针对此弊病，刘宗周提出四句："有善有恶者心之动，好善恶恶者意之静，知善知恶者是良知，为善去恶者是物则。"通过对"蕺山四句"的解读，有助于进一步揭示刘宗周的思想内涵，展现其思想中心、意、知、物之间的圆融而统一的关系，进而从一个侧面说明明末心学的整体发展趋向。该文的主体部分共分为四章。第一章论述阳明四句教及围绕四句教的主要争论。第二章从三个层面论述"蕺山四句"的思想内涵。其一，针对围绕四句教"有善有恶"与"无善无恶"的争论，刘宗周主张"有善无恶"说，从而坚持"性善论"的立场。其二，论述"蕺山四句"中"知"与"物"的内涵。通过对阳明"良知"的辩难，刘宗周将"意"提升至道德本体、为心之主宰，并将"知"视为心体主宰的道德意向所表现出的自觉性。刘宗周提升物的地位，认为作为至善统会之地的"独"本身亦即是"物"，"知"亦是"物"，从而进一步实现心与物的平等一体。其三，通过慎独、诚意的工夫论进一步阐

释了本体之外无工夫，工夫之处即本体的思想。第三章论述"蕺山四句"三个方面的理论特征。其一，"蕺山四句"心、意、知、物之间互为体用、一体圆融、连锁互动关系理论特征。其二，"蕺山四句"蕴含实学思想，"四句"体现出意与良知不能离开外界事物而凭空存在，良知必须从具体经验中来。闻见之知与良知不可相脱离，修养工夫归于日用常行的道德实践中。其三，"蕺山四句"中"好善恶恶者意之静"突出"意"作为"心"之所存，与朱子理学突出"性"之重要地位的思维理路颇为一致；其凸显"物"之地位，也呈现出综合朱子学的倾向。第四章论述"蕺山四句"的意义。"蕺山四句"修正了王龙溪、钱德洪诠释阳明四句教所出现的"四无""四有"问题，上承甘泉四句、下启黄宗羲对阳明四句教的理解。刘宗周以其四句为代表的思想对清初思想的发展产生一定影响。通过对"蕺山四句"的研究，该文主要得出以下结论。其一，透过"蕺山四句"可知，确立了"意"的道德本体地位，不同于阳明对"意"的定位。刘宗周认为意是心之所存、心之主宰，并将"意"与"念"进行区分。其二，"蕺山四句"说明刘宗周立足于体用一源的思想，将心、意、知、物连体贯通，并实现心体与性体、本体和工夫的合一。其三，"蕺山四句"还说明刘宗周提升了"物"的地位。"有善无恶是物则"，"物"之根本定则为"有善无恶"，则其与意、独、知一体平等，心物不二。

（三）阳明心学与西方哲学的比较研究

张海燕《王阳明心学与西方思想研究：启蒙视域下的主体性精神》（人民出版社 2022 年 8 月版）一书，从启蒙思潮的历史视域与中西比较的跨文化维度，对明清时期阳明学派的主体性思想爬梳钩沉，定性定位。该书认为，在明清时期的这场阳明心学思想接力中，王阳明"良知即天理"的道德主体性、王艮"百姓日用"的生命主体性、李贽"人必有私"的利益主体性和黄宗羲"天下为主，君为客"的权利主体性等学说，历史性与逻辑性的展开，层层递进，异彩纷呈，为古老中国向近代社会的转型做了必要的理论铺垫，不少提法至今仍有积极意义。

倪梁康、张任之主编的《现象学视域中的东西方心性思想研究》（商务印书馆2022年7月版）一书，以"心性问题"为主题，以"现象学"为研究视角，收集了19篇专题文章。这些论文主要涉及中国哲学特别是儒家心性哲学与现象学的比较研究、中国佛学与现象学的对比研究，集中代表了东、西方心性现象学研究的最新趋势。

曹峻玮《王阳明哲学与西方浪漫主义对比分析》（《名家名作》2022年第1期）一文认为，通过对西方浪漫主义的研究与学习，应该可以清晰地知道中国古代哲学家们与几百年前的西方哲学家们探索研究了许多同样的哲学问题。王阳明作为明朝杰出的哲学家，为世人所熟知的最重要的两个哲学观点是"心即理"和"知行合一"。对比分析了这两个哲学观点和西方浪漫主义，尤其对比了浪漫主义中的"观察自然（Observing Nature）"和王阳明的哲学方法。专注于浪漫主义哲学家伊曼努尔·康德（Immanuel Kant）、约翰·戈特利布·费希特（Johann Gottlieb Fichte）和弗里德里希·威廉·尼采（Friedrich Wilhelm Nietzsche）与王阳明哲学思想的哲学分析，进而揭示出存在于这些东、西方哲学家关于相同哲学问题的相似和不同的哲学观点。

杨慧林《从福柯重读爱比克泰德、利玛窦、王阳明之间的"知"与"行"》（《世界宗教研究》2022年第5期）一文指出，福柯《主体的诠释学》不断提及爱比克泰德，并试图通过"看护自己"与"认识你自己"的关系，描述古希腊哲学向基督教观念的转换以及"主体的现代模式"之生成，而爱比克泰德也是中国人接触西方思想的起始。利玛窦的《二十五言》便是编译其《道德手册》。利玛窦撰写《天主实义》是"引用中国经典来说服士大夫"，《二十五言》则似乎要借助爱比克泰德勾连中西方之间的教化传统。然而如果以利玛窦和福柯对爱比克泰德的读解互为参照，并虑及利玛窦《交友论》和《二十五言》的编译由来及其与王学弟子的交往，那么，"知行关系"究竟是落实于道德践履，还是通过"行"而重构一种理解结构？其中的意义或许在"语内"和"语际"的比较中更为清晰，并当在"相互批判"中得到"双向阐明"。

张依萱《"物"的解析：以黑格尔与王阳明为中心》（《湖北社会科学》2022年第7期）一文指出，常识告诉我们，"物"即是在日常生活中与之交道的这些可感事物，而古时哲人对此却有颇多的看法。历经了事物由什么构成，会变成什么以及追问事物何以成其为该事物的过程。黑格尔"物的辩证法"充分讨论了物及物性的差别，物是"自为"存在和"为他"存在的矛盾集合体，而中国明代理学家王阳明则从"意之所在便是物"的角度，认为物既是客观实在，也是价值上的存在，从而展现了东西方的差异。

杨婉莹《"务虚"与"求真"：陆王心学与伊本·阿拉比修心学说比较》（《中国穆斯林》2022年第4期）一文指出，中国的心性之学，肇始于孔孟，发展于庄禅，完备于陆九渊，集大成于王阳明。孟子以心为宗，建立起心性论的基本框架，堪称心学始祖。南宋陆九渊直承孟子，提出"心即理"的心性观，其心性修养论与庄禅哲学存在密切联系，明儒王阳明全面继承并进一步发展了陆九渊的心性思想，提出"致良知"的思想命题，直指本心。至此，具有完备体系和丰富内涵的心学学派正式形成，这就是学术思想界所称的"陆王心学"。陆王心学与伊本·阿拉比修心学说的比较研究，则是一个有意义的学术话题。

朱俊百《心学与实用主义的对话——王阳明与杜威知行关系比较研究》（华侨大学硕士学位论文，2022年5月）一文认为，尽管阳明与杜威所处时空不同，但阳明的知行观与杜威的知行观有许多融通之处。二者对生活实践的关切、对知行不可分离的重视、对于实践行为的强调等都有跨越时空的共鸣。但他们在知行观上的特异性也是明显的。王阳明的"知行合一"说倾向于道德伦理层面、倾向于提升主体内在的道德修养，关涉个人境界的完满、关涉成圣的过程。从本质上来讲，"知行合一"是道德层面的合一。但他也并未忽视经验层面的"知行合一"，而是试图将"经验知识"统摄于"良知"之下。相较而言，杜威的"知行合一"倾向于经验层面，倾向于改善人与周围环境之间的关系，涉及人对于确定性的寻求，涉及对于危险的逃避，试图通过行动来追求安全。杜威的"知行合一"意味着知与行在经验中完成统一。该论文对阳明与杜威的知行观进行梳理之后，对二者的知行观做了比较研究。比较的内容主要涉及二者知行观产生的背景；二者对于"知"的概念辨析，其中涉及知的来源以及认知的对象问题；二者对于"行"的概念辨析，其中涉及认知的过程以及行为的指归问题；以及二者"知行关系"的异同点。就知识的来源而言，阳明的"知"包含先天的道德知识和经验知识，这两种"知"都是以形而上的"良知本体"为根据；对于杜威而言，知识来源于人与世界的交互作用，即来源于经验，而非来源于以往认识论者们所认为的心灵。就认知的对象而言，王阳明的认知对象指的是一种关系对象"事"，而这个"事"一方面指主客之间交互作用的关系对象，另一方面指纯粹主观的意念对象。在杜威那里，知识的对象是通过外在实践行为所构建起来的，是改变了的情境。就"行"的过程而言，阳明和杜威的认知过程都是从问题开始的，从行为验证结束的；只是阳明的"问题"侧重于伦理道德问题，而杜威的"问题"更加广泛，是人在环境中所面临的一切与人相关的问题。在认知的整个过程当中，知与行都不可分离，在阳明那里呈现为一种相互包容又互为因果的关系，而在杜威那里则是单向的因果关系。

赵超君《王阳明与蒙田教育思想之比较》（《教育文化论坛》2022年第6期）一文指出，王阳明和蒙田是15—16世纪东西方最具影响力的教育家，他们批判所处时代腐朽的教育制度，提出了独具创新和改革意义的教育主张。由于身份和文化背景不同，他们的教育目标和教育内容各有不同，但他们都主张教育要以德为先、以人为本、以实践为重，教育实践要遵循独立思考、顺应天性、因材施教等原则，二人的教育思想与观点对当代中国特色社会主义教育的改革与实践具有重要的参考价值和借鉴意义。

四、王阳明与地域文化研究

王阳明的一生是传奇的一生，其活动范围遍布大半个中国，举凡其活动的省域（称为"阳明先生过化之地""阳明先生遗爱处"），在相当长的历史时期当地的政治、社会、教育、文化皆受到了其深远的影响。近年来，随着阳明文化的普及推广，王阳明与地域文化的研究也逐渐成为阳明学研究的学术增长点。

张宏敏主编的《阳明行迹方志文献选刊》（528 册，北京燕山出版社2022 年 4 月版）一书，指出"阳明行迹"与"方志文献"两者之间存有高度的关联性，除却《王阳明全集》、"阳明后学文献丛书"等阳明学基本文献外，浩如烟海的"方志文献"也是阳明学尤其是"地域阳明学"研究的重要参考文献。明代中后期流传至今的众多"方志文献"，可以使我们更为深层次、全方位地了解以"阳明行迹地"为载体的阳明学与各地域文化之间的诸多关系网络，尤其为"地域阳明学"的研究提供了第一手的文献史料。如再辅以《王阳明全集》《阳明后学文献丛书》等阳明学主体文献的仔细研读，便可更为完整地盘点出王阳明与浙江、北京、山东、河北、河南、江苏、贵州、湖南、江西、福建、广西、广东等"阳明行迹地"之间的诸多关联。简言之，"方志学"中的"阳明学"是一个有待全方位检录、系统挖掘的学术宝藏。

孙栋苗、黄懿编著的《圣学流徵：余姚中天阁史述》（西泠印社出版社2022 年 9 月版）一书指出，余姚龙泉山中天阁之所以成为王学圣地，是因为明代正德末年王阳明在此讲学，并于嘉靖初年创立龙山讲会，"每月以朔、望、初八、廿三为期，亲自主讲，学子多时有三百余人"。为使讲学走向正规，王阳明亲自订立了每周一次的聚讲之约，并书壁《书中天阁勉诸生》，对中天阁讲会日期、原则、操作程序、方法提出了具体要求。龙山讲会持续时间不长，但在阳明学术史上具有重大里程碑的意义，它直接促成了浙中王门的兴起，助推了阳明讲会的发展，也极大地促进了阳明学的传播。

张建华书法作品集《王阳明语录》（西泠印社出版社2022年3月版）一书，将王阳明"真三不朽"之"立言"精心选录并作注解，以楷书、行书、草书等3种书体进行书写，共计730条，分上、下两卷，既书写了对王阳明"诚意"之说的践行之道，亦体现了作为"阳明故里"的余姚对阳明文化的传承与发展。

慈子编著的《圣人之道——阳明心学绍兴基因解码》（九州出版社2022年10月版）一书，对阳明心学与绍兴的诸多关联予以详细阐释。

李辉《阳明文化对绍兴城市文化影响力提升策略研究》（《文教资料》2022年第3期）一文指出，阳明心学倡"良知"，贵"践履"，主"知行合一"，这些宝贵的主张对于当下人们面临的道德困境无疑具有重要的启迪价值，绍兴作为阳明心学的发端地和阳明思想的成熟地，同时绍兴又作为王阳明的归葬地，如何依托好阳明文化来塑造绍兴文化影响力具有重要的迫切意义。心学作为道德进履的法门，在明代兴起之后对于中国乃至世界都具有重要价值。面对绍兴阳明文化发扬与传承方面目前所存在的困境，需要从政府主导、企业助推、学者研究和公民践履四个维度协同推进，才能使绍兴阳明文化在时代坐标中发挥出应有的价值。

陈寒鸣《阳明居越讲学和越中弟子群的形成》（《中共宁波市委党校学报》2022年第1期）一文指出，一生以讲学为首务并把讲学当作分内事的阳明，其心学思想体系的形成、发展及影响与因讲学而形成的弟子集群密切相关。嘉靖元年至嘉靖六年（1522—1527）九月，阳明在完成了平定宁王之乱等一系列事功，且心学思想已达圆熟之境后，居越讲学，并因之而形成越中弟子群，这无疑是他精神生命史上极有意义的事件，对中晚明思想界具有十分重大的影响。

卓光平、周玉儿《"越文化视野中的王阳明与鲁迅"青年学术工作坊》（《绍兴鲁迅研究》2022年刊）一文指出，2021年是绍兴文豪鲁迅先生诞辰140周年，2022年是绍兴先贤王阳明诞辰550周年。为探讨越地先贤王阳明、鲁迅与越文化之间的深厚联系，诠释王阳明、鲁迅思想及作品中的越文化元素，弘扬阳明文化和鲁迅精神，由绍兴市鲁迅研究会、绍兴市王阳明研究会、浙江省稽山王阳明研究院和绍兴文理学院王阳明研究中心共同举办，绍兴文理学院大学生阳明文化传承基地、鲁迅研究社和阳明剧社共同承办了此次"越文化视野中的王阳明与鲁迅"青年学术工作坊，共有来自全国各地的10余位博士、硕士和本科生参与了此次对话活动。

周建华、陈定云主编的《良知法书百载传承：王阳明南赣家书》（西泠印社出版社2022年6月版）一书，辑录了王阳明在江西南赣所撰家书。

周建华、王修权编著的《立德立言立功：王阳明在赣州》（广东旅游出版社2022年6月版）一书，对王阳明在赣州军事行动、学术思想等予以阐释。

李晓方《赣南阳明文化的历史解读》（《中国社会科学报》2022年6月20日）一文认为，赣南地区是成就王阳明学术与事功最重要的地域之一，王阳明在南赣巡抚任期平定流民动乱和宸濠之乱，阳明学经典著述《传习录》首刻于赣州，阳明学宗旨"致良知"之教首揭于赣州。

许怀林《"茶寮碑"与崇义建县时间的辨识》（《赣南师范大学学报》2022年第2期）一文指出，"平茶寮碑"作为感受王阳明心学精髓的重要组成部分，有两点问题必须厘清。一是茶寮碑的命名，不能因袭陈言，称为"平茶寮碑"。茶寮碑是指茶寮地方的石刻碑文，绝不可添加"平"字。如果写作"平茶寮碑"，便给茶寮赋予了盗贼山寨据点含义，与客观事实相背离。二是崇义县建县的年份，不该定做正德丁丑年（1517），应是正德己卯年（1519）。考察王阳明奏疏公文、《明会典》《明实录》等官修史料，崇义县从正德十二年（1517）丁丑闰十二月初五"题奏报可"，至正德十四年（1519）三月丁酉"从之"方算正式建立。王阳明"破山中贼"后建立新县治，继而精心"破心中贼"，定"南赣乡约""十家牌法"，提倡伦理，移风易俗，是对"知行合一"理念的重大实践。

张志鸿《褒忠崇礼：明代南赣巡抚修建儒学与祠庙研究》（《赣南师范大学学报》2022年第2期）一文指出，明代南赣地方社会动乱不安，作为社会治理的手段之一，南赣巡抚在此建立了许多儒学与祠庙。按照祭祀对象所宣扬的不同情感态度与价值理念，祠庙又可分为忠义祠与阳明祠，忠义祠塑造的是南赣地方士民对于明王朝"忠"的情感，儒学和阳明祠则更侧重于塑造"礼"这一儒家道德。前者构建的是政治上对于国家的认同，后者构建的是文化心理上对于国家的归属，都是促进南赣地方融入大一统王朝的重要手段。在儒学与祠庙的修建过程中，南赣地方社会和明王朝的接触融合日益加深，忠义礼教渗透也日益强烈。

奔跑《在庐山遇见王阳明》（作家出版社2022年1月版）一书，以清新隽永的文字、多重变奏的叙事，咏叹了华夏山川秀美和历史变幻，探究了诸多精英人物或族群命运转折背后的文化密码。其中的"在庐山遇见王阳明"一文，对王阳明与庐山之间的诸多关联予以阐释。

黄平芳、林远方《赣南阳明文化旅游资源评价及开发利用》（《赣南师范大学学报》2022年第4期）一文指出，博大精深的阳明文化是中国传统文化的瑰宝，是极具开发利用价值的旅游资源。阳明文化旅游资源分为4个主类、13个亚类、30个基本类型。阳明文化旅游资源的价值由观赏游憩价值、教育寻根价值、规模和频率、完整性和组合度、知名度和影响力、适游期或使用范围等六个要素组成，基于此构建了阳明文化旅游资源评价标准体系。赣南是成就阳明理学的重要地区，拥有丰富的阳明文化旅游资源。建议从资源保护、区域联动、研学教育、展示展演、文化创意、品牌营销等方面，对赣南阳明文化旅游资源进行深度开发利用。

陈甜《"与传统文化IP相结合"的阳明文化园发展研究》（《对联》2022年第24期）一文指出，阳明文化园位于贵州省贵阳市修文县，是全国重点文物保护单位，同时其发展以"阳明洞"为中心，集文化旅游、休闲、商业为一体的综合文化旅游园区。面对当下文旅发展的热潮和现存历史文化旅游同质化等问题，阳明文化园尝试打破常规的文化旅游模式，用阳明文化IP形象结合各领域、各专业知识，提出"阳明文化园区和传统文化IP

开发相结合的模式"，在文化和艺术方面进行了多方位而强有力的融合创新，为诸多文化传播和文化旅游发展提供了新的发展方向。

赵冰冰、杨佳怡、李雨诺、舒玉玲、杨景云《阳明祠文旅研学现状与对策》（《新课程导学》2022年第18期）一文指出，课题小组通过实地踩点研学，引入可视化思维工具对阳明祠历史文化脉络进行了溯源研究，发现王阳明的良知之学影响了贵州文化的兴起，因此贵州多地不断地给王阳明设祠堂以示纪念，体现了贵州尊师重教的传统。

通过对2022年王阳明与地域文化方面研究成果的梳理，基本可以盘点出王阳明与余姚、绍兴、贵州、江西等地之关联。

五、王阳明著作文献的整理与研究

当今学界对王阳明著作文献的整理与研究，主要涉及王阳明的基础文献《传习录》《大学古本》《大学问》《朱子晚年定论》《居夷集》《王文成公全书》等，和明清以来历代学者刊刻的阳明先生文集（《阳明先生则言》《阳明先生集要》等），以及研究王阳明与阳明学的其他重要资料诸如《阳明先生年谱》等。而对阳明佚文的收集整理与研究，也是阳明文献研究的一个学术特色。兹把2022年的阳明学文献整理及相关研究成果梳理如下。

（一）《传习录》的译注出版与版本传播研究

1.《传习录》的译注出版

黎业明《王阳明传习录校笺》（上海古籍出版社2022年6月版）一书，以明隆庆六年（1572）谢廷杰刊本《王文成公全书》所收《传习录》为底本，以台北"国家图书馆"藏明刊本《传习录》等近二十个版本为校本进行校笺，即在每条语录后分列"校勘""笺疏""集评"，对异文、人物地理、典章制度等予以必要提示，订正了其他整理本的诸多讹误，同时大量引述了前贤评论《传习录》的文字。

郦波《郦波评点〈传习录〉》（人民出版社2022年10月版）一书，系南京师范大学文学院教授郦波结合自己多年治学心得，对《传习录》的精心点评。出版界认为，该书在阳明文化创造性转化、创新性发展方面有独到之处。

邱旭光《传习录章句发微》（江西人民出版社2022年10月版）一书指出，《传习录》集中反映了王阳明的心性之学，在中国古代哲学史上有着重要的地位。该书对《传习录》一书进行了翔实的文本解读与哲理阐释。

辛红娟主编的《心学智慧——〈传习录〉中英双语精粹》（漫画插图版，商务印书馆2022年10月版）一书是《传习录》的中英对照、全彩漫画读本，收录典籍全文，针对体现阳明心学核心思想的语句给出英文译文和漫画解读。英文采用美籍华人学者陈荣捷的翻译，用词精准，文笔流畅。书中还配有近400幅生动活泼的原创漫画，具有浓郁的中国古典风格。

吴震、孙钦香《王阳明的智慧》（岳麓书社2022年9月版）一书，系对《传习录》经典名句的学理化阐释与通俗性解读。

2.《传习录》版本与传播研究

黎业明《陈荣捷及其〈王阳明传习录详注集评〉》（《儒家典籍与思想研究》2022年刊）一文指出，陈荣捷的学术成就主要在于中学西传、朱子研究，但是陈荣捷对王阳明的《传习录》也有深入研究。陈荣捷的《王阳明传习录详注集评》，虽然存在校勘不够精细、注释错误不少、评语颇有疏漏、考证值得斟酌等问题，并且句读方面的错误亦复不少。但是，由于其书中语词注释之详备、文献征引之丰富、语录拾遗之较多，因此《王阳明传习录详注集评》目前仍不失为王阳明《传习录》注释方面的一本名著。

朱承《〈传习录〉是一部什么书？》（《走近孔子》2022年第1期）一文认为，《传习录》是明代哲学家王阳明论学的语录和书信合集，由其弟子门人记录、汇编而成。其中"传习"一词源自"曾子曰：'吾日三省吾身：为人谋而不忠乎？与朋友交而不信乎？传不习乎？'"（《论语·学而》）意味着弟子门人将"传而习之"，表示要将王阳明的思想发扬光大并躬行实践。《传习录》记载了王阳明的主要哲学思想，是研究王阳明思想及心学发展的核心资料。

邵明慧《浅析一以贯之的王阳明心学》（《今古文创》2022年第5期）一文认为，《传习录》是记录王阳明言语的重要著作，这些言语记录可以直观地反映王阳明的思想。心即理、致良知、知行合一是王阳明圣人哲学的主要组成部分，看似独立，实际却通过不同维度上的一以贯之构成了自成一体的理论系统。

刘兆伟、胡永成《王阳明与其〈传习录〉之要义》(《理论界》2022年第4期)一文认为,王阳明一生忠于朝廷,富有为国担当精神;竭力践行圣人之道;传道诲人皆合国家所必需;行政施治,体恤民心,卓用化育,人民鼓舞。其《传习录》倡导"亲民""爱民""知行合一""心即理""致良知"。并提出修养四法:一是由《大学》入手,学好格物、致知、诚意、明明德,自然"致良知";二是在心中一念之微处辨别充遏善恶是非;三是在事上学,在事上磨;四是无理良知,不拘死格。王阳明《传习录》有传承、有创见,其思想是中华民族优秀传统文化一个新的高峰,使中华民族在其后500年间,积聚了厚重的民族精神、民族信仰,为中华民族融通世界奠定了文化自信的思想精神基础。

(二)王阳明文献的影印与《阳明先生文录》等文献的综合研究

1. 王阳明与阳明学文献的整理与影印出版

王强、彭启彬汇校的《王文成公全书汇校》(5册,广陵书社2022年11月版),是《王文成公全书》刊行450年来,第一次进行的深入校勘整理工作成果。全书以日本国立公文书馆藏郭朝宾本《王文成公全书》为底本,参校《居夷集》2种(通校),《传习录》7种(通校4种),《阳明先生文录》11种(通校4种),《阳明先生文录续编》2种(通校),《阳明先生年谱》2种(通校),《王文成公全书》5种(通校1种)。全书校记5500余条,呈现了关于王阳明诗文集最新最全面的版本研究与校勘成果,值得关注。比如,《王文成公全书汇校》补正了通行本的一处重大脱漏,《王文成公全书》卷二十九"送方寿卿广东佥宪序",在至今存世的多种应天府本中,该序皆脱300余字,文渊阁本、摛藻堂本以下,以及当代的诸多整理本皆脱,《王文成公全书汇校》则首尾完整。

邹建锋、王学伟主编的《阳明心学文献丛刊》(400册,北京燕山出版社2022年10月版),辑录王阳明本人及阳明后学文献200余种,对于研究明清阳明学的演变以及由此衍生的明清思想史研究,有廓清文献之功。王阳明本人的文献整理，除了有数种整理本《王阳明全集》外，原始文献的影印有采薇阁组织出版的《阳明文献汇刊》（四川大学出版社、北京燕山出版社）、《王阳明文献集成》《王阳明稀见版本辑存》（广陵书社）等文献。关于阳明后学文献整理，虽然有《阳明后学文献丛书》（凤凰出版社、上海古籍出版社）以及《阳明学文献大系》（巴蜀书社）等出版，但由于阳明后学人数众多，现有的公开出版物远不能满足学术研究之需。《阳明心学文献丛刊》在选目上，涵盖王阳明本人的文献以及明清两代的阳明后学文献，具体选目与《阳明文献汇刊》《王阳明文献集成》《阳明学文献大系》《王阳明稀见版本辑存》等皆不重复。《阳明心学文献丛刊》总目录如下：

第一册：《传习录》二卷（存一卷），［明］王阳明撰，明嘉靖南大吉刻本；《传习录》二卷，［明］王阳明撰，明嘉靖南大吉刻本。

第二册：《传习录》三卷，［明］王阳明撰，明崇祯白鹿洞书院刻本；《阳明先生文录》（一）二十四卷，明嘉靖三十六年胡宗宪刻本。

第三至六册：《阳明先生文录》（二、三、四、五）二十四卷，明嘉靖三十六年胡宗宪刻本。

第七册：《阳明先生文录》（六）二十四卷，明嘉靖三十六年胡宗宪刻本；《沅溪诗集》一卷，［明］何鳌撰，明万历二十九年刻本；《定斋先生诗集》二卷，［明］王应鹏撰，明嘉靖三十九年刻本。

第八册：《静虚斋惜阴录》十二卷、《附录》一卷，［明］顾应祥撰，明刻本。

第九册：《崇雅堂集诗集》八卷、《文集》六卷、《乐府》一卷，［明］顾应祥撰，明万历三十八年序刻本。

第十册：《周易传义存疑》一卷，［明］应大猷撰，《仙居丛书》本；《容庵集》十卷，［明］应大猷撰，《仙居丛书》本。

第十一册:《学易记》五卷,〔明〕金贲亨撰,明嘉靖刻本;《菲泉先生存稿》八卷,〔明〕来汝贤撰,明崇祯刻本。

第十二册:《菲泉先生存稿续刻》八卷,〔明〕来汝贤撰,明崇祯刻本。

第十三册:《玩鹿亭稿》八卷,〔明〕万表撰,民国四明张氏约园刻《四明丛书》本。

第十四册:《灼艾集》(一)二卷、《续集》二卷,〔明〕万表撰,民国四明张氏约园刊本。

第十五册:《灼艾集》(二)《余集》二卷、《别集》二卷,〔明〕万表撰,民国四明张氏约园刊本。

第十六、十七册:《春秋贯玉》四卷、《世系》一卷,〔明〕颜鲸撰,明万历三十三年刻本。

第十八、十九册:《易学义林》十卷,〔明〕颜鲸撰,明刻本。

第二十至二十二册:《易学义林》十卷,〔明〕颜鲸撰,日本江户写本。

第二十三册:《赵文懿公文集》四卷、《附录》一卷,〔明〕赵志皋撰,明崇祯七年赵世溥刻本。

第二十四册:《三先生类要》五卷,〔明〕徐用检辑,明万历间刻本;《唐一庵杂著》(一)十二种十三卷,〔明〕唐枢撰,明嘉靖隆庆间刻本。

第二十五册:《唐一庵杂著》(二)十二种十三卷,〔明〕唐枢撰,明嘉靖隆庆间刻本。

第二十六至二十九册:《木钟台集·初集》十种十卷、《再集》十种十一卷、《杂集》九种九卷,〔明〕唐枢撰,明嘉靖万历间刻本。

第三十至三十二册:《朱文懿公文集》十二卷,〔明〕朱赓撰,明天启刻本。

第三十三、三十四册:《王季重先生集》九种九卷,〔明〕王思任撰，明末清晖阁刻本。

第三十五册：《王季重》十种，［明］王思任撰，一九三六年上海杂志公司。

第三十六、三十七册：《四书遇》不分卷，［明］张岱纂，稿本。

第三十八至四十一册：《歇庵集》二十卷、《附录》三卷，［明］陶望龄撰，明万历三十九年刻本。

第四十二册：《赐曲园今是堂集》十一卷，［明］陶奭龄撰，明崇祯刻本。

第四十三至四十七册：《万一楼集》五十六卷、《续集》六卷、《外集》十卷，［清］骆问礼撰，清末活字本。

第四十八册：《续羊枣集》九卷、《附录》二卷，［明］骆问礼撰，清抄本；《卯洞集》四卷，［明］徐珊撰，明嘉靖刻本。

第四十九册：《清溪遗稿》不分卷，［明］钱启忠撰，民国二十三年《四明丛书》本；《王樨玉文集》八卷，［明］王亮撰，清抄本。

第五十册：《东溪文集》（一）序至卷十一，［明］徐霈撰，民国十五年刻本。

第五十一册：《东溪文集》（二）卷十二至卷十九，［明］徐霈撰，民国十五年刻本；《玩梅亭集稿》二卷，［明］柴惟道撰，明刻本。

第五十二册：《紫崖遗稿》二卷、《附录》一卷，［明］徐惟辑撰，清光绪二十五年刻本。

第五十三册：《横槎集》十卷，［明］吴时来撰，明万历十六年刻本。

第五十四册：《董汉阳碧里后集·鸣存》一卷、《疑存》一卷、《杂存》一卷、《达存》二卷，［明］董谷撰，明嘉靖四十四年董鲲刻本。

第五十五册：《云邨先生文集》（一）卷一至卷十一，[明] 许相卿撰，明嘉靖刻本。

第五十六册：《云邨先生文集》（二）卷十二至卷十四，[明] 许相卿撰，明嘉靖刻本；《许氏贻谋四则》四卷，[明] 许相卿撰，明刻本。

第五十七册：《说理会编》十六卷，[明] 季本编纂，明嘉靖刻本。

第五十八册：《季彭山先生文集》四卷，[明] 季本撰，清初抄本；《龙惕书》一卷，[明] 季本、聂豹、李默、薛侃等撰，明万历三十一年刘毅刻本；《了凡四训》一卷，[明] 袁了凡撰，清光绪十五年刻本。

第五十九至六十一册：《丁清惠公遗集》八卷，[明] 丁宾撰，明崇祯刻本。

第六十二、六十三册：《性理指归》二十八卷，[明] 姚舜牧撰，明万历刻本。

第六十四、六十五册：《四书疑问》六卷，[明] 姚舜牧撰，明万历十八年刻本。

第六十六册：《乐陶吟草》六卷，[明] 姚舜牧撰，明刻本。

第六十七至六十九册：《自知堂集》二十四卷，[明] 蔡汝楠撰，明嘉靖刻本。

第七十、七十一册：《说经箚记》十卷，[明] 蔡汝楠撰，明天启蔡武刻本。

第七十二册：《天文略》一卷，[明] 蔡汝楠撰，明嘉靖刻本；《西山日记》二卷，[明] 丁元荐撰，清抄本。

第七十三至七十五册：《尊拙堂文集》十二卷，[明] 丁元荐撰，清顺治十七年丁世浚刻本。

第七十六、七十七册：《二谷山人集》十卷，[明] 侯一元撰，清光绪十七年刻本。

第七十八、七十九册:《二谷山人近稿》十卷,[明]侯一元撰,清光绪二十年刻本。

第八十册:《重刊濲东漫稿》四卷,[明]谌道行撰,明嘉靖刻本;《丰山集》(一)序至卷五,[明]孙存撰,明嘉靖刻本。

第八十一、八十二册:《丰山集》(二、三)卷六至卷四十,[明]孙存撰,明嘉靖刻本。

第八十三册:《月川类草》十卷,[明]夏浚撰,清抄本。

第八十四、八十五册:《塘南王先生友庆堂合稿》七卷、《补遗》一卷,[明]王时槐撰,清光绪三十三年重刻本。

第八十六至八十八册:《刘聘君全集》十二卷,[明]刘元卿撰,清咸丰二年重刻本。

第八十九册:《邓定宇先生文集》四卷,[明]邓以赞撰,明刻本。

第九十、九十一册:《华阳馆文集》十八卷《续集》二卷,[明]宋仪望撰,清道光二十二年宋氏中和堂刻本。

第九十二册:《华阳馆诗集》十四卷,[明]宋仪望撰,明万历三年刻本。

第九十三至九十五册:《周易象义》不分卷《读易杂记》四卷,[明]章潢撰,明抄本。

第九十六册:《刘晴川集》一卷,[明]刘魁撰,清康熙五经堂刻本;《刘喜闻先生集》(一)序至卷五,[明]刘孔当撰,明万历刻本。

第九十七册:《刘喜闻先生集》(二)卷六至卷十二,[明]刘孔当撰,明万历刻本。

第九十八至一○一册:《慎修堂集》二十三卷,[明]刘日升撰,明泰昌元年刻本。

第一○二册:《安成周氏家集》五卷,[明]周宷编,明万历刻本;《杨氏易传》(一)序至卷五,[宋]杨简撰,[明]刘日升校订，江户写本。

第一〇三册：《杨氏易传》（二）卷六至卷二十，〔宋〕杨简撰，〔明〕刘日升校订，江户写本。

第一〇四、一〇五册：《李忠肃先生集》六卷、《附录》一卷，〔明〕李邦华撰，清乾隆七年徐大坤刻本。

第一〇六册：《石泉山房文集》十三卷，〔明〕郭汝霖撰，明万历二十五年郭氏家刻本。

第一〇七册：《郭氏易解》十五卷，〔明〕郭子章撰，明万历四十六年刻本。

第一〇八、一〇九册：《李襄敏公奏议》十三卷、《首》一卷，〔明〕李遂撰，明万历二年陈瑞刻本。

第一一〇至一一二册：《镡墟堂摘稿》二十卷，〔明〕雷礼撰，明刻本。

第一一三册：《学易斋集》（一）序至卷十四，〔明〕万廷言撰，明万历刻本。

第一一四册：《学易斋集》（二）卷十五至卷二十，〔明〕万廷言撰，明万历刻本；《困学纂言》六卷，〔明〕李栻撰，明万历二年刻本。

第一一五至一一七册：《东洲初稿》十四卷，〔明〕夏良胜撰，清文渊阁四库全书本。

第一一八、一一九册：《东洲初稿》十四卷，〔明〕夏良胜撰，明刻本。

第一二〇册：《东石近稿》三卷，〔明〕王崇撰，明嘉靖三十一年刻本；《大儒心学语录》（一）序至卷四，〔明〕王崇辑，明嘉靖二十八年刻本。

第一二一至一二三册：《大儒心学语录》（二、三、四）卷五至卷二十七，〔明〕王崇辑，明嘉靖二十八年刻本。

第一二四册：《晦庵朱先生心学录》七卷，〔明〕王崇撰，明万历一年刻本。

第一二五册：《草庐吴先生辑粹》七卷，［明］王蓂辑，明嘉靖二十四年谢适然刻本。

第一二六册：《吴疏山先生遗集》五卷，［明］吴悌撰，明万历二十三年刻本。

第一二七册：《吴疏山先生遗集》十二卷，［明］吴悌撰，清咸丰二年刻本。

第一二八、一二九册：《吴继疏先生遗集》十三卷，［明］吴仁庆撰，清乾隆吴炯刻本。

第一三〇册：《王心斋先生年谱》一卷、《补余》一卷、《补遗》一卷，［明］董燧等编，民国元年东台袁承业铅印本；《詹养贞先生文集》三卷，［明］詹事讲撰，明万历二十六年詹德象刻本。

第一三一至一三三册：《来复堂遗集》二十五卷，［明］曾维纶撰，清乾隆九年刻本。

第一三四至一三六册：《崇质堂集》二十卷，［明］李万实撰，清康熙四十年李长祚刻本。

第一三七至一三九册：《大儒学粹》，［明］魏时亮撰，明万历十六年刻本。

第一四〇、一四一册：《诸儒学案》不分卷，［明］刘元卿辑，明万历刻刘应举补修本。

第一四二至一四四册：《吴文恪公文集》三十二卷《附录》一卷，［明］吴道南撰，明崇祯刻本。

第一四五、一四六册：《谭襄敏公奏议》十卷，［明］谭纶撰，清御书楼重刻明万历二十八年顾所有刻本。

第一四七、一四八册：《老子通义》二卷、《庄子通义》十卷，［明］朱得之撰，明嘉靖四十四年朱氏浩然斋刊本。

第一四九册：《列子通义》八卷，［明］朱得之撰，明嘉靖四十三年朱氏浩然斋刊本；《宵练匣》一卷，［明］朱得之撰，明隆庆刻百陵学山本；《新刻印古诗语》一卷，［明］朱得之撰，明拥万堂刻《古名儒毛诗解》本。

第一五〇至一五四册：《玉华子游艺集》二十四卷，［明］马一龙撰，明万历三十二年刻本。

第一五五册：《易象大旨》（一）序至卷五，［明］薛甲撰，明嘉靖四十年刻本。

第一五六册：《易象大旨》（二）卷六至卷八，［明］薛甲撰，明嘉靖四十年刻本；《畏斋薛先生绪言》四卷，［明］薛甲撰，明隆庆刻本。

第一五七册：《畏斋薛先生艺文类稿》（一）十四卷，［明］薛甲撰，明隆庆刻本。

第一五八册：《畏斋薛先生艺文类稿》（二）《续集》三卷，［明］薛甲撰，明隆庆刻本；《唐荆川文粹》五卷，［明］唐顺之著，〔日本〕村濑诲辅编次，日本天保八年浪华书林冈田群玉堂刊本。

第一五九册：《唐荆川先生传稿》，［明］唐顺之撰，［清］吕留良评点，清康熙刊本。

第一六〇至一六二册：《宪世前编》《宪世编》六卷，［明］唐鹤征辑，明万历四十二年刻本。

第一六三册：《周易象义》四卷，［明］唐鹤征撰，明万历三十五年唐氏纯白斋刻本。

第一六四至一六六册：《胡庄肃公文集》八卷，［明］胡松撰，明万历十三年胡缠刻本。

第一六七册：《宛溪先生沧州摘稿》二卷、《沧州近稿》二卷、《无文漫草》十四卷（缺《无文漫草》一二卷，）［明］梅守德撰，明隆庆万历刻本递修本。

第一六八、一六九册：《刻毅斋查先生阐道集》十卷、《附》一卷，［明］查铎撰，明万历三十一年查一训等刻本。

第一七〇册：《毅斋经说》一卷，[明]查铎著，清道光十二年泾县赵氏古墨斋刻《泾川丛书》本；《毅斋奏疏》一卷，[明]查铎著，清道光十二年泾县赵氏古墨斋刻《泾川丛书》本；《楚中会条》一卷，[明]查铎著，清道光十二年泾县赵氏古墨斋刻《泾川丛书》本；《水西会条》一卷，[明]查铎著，清道光十二年泾县赵氏古墨斋刻《泾川丛书》本；《水西会语》一卷，[明]查铎著，清道光十二年泾县赵氏古墨斋刻《泾川丛书》本；《惜阴书院绪言》一卷，[明]翟台撰，清道光十二年泾县赵氏古墨斋刻《泾川丛书》本；《白水质问》一卷，[明]徐榜撰，清道光十二年泾县赵氏古墨斋刻《泾川丛书》本；《济南纪政》一卷，[明]徐榜撰，清道光十二年泾县赵氏古墨斋刻《泾川丛书》本；《宦游日记》一卷，[明]徐榜撰，清道光十二年泾县赵氏古墨斋刻《泾川丛书》本；《拙斋学测》一卷，[明]萧良干撰，清道光十二年泾县赵氏古墨斋刻《泾川丛书》本；《稽山会约》一卷，[明]萧良干撰，清道光十二年泾县赵氏古墨斋刻《泾川丛书》本；《拙斋笔记》一卷，[明]萧良干撰，清道光十二年泾县赵氏古墨斋刻《泾川丛书》本；《拙斋十议》一卷，[明]萧良干撰，清道光十二年泾县赵氏古墨斋刻《泾川丛书》本；《制府疏草》二卷，[明]萧彦撰，清道光十二年泾县赵氏古墨斋刻《泾川丛书》本；《赤山会约》一卷，[明]萧雍撰，清道光十二年泾县赵氏古墨斋刻《泾川丛书》本。

第一七一、一七二册：《旧业堂集》十卷，[明]凌儒撰，明天启三年凌似祖刻本。

第一七三册：《毗陵人品记》十卷，[明]毛宪撰，吴亮增补，明万历刻本；《幻迹自警》一卷，[明]殷迈撰，明见独山房抄本。

第一七四至一七九册：《姜凤阿文集》三十八卷，[明]姜宝撰，明万历刻本。

第一八〇册：《省庵漫稿》四卷，[明]陈逅撰，明崇祯刻本。

第一八一、一八二册：《五岳山人集》三十八卷，［明］黄省曾撰，明刻本。

第一八三册：《严文靖公集》十二卷，［明］严讷撰，明万历十五年严治刻本。

第一八四、一八五册：《瞿文懿公集》十六卷、《制敕稿》一卷、《制科集》四卷，明瞿景淳撰，［明］刻本。

第一八六册：《蔡忠恪公语录》一卷，［明］蔡懋德撰，清道光间潘氏袁江节署求是斋刻本；《瞿忠宣公集》十卷、《首》一卷，［明］瞿式耜撰，清道光十五年李兆洛刻本。

第一八七、一八八册：《万文恭公摘集》十二卷，［明］万士和撰，明万历二十年素履齐刻本。

第一八九册：《何太仆集》十卷，［明］何栋如撰，《金陵丛书》本。

第一九〇册：《郊居遗稿》十卷，［明］沈懋学撰，明万历三十三年何乔远刻本。

第一九一册：《梅峰语录》二卷，［明］赵仲全著，清道光十二年泾县赵氏古墨斋刻《泾川丛书》本；《古源山人二论》八卷，［明］李呈祥撰，明李敬之李谦然刻本。

第一九二册：《少湖先生文集》七卷，［明］徐阶撰，明嘉靖刻本。

第一九三、一九四册：《何翰林集》二十八卷，［明］何良俊撰，明嘉靖刻本。

第一九五册：《何礼部集》十卷（存四卷），［明］何良傅撰，明嘉靖四十五年何氏家塾刻本；《何礼部集》十卷，［明］何良傅撰，民国二十一年金山姚氏复庐影印明嘉靖刻《云间两何君集》本。

第一九六册：《陆学士杂著十种》十一卷（存八种九卷），［明］陆树声撰，明万历刻本；《西堂日记》一卷，［明］杨豫孙撰，明万历三十四年绣水沈氏尚白斋刻《宝颜堂秘笈》本。

第一九七至一九九册：《何氏芝园集》二十五卷，〔明〕何三畏撰，明万历二十四年刻本。

第二〇〇至二〇三册：《云间志略》二十四卷，〔明〕何三畏编，明天启刻本。

第二〇四册：《陈眉公全集》，〔明〕陈继儒撰，一九三六年上海中央书店。

第二〇五册：《重刻心斋王先生语录》二卷，〔明〕王艮撰，明刻本；《管子惕若斋集》（一）序至卷二，〔明〕管志道撰，明万历刻本。

第二〇六册：《管子惕若斋集》（二）卷三、卷四，《续集》二卷，〔明〕管志道撰，明万历刻本。

第二〇七册：《太史杨复所先生证学编》四卷、《首》一卷、《证学论》一卷、《策》一卷，〔明〕杨起元撰，明万历四十五年刻本。

第二〇八至二一一册：《耿天台先生文集》二十卷，〔明〕耿定向撰，明万历二十六年刻本。

第二一二册：《老子翼》三卷，〔明〕焦竑辑，明万历刊本。

第二一三册：《焦氏笔乘正集》（一）六卷，〔明〕焦竑辑，明万历刊本。

第二一四册：《焦氏笔乘正集》（二）《续集》八卷，〔明〕焦竑辑，明万历刊本。

第二一五、二一六册：《玉堂丛语》八卷，〔明〕焦竑辑，明万历四十六年曼山馆刊本。

第二一七册：《新刻闇然堂类纂皇明新故事》六卷，〔明〕潘士藻撰，明万历乔山刘氏刻本；《闇然堂类纂》六卷（存四卷），〔明〕潘士藻撰，明刻本。

第二一八至二二一册：《读易述》十七卷，〔明〕潘士藻撰，明万历三十四年潘师鲁刻本。

第二二二册：《环碧斋诗》《留垣疏草》二卷，［明］祝世禄撰，明万历刻本。

第二二三、二二四册：《环碧斋诗》三卷，［明］祝世禄撰，明万历刻本。

第二二五册：《环碧斋诗》三卷，［明］祝世禄撰，明万历间刻本。

第二二六册：《环碧斋诗》五卷、《祝小子言》一卷，［明］祝世禄撰，明万历间刻本（《尺牍》配明吴时元刻本）。

第二二七册：《心学宗》四卷、《续编》四卷，［明］方学渐著，清康熙刻本。

第二二八册：《东游纪》三卷，［明］方学渐著，清光绪十四年刻本；《性善绎》一卷、《东游纪》三卷、《庸言》一卷，［明］方学渐著，清光绪十四年刻《桐城方氏七代遗书》本；《少司马谷公文集》二卷，［明］谷中虚撰，明天启元年谷迁乔、葛如麟刻本。

第二二九册：《止止堂集》五卷，清光绪十四年山东书局刻本。

第二三〇册：《鹤楼集》四卷，［明］张翀撰，明隆庆四年刻本。

第二三一册：《会稽三赋》一卷，［宋］王十朋撰，［明］南逢吉校注，明嘉靖来鹤轩刻本；《重刻会稽三赋》四卷，［宋］王十朋撰，［明］南逢吉注、［明］尹坛补，明朱启元刻本。

第二三二、二三三册：《渭上稿》二十五卷，［明］南轩撰，明万历十六年关中南氏家刻本。

第二三四册：《渭上续稿》十一卷，［明］南轩撰，明万历二十年家刻本。

第二三五册：《王惺所先生文集》十卷，［明］王以悟撰，明天启刻本。

第二三六、二三七册：《四书说约》三十三卷，［明］鹿善继撰，清刻本。

第二三八至二四一册：《赵浚谷诗集》十卷附、《永思录》一卷、《疏案》一卷，［明］赵时春撰，明万历八年周鉴刻本。

第二四二册：《稽古绪论》二卷，［明］赵时春撰，明嘉靖刻本；《二酉园诗集》（一）序至卷二，［明］陈文烛撰，明万历十六年刻本。

第二四三至二四五册：《二酉园诗集》（二、三、四）卷三至卷十四，［明］陈文烛撰，明万历十六年刻本。

第二四六至二五〇册：《二酉园文集》十二卷、《续集》二十三卷，［明］陈文烛撰，明天启三年刻本；《淮上诗》四卷，［明］陈文烛撰，明隆庆刻本。

第二五一至二五四册：《五岳山人尺牍》十七卷，［明］陈文烛撰，明万历十三年刻本。

第二五五册：《思聪录》一卷，［明］贺时泰撰，明万历四十六年刻本；《贺文忠公遗集》四卷、《末》一卷，［明］贺逢圣撰，清同治八年锦树山房刻本。

第二五六册：《大司马刘凝斋先生虚籁集》十六卷，［明］刘尧诲撰，明刻本。

第二五七册：《刘尧诲先生全集》十六卷（存七卷），［明］刘尧诲撰，清抄本。

第二五八、二五九册：《紫园草》二十二卷，［明］曾朝节撰，明万历二十五年吴楷刻本。

第二六〇册：《易测》十卷，［明］曾朝节撰，明万历刻本。

第二六一册：《石鼓书院志》二卷，［明］李安仁等修，明万历刻本；《马忠节父子合集》不分卷，［明］马思聪、马明衡撰，［清］刘尚文编，清光绪二十四年刻本；《盛明百家诗》一卷，

［明］俞宪编，明刻本。

第二六二至二六四册：《遵岩先生文集》四十一卷，［明］王慎中撰，明嘉靖四十五年刘滢刻本。

第二六五册：《玩芳堂摘稿》四卷，［明］王慎中撰，明嘉靖二十九年刻本。

第二六六、二六七册：《万文恭公摘集》十二卷，［明］万士和撰，明万历刻本。

第二六八至二七六册：《林子三教正宗统论》三十五卷，［明］林兆恩撰，明刻本。

第二七七册：《生生篇》不分卷，［明］苏浚撰，明万历三十四年刻本。

第二七八至二八一册：《重镌苏紫溪先生易经儿说》八卷，［明］苏浚撰，清乾隆五十五年师检堂活字印本。

第二八二至二八六册：《李文节集》二十八卷，［明］李廷机撰，明崇祯四年跋刻本。

第二八七至二八九册：《东涯集》十七卷，［明］翁万达撰，明嘉靖刻本。

第二九〇册：《谭次川自订年谱》一卷，［明］谭大初撰，明万历刻本；《太史杨复所先生证学编》（一）序至卷二、《首》一卷，［明］杨起元撰，明万历四十五年余永宁刻本。

第二九一册：《太史杨复所先生证学编》（二）卷三至卷四、《证学论》一卷，［明］杨起元撰，明万历四十五年余永宁刻本。

第二九二册：《张弘山集》四卷，［明］张后觉撰，明万历二十七年刻本；《感述录》六卷、《感述续录》四卷，［明］赵维新撰，清道光刻本；《张抱初先生印正稿》六卷，［明］张信民撰，清刻本。

第二九三册：《尤西川先生拟学小记》六卷，［明］尤时熙撰，清顺治三年刻本；《重镌两崖集》八卷，［明］朱廷立撰，明朱之楫等刻本（卷五配抄本）。

第二九四册：《盐政志》十卷，［明］朱廷立撰，明嘉靖刻本。

第二九五册：《心书》四卷，［明］张自勋撰，清嘉庆十六年刻本。

第二九六至二九八册：《周易玩辞困学记》不分卷，［清］张次仲撰，清康熙八年海宁刘氏刻本。

第二九九、三〇〇册：《待轩诗记》八卷，［清］张次仲撰，清文渊阁四库全书本。

第三〇一册：《来雨轩存稿》四卷，［清］莫晋撰，清道光二十六年刻本。

第三〇二至三〇四册：《苏甘廊诗集》二十卷、《乐府》二卷，［清］杜煦撰，清咸丰刻本。

第三〇五至三〇八册：《躬耻斋文钞》二十卷、《文钞后编》六卷，［清］宗稷辰撰，清咸丰元年越岘山馆刻本。

第三〇九至三一一册：《躬耻斋诗钞》十四卷、《诗钞后编》七卷，［清］宗稷辰撰，清咸丰元年刻本。

第三一二册：《四书体味录残稿》一卷，［清］宗稷辰撰，清光绪刻本；《学耨堂文集》（一）八卷，［清］王崇炳撰，清刻本。

第三一三册：《学耨堂文集》（二）、《诗稿》九卷、《诗余》二卷，［清］王崇炳撰，清刻本。

第三一四、三一五册：《谢程山集》十八卷、《附录》三卷、《年谱》一卷，［清］谢文洊撰，清道光刻本。

第三一六册：《学庸切己录》二卷，［清］谢文洊撰，清光绪刻本；《谢程山先生日录》三卷，［清］谢文洊著，刘承干校，民国吴兴刘氏刻《留余草堂丛书》本。

第三一七册：《朱子晚年全论》八卷，［清］李绂辑，清雍正十三年刻本。

第三一八、三一九册：《陆子学谱》二十卷，［清］李绂编，清雍正十年无恕轩刻本。

第三二〇至三二三册：《穆堂初稿》五十卷，〔清〕李绂撰，清刻本。

第三二四至三二七册：《穆堂别稿》五十卷，〔清〕李绂撰，清刻本。

第三二八、三二九册：《耻躬堂文钞》十卷、《诗钞》十六卷，〔清〕彭士望撰，清咸丰二年重刻本。

第三三〇册：《树庐文钞》十卷，〔清〕彭士望撰，清道光四年刻本。

第三三一册：《彭躬庵文钞》六卷，〔清〕彭士望撰，清道光十七年刻本；《耻躬堂文录》二卷，〔清〕彭士望撰，〔清〕李祖陶辑，清道光十九年瑞州凤仪书院刻《国朝文录》本。

第三三二册：《求自得之室文钞》十二卷，〔清〕吴嘉宾撰，清同治五年广州刻本。

第三三三、三三四册：《古桐书屋六种》，〔清〕刘熙载撰，清刻本。

第三三五、三三六册：《南畇文稿》十二卷，〔清〕彭定求撰，清雍正四年刻本。

第三三七、三三八册：《南畇诗稿》十九卷，〔清〕彭定求撰，清刻本。

第三三九、三四〇册：《芝庭先生集》十八卷、《附录》一卷，〔清〕彭启丰撰，清光绪二年重刻本。

第三四一、三四二册：《二林居集》二十四卷，〔清〕彭绍升著，清光绪七年刻本；《测海集》六卷，〔清〕彭绍升著，清嘉庆二十四年刻本。

第三四三册：《一行居集》八卷、《附》一卷，〔清〕彭绍升著，清道光五年刻本。

第三四四册：《汪子遗书》十九卷、《文录》十卷、《二录》二卷、《三录》三卷、《诗录》四卷，［清］汪缙撰，清光绪八年刻本。

第三四五至三四九册：《施愚山先生文集》五十卷、《年谱》四卷、《附家风述略》二卷、《诗集》五十卷，［清］施闰章撰，清乾隆刻本。

第三五〇册：《施愚山先生文集·遗集》六卷，［清］施闰章撰，清乾隆刻本；《明语林》十四卷，［清］吴肃公撰，清末方氏碧琳琅馆丛书本。

第三五一至三五三册：《街南文集》二十卷、《补》一卷、《续集》七卷，［清］吴肃公撰，清康熙二十八年吴承励贞隐堂刻本。

第三五四册：《尚志居集》八卷、《补遗》一卷、《尚志居读书记》四卷，［清］杨德亨撰，清光绪八年刻本。

第三五五册：《迂斋学古编》四卷，［清］法坤宏撰，清乾隆三十九年海上庐写刻本；《二曲集》（一）序至卷十二，［清］李颙撰，清嘉庆十五年皋兰刻本。

第三五六册：《二曲集》（二）卷十三至卷二十六，［清］李颙撰，清嘉庆十五年皋兰刻本。

第三五七至三五九册：《丰川全集》二十八卷，［清］王心敬撰，清康熙五十五年二曲书院刻本。

第三六〇至三六五册：《丰川续集》三十四卷，［清］王心敬撰，清乾隆十六年刻本。

第三六六册：《沣西草堂集》八卷、《附录》一卷，［清］柏景伟撰，一九二四年金陵思过斋刻本。

第三六七至三七一册：《刘古愚先生全书》二十二种，［清］刘光蕡撰，一九一八至一九二三年刻本；《学道六书》六卷，［清］张沐撰，清康熙三十四年刻本。

第三七二、三七三册：《礼山园全集》二十二种，［清］李来章撰，清康熙刻乾隆汇印本。

第三七四册：《李文清公遗书》八卷，［清］李棠阶撰，清光绪八年河北道署刻本。

第三七五册：《北学编》四卷，［清］魏一鳌辑，尹会一等续订，清同治七年重刻本；《王制管窥》一卷，［清］耿极撰，清光绪五年定州王氏谦德堂刻《畿辅丛书》本；《渊颖集》四卷，［清］高镳撰，清初刻本。

第三七六册：《求志山房文稿》六卷、《年谱》一卷，［清］胡具庆撰，一九二〇年铅印本。

第三七七册：《甲初日记》一卷，［清］胡具庆撰，清乾隆间抄本。

第三七八至三八一册：《庚复日记》一卷，［清］胡具庆撰，清乾隆间抄本。

第三八二册：《五公山人集》十六卷，［清］王余佑撰，李兴祖编，清康熙三十四年刻本。

第三八三册：《乾坤大略》十卷、《补遗》一卷，［清］王余佑撰，清光绪五年定州王氏谦德堂刻《畿辅丛书》本；《聪山集》（一）《文》三卷，［清］申涵光撰，清刻本。

第三八四册：《聪山集》（二）、《诗》八卷、《荆园小语》一卷、《荆园进语》一卷、《附年谱》一卷，［清］申涵光撰，清刻本。

第三八五册：《永年申氏遗书》（一）、《申端愍公文集》二卷、《首》一卷、《末》一卷、《诗集》八卷、《聪山集》三卷，［明］申佳允，［清］申涵光、申涵煜、申涵盼、申居郧、申类撰，清光绪五年谦德堂刻《畿辅丛书》本。

第三八六册：《永年申氏遗书》（二）、《聪山诗选》八卷、《荆园小语》一卷、《荆园进语》一卷、《省心短语》一卷，《通鉴评语》卷一至卷二，［明］申佳允，［清］申涵光、申涵煜、申涵盼、申居郧、申类撰，清光绪五年谦德堂刻《畿辅丛书》本。

第三八七册：《永年申氏遗书》（三）、《通鉴评语》卷三至卷

五、《忠裕堂集》一卷、《西严赘语》一卷、《耐俗轩新乐府》一卷、《申氏拾遗》二卷，［明］申佳允，［清］申涵光、申涵煜、申涵盼、申居郧、申类撰，清光绪五年谦德堂刻《畿辅丛书》本；《留耕堂诗集》一卷，［清］殷岳撰，清光绪定州王氏谦德堂刻《畿辅丛书》本。

第三八八至三九○册：《敬恕堂文集纪年》十卷，［清］耿介撰，清康熙四十八年刻本。

第三九一册：《易经增注》十卷、《易考》一卷，［明］张镜心撰，［清］张潽编校，清刻本；《复莽遗书》不分卷，［清］杨开基撰，清光绪十三年吉省胡宅重刻本。

第三九二册：《荫圃小草续钞》二卷，［清］赵亨钤撰，清道光二十六年刻本；《古本大学辑解》二卷，［清］杨亶骅撰，清光绪定州王氏谦德堂刻《畿辅丛书》本；《中庸本解》二卷，［清］杨亶骅撰，清光绪定州王氏谦德堂刻《畿辅丛书》本。

第三九三、三九四册：《敦艮斋遗书》十七卷，［清］徐润第撰，清道光二十七年徐继畬刻本；《易经通注》四卷，［清］曹本荣撰，《湖北丛书》本。

第三九五册：《易经通注》四卷，［清］曹本荣撰，清光绪十七年刻本；《姚江渊源录》八卷，［清］黄嗣东辑，清光绪戊申北平凤山学舍刻《道学渊源录》本。

第三九六册：《愿学堂登高倡和诗》不分卷，［清］许三礼撰，清康熙刻本；《五经堂文集》（一）五卷、《首》二卷、《五经堂语录》一卷、《附》一卷，［清］范鄗鼎撰，清康熙刻本。

第三九七册：《五经堂文集》（二）五卷、《五经堂语录》一卷、《五经堂野歌》一卷、《附》一卷，［清］范鄗鼎撰，清康熙刻本。

第三九八册：《五经堂文集》五卷，［清］范鄗鼎撰，清康熙五经堂刻本。

第三九九册：《愧庵遗著集要》五卷，［清］杨甲仁撰，清光绪三年桐城马氏刻本；《愧庵遗著集要》五卷，［清］杨甲仁撰，民国十年刻本；《尊闻居士集》（一）序至卷四，［清］罗有高撰，清光绪七年重刻本。

第四○○册：《尊闻居士集》（二）卷五至卷八附《遗稿》一卷，［清］罗有高撰，清光绪七年重刻本；《弘道书》三卷，［清］费密撰，清光绪怡兰堂刊本。

邹建锋、王学伟主编的《阳明心学书院文献丛刊》（13册，巴蜀书社2022年12月版），将散落在地方志、书院志中的有关阳明学文献辑录整理。与书院、讲会有关的阳明学文献，主要包括书院志、书院记、书院讲义、会语等，这些文献是考察阳明学的理论内涵以及历史发展的基本材料。该"文献丛刊"涵括以下几类：一是地方志中的书院"小传"，关于书院的创建、修葺、扩建等事宜皆有介绍，是研究阳明心学在明清时期传播的重要数据；二是自成卷帙的"书院志"，除对书院的创建、修葺、扩建等介绍外，还对书院的基本制度（如院规、祀典、会则、训约等）进行了辑录，其中还记载了弘扬阳明心学的学者生平、讲学轶事、学术讲义、书籍艺文等，这对于研究明清阳明心学的传承流变具有重要意义；三是有关阳明心学书院的"课业类"文献，如《阳明书院课业》《安定书院小课二集》等，这对于研究阳明心学与科举考试的关系具有重要文献价值。《阳明心学书院文献丛刊》目录如下：

第一册：《勋贤祠志》不分卷，［明］喻均撰，陈善校，明万历十二年刻本；《稽山书院尊经阁记》，［明］王守仁撰，明隆庆六年谢廷杰刻《王文成公全书》本卷七；《山阴县志·稽山书院》，［明］许东望修，杨家相重修，张天复等纂，明嘉靖三十年刻本卷四；《绍兴府志·稽山书院》，［明］张元忭、孙矿纂修，明万历十五年刻《绍兴府志》本卷十八；《西湖游览志·天真书院》，［明］

田汝成撰，明嘉靖二十六年严宽刻本卷六；《天真精舍志前序》
《天真精舍志后序》，［明］孙应奎撰，明万历间刻《燕诒录》本卷
六；《天真书院改建仰止祠记》，［明］邹守益撰，清刻《东廓邹先
生遗稿》本卷四；《天真精舍勒石》，［明］薛侃撰，一九一五年公
昌印务局铅印本《薛中离先生全书》卷十二；《姚江书院志略》二
卷，［清］邵廷采撰，清乾隆五十九年重刻本；《姚江书院传》，
［清］邵廷采撰，清光绪二十年越中徐氏重刊《思复堂文集》本卷
一；《姚江书院记》《姚江书院后记》，［清］邵廷采撰，清光绪二
十年越中徐氏重刊《思复堂文集》本卷四；《姚江书院训约》，
［清］邵廷采撰，清光绪二十年越中徐氏重刊《思复堂文集》本卷
十；《刻姚江书院志略端由》，［清］邵廷采撰，清光绪二十年越中
徐氏重刊《思复堂文集》本卷十；《余姚县志·姚江书院》，［清］
周炳麟修，邵友濂、孙德祖纂，清光绪二十五年刻《余姚县志》
本卷十；《诸暨县志·紫山书院》，［清］沈椿龄修、楼卜瀍纂，清
乾隆三十八年刻本卷十二；《衢州府志·克斋先生讲舍》，［明］杨
准修、赵镗等纂，明嘉靖四十三年刻本卷四；《克斋先生讲舍记》，
佚名撰，明天启二年刻《衢州府志》本卷十二；《祭酒王材题李公
遗爱祠记》，［明］王材撰，明天启二年刻《衢州府志》本卷十二；
《西安县志·克斋讲舍》，［清］姚宝煃修、范崇楷等纂，清嘉庆十
六年刻《西安县志》本卷十；《衢县志·衢麓讲舍》，［明］郑永禧
纂，一九三六年铅印本《衢县志》卷三；《嘉兴县创建仁文书院
记》，［明］车大任撰，清康熙二十四年刻《嘉兴县志》本卷九；
《仁文书院碑记》，［明］岳元声撰，清康熙二十四年刻《秀水县
志》本卷十。

　　第二册：《蔡白石先生讲院记》，［明］廖汝恒撰，清乾隆二十
八年刻《清泉县志》本卷三十一；《石鼓书院志》二卷，［明］李
安仁等撰，明万历刻本；《思贤书院会籍记》，［明］王畿撰，清康
熙十六年刻《嘉善县志》本卷十一；《永康县志·五峰书院》，

［清］徐同伦修、俞有斐等纂，清康熙十一年刻本卷二。

第三册：《五峰书院志》八卷、《首》一卷，［清］程尚斐、卫贤辑，清木活字本。

第四册：《五峰书院志》八卷，［清］程尚斐、卫贤辑，一九三六年活字印本；《增修万松书院记》，［明］王守仁撰、魏颂唐编，一九三六年浙江财务学校铅印《敷文书院志略》本；《武林梵志·报恩寺》，［明］吴之鲸撰，明万历间刻本卷三；《仁和县志·万松书院》，［清］赵世安修，顾豹文、邵远平纂，清康熙二十六年刻本卷九；《虎林书院·聂心汤记》，［明］聂心汤撰，清康熙五十七年刻《钱塘县志》本卷四；《湖州府志·一庵书院》，［清］宗源瀚等修、陆心源等纂，清同治十三年刻本卷十八；《长兴县志·养正书院、静虚书院》，［清］张慎为修、金镜纂，清顺治六年驯雉堂刻本卷二；《慈湖精舍会语》，［明］王畿撰，明万历四十七年刊《龙溪王先生全集》本卷五；《复修慈湖书院记》，［明］钱德洪撰，清乾隆三年增刻《慈溪县志》配抄本卷十四；《东泉书院记》，［明］丰熙撰，清乾隆三年增刻雍正《慈溪县志》本卷十四；《余姚县志·龙山书院》，［清］周炳麟修、孙德祖等纂，清光绪二十五年刻本卷十；《余姚志·龙山书院》，［清］唐若瀛修、邵晋涵纂，清乾隆四十六年刻本卷十三。

第五册：《姚江龙山课艺初刻》不分卷，［清］周来宾等辑，清光绪十九年刻本。

第六册：《瀛山书院记》，［明］王畿撰，清康熙二十四年刻《遂安县志》本卷十；《瀛山三贤祠记》，［明］钱德洪撰，清康熙二十四年刻《遂安县志》本卷十；《瀛山书院志》十卷，［清］方宏绶纂，清乾隆三十九年刻本；《东淘精舍记》，［明］郭汝霖撰，明万历二十五年郭氏家刻《石泉山房文集》本卷九；《东淘精舍旧图》《重修精舍祠图附始末事状》《舍图新旧辨》《报德斋考》，［明］王艮撰，明万历刻《心斋王先生全集》本卷一；《增修甘泉县志·安定书院》，［清］徐成敱、桂正华、朱公纯总辑，陈恩浩等总纂，范用宾重纂，清光绪年间刻本卷六；《安定书院讲学别言》，［明］王艮撰，明万历刻《心斋王先生全集》本卷三。

第七册：《安定书院小课二集》不分卷，［清］钱振伦评选，清光绪十三年刻本；《东林书院记》，［明］王守仁撰，［清］秦缃业总辑，清光绪七年刻《无锡金匮县志》本卷三十六二；《增修甘泉县志·甘泉书院》，［清］徐成敱、桂正华、朱公纯总辑，陈恩浩等总纂，范用宾重纂，清光绪年间刻本卷六；《南畿志·新泉精舍》，［明］闻人诠修、陈沂纂，明嘉靖间刻本卷五；《九华山阳明书院记》，［明］邹守益撰，清刻本《东廓邹先生文集》卷四；《仰止亭记》，［明］吕柟撰，清光绪十七年印活字本《青阳县志》卷十一；《九华山仰止祠记》，［明］欧阳德撰，清光绪十七年印活字本《青阳县志》卷十一；《重建阳明祠今祀四先生碑记》，［明］李如桂撰，清光绪二十六年刻《九华山志》本卷七；《重修王阳明祠记》，［清］段中律撰，清光绪十七年印活字本《青阳县志》卷十一；《重修阳明祠暨四先生合祀碑记》，［清］钱清撰，清光绪二十六年刻《九华山志》本卷七；《阳明先生书院记》，［明］邹守益撰，清刻《东廓邹先生遗稿》本卷四；《芜湖县志·阳明书院》，［清］梁启让修、陈春华纂，一九一三年活字印嘉庆本卷二；《甘泉书院记》，［明］吕柟撰，清光绪十七年印活字本《青阳县志》卷十一；《中亭记》，［明］汪景撰，清光绪二十六年刻《九华山志》本卷七；《九华山双华精舍记》，［明］任柱撰，清光绪十七年印活字本《青阳县志》卷十一；《九华山凤台精舍记》，［明］柯乔撰，清光绪十七年印活字本《青阳县志》卷十一；《徽州府志·斗山精舍》，［明］何东序修、汪尚宁等纂，明嘉靖四十五年刻本卷九；《斗山会语》，［明］王畿撰、丁宾编，明万历四十七年刊《龙溪王先生全集》本卷二；《斗山书院讲章》，［明］湛若水撰，清康熙二十年黄楷刻《湛甘泉先生文集》本卷二十；《斗山书院题六邑会簿》，［明］邹守益撰，清刻本《东廓邹先生文集》卷七；《寄邹谦之书二》，［明］王守仁撰，明隆庆六年郭朝宾刻《王文成公全书》本卷六；《寄邹谦之书三》，［明］王守仁撰，明隆庆六年郭朝宾刻《王文成公全书》本卷六；《复初说》，［明］王艮撰，明万历刻《心斋王先生全集》本卷三；《复初赠言》，［明］邹守益撰，清刻本《东廓邹先生文集》卷二；《广德州新修复初书院记》，［明］邹守益撰，清刻本《东廓邹先生文集》卷四；《复初书院讲章》，［明］邹守益撰，清刻本《东廓邹先生文集》卷七；《书广德复初诸友会约》，［明］邹守益撰，清刻本《东廓邹先生文集》卷七；《复初书院条约》，［清］周广业撰，一九四〇年燕京大学图书馆铅印本《蓬庐文钞》卷八；《广德州志·复初书院》，［明］李得阳等修，明万历四十年刊新修《广德州志》本卷二；《水西精舍记》，［明］邹守益撰，一九一九年影印清嘉庆二十年刻《宁国府志》本卷二十二；《书水西同志聚讲会约》，［明］邹守益撰，清刻本《东廓邹先生文集》卷七；《水西会约题词》，［明］王畿撰、丁宾编，明万历四十七年刊《龙溪王先生全集》本卷二；《水西同志会籍》，［明］王畿撰、丁宾编，明万历四十七年刊《龙溪王先生全集》本卷二；《水西会条》一卷，［明］查铎撰，清道光十二年泾县赵氏古墨斋刻《泾川丛书》本；《水西会语》一卷，［明］查铎撰，清道光十二年泾县赵氏古墨斋刻《泾川丛书》本。

第八册：《水西答问》一卷，［明］翟台撰，清道光十二年泾县赵氏古墨斋刻《泾川丛书》本；《晶水西书院诸生》，［明］罗汝芳撰，明崇祯五年刊《罗明德公文集》本卷五；《修葺水西书院记》，［清］施闰章撰，清乾隆刻《施愚山先生文集》本卷十二；《泾县志·水西书院》，［清］李德淦、周鹤立修，洪亮吉纂，清嘉庆十一年刊《泾县志》本卷八；《赤山会语》一卷，［明］萧雍撰，清道光十二年泾县赵氏古墨斋刻《泾川丛书》本；《泾县志·赤麓书院》，［清］李德淦、周鹤立修，洪亮吉纂，清嘉庆十一年刊

《泾县志》本卷八；《泾县志·云龙书院》，[清] 李德淦、周鹤立修，洪亮吉纂，清嘉庆十一年刊《泾县志》本卷八；《晹志学书院诸生》，[明] 罗汝芳撰，明崇祯五年刊《罗明德公文集》本卷五；《报志学书院诸生》，[明] 罗汝芳撰，明崇祯五年刊《罗明德公文集》本卷五；《南谯书院记》，[明] 罗洪先撰，明嘉靖四十二年刘玠刻《念庵罗先生集》本卷五；《全椒县志·南谯书院》，[明] 杨道臣修，明泰昌元年刻《全椒县志》本卷一；《兴复书院碑记》，[清] 靳辅撰，清康熙二十二年刻《安庆府志》本卷十五；《正学书院碑记》，[明] 萧复阳撰，清同治十一年熙湖书院刻《太湖县志》本卷三十九；《凤阳府志·寿州循理书院》，[清] 冯煦修、魏家骅等纂、张德需续纂，清光绪三十四年活字本卷十三；《同仁书院记》，[明] 焦竑撰，清康熙十四年刻《繁昌县志》本卷十四；《同仁书院记》，[明] 刘元卿撰，清咸丰二年重刻《刘聘君全集》本卷七；《与辰中诸生》，[明] 王守仁撰，明隆庆六年郭朝宾刻《王文成公全书》本卷四；《辰州虎溪精舍记》，[明] 邹守益撰，清刻《东廓邹先生遗稿》本卷四；《辰州虎溪精舍记》，[明] 罗洪先撰，明万历四十五年陈于廷刻《石莲洞罗先生文集》本卷十二；《金陵答问》《金台答问》（节选），[明] 湛若水撰，明万历七年吴渝刻《湛甘泉先生文集》卷十二、卷十三；《虎溪书院修道堂记》，[明] 罗洪先撰，清康熙五年刻《辰州府志》本卷八；《重修阳明书院碑记》，[清] 黄澍撰，清同治十二年刻《沅陵县志》卷四十三；《增修虎溪书院斋房碑记》，[清] 雷成朴撰，清同治十二年刻《沅陵县志》卷四十四；《重建虎溪书院碑记》，[清] 蔡用锡撰，清同治十二年刻《沅陵县志》卷四十四；《沅陵县志·阳明书院》，[清] 郎廷桢修、张佳晟纂，清康熙四十四年刻本卷三；《湖南通志·虎溪书院》，[清] 李瀚章修，清光绪十一年刻《湖南通志》本卷七十；《龙山书院略》，[明] 蔡国琮撰，清康熙五年刻《辰州府志》本卷八；《沅陵县志·让溪书院》，[清] 守忠等修、许光曙等纂，清同治十二年刻本卷十三。

第九册：《安成复真书院志》十卷，存六卷，［清］王吉辑，清康熙三十二年刻本。

第十册：《新修复真书院志序》《复真志序》，［清］王吉撰，［明］王谦言撰，清康熙五十二年刻《安福县志》本卷七；《复真书院藏书序》，［明］刘阳撰，清康熙五十二年刻《安福县志》本卷七；《重修复真书院记》，［清］施闰章撰，清乾隆刻《施愚山先生文集》本卷十二；《答复真书院书》，［明］邹德泳撰，清乾隆四十七年刻《安福县志》本卷二十；《吉安府志·复真书院》，［清］定祥修、刘绎纂，清光绪二年刻《吉安府志》本卷十九；《复古书院记》，［明］聂豹撰，明嘉靖四十三年吴凤瑞刻《双江聂先生文集》本卷五；《复古书院记》，［明］邹守益撰，清刻本《东廓邹先生文集》卷一；《复古书院赠言》，［明］邹守益撰，清刻本《东廓邹先生文集》卷二；《复复古书院记》，［明］傅应桢撰，清康熙五十二年刻《安福县志》本卷七；《复古书院志序》，［明］邹德泳撰，清乾隆四十七年刻《安福县志》本卷十八；《创建复古书院记》，［明］程文德撰，清乾隆四十七年刻《安福县志》本卷十九；《重修复古书院记》，［明］王时槐撰，清光绪三十三年刊《塘南王先生友庆堂合稿本》卷三；《答复古问》《复古书院申语》，［明］罗洪先、程文德撰，清乾隆四十七年刻《安福县志》本卷二十；《复古书院续置田记》，［清］高崇基等修，王基、刘映壁纂，清乾隆四十七年刻《安福县志》本卷五；《吉安府志·复古书院》，［清］定祥修、刘绎纂，清光绪二年刻《吉安府志》本卷十九；《江西通志·复古书院》，［清］曾国藩、刘坤一等修，清光绪年间刻《江西通志》本卷八十一；《荆杏双修引》，［明］郭子章撰，清康熙八年刻《青原志略》本卷七；《重修青原缘起》，［明］邹元标撰，清康熙八年刻《青原志略》本卷七；《青原赠处》，［明］邹守益撰，清刻本《东廓邹先生文集》卷二；《青原嘉会语》，［明］邹守益撰，清刻本《东廓邹先生文集》卷三；《录青原再会语》，〔明〕邹守益撰，清刻本《东廓邹先生文集》卷三；《九邑讲语》，〔明〕龙遇奇撰，清康熙八年刻《青原志略》本卷四；《青原会馆学田记》，〔明〕彭举撰，清康熙八年刻《青原志略》本卷六；《青原山昆庐阁记》，〔清〕施闰章撰，清乾隆四十六年刻《庐陵县志》本卷四十二；《募九邑重新传心堂引》，〔清〕释笑峰等撰，〔清〕施闰章补辑，清康熙八年刻《青原志略》本卷七；《会馆学田租数》，〔清〕释笑峰等撰，〔清〕施闰章补辑，清康熙八年刻《青原志略》本卷十三；《青原志略·书院》，〔清〕释笑峰等撰，〔清〕施闰章补辑，清康熙八年刻《青原志略》本卷三；《庐陵县志·青原会馆》，〔清〕平观澜等修、黄有恒等纂，清乾隆四十六年刻《庐陵县志》本卷十八；《吉安府志·青原会馆》，〔清〕定祥修、刘绎纂，清光绪二年刻《吉安府》志本卷十九；《江西通志·青原会馆》，〔清〕曾国藩、刘坤一等修，清光绪年间刻《江西通志》本卷八十一；《吉安府志·阳明书院记》，〔清〕李镕经撰，清光绪二年刻《吉安府志》本卷四十七；《阳明书院课业》不分卷，〔清〕佚名撰，清稿本。

第十一册：《汪太守呈请修复详文》，〔明〕汪可受撰，〔清〕刘绎纂辑，清同治十年刻《白鹭洲书院》志本卷八；《汪可受请复祀二程子文云为鹭洲书院告成请复》，〔明〕汪可受撰，清乾隆四十六年刻《庐陵县志》本卷十八；《白鹭洲书院志·艺文·记》，〔清〕刘绎纂辑，清同治十年刻本卷五、卷六；《庐陵县志·景贤书院》，〔清〕平观澜修，黄有恒、钱时雍纂，清乾隆四十六年刻本卷十八；《庐陵县志·依仁书院》，〔清〕平观澜修，黄有恒、钱时雍纂，清乾隆四十六年刻本卷十八；《明新书院记》，〔明〕邹元标撰，清宣统三年刻《禾川书》本卷十四；《阳明先生书院记》，〔明〕葛寅亮撰，清康熙十二年刻《九江府志》本卷十七；《九江府志·匡庐阳明书院》，〔清〕江殷道修、张秉铉等纂，清康熙十二年刻本卷六;《赣州府志·阳明书院》,[明]余文龙修、谢诏纂,清顺治十七年汤斌重刻本卷五;《阳明书院记》,[清]汤大坊撰,清道光五年刻《赣县志》本卷三十一;《移易风俗申文》,[明]黄泗撰,清乾隆十五年刻《兴国县志》本卷十六;《崇义县志·旗阳书院附王文成公教条四则》,[清]罗洪钰纂修,清咸丰六年刻本卷三;《旗阳书院记》,[清]黄师图撰,清咸丰六年刻乾隆《崇义县志》本卷十二;《兴国安湖书院记》,[明]罗洪先撰,清顺治十七年汤斌重刻天启《赣州府志》本卷二十;《西原敬止堂记》,[明]王时槐撰,清光绪三十三年刊《塘南王先生友庆堂合稿本》卷三;《书西原惜阴会籍》,[明]王时槐撰,清光绪三十三年刊《塘南王先生友庆堂合稿本》卷六;《西原会规十七条》,[明]王时槐撰,清光绪三十三年刊《塘南王先生友庆堂合稿本》卷六;《惜阴申约》《惜阴说》,[明]邹守益撰,清刻本《东廓邹先生文集》卷七;《安福县志·惜阴会说》,[明]王守仁撰,清乾隆四十七年刻《安福县志》本卷二十;《庐陵县志·西原会馆》,[清]平观澜等修、黄有恒等纂,清乾隆四十六年刻《庐陵县志》本卷十八;《吉安府志·西原会馆》,[清]定祥修、刘绎纂,清光绪二年刻《吉安府志》本卷十九;《庐陵县志·西原会馆》,[明]王补修、曾灿材等纂,一九二〇年刻《庐陵县志》本卷十四;《明学书院记》,[明]邹元标撰,清乾隆四十六年刻《庐陵县志》本卷十八;《复礼书院记》,[明]刘元卿撰,清康熙五十二年刻《安福县志》本卷七;《书复礼月会籍》,[明]刘元卿撰,清咸丰二年重刻《刘聘君全集》本卷十二;《吉安府志·复礼书院》,[清]定祥修、刘绎纂,清光绪二年刻《吉安府志》本卷十九;《识仁书院记》,[明]刘元卿撰,清咸丰二年重刻《刘聘君全集》本卷七;《识仁讲院会规引》,[明]刘元卿撰,清咸丰二年重刻《刘聘君全集》本卷九;《谋道会籍引》,[明]刘元卿撰,清咸丰二年重刻《刘聘君全集》本卷九;《戊戌识仁冬会记》《丙午识仁问答记》,

［明］刘元卿撰，清咸丰二年重刻《刘聘君全集》本卷九；《江西通志·识仁书院》，［清］曾国藩、刘坤一等修，清光绪年间刻《江西通志》本卷八十一；《题修中道会馆募书》，［明］刘元卿撰，清咸丰二年重刻《刘聘君全集》本卷十二；《仁文会约序》，［明］邹元标著，明万历三十五年刊《邹南皋集选本》卷四；《仁文书院记》，［明］邹元标著，明万历三十五年刊《邹南皋集选本》卷五；《仁文会约语》，［明］邹元标著，明万历三十五年刊《邹南皋集选本》卷七；《仁文书院商语》，［明］顾宪成撰，明崇祯无锡顾氏家刻《顾端文公集》本。

第十二册：《仁文书院志》十一卷、《图》一卷，［明］岳元声辑，明万历年间刊本；《重修仁文书院记》，［明］李日宣撰，清乾隆二十一年刻《吉水县志》本卷二十九；《仁文书院兴废纪略》，［明］李元鼎撰，清乾隆二十一年刻《吉水县志》本卷三十；《重兴仁文书院碑记》，［清］徐大坤撰，清乾隆二十一年刻《吉水县志》本卷三十；《吉水县志·仁文书院附条约》，［清］申发祥修、廖恒纂，清乾隆二十一年刻本卷十；《吉安府志·仁文书院》，［清］定祥修、刘绎纂，清光绪二年刻《吉安府志》本卷十九；《养中书院题辞》，［明］蔡汝楠撰，明嘉靖刻《自知堂集》本卷八；《正学书院记》，［明］罗洪先撰，［明］范涞等修，明万历十六年刻新修《南昌府志》本卷二十七；《辟石莲洞始末》，［明］罗洪先撰，清乾隆二十一年刻《吉水县志》本卷三十；《石莲洞记》，［清］施闰章撰，清乾隆二十一年刻《吉水县志》本卷三十。

第十三册：《吉水县志·正学书院附语录四条》，［清］申发祥修、廖恒纂，清乾隆二十一年刻本卷十；《南昌府志·正学书院》，［清］陈兰森、王文涌修，谢启昆纂，清乾隆五十四年刻本卷十七；《太极书院碑》，［明］郭汝霖撰，明万历二十五年郭氏家刻《石泉山房文集》本卷十；《泰和县志·求仁书社》，［清］宋瑛等修、彭启瑞等纂，清光绪五年刻《泰和县志》本卷八；《泰和县志·萃和书院》，［清］冉棠修、沈澜等纂，清乾隆十八年刻本卷八二；《复修云津书院记》，［明］邹守益撰，清刻《东廓邹先生文集》卷四；《怀玉书院会语》，［明］王畿著、丁宾编，明万历四十七年刊《龙溪王先生全集》本卷二；《玉山县怀玉草堂、斗山端明书院志》不分卷，［清］阙名撰，清抄本；《怀玉书院碑》，［明］王宗沐撰，明万历元年刘良弼刻《敬所王先生文集》本卷十六；《怀玉书院记》，［明］王宗沐撰，清道光三年刻《玉山县志》本卷三十一；《怀玉山志·书院附卷首怀玉书院图》，［清］朱承煦修，清乾隆四十年刻《怀玉山志》本卷二；《玉山县志·怀玉书院》，［清］黄寿祺等修、吴华辰等纂，清同治十二年刻《玉山县志》本卷四下；《万安县志·云兴书院记》，［明］王圻撰，清同治十二年刻《万安县志》本卷十八；《万安县志·云兴书院》，［清］欧阳骏、周之镛纂修，清同治十二年刻《万安县志》本卷六；《王畿重修书院记》，［明］王畿撰，清康熙十二年增修《白鹿书院志》本卷十；《邹守益宗藩义田记》，［明］邹守益撰，清康熙十二年增修《白鹿书院志》本卷十二；《南安府道源书院科举碑记》，［清］王谦撰，清乾隆间刻《南安府志》本卷十九；《重建道源书院记》，［清］游绍安撰，清乾隆十三年刻《南安府大庚县志》本卷十九；《修复绵江书院记》，［明］吕若愚撰，清康熙二十二年刻本卷九；《饶州府志·两河书院》，［清］王泽洪修、吴俊等纂、黄家麟增修，［明］王用佐增纂，清康熙二十二年刻本卷十；《明宗书院小记》，［明］王心纯撰，清乾隆四十五年刻《清江县志》本卷二十八；《紫阳书院集序》，［明］王守仁撰，清摛藻堂钦定《四库全书会要·王文成公全书》本卷七；《何陋轩记》，［明］王守仁撰，明隆庆六年郭朝宾刻《王文成公全书》本卷二十三；《君子亭记》，［明］王守仁撰，明隆庆六年郭朝宾刻《王文成公全书》本卷二十三；《君子亭记》，吴瑞征撰，清道光二十九年刻《大定府志》本卷五十五；《宾阳堂记》《重修月潭寺建公馆记》，［明］王守仁撰，明隆庆六年郭朝宾刻《王文成公全书》本卷二十三;《龙场生问答》,[明]王守仁撰,明隆庆六年郭朝宾刻《王文成公全书》本卷二十四;《示诸生教条》,[明]王守仁撰,清咸丰二年刻道光修《贵阳府志》本余编卷二;《贵州通志·龙冈书院》,[明]谢东山修、张道等纂,明嘉靖三十四年刻本卷六;《朱麟阳明书院记》,[明]谢东山修、张道等纂,明嘉靖三十四年刻《贵州通志》本卷十二;《阳明书院碑记》,[明]阮文中撰,清咸丰二年刻道光修《贵阳府志》本余编卷六;《阳明祠记》,[明]冯成能撰,清咸丰二年刻道光修《贵阳府志》本余编卷六;《重修阳明书院碑记》,[清]杨雍建撰,清咸丰二年刻道光修《贵阳府志》本余编卷八;《阳明书院碑记》,[清]田雯撰,清咸丰二年刻道光修《贵阳府志》本余编卷八;《贵州通志·阳明书院》,[明]谢东山修、张道等纂,明嘉靖三十四年刻本卷六;《席书与王守仁书》,[明]谢东山修、张道等纂,明嘉靖三十四年刻《贵州通志》本卷十一;《席书送别王守仁序》,[明]谢东山修、张道等纂,明嘉靖三十四年刻《贵州通志》本卷十一;《贵州通志·文明书院》,[明]谢东山修、张道等纂,明嘉靖三十四年刻《贵州通志》本卷六;《重修贵山书院记》,[清]德隆撰,清咸丰二年刻道光修《贵阳府志》本余编卷九;《建敷文书院修德息兵记》,[明]季本撰,明嘉靖十七年刻《南宁府志》本卷九;《广西通志·敷文书院》,[明]林富修、黄佐纂,明嘉靖间刻本卷二十六;《广西通志·阳明书院》,[明]苏濬纂修,明万历二十七年刻本卷十二;《广西通志·阳明书院》,[清]郝浴修、王如辰等纂,清康熙刻本卷十一;《广西通志·梧山书院》,[明]林富修、黄佐纂,明嘉靖间刻本卷二十六;《东泉书院记》,[明]张岳撰,明嘉靖十七年刻《南宁府志》本卷九;《西樵山石泉书院记》,[明]方献夫撰,清乾隆二十四年刻《广州府志》本卷五十五;《重修养正书院记》,[明]聂豹撰,明嘉靖四十三年吴凤瑞刻《双江聂先生文集》本卷五;《上杭县志·

阳明书院》，［清］赵成、赵宁静纂修，清乾隆十八年刻本卷二；《阳明书院时雨堂记》，［清］段巘生撰，清乾隆十八年刻《上杭县志》本卷六；《平山书院记》，［明］王守仁撰、俞嶙编，清康熙十二年刊《王阳明先生全集》本卷六；《浚县志·东山书院》，［清］刘德新修、马秉德修，清康熙十八年刻本卷二。

首都师范大学图书馆影印的《阳明先生文录续编》（广西师范大学出版社2022年11月版），是王阳明文献的重要组成部分，以首都师范大学图书馆藏明嘉靖四十五年（1566）徐必进刻本为底本的首次影印出版，具有重要的文献版本价值与学术研究意义。

张菁洲《王阳明文献的多重系统与诠释研究》（贵州师范大学博士学位论文，2022年5月）一文指出，明代是古典文献走向集中定型的时代，在创作激情高涨、创作者与作品不断增加的氛围下，"集部"之学开始兴盛。从明代到清代，王阳明文献的编选渐成一系，其中有整理语录汇辑成册的，如薛侃《阳明先生则言》、李贽《阳明先生道学钞》、周汝登《王门宗旨》以及孟津《良知同然录》等；有关注王阳明政治才能的，如陈龙正《阳明保甲法》《阳明乡约法》的汇辑，有专门收集阳明诗文的文选，如明刻本《王阳明诗录》、俞长城辑《王阳明稿》、凤山书院刻《阳明先生诗集》；更多的是将语录与诗文、奏疏等汇聚一体以求完备的全集之录，如胡宗宪《王文成全书》、宋仪望《阳明先生文录》、赵贞吉《阳明先生文粹》、赵友琴《阳明先生文选》、施邦曜《阳明先生集要》、陈龙正《阳明先生要书》，以及清人张问达《王阳明先生文钞》、俞嶙《王阳明先生全集》、王贻乐《王阳明先生全集》、刘肇虞《王阳明文选》、石韫玉《王阳明文集》、李腾芳《阳明先生集抄》等。明清学者的王阳明文选种类繁多、内容丰富，各集在内容选择、体例安排、结构次序上有所不同，体现出每个编撰者背后不同的诠释视域及审美倾向。该文围绕王阳明文献的生成、王阳明心学的概念、不同形态的王阳明文献，以及后学对王阳明文献的传播和诠释进行讨论。《传习录》记录了王阳明的讲学活动，在这个过程中王阳明提出了

"良知""天理""工夫""本体""知行"以及"道""文""经史"等基本概念，展开了心学思想的内在世界，并由此确立了心学思想的基本视域和核心概念，完成了对思想体系的建构。众多的《传习录》文献形态实际上是不同诠释视域、不同接受主体的心体流露，见证了王阳明思想的接受历史，以文本形态和文献歧义的方式展开对阳明心学的开放与讨论，推动了阳明心学在不同历史时期下的发展。该文同时关注《传习录》以及其他王阳明文献中王阳明本人的诠释活动，通过王阳明文献编撰、诠释活动等基本问题的提出，研究王阳明心学视域下的诠释观点，为阳明后学的诠释活动提供参照，进一步明确心学思想对诠释活动的影响。王阳明后学支系众多、流派繁杂，不同时期的不同学者对王阳明后学有着不同的评判标准和划定范围。通过对《传习录》《王阳明年谱》《王文成公全书》和王阳明诗文集，以及王阳明书法、画像的篆刻等文献的编撰活动，阳明后学传播了心学思想，表达了自我意志，表明了自身对王阳明心学的感受与态度，在文献的传播中引发了对心学思想的思索和领悟。王阳明文献体系建构的过程同时也是意义赋予和诠释进行的过程，不同的王阳明文献又因编撰者的个体差异、对王阳明思想接受程度的不同以及对王阳明文献的编撰差异而形成了不同的诠释功能。总体来看，王阳明文献的诠释功能可以划分为义理构建、文学观念等不同内容，通过王阳明文献的生成模式和基本结构，可以进一步总结古代文献制度与思想文化发展的一般关系。

李洁《阳明文献的获取方法——基于OCLC WorldCat日文版阳明文献书目数据视角》（《内蒙古科技与经济》2022年第21期）一文，以OCLC WorldCat中阳明文献书目数据为分析样本，综合运用文献计量法、内容分析法、网络调查研究法，选取语种为日语的阳明文献书目数据，对日文版阳明文献的传播年代、种类、编译者、出版社、世界收藏馆等几方面进行分析，提出大数据背景下网上获取阳明文献的几种方式：图书馆等信息机构的书目数据库和古籍数字资源库，已发布的阳明文献专题数据库平台，网上阳明文献数据库的检索与利用。

2.《阳明先生文录》的版本研究

沈天姿《王阳明诗文集版本考》（河北大学硕士学位论文，2022年5月）一文认为，王阳明诗文集屡经门人、后学整理刊刻，版本众多。王阳明诗文集主要分为三个版本系统，即二十八卷本系统、二十四卷本系统与三十八卷本系统。嘉靖十二年黄绾序刻本《阳明先生文录》是二十八卷本系统中最早的版本。嘉靖二十九年闾东刻本《文录》、明刻本《文录》（残存十卷，国图"中华古籍资源库"误题作嘉靖三十六年胡宗宪本）、嘉靖二十六年范庆刻本《文录》均源自黄绾序本。二十四卷本系统以嘉靖十五年闻人诠刻本《阳明先生文录》为最早版本，嘉靖三十六年宋仪望刻本、隆庆六年重刻宋仪望刻本以及隆庆六年谢廷杰刻本《王文成公全书》的《文录》部分均源自闻人诠本。三十八卷本系统最早的版本为隆庆六年谢廷杰刻本《王文成公全书》，该本的特点是集《传习录》《阳明先生文录》《续录》《年谱》《世德纪》诸作于一体，文渊阁《四库全书》本《王文成全书》即以谢廷杰本为底本。嘉靖十二年黄绾序刻本与嘉靖十五年闻人诠刻本，两本版式相同、行款一致、字体相近，闻人诠本当是复刻了黄绾序本。而嘉靖二十六年范庆刻本直接使用了黄绾序本残存版片。云南省图书馆藏明刻本《阳明先生文集》系闻人诠刻本。

向辉《枝条再荣：阳明学书籍世界的研究》（台北花木兰文化事业有限公司2022年9月版）一书聚焦王阳明与阳明学的书籍世界，从古典学的视域对阳明学展开学术的思考；围绕"阳明学何以成为阳明学"这一根本问题，在书籍史的范畴内对王阳明的思想世界展开学术讨论。该书认为，阳明学的书籍史研究是以历史的书籍为依据，追寻阳明思想世界的一种尝试。书籍世界的考察，不仅关系到读书人的王阳明及其学人的历史定位、关系到心学的衍传脉络，也关系到明代的文化发展，更关系到知识的生产、传播和文化的传承。该书从阳明格竹公案、阳明传奇叙事、嘉靖本《传习录》、嘉靖本《居夷集》、嘉靖本《阳明年谱》、嘉靖本《阳明文粹》等具体个案出发，图绘出书籍世界中的阳明形象。总之，该书细致考辨了阳明思想在书籍世界的展开及其丰富内涵，厘清了阳明学书籍世界的基本脉络及其主要特点，梳理了阳明书籍世界的古典学意涵，并由此指出了作为古典学术的阳明学之可能主题及其价值。

3.《王阳明诗集》的汇编与校注

王巨明编校的《王阳明诗歌集》（中国文史出版社2022年10月版）一书，收录王阳明创作的诗歌作品计800余首。编者对全部作品都根据原始版本重新核对，注明出处，并配发有40余幅传世的阳明先生诗稿手迹及刻石拓本图片。

赵永刚《王阳明诗集编年校注》（台湾花木兰文化事业有限公司出版2022年9月版）一书，以现存王阳明诗歌为研究对象，对其加以翔实的编年校注。该书主体分为四个部分：前言、凡例、正文和参考文献。正文部分主要包括编年、校注、著录三项。该书采用诗史互证的考据方法，结合王阳明生平及所处时代，对其诗歌进行编年。校注由校勘与注释两者构成，校勘部分采用对校、理校等基本校勘方法，广泛收集王阳明诗歌的不同版本，去伪存真，择善而从，进行文本校勘；注释部分，既注释疑难字句，又注释典故出处。典故注释，努力做到古典、今典并重，通过查阅《明实录》《明史》《明通鉴》《明史纪事本末》等史料，考证王阳明诗歌之本事。著录部分，详列文学选本、地方志书对王阳明诗歌的著录信息，以资呈现后世对王阳明诗歌的接受样态。

郝永评注的《王阳明诗全集》（崇文书局2022年10月版）一书，对王阳明的诗歌进行编年、校勘、注释、集评、辑佚，全面总结了王阳明的诗歌成就，既给阳明学界提供了一个新的研究文本，也可让普通读者以阳明诗为中心领略古典诗词之美。

李庆《王阳明诗校注》（上海古籍出版社2022年10月版）一书作为王阳明诗歌注释本，全面吸收了《王阳明全集》（新编本，浙江古籍出版社）和束景南《王阳明佚文辑考编年》（上海古籍出版社）的辑佚成果，广参众本，精心校勘。考释部分阐明题意，辨明出处，进行编年，考证真伪等；注释部分详注文字、典故、概念、时间、地点、人物、事件等，间或串讲句意；文末另附"王阳明诗赋编年"。

连玉明主编的《王阳明诗集全编》（商务印书馆2022年10月版）一书，收录了王阳明在不同年龄、不同背景、不同地域创作的诗歌作品共554题744首，相较前人出版的王阳明诗歌选集，增加了100余首。从这些诗歌遗作中，不仅可以了解阳明一时一事的欢喜忧乐，还可以寻绎其人生轨迹和思想历程，是研究王阳明哲学思想和事功史迹不可或缺的重要载体。

雷恩海、董豪《王阳明〈次韵毕方伯写怀之作〉释证及其学术史意义》（《天水师范学院学报》2022年第1期）一文认为，王阳明《次韵毕方伯写怀之作》在《王文成公全书》和《王阳明全集》中均编次于卷二十九《续编四》与魏五松唱和作品之间，创作时间有弘治九年（1496）王阳明第二次会试落第归余姚时期和弘治十六年（1503）在西湖养病期间两种观点。经详明考释，以为此诗当作于弘治十六年王阳明西湖养病时期。而这首诗的颔联上句在《王阳明全集》和《王文成公全书》不同版本中，有"平王"与"平生"之差异，以为当作"平生"。在此基础上，进一步释证此诗，以为王阳明标举"孔颜心迹"的道德思想修养和"皋夔事业"的建功立业——内圣外王之"初心"，要摆脱此前溺于仙释之习，而归于儒学正途。因而，《次韵毕方伯写怀之作》体现了王阳明在学术路径上的转变，即由沉溺于仙佛之学到回归儒学的转变，具有思想史与学术史的意义。

4.《朱子晚年定论》研究

李汇《〈朱子晚年定论〉研究》（江西师范大学硕士学位论文，2022年6月）一文指出，正德十年（1515），王阳明选取34封朱熹与人往来的书信组成《朱子晚年定论》一书，此书首刻于正德十三年（1518）。该书面世后在中国思想史上引发了众多争议。该文的研究主要包括四部分。第一部分对《朱子晚年定论》的编订背景进行研究。朱陆合流的思想史背景是其成书的大环境，而阳明对朱子学的理解变化过程与阳明学当时所处的现实环境则是其成书的直接原因。第二部分对《朱子晚年定论》的内容进行分析。首先，梳理该书收录的朱子书信的具体时间，并对朱子的早、中、晚年进行界定。其次，该书的思想内涵主要分为三部分。一是心本论。书中多次提到朱熹对心的强调，阳明在这里认为朱子十分重视心本思想。二是修养工夫。书中重视省察克治、涵养本源、躬行践履的修养工夫。三是境界论。阳明与朱子乃至于整个儒家都以涵养成圣为目的，以圣人之境为最高境界。第三部分对《朱子晚年定论》所引发的争议进行分析。该书引发了众多争议。朱子学者如罗钦顺、陈建、陆陇其对之展开了激烈的批评，认为此书完全是"颠倒黑白"，"援朱入陆"之作。阳明及王门后学则不认可朱子学者的批评。阳明辩白自己仅是考据未精，并且表示朱子同样重视"心"的作用，强调"德性"的培养。清人李绂更写出了《朱子晚年全论》一书，来表明朱子晚年思想确实转向了心学以证阳明之说。第四部分是基于历史与现实两方面对《朱子晚年定论》这本书进行定位。于历史层面而言，此书标志着宋明理学由朱陆合流阶段转向了朱王会通阶段，推动了宋明理学的发展。对王学而言，该书促进了王学的发展壮大，并促使阳明思想发生进一步转变。从现实层面出发，此书为我们研究朱王关系问题提供了一个新的思路，从而使中国哲学思想研究更加丰富。除此之外，其现实价值也是不可忽略的，在今天物欲横流的现实里，其修养论的存在仍有着借鉴意义。

　　谢桃坊《理学史公案〈朱子晚年定论〉平议》[《西华大学学报》（哲学社会科学版）2022年第1期]一文认为，南宋中期道学分为两派，以朱熹为代表的理学和以陆九渊为代表的心学，二者在"尊德性"与"道问学"的治学途径方面发生分歧，致有"朱陆异同"之争。明代中期王阳明发挥心学，创立"致良知"之说，学术界再次发生理学与心学之争。王阳明为平息与调和争论，认为朱熹于晚年对其曾从事的传注训释的治学方法感到悔悟，同于心学之旨，亦合于"致良知"之说，遂编著《朱子晚年定论》。此论虽受到学术界的批评，却有助于阳明学之盛行。然而朱熹与友人的书简中偶有表示于"尊德性"工夫的欠缺，但这属偶然自谦之词，在其去世前数年犹致力于儒家经典和其他典籍的训释考证，并不存在悔悟之事。《朱子晚年定论》在事实上不能成立，而借此欲调和或会通"朱陆"与"朱王"则属于主观的勉强牵合，于学理上也是难以成立的。

　　朱亚青《王阳明〈朱子晚年定论〉探赜》（《延安职业技术学院学报》

2022年第4期）一文指出，明武宗正德九年（1514）朱陆之辩的问题再次成为学术界谈论的热点，王阳明作为心学的代表人物也直接参与到了此次论辩中。《朱子晚年定论》就是在此次论辩的影响下编著的，全书共收录三十四篇朱熹与友人的书信，用以论证朱子晚年改变其说而与心学思想会通的结果。朱陆之辩的实质就是心学与理学的论辩，这场论辩从宋朝时期的"朱陆之辩"开启，经过"朱王之辩"的转化一直延续至今。《朱子晚年定论》是"朱王之辩"转化的标志性著述，无论是对于王学还是朱学都具有重大意义。

欧阳祯人、张旭《王阳明〈朱子晚年定论序〉思想再探》（《朱子学研究》辑刊，2022年卷）一文指出，序乃阳明为《朱子晚年定论》所定之序，现收录于《王阳明全集》第1册（卷七·文录四），另可见于《王阳明全集》第1册（卷三·语录三）所附录的《朱子晚年定论》。然此两处关于阳明作序年份却有不同说法。

张茂泽《从〈朱子晚年定论〉看阳明学和朱子学的历史联系》（《中原文化研究》2022年第6期）一文认为，王阳明一生为学与朱子学相伴。《朱子晚年定论》作为王阳明学习与研究朱子学心得的记录，凝结着阳明继承朱子理学内容的心血；同时，它也标志着阳明学在朱子学史发展过程中开始获得独立地位。阳明继承和发展朱子学的关键在于提出"朱子之心"。"朱子之心"可谓阳明研究朱子学数十年的理论结晶。它表面指朱熹的内心世界，但在阳明的语境中，实际上多指朱子的本心；它落实于朱子学，也指朱子的思想主体、宗旨和精神，以及朱子学发展成熟、走向定型的趋势；它还指朱子的学术信心、真心和公心。这表明，阳明有一颗"朱子之心"，这决定了阳明学和朱子学在根本和主体上都相同，其间的差异只是具体见解不同，而非学派冲突。阳明学源于晦庵而非象山，是朱子学在明代发展的产物。世谓"陆王"，只是心学名号，而非师生授受；在阳明心中，他和朱子才一脉相承，心心相印。

5.《居夷集》研究

2022年，不见相关研究。

6.《大学古本旁释》研究

2022年，不见相关研究。

7. 王阳明佚文研究

2022年，不见相关研究。

8.《王阳明年谱》的整理

向辉、彭启彬点校了毛汝麒本、天真书院本《阳明先生年谱》（北京燕山出版社2022年10月版）。在当代阳明学研究中，学者所依赖的王阳明传记材料主要是明隆庆六年刊行的《王文成公全书》中附录的《阳明先生年谱》，该年谱标注"钱德洪编述""罗洪先考订"，具有很大的权威性。但是，该年谱并不是钱德洪编、罗洪先删订本的初刻本，本次整理的"天真书院本""毛汝麒本"《阳明先生年谱》，即钱德洪编、罗洪先删订本之两个初刻本，《王文成公全书》本即在此二本的基础上综合删订而成。

9.《皇明大儒王阳明先生出身靖乱录》研究

刘利《明清小说中的王阳明形象书写》（扬州大学硕士学位论文，2022年6月）一文指出，研究明清小说中王阳明形象书写的过程和方式，主要厘清王阳明从一个历史人物到文学人物的演变过程及其文学和文化机制，包括下列章节。论文第一章主要是对作为历史人物的王阳明做一个简单素描，还原真实的王阳明面相，王阳明是明代"立德、立功、立言"的三不朽人物，他的人生经历极具传奇色彩，但其一生又毁誉不一，极富争议。论文第二章主要论述王阳明从历史人物到文学人物的演变。王阳明是一个具有争议的人物，支持和反对他的人都借助文学作品来制造舆论，以便达到自己的目的。在历史的书写中，就含有不少夸张、想象甚至虚构的因素，由于政治的影响，这些元素在文学作品中得到继承、放大，并进行更大规模的造神运动，从而使得王阳明逐渐由历史人物演变为文学人物，并最终得到读者认可，基本定型。论文第三章主要是选取明代冯梦龙《皇明大儒王阳明先生出身靖乱录》（又称《王阳明出身靖乱录》）和清代唐芸洲《七剑十三侠》两部涉及王阳明的长篇小说来进行个案研究，论述小说中的王阳明形象书写。在《王阳明出身靖乱录》中，王阳明的形象得到了集中展现，小说塑造了军事家、思想家、实干家的王阳明饱满形象。《七剑十三侠》主题是宣扬侠义观念，王阳明处于配角位置，显示晚清时期，由于娱乐文化的影响，王阳明的形象被弱化。结语部分总结王阳明受到小说家们关注和书写的原因，同时以王阳明为个案，总结历史人物逐渐转变为文学人物的规律。对王阳明文学形象的每一次书写都与作家所处的时代政治有密切关联，正是时代的需要和召唤促使小说家们对王阳明进行不同角度、不同目的的书写。

万晴川《盖棺论未休：明清小说中的王阳明形象塑造》（《学术界》2022年第10期）一文指出，在中国历史上，除孔子外，很少有学者走进小说中，王阳明因其自身的传奇性色彩及关涉领域的广泛性，成为明清小说的书写对象。因应朝廷对王阳明的政治评价，小说中王阳明书写经历了从制造舆论到寄托理想再到明亡教训之折射三次蜕变。早期作家试图通过小说传播阳明思想，因与观众阅读趣味相扞格，加上小说家缺乏将其思想通俗化、趣味化的才力，其身上的学者色彩逐渐褪去，而向超人化、神仙化演变。这既与史传神化杰出人物的传统惯性有关，又与心学本身汇聚儒释道密不可分。首先，由于王阳明的"圣人"身份、平定宸濠等叛乱事件时间短暂、战争规模不大，而且其中缺少传奇化、对民众具有巨大吸引力的武将，诸如此类的原因，都极大地限制了王阳明最终被制造成生动形象、家喻户晓的文学形象。其次，王阳明的一生充满争议，有关他的小说，积极参与了政治纷争，体现出晚明文学与政治之间的复杂互动关系及小说政治工具化的特征。

中篇

阳明后学研究

　　王阳明的一生活动足迹几乎遍及大半个中国，与之相随的是其讲学活动也遍布大江南北，进而形成了王门诸派，依照黄宗羲《明儒学案》的地域划分法，主要有浙中、江右、南中、楚中、北方、粤闽、泰州七大派，还有江右李材的止修学派，以及近年来学界同仁陆续发掘并得以确认的黔中王学、蜀中王学、徽州王学等。

一、阳明后学综合研究

2022年学界同仁关于阳明后学综合研究的学术成果如下，其中涉及阳明后学的传播机制、分派原委、儒学民间化的社会伦理实践以及对"本体工夫论""儒佛会通""三教合流""无善无恶之辨"等相关议题的阐释。

谢桃坊《试析明儒关于良知之学的辨难》（《人文论丛》2022年第1期）一文指出，明代学者王阳明的良知之学在中国思想史上具有创新意义，集心学之大成；但其学是一个庞杂的体系，存在许多理论方面的矛盾。王阳明的弟子们对其师说的理解即有歧义，尤其引起许多学者对它的辨难。这场持久的争议主要是围绕"致良知""性无不善"和"知行合一"等三个命题展开。明儒批评良知之学概念的含混、逻辑的错误和学理的矛盾，揭示心学发展至极端的严重弊病。明儒的辨难体现出当时的理学理论已达于深刻而精微的程度，在形而上的思辨方面的确超越了前代。

方旭东的《从同化到自闭——论湛若水对阳明后学的因应》，本书上篇已述。

周俊凡、邓芝韵《阳明学讲会的对话意蕴探析》（《长沙民政职业技术学院学报》2022年第3期）一文指出，阳明学讲会是王阳明学派的重要讲学活动，蕴含着丰富的对话因素，或者说，其本身就是一种特殊的对话活动。阳明学讲会的结构是开放的，其参与者包括农、工、士、商等各个阶层；参与者在讲会中的地位是平等的，可以相互学习、互相质疑；其开放的结构为对话营造了自由的空间。阳明学讲会的教育形式包括祭祀、静坐、自考、歌诗、讲论等，涉及古今对话、自我对话、"人—本"对话和"人—人"对话等，是对话活动的具体展开。阳明学讲会促进了学术的生长，建立并巩固了同侪之间的友谊，推动了社会教化，实现了讲会的对话意义。阳明学讲会的对话意蕴对当代教育有较大的启发意义。

徐倩《〈明儒学案〉之阳明后学的分派》（《今古文创》2022年第33期）一文认为，对于阳明后学的分派，《明儒学案》以地域文化区划思想并将学者们的学术面貌和师承教育发展结合起来，凸显阳明后学各派的学术研究风格及思想特征，真儒实学，至简至易，亦精亦微，为近代以阳明后学的分派区划奠定了学术基调，进一步为阳明后学研究提供一个崭新的方向。

梁愿《王学左派对晚明艺术精神的影响论略》（《惠州学院学报》2022年第1期）一文认为，中国艺术一直重视生命精神。与传统艺术所追求的指向宇宙整体的天人合一的生命精神不同，晚明艺术所追求的生命精神是指向当下个体的。晚明艺术之所以形成这样一种偏离传统美学的个体生命精神，与王学左派的濡染作用有密切关系。由于王学左派的影响，晚明性灵说阐述了一种性情并育的观点，这使得晚明艺术对"情"的态度与传统美学有所不同。而且，受王学左派"不须防检"工夫论所启发，晚明艺术置传统法度于不顾，而一味讲求以无法为法。此外，晚明艺术的通俗转向，亦与王学左派的世俗化紧密相关。

陈畅《格物与礼法：论阳明学的礼法转向》[《中山大学学报》（社会科学版）2022年第4期]一文认为，自王阳明去世之后的中晚明至清代初期，阳明学派内部催生出两个密切相关的新发展方向：气学和经史之学（礼法之学）。新方向提出了两个具有同构性的问题：心（良知）与气、良知与知识的关系问题，概括而言，则是心与物的关系问题。刘宗周、黄宗羲师徒的思想是对于上述两个发展方向的集大成，代表了阳明学派内部围绕其核心问题进行思想自我更新的重要理论成果，可称为阳明学的礼法转向。因此，考察作为良知学新开展的气学与礼法之学（经史之学），追问其得以可能的哲学前提，是探讨清初阳明学哲学贡献的重要视角。

袁宪泼《阳明后学"游艺"演变及其文艺思想的形成》[《南通大学学报》（社会科学版）2022年第4期]一文认为，面对王阳明建立的"游艺"

之学，如何解决心性和文艺之间的对立矛盾关系，阳明后学在困惑和矛盾之中进行了探索，大体提出了两条路径：一是由外到内，即强调下学上达、博学反一，在泛滥艺术之中涵养道德心体；二是由内向外，纵情于艺，彰显文艺独特的美学价值。据此，阳明后学进一步发展了王阳明的"游艺"之学，造就大批阳明后学广泛涉猎书画、琴乐，积极与艺术家交游，形成丰富多彩的"游艺"生活。大批阳明后学更是超越文艺门类的艺术界限，实现诗歌与书画、音乐的会通，从而对自然传神、本色自我和诗乐一体文艺观念的形成产生了重要影响。

廖璨璨《至善统善恶：方以智与晚明无善无恶之辨》[《中山大学学报》（社会科学版）2022年第6期]一文认为，"至善"与"无善无恶"是中晚明思想史上的重要论辩，明末思想家方以智以"至善统善恶"这一命题对王阳明的"无善无恶是谓至善"说做出了诠释和辩护，该命题中蕴含的对"绝待"和"对待"关系的思考，也是对宋代理学中朱熹与胡宏论性之善恶的继承和发展，即通过对道/理是否有对待来解释至善之性是否有对待，以形上建构的方式对晚明这一论争做出回应。一方面，作为"绝待"的"至善"不落于具体相对待的善恶，也即"无善无恶"，这是从形上本体的层面言说的；另一方面，作为本体的"无善无恶"是先天之性，有善有恶是后天之性，统贯先天后天的"至善"意味着在具体现实的人性善恶之中要让本体的善性显露出来，这是从本然状态的层面言说的。"至善统善恶"说以对"至善"的强调，纠正阳明后学特别是王畿"四无"说导致的走空蹈虚之流弊，重新倡导价值层面上对"至善"的肯认，推崇实学的工夫论指向。

魏志远《阳明后学对"克己复礼"意涵的新诠释》（《长春师范大学学报》2022年第5期）一文认为，明中后期以来，阳明后学开始挑战程朱一系的宋儒所作的"克己复礼"解。他们坚持"心即理""良知即真己"的心学立场，结合自身的参究感悟，分别提出"修己以敬""能己复礼"等学说来诠释"克己复礼"。通过对"克己复礼"的重新诠释，阳明后学构建起"颜子之学"的实质内容，即真正的道德实践工夫，并非只是思虑杂念的克除，而是良知本体的感悟呈露与保任护持。由此，阳明后学扭转了程朱以来对"己身"的消极认识，重塑了"己身"在道德实践中作为行为主体的重要价值，有助于激发人们主动践行礼教的道德潜能。

乐爱国《阳明学派对〈孟子〉"人皆可以为尧、舜"的解读》[《贵阳学院学报》（社会科学版）2022年第4期]一文指出，《孟子》讲"人皆可以为尧、舜"之后，历代对此的解读各有不同过程。汉唐儒家较多强调《论语》"唯上知与下愚不移"，认为下愚之人不可为尧舜；宋代理学家大都认为，即使是下愚之人，也能够通过学习而成为上智之人，成为尧舜。朱熹讲"不懈于用力""勇厉奋发"，反对"当下便是"。陆九渊更多讲常人"与尧、舜元不异"，与圣人相通，鼓励"学者当量力度德"。明代王阳明也认为，要成为尧、舜应当"去人欲而存天理"。然而他又讲人人皆有良知，讲良知为"圣愚之同具"，并由此讲"人皆可以为尧、舜"。阳明后学泰州学派罗汝芳进一步讲"圣人即是常人""常人本是圣人"。现代新儒家将"人皆可以为尧、舜"解为人格平等，实际上是接着阳明学派的解读而来的。

牛磊《重估告子——论阳明学派对告子思想的诠解》[《温州大学学报》（社会科学版）2022年第2期]一文认为，在思想史中，告子长期被学者视为异端的代表人物，由于晚明时期阳明心学的兴起，这一认识与评价发生了某种程度的改变。对告子思想的义旨，阳明学派内部展开激烈的讨论，其中核心问题是告子"性无善无不善"与王阳明"无善无恶心之体"之辨。对阳明学派学者而言，"无善无恶"指心体不执着于相对待的善与恶，在不受遮蔽的本然状态中做到好善去恶之"至善"，而告子则"认得心体是个洁洁净净的"，从而遗漏了良知知是知非、为善去恶之义。既然告子认为"义"非本体之自然，则其为学工夫也将陷入割裂内外、动静、显微之一贯的"义袭而取之"境状。阳明学派学者对告子思想诸多命题进行价值重估，其中蕴含了对朱子学与甘泉学补偏救弊的理论关怀。

朱泳蓉《阳明心学视域下的明末清初书法思潮》（南京艺术学院硕士学位论文，2022年5月）一文认为，从王阳明悟得"心学"及其自身对书法的认识出发，到王阳明及其弟子对阳明心学的传播，再到明末清初书家对于阳明心学的接受与表现，进行展开探究。阳明心学对于明末清初书法思潮的影响是相对明确的，表达心性，展露真我，对于书法思潮的转变是突出的。

二、浙中王学研究

关于浙中王学，系指明代中后期浙江行省区域内的王门后学。黄宗羲《明儒学案》卷十一《浙中王门学案》"小序"云："姚江（阳明）之教，自近而远，其最初学者，不过郡邑之士耳。龙场而后，四方弟子始益进焉。"①说明浙中是阳明学的发祥地和最早的传播地，黄宗羲在《浙中王门学案》中列徐爱、蔡宗兖、朱节、钱德洪、王畿、季本、黄绾、董沄、董毂、陆澄、顾应祥、黄宗明、张元冲、程文德、徐用检、万表、王宗沐、张元忭②、胡瀚③等19人为浙中王门学者；黄宗羲在《浙中王门学案》"小序"中又列范瓘、管州、范引年、夏淳、柴凤、孙应奎、闻人诠、黄骥、黄文焕、黄嘉爱、黄元釜、黄夔等12人为浙中王门弟子④；又在《泰州学案》《甘泉学案》中为周汝登、陶望龄、刘塙⑤、唐枢、蔡汝楠、许孚远⑥等6名浙籍王门学者立传。还有，《明儒学案》"附案"中又有永康阳明学者应典、周莹、卢可久、杜惟熙等4人，以及慈溪阳明学者颜鲸1人。⑦统计《明儒学案》，其中提及的浙江籍阳明学者达42人之多。此外，袁黄（袁了凡）、季本弟子徐渭也属于阳明学者。

---

① 《黄宗羲全集》第7册，第245页。
② 《黄宗羲全集》第7册，第246—247页。
③ 《黄宗羲全集》本《明儒学案·浙中王门学案》不载"胡瀚"此人，而中华书局标点本《明儒学案》（1985年版，2008年修订版）在张元忭之后有"教谕胡今山先生瀚"的"胡瀚学案"。
④ 《黄宗羲全集》第7册，第245—246页。
⑤ 《黄宗羲全集》第8册，第112—137页。
⑥ 《黄宗羲全集》第8册，第226—264页。
⑦ 《黄宗羲全集》第8册，第993—998页。

（一）浙中王学综合研究

2022年学界关于浙中王学综合研究的论文有1篇。

诸凤娟、钱明、宣绍龙《明清时期两浙儒学的演变与定位》（《浙江社会科学》2022年第7期）一文指出，历史上围绕"浙学"展开的争议，在一定程度上反映了当时人们对宋明以来浙江人以及浙江儒学评价标准的严重分歧，而以阳明心学为代表的明代浙江儒学自然成了此后对峙各方的主要靶点和首要争论点。总结以宋明时期为中心的浙江儒学发展史，应该在适当调整和补充的前提下，以黄宗羲的《明儒学案》为基本路径和操作模式。尽管《明儒学案》中对王门诸子所作的抑扬、褒贬性的比较研究带有不少成见和偏颇，但黄宗羲所选择的明代人物、梳理的几条主线，还是具有很高的学术价值和客观依据的。而黄宗羲以阳明心学为主线编撰《明儒学案》的理念和方法，其实并非其首创，明人刘鳞长在任浙江提学副使时所编撰的《浙学宗传》可谓其先河。刘著的意义不仅在于突出了浙江心学传统的一脉相承性，而且在于第一次将在学术上一直受冷遇的"浙西"之学也纳入他们的考察范围。

（二）浙中王门学者个案研究

本报告关注的"浙中王门学者"，主要是《明儒学案》中《浙中王门学案》《甘泉学案》中的浙江籍阳明学者：徐爱、蔡宗兖、朱节、钱德洪、王畿、季本、黄绾、董沄、董毅、陆澄、顾应祥、黄宗明、张元冲、程文德、徐用检、万表、王宗沐、张元忭、胡瀚、唐枢、蔡汝楠、许孚远等，还有阳明学界关注较多的闻人诠、孙应奎、徐渭等人。兹对2022年学界同仁关于浙籍阳明学者的研究现状综述如下。

1. 徐爱、蔡宗兖、朱节研究

2022年，学界同仁有与徐爱相关的研究成果1篇。王程强《王华、王阳明父子与徐爱的科举之路》（《文史天地》2022年第4期）一文认为，浙江余姚是明代科举重镇，人才辈出。余姚人王华和其子王阳明及其女婿徐爱就是通过科举考试走向辉煌人生的。他们的科举之路有着不同的故事。

由于文献不足征，学界尚无展开对蔡宗兖、朱节生平学行的深入研究。

2. 钱德洪研究

2022年，阳明学界不见研究钱德洪的论文。

3. 王畿研究

张昭炜《良知精微之体的喻指与表达——王阳明与王龙溪对〈中庸〉要义的诠释》[《武汉大学学报》（哲学社会科学版）2022年第3期]一文指出，依据《孟子》的"良知"与《大学》的"致知"，阳明学向"致广大"推致；在此之外，《中庸》的"未发之中""独"亦是重要依据，向"尽精微"深入。如同《中庸》的"致广大而尽精微"，两者共同撑开阳明学。通过病根喻与钟声喻，王阳明从反、正两方面揭示"未发之中"隐藏的风险与潜在的动能，并在天泉证道中综合之。三十年后，王龙溪发展出北辰喻，此喻保证"未发之中"指向正确（无病根），且无一息之停（动能充足）。由"未发之中"可拓展出良知三面：第一面是作为隐微之体的缄默维度（"未发之中""隐"）；第二面是作为显见之用的显性维度（"已发之和""费"）；第三面是前两面的统合（"独"）。前两面"通一无二"，呼应中国哲学的体用一源、显微无间。结合《中庸》的"费而隐"，良知三面之间多重互动，相互表达，一即是三，三即是一。良知三面可对应无、有、有无之间，但亦有超出。与知识论对接，良知体用两面可分别对应德性之知（知）与知识（识），通过"转识成知"，可实现两者的统合，以知识锻炼德性。能力与动力之知均可归入缄默维度，是良知的深层动力之源。

杨婷《王龙溪"无"思想研究》（山东大学硕士学位论文，2022年5月）一文探析龙溪"无"思想，"无"直接来自阳明对"无善无恶"的揭示。无善无恶与至善的一致性是理解无善无恶的根本所在，经阳明诠释的作为根本准则的至善要求自身是无内容的，无善无恶所意味的无规定性、形式上的无滞、境界上的圆融与至善彼此包涵。阳明将至善、无善无恶用以描述心体与性体。至善侧重从心体存有一面说，彰显其本身的具足，说明其道德意涵；无善无恶侧重从心体活动一面说，显示心体本身之虚无、活动之无滞。无善无恶性体与传统性善论不悖。阳明对无善无恶的揭示是逻辑发展之必然、本体建构之必要、学说建构之必备、文化统合之必须。龙溪将阳明的一无发展为四无，从体用两方面发展无。在本体方面，首先建构虚寂本体。龙溪所谓的寂中包含感，即寂即感有赖于无思无为。虚是一种内心尽是天理的状态，本体之虚还涉及与万物的关系，这种关系只有在注意到良知是灵气的前提下，借助气化万物理论才能得到正确理解。其次，龙溪发展良知无是无非向度。阳明将良知归约为是非之心，并与好恶之情关联，龙溪依循这一思路进一步发展，指出良知知是知非的依据是无是无非。最后是见在良知。见在良知是本体之无的必然归宿。龙溪在象山与阳明关于本体现成思想的基础上进一步转换视域，提出见在良知概念，既坚持见在良知与良知本体的本质同一性，又强调见在良知在实然状态上与良知本体有差异是龙溪的一贯主张。在工夫论方面，针对朱子以格物为首提出的工夫论系统，阳明提出诚意工夫论，为了解决诚意工夫深化带来的问题，晚年阳明工夫论的重点由诚意转向致知，这种转变带来了致知与诚意的逻辑先后及能否在本体上用功的问题，故龙溪以正心、诚意为致知工夫的两条路径。在两条路径中龙溪倾向正心，并且通过正心、诚意的对比凸显正心工夫的优越性，但两者的过度分离导致空疏学风，意识到这一点的龙溪以一念工夫紧密结合了正心与诚意。此外，龙溪还对先天立根的工夫形式进行了具体论述。中晚明学界对龙溪"无"相关的思想有许多争议，主要集中在三点：一是无善无恶说，反对者在理论上质疑其有违性善论，在实践上质疑其混淆善恶，这些质疑在理论上是不成立的，在实践上则出于警醒世人的动机，应正确看待；二是现成良知说，聂双江、罗念庵与王龙溪曾就此展开激烈辩论，但辩论双方思路不同，未能相互理解；三是先天正心学，指责的重点在于认为先天学脱略工夫，这种指责针对先天学的流弊、后果，且双方对工夫理解也不同。龙溪学对后世的建设性体现在对"几"的重视、对直接把握本体的工夫论的揭示；薄弱处与破坏性体现在对既定道德规范的威胁、良知与情识的混淆造成的纵情肆意的学风、对恶的忽视。

蒋佳俊《王龙溪"见在良知"说探究》（贵州大学硕士学位论文，2022年5月）一文指出，作为王龙溪整个哲学系统拱心石的"见在良知"说，在中晚明引起了广泛争议。批评者谓其以知觉为良知，以意气承当为良知运用，忽略了艰苦卓绝的致良知工夫，带来了放纵感性欲望的危险。该文在前贤现有成果上，从"见在良知"的概念辨析、内涵、遮蔽及去蔽工夫等角度对相关的问题做了探究，从而呈现这一论辩在中晚明思想史上的意义。首先，论文对"见在""见成""现在""现成"等概念进行了辨析，发现这些概念虽然语义相近但也存在着细微差别："见在"与"现在"同义，意指"当下所见到的现实存在者"；"见成"与"现成"同义，意指"当下所见到的现实完成者"。王龙溪主要从"见在良知"来阐述自己的观点，而其论辩对手则主要从"现成良知"的角度批评之。其次，论文考察了"见在良知"本体层面的内涵。其一，良知为造化之精灵，生成了天地万物，故良知为天地万物之本源，而天地万物为良知之呈现。其二，良知为体用一源者，不当分已发与未发。其三，良知为寂感不二者，寂中有感，感中有寂，寂感并无先后，并不存在先"归寂"后"感通"的问题。再次，论文对"见在良知"何以有遮蔽的问题进行了分析。遮蔽良知的因素主要有三种，分别是使人陷溺的"私欲"、使人执定的"知觉"和以"期必""分别"为特征的"意识"。"欲"并非皆属消极，只是"私欲"会对良知造成遮蔽。圣人与常人之别就在于有无私欲之遮蔽。代表性的私欲有"好名""好货""好色"三种，而种种欲望乃由"意"而来。良知不是知识，但是良知和知觉相关，良知为知觉之本体，知觉为良知之发用，由此"知觉"具有本体论意义。而对知觉的执定方会蔽障。区分良知与食色之类所谓的知觉之关键，在于认识到使知觉有节而不产生执定的乃是良知。意识是"欲"与虚妄的根源，且会对良知造成遮蔽。对于"意识"之处理，关键在于将其置于良知的朗照、统摄之下，如此"意识"则顺于良知之发用流行，成为良知之用。最后，论文分析了去除良知遮蔽的三重工夫。其一，人们要相信当下呈现的良知。在龙溪看来良知如太虚，能应万物之变。物是良知凝聚融结出来的，致知就是要格"见在之物"，是没有内外之分的，否则"致知不在格物，便是着空"。所以工夫要从"见在"做开去，吾人要信得及"见在良知"。其二，要在当下按照不被私欲、私意干扰的"直心"去行动。"直心以动"不是率意纵性、不考虑人之常情和事态实际情况。直是心的本体，指此心与事事物物感应发用时没有"億度""凑泊""转换""污染"掺杂其中，顺遂良知的自然发用流行而"直下承当"。其三，要当下随缘顺应以进于廓然大公即"空"的状态。良知发用流行本身就是"随缘"而起的。这意味着，此心不执着于典要、格套，而是处于廓然大公的状态如太虚一般，无一物障碍其发用流行。若是达到空空，则直造圣域。至此，见在随缘工夫臻至圆满之境。总之，王龙溪提出"见在良知"说，无疑有助于学者进一步理解和把握阳明的良知学说。聂双江、罗念庵、刘师泉等人则认为龙溪之说，实落入了以知觉为良知的窠臼，故与之展开了激烈的论辩。其实，王龙溪并非主张知觉即是良知，而是说良知能够在知觉中呈现。良知为体用一源者，其本体与发用皆为"具足"而"见在"者；但是，这种"具足"而"见在"之良知，在常人那里毕竟为利欲所遮蔽，故需要从万死一生之工夫中体究出来。因此，"见在良知"说并没有以感性浑洒为良知之运用，也没有否定致良知的艰辛工夫。这也就带来了中晚明相关论题的转化，即由批判"良知现成"转而为批判"圣人现成"。

范碧璐《王龙溪对王阳明"四句教"的诠释》（山东大学硕士学位论文，2022年5月）一文指出，王龙溪是王阳明的重要弟子之一，对王阳明思想的传播做出了突出的贡献。王龙溪在王阳明"四句教"的基础上进行了自己的诠释，建立了阳明心学史上影响深远的以"无"为核心的"四无说"。在明代八股取士的大背景下，朝廷对科举的答题规范进行了层层加码，使儒学拘泥于格式辞藻之中，而不注重内在的思想核心。正是在这样的时代背景下，王龙溪拜王阳明为师，不再关注官仕之路，而是致力于本心的顿悟，逐渐形成了"四无说"。

樊星似《王龙溪生死观研究》（贵州大学硕士学位论文，2022年5月）一文指出，儒家生死观的发展至明朝时期发生了巨大的转变，阳明学者不再罕言生死问题，而是基于生死而讨论如何安身立命。王龙溪沿袭其师王阳明的生死观，吸收佛、老二教的思想，将生死的超脱与圣人的实现相联系，主张复归良知以超越生死，从而形成了独特的生死智慧。

李富强《王龙溪对〈周易〉乾卦义理的心学化诠释》（《周易研究》2022年第2期）一文认为，以往研究未能呈现王龙溪诠释乾卦义理的整体面貌。事实上，其"以心摄易"的解《易》进路，彰显了良知心体为宇宙造化枢机、《周易》可收摄于良知心体中、道德本心为万物存有根源的意涵。他把"乾知"解释为"良知"，开辟了道德主体即宇宙本体、天道性命相贯通的道德创生的存有论。"无欲者，心之本体，即所谓乾"，将良知心体的自发性与乾卦的刚健无欲之德绾合在一起，内在地蕴含着心学的工夫论与境界论。尽管王龙溪的解说有过度诠释的嫌疑，且缺少体系建构与理论内容上的完备性，但他对《周易》乾卦义理的心学化诠释丰富了心学和易学的义理内涵并促进了二者的会通，具有重要的经典诠释学和思想史意义。

付红杰《王龙溪志论研究》（西南政法大学硕士学位论文，2022年5月）一文指出，王龙溪在晚年思想成熟之后，十分重视先天之学与后天之学的相资为用，其心学思想表现为一种先天统后天的心学基调。王龙溪的这种思想基调，在对"志"的阐发中体现得尤为明显，通过对其志论的研究，可以更好地审视王龙溪的心学思想和人生态度。龙溪之学，首在辨志。志有真假，道宜之志才是龙溪所言真正的为学之志。"志"是"心"的流动状态，从先天正心之学的角度来看，"志"是"正心"的关键，是保持良知心体天然状态的必要条件；从后天诚意之学的角度来看，"志"是"诚意"的保证，使后天良知心体的回归产生了可能。"志"在为学过程中发挥着重要作用，并与"心""意"有着密切的联系。"志"之于先天之学，是在"心"上用功的前提，是良知心体发挥作用的表现，是使"意"紧紧吸附于良知心体的机制；"志"之于后天之学，是为"为学"指明方向的灯塔，是通过"知识"强化"意"的善性之所在，更是"致良知"的根本前提。龙溪言"良知时时做得主宰便是立志"，阳明亦有立志即是"念念存此天理"的表达，立志与致良知都是一个过程，而并不只是一个结果。因此，对立志进行工夫论上的讨论是有必要的。先天学中，个体已经体悟良知心体，即龙溪所谓"上根人"，良知已致，"志"便成熟，此时只需时时保任，持志责志；后天学中，个体对于良知的把握是一个从无到有的过程，志也是从迷茫到成熟的过程，因此更注重辨志、立志，待到志到熟处后，再继续持志、责志的工夫。龙溪之志有着现实的功效。立志有助于塑造理想人格，王龙溪追求"出世间大豪杰"的理想人格，这种人格同样体现了王龙溪先天统后天的思想特色。王龙溪的志论是将圣人之学世俗化的锚点，他所表达的立志观是教人真实"为己"，把握自己的人生，体现儒家经世致用的原则。另外，立志的功效还体现在对个人气质的改变上，对于王龙溪来说，变化气质其实是致良知的另一种体现，立志是气质变化的前提，变化气质，还需要辅以"慎独"之工夫。

孟新《王畿儒佛会通思想研究》（中国计量大学硕士学位论文，2022年11月）一文指出，儒佛关系在中国思想史上呈现相互影响、相互吸收的态势。宋明理学不同于先秦儒学及汉代儒学的特点之一，就是在儒家主体思想的基础上充分吸纳和借鉴了佛教思想。这一特点在程朱理学、陆王心学中都表现明显，在阳明及其后学身上表现得更加突出。王畿作为阳明心学的继承者和传播者更是其中最重要的代表。王畿在发展了阳明"良知"学的同时，对佛教"不二""心性"思想加以融摄会通，进一步强调了良知"虚""寂"的属性，将"致良知"工夫消融于"良知"本体中，形成了"即本体即工夫"的不二圆融的思想体系，既具有儒家"至善"的伦理取向，又具有佛教圆融超越的精神境界。作为一名融合儒佛的儒家学者，王畿是仍本着以儒家思想为本位来会通儒佛的。王畿思想无论是在阳明心学中的地位还是在中晚明儒佛会通思想中的地位都是不容忽视的。该文研究王畿儒佛会通的思想，目的是挖掘王畿思想理论建构中的佛学因缘，从而论证其"以儒为本、会通儒佛"的思想特色。该文通过四章内容展开研究：第一章介绍研究的目的和意义、国内外学者对王畿思想的研究进展以及该文所要完成的目标；第二章从王畿儒佛会通的思想之形成、王畿的佛教观、王畿与佛教人物的交往三方面侧面论证王畿会通儒佛的思想特点；第三章则是以"不二"思想为中心，考察王畿思想与佛教"不二"思想的会通，从良知、致知、境界三个层次考察王畿思想中的"不二"思想；第四章是以"心性"思想为中心，考察王畿思想与佛教"心性"思想的会通，首先研究王畿的良知思想和佛教佛性的关系，然后在本体和工夫两个层面研究佛教"心性"思想对王畿思想的影响，最后对王畿儒佛会通的思想特点做一总结，论证王畿"以儒为本、会通儒佛"的思想宗旨。一方面，王畿的三教观奠定了其"以儒为本、会通儒佛"的基本思想倾向；另一方面，王畿思想与佛教"不二""心性"思想的会通恰恰是以良知学为前提的。说明王畿仍是站在儒家的立场，融摄佛教的超越精神，又将道德伦理内化其中。

4. 季本研究

展龙、王珏主编《季本文献辑刊》（20册，巴蜀书社2022年7月版）辑录浙中王门学者季本文献十二种，影印发行。其目录如下：

第一册：《季彭山先生文集》四卷，[明]季本撰，清初抄本；《易学四同》卷一，[明]季本辑，明嘉靖四十年刻本。

第二册：《易学四同》卷二至卷五，[明]季本辑，明嘉靖四十年刻本。

第三册：《易学四同》卷六至卷八，《别录四卷》，[明]季本辑，明嘉靖四十年刻本。

第四册：《诗说解颐》"总论"二卷，"正释"卷一至卷十三，[明]季本撰，明嘉靖四十一年胡宗宪刻本。

第五册：《诗说解颐》"正释"卷十四至卷二十五，[明]季本撰，明嘉靖四十一年胡宗宪刻本。

第六册：《诗说解颐》"正释"卷二十六至卷三十，"字义"八卷，[明]季本撰，明嘉靖四十一年胡宗宪刻本。

第七册：《诗说解颐》"总论"二卷，"正释"卷一至卷七，[明]季本撰，清文渊阁四库全书本。

第八册：《诗说解颐》"正释"卷八至卷二十，[明]季本撰，清文渊阁四库全书本。

第九册：《诗说解颐》"正释"卷二十一至卷二十八，［明］季本撰，清文渊阁四库全书本。

第十册：《诗说解颐》"正释"卷二十九、三十，"字义"八卷，［明］季本撰，清文渊阁四库全书本。

第十一册：《读礼疑图》卷一至卷四，［明］季本撰，明嘉靖间刻本。

第十二册：《读礼疑图》卷五至卷六，［明］季本撰，明嘉靖间刻本；《庙制考议》不分卷，［明］季本撰，明嘉靖间刻本。

第十三册：《乐律纂要》一卷，［明］季本撰，明嘉靖十八年宋楫刻本；《四书私存》"大学"一卷、后连附录"中庸"二卷、"论语"卷一至卷七，［明］季本撰，明刻本。

第十四册：《四书私存》"论语"卷八至卷二十、"孟子"卷一至卷六，［明］季本撰，明刻本。

第十五册：《四书私存》"孟子"卷七至卷十四，［明］季本撰，明刻本；《说理会编》卷一至卷三，［明］季本撰，明冯继科刻本。

第十六册：《说理会编》卷四至卷十六，［明］季本撰，明冯继科刻本。

第十七册：《春秋私考》首一卷、卷一至卷十，［明］季本撰，明嘉靖间刻本。

第十八册：《春秋私考》卷十一至卷十九，［明］季本撰，明嘉靖间刻本。

第十九册：《春秋私考》卷二十至卷三十，［明］季本撰，明嘉靖间刻本。

第二十册：《春秋私考》卷三十一至卷三十六，［明］季本撰，明嘉靖间刻本；《龙惕书》一卷，［明］季本、聂豹、李默、薛侃等撰，明万历三十一年刘毅刻本；《孔孟事迹图谱》四卷，［明］

季本撰，明童汉臣刻本。

程水龙《循考亭旧规而述王学思想——评〈说理会编〉的学术思想》（《船山学刊》2022年第4期）一文指出，在明清学者仿语录体理学经典《近思录》编纂的理学文本中，出现了反映王阳明思想的文本。季本是王阳明门徒中仿《近思录》体例辑录反映阳明学思想语录论说的第一人。其《说理会编》"仿《近思录》而作"，大体遵循《近思录》结构体系，纲目有对应关联，继承中有发展，意在借鉴朱子及其门人的做法编纂此书为王学张目。他欲辨明当时关于王学的疑杂之说，阐发阳明心学思想，组建心学思想纲目。季本认为，王学中有朱子学的影子，欲"借程朱之言以证良知之说"，进而调和朱、王思想。虽然程朱理学的体系可仿，然不注重本门学术思想的建设与完善，王学末流仍难以逃脱被后世诟病的命运。

毛珩宇《季本对"河图""洛书"的阐释》[《鲁东大学学报》（哲学社会科学版）2022年第6期] 一文指出，季本在剖析《周易本义》卷首九图天地自然之易"河图""洛书"时，反对朱熹、蔡元定"伏羲则河图画卦""大禹则洛书叙九畴"的河洛二分说。他认为"河图""洛书"乃伏羲教民卜筮之物，且《系辞》所言圣人仅指伏羲，与大禹无关。季本又从象数角度阐发刘牧"河洛"同出于伏羲之世说为正。季本认为，"河图""洛书"是能识微见几的"象"，道之变化、几之吉凶于此显现，是故圣人观象以画卦。"河图"为体、为器、为中，"洛书"为用、为道、为正，二者互为表里。季本易学思想呈现出明显的心学特色，他主张卜筮以明悟本心，在心上见理，将八卦和人心之八德联系起来。

李想《论季本的"龙惕说"及其争论》（《人文论丛》辑刊，2022年卷）一文指出，在阳明之后，季本提出"龙惕说"诠释良知，认为用水与镜喻心会有脱略工夫而以生为性的弊病。故他用龙状心，"龙惕"表示对主宰的自觉，而自然为主宰的变化无滞，即后自觉之自然。王畿为水镜之喻辩护，强调为学要以自然为宗，而警惕乃自然的发用，即认同"无中生有"的实践方式，倾向自然的优先性。邹守益与钱德洪等主张警惕与自然为合一关系，无所谓先后之分。季本主要发挥阳明早期的主宰常定思想，强调存有论之"有"，邹守益与欧阳德等延续了阳明对良知之有无合一的观点，王畿则推进阳明学的论域，更为注重境界论之"无"。"龙惕说"也折射出阳明后学中有一股"回到早期王阳明"的潜流。

5. 黄绾研究

2022年7月20日，"黄绾研究工作座谈会"在温岭市行政大楼11楼西会议室召开。温岭市政协主席江金永、十四届市政协主席黄海斌、市政协秘书长叶贵明出席会议。市政协副主席颜惠珍主持会议。

座谈会上，市政协文史和学习委主任吴良颢介绍了黄绾研究工作方案。研究工作计划在2024年12月前完成，涵盖黄绾生平、著作、文化思想学术、历史地位及影响、相关师友交游情况、家族繁衍流布状况、对应历史遗存和文化遗迹考证等方面，要形成编辑出版一批书籍、举办一场学术研讨会、组织一批宣讲讲座、推动文化遗迹保护等成果。研究工作小组由江金永担任顾问，黄海斌担任组长。

来自温岭市历史文化研究会、市社科联、市地方志编纂室、市文广旅体局、市文联诗词家协会等部门的专家围绕研究工作，各抒己见、畅所欲言。他们认为，温岭明代文化历史遗存不逊于宋代，文化名人也较多，启动黄绾研究，可以借此东风，推进地方文化研究。

黄海斌表示，开展黄绾研究，要立足整个历史脉络，抓住两个关键点：一是黄绾与王阳明之间的关系；二是他参与嘉靖初"大礼议"活动情况。要尽快明确研究工作的时间安排、人员配置、职责分工和经费保障，确保研究工作多出成果、出好成果。

江金永指出，政协文史工作是人民政协一项富有统一战线特色的基础性工作，发挥着"存史、资政、团结、育人"的重要作用。黄绾不仅是温岭历史名人，而且是王阳明"王学"（心学）的一个得力干将，在中国哲学史、文化思想史上有一定地位，所著的《明道编》是哲学史上的名著。启动黄绾研究工作，对深入挖掘温岭市历史文化资源、积极开展文化传承研究具有重要意义。对下阶段工作，他强调要把握好三个原则：一要坚持政治属性，把握正确的政治方向；二要坚持唯物史观，运用好科学方法，搜集符合历史真实的史料；三要坚持价值导向，加强成果转化，增强社会效应。

6. 董沄、董毂、陆澄、顾应祥、黄宗明、程文德、徐用检、胡瀚研究

孙德仁《从博学、养生到致良知——陆原静为学进路的展开及其意义》[《宁波大学学报》（人文科学版）2022年第1期]一文指出，作为阳明高弟，陆原静素以喜好修养工夫为人所熟知。《传习录》收陆原静的问学内容，较为清晰地展现其从博学、养生到致良知的学思转进。转进始终围绕如何认领良知的为学进路问题展开，并反映出追求良知、体悟良知过程中存在的普遍性问题——知识化追求与对象性体认。而这种追求的特殊意义在于，使得良知在知识进路与对象性体认的主导下演变成一种思辨话语，从而丧失成德工夫的有效性。陆原静在为学进路上的困境与转进，既是王门弟子广泛出现的问题，也是阳明倡导致良知教所要解决的重大弊端，从侧面显现致良知教作为为己之学的本质特征。

程育全、程朱昌编校的《程文德集》（"永康文献丛书"本，上海古籍出版社2022年6月版）一书有三十六卷，其中，"文"二十四卷，包括策、疏、表、序、记、说、引、跋、铭、赞、书、祭文、行状、墓志铭、墓表、墓碣、传、杂著等；"诗赋"十二卷，"诗"包括五言、七言古诗、律诗、绝句以及长短句等。程文德的诗文质朴浑厚，《程文德集》中保存了明代政治、经济、文化方面的一些珍贵史料，对于研究阳明学史以及浙江地方史有一定的参考价值。

7. 万表研究

2022年不见研究万表的论著。

8. 王宗沐、张元忭研究

展龙、王学伟主编《王宗沐文献辑刊》（20册，巴蜀书社2022年7月版），搜辑王宗沐文献七种，汇为一编，影印出版。目录如下：

第一至七册：《宋元资治通鉴》六十四卷，［明］王宗沐编，

明刻本。

第八至十二册：《敬所王先生文集》三十卷，［明］王宗沐撰，明万历元年刘良弼刻本。

第十三、十四册：《江西省大志》七卷，［明］王宗沐编，明嘉靖间刻本。

第十五、十六册：《江西省大志》八卷，［明］王宗沐编，［明］陆万垓增，明万历二十五年刻本。

第十七册：《漕抚奏疏》四卷，［明］王宗沐撰，明万历元年潘允端刻本。

第十八至二十册：《朱子大全私钞》十卷，［宋］朱熹撰，［明］王宗沐辑，明嘉靖三十二年王宗沐刻本；《象山粹言》六卷，［宋］陆九渊撰，［明］王宗沐辑，明嘉靖三十二年王宗沐刻本；《海运志》二卷，［明］王宗沐撰，明隆庆间刻本。

王宗沐《海运志》（文物出版社2022年6月版）作为"海上丝绸之路基本文献丛书"之一种，影印出版。

2022年，不见有研究浙中王门学者张元忭的专论。

9. 徐渭研究

许建一《儒学、阳明心学交织视域下的徐渭写意精神》（《荣宝斋》2022年第1期）一文，从儒学视域下的徐渭、儒学与阳明心学纠结交织下的处幕生涯、徐渭文化精神的写意表现等三方面，来揭示徐渭"科考""处幕""杀妻下狱""寄情诗文书画"跌宕起伏、命运多舛一生的内因，从中引申出徐渭写意精神的意义，尤其是写意水墨画对后世有着深远的影响。

左杨《题跋文多元价值探论——基于王世贞与徐渭的比较研究》［《清华大学学报》（哲学社会科学版）2022年第6期］一文指出，明代中后期的题跋文逐渐成为文人创作的重要文体与文学批评的重要对象，展现出鲜明的体貌特征与丰富的文学观念。王世贞与徐渭的题跋文创作乃是两种不同类型文人的典型代表，它们既呈现出题跋文体灵活多变的共同倾向，又存在着书写身份及作品体貌的诸多差异。其多元探索与自由发挥，及题跋作品的开放性特征，构成了明代后期题跋文体观念演变的阶段性特征。而二人题跋创作的比较研究，又可展现出明代文学思潮中复古与性灵观念交错互融的发展趋势。兼收并蓄乃是中晚明各种文学思潮与观念形态的突出特征，王世贞与徐渭的题跋文创作及观念，可谓此种现象之集中体现。

王宁《徐渭的"狂禅"思想研究——〈四声猿〉为例》（吉林艺术学院硕士学位论文，2022年5月）一文指出，"狂禅"流变于心学，在重视个体概念的基础上，主张顺应自然本性，正视自身欲望，于明代社会中掀起了"性情"的风潮。徐渭先后师从于心学季本与"狂禅"王畿，具有形成"狂禅"思想的必要条件；徐渭本身具有洒脱不羁、恣意而行的性格，因此可以推断，徐渭是具有"狂禅"思想的，其思想内涵具体体现于其戏剧《四声猿》当中。

10. 孙应奎、闻人诠、许孚远、蔡汝楠、唐枢研究

2022年学界不见有研究孙应奎、闻人诠、许孚远、蔡汝楠、唐枢的专论。

11. 袁黄研究

2022年学界同仁对作为阳明学者的袁黄的生平著作等进行了综合研究。

朱候渝、张献忠《举业中对"北虏"的思考与想象——以袁黄万历五年会试策答为中心》[《山西大同大学学报》（社会科学版）2022年第3期]一文指出，袁黄对隆庆五年（1571）蒙古封贡事件的价值判断与极力促成隆庆和议的高拱、张居正、王崇古等人的想法相距甚远，也与朝廷所期望的答案大相径庭。但在其举业文章中对"北虏"的思考与想象方面众人却出奇一致，当时政、民族与思想体系汇聚于策论，士人群体通过"制和之权在我"的想象维持着天朝大国的自尊。同时建构着"虏情多诈"却又"感戴恩德"的"异族"认识，并思索着御夷之术，以保中国得以不战而屈人之兵。对袁黄策问的探索便于更好地认识明代士人普遍的民族态度，亦对晚明科举有一具象认识。

梁巧云《〈了凡四训〉的劝善思想及其对社会主义核心价值观培育的

启示》（《领导科学论坛》2022年第4期）一文认为，"明代典籍《了凡四训》能够深度诠释社会主义核心价值观的部分精神内蕴，尤其是爱国、敬业、诚信、友善等方面的相关内容，对于培养群众高尚品质、树立良好社会风尚、创造美好社会环境都有积极作用"。

邓琦《〈了凡四训〉研究综述》（《嘉兴学院学报》2022年第2期）一文指出，《了凡四训》是明清之际极为重要的一部善书。近二十年来，学界对其所蕴含的三教融合思想、立命观念、道德修养论、劝善思想等内容进行了分析研究，成果丰硕。该文就2001—2021年间的研究文献做一综述，以探索其研究发展变化的轨迹与多元面貌，总结研究成就。

邓琦《明代嘉善袁氏教子箴言研究》（曲阜师范大学硕士学位论文，2022年3月）一文指出，中国古代的家训文献中蕴含了丰富的教子箴言资源。教子箴言是用以教戒子孙、警示后人的重要箴戒资料。在这方面，明代嘉善袁氏家族的教子箴言堪称典范。嘉善袁氏家族是晚明著名思想家袁黄（号了凡）所在的家族，除广泛流传的《了凡四训》以外，《袁氏家训》《庭帏杂录》《训儿俗说》也是袁家教子箴言的重要载体，是对袁家教育智慧的直观呈现，在传统家训文化最为繁荣的明清时期，袁家独到的教子理念颇具家族特色。考察明代嘉善袁氏教子箴言的形成过程，有三方面因素不容忽视。首先，袁家在明初"靖难之变"中遭受家族变故，这为袁家的治学、教子理念确立了新方向；其次，袁家的师承情况和与外界广泛的学术交流活动，是袁家教子箴言得以形成的重要基础；最后，袁家教子理念的形成还深受先贤教子思想的熏陶与影响。综括明代嘉善袁氏的四部家训文献，发现其教子箴言的内容主要围绕修身、治家、为学、处世等方面展开，讨论了嘉善袁氏家族有关于修养德性、明辨心体、控制本心的修身观念，谦虚节俭、厚德慎刑、知人善用的治家主张，态度端正、踏实求学、秉持本心的治学理念，仁爱为本、不慕功名、行善积德、省慎言语的处世智慧，内容涵盖全面周到，为袁家后世子孙的借鉴取法提供了重要的资料参考与积极的方向引导。总体来看，袁家的教子思想又呈现出与阳明、泰州学派的思想主张相会通、与三教思想相融合的特点，还具有显著的儒医思想文化特色。明代嘉善袁氏家族成员与阳明、泰州学派的领袖王艮、王畿、罗汝芳等人具有师承、交往关系，故袁家受王学影响颇深，袁家人无疑也是王学的重要践行者；再者，袁家的教子箴言对佛教、道教的诸多思想主张持肯定、敬重态度，受其影响，袁家的许多教育主张都呈现出受佛道思想影响的倾向；此外，明代嘉善袁氏家族堪称明代江南地区儒医世家的典型代表，其教子箴言中所呈现的重视医德与施惠济众的观念，以及其期待通过医术来实现儒家所倡导的济世救人的理想，是袁家将其深厚家学文化底蕴与医道相结合的杰出产物。明代嘉善袁氏教子箴言的内容丰富，特色显著，极具时代特质与传世价值。明代嘉善袁氏家族的教子箴言深刻参与了袁家历代子孙的教育，其全面且独具特色的教子理念与清白家风，不仅对明代的袁氏家族成员诸如袁黄、袁俨等人影响极深，还对明以后的袁氏后人产生了深远的影响，至今仍具有积极的现实意义。

12. 其他浙中王门学者的研究

焦堃《宋应昌朝鲜讲学活动考——阳明心学在域外的一次"外王"实践》（《文史哲》2022年第1期）一文指出，万历朝鲜之役爆发之后，信奉阳明心学的浙江杭州人宋应昌被明廷任命为经略，作为明军的最高指挥官前赴朝鲜。在朝鲜期间，除指挥明军作战外，宋应昌还曾与朝鲜官员李廷龟等人讲学长达数月，并通过公文与当时的朝鲜国王宣祖论学。宋应昌在朝鲜的讲学活动除了学术目的外，还有着很强的政治意图。通过向宣祖讲论"明德""亲民"，宋应昌试图劝阻朝鲜方面处死投降日本的本国民众的做法，并促使朝鲜方面妥善安置这些降民。而将朝鲜世子光海君的讲官李廷龟等人召至幕下讲学的目的，则是希望他们以自己的心学思想教育光海君，以期其将来能够带领朝鲜实现中兴。不过，由于宋应昌与朝鲜君臣在粮草供应、和战方针等问题上的激烈矛盾，加之朝鲜方面尊奉程朱的学术宗尚，宋应昌在朝鲜传播阳明心学的努力归于失败，其学说始终未被朝鲜方面接受。

范根生《"痴情"与"绝情"：张岱情欲思想之重探》[《绍兴文理学院学报》（人文社会科学）2022年第5期]一文认为，张岱以其文辞清丽、情真意切的《陶庵梦忆》《西湖梦寻》等为人所熟知，故学界对他个性自由、情欲解放的面向阐发甚多。实际上，张岱笃信良知，乃阳明学者，其理欲观并非如此简单。张岱的理欲观尽管带有他那个时代鲜明的特征和现实取向，但他并没有完全超出传统理学家所确立的理欲规范。一方面，张岱标举"痴情"以对抗当时弥漫于社会的自欺与伪善之风，高扬自然性情之真以拒斥僵化的道德礼教；另一方面，他仍严守"天理""人欲"之二元对立，要求人制欲归理，不为血气缠扰，还性命之初，表现出"绝情"的面向。"痴情"与"绝情"是张岱理欲观的一体两面，也是理解其前后迥然有别的生活方式和态度的关键点。

张宇、武道房《张岱心学"本心说"与其文学思想的关系》[《浙江海洋大学学报》（人文科学版）2022年第6期]一文指出，张岱倾向于阳明心学，在本体论上，以"心"为本体，主诚与尽性，将情纳入性中来，其心学立场亦反映在他的文学思想上。张岱的文学思想与他秉持的心学"本心说"有着紧密的联系。在文学创作论上，张岱主张创作要顺应本心，力求贵我与自得，为文要有自己的独特风格，反对模仿依傍他人。在文学审美观上，张岱以"心"为本体去尽性与致诚，以率性与真情的审美观取舍文章，主张为文要有"冰雪气"。

李国跃、李圣华《明中期浙中士人对阳明学的批判——以孙扬学案为例》[《浙江师范大学学报》（社会科学版）2022年第3期]一文指出，明正德、嘉靖时期，阳明学盛行，浙中东阳、永康、兰溪等地王学浸盛，浙中朱子学受到极大挑战。东阳孙扬以一介诸生撰《质疑稿》，批判阳明《传习录》，名动当世，成为浙中批评阳明心学最有力者。迨中晚明，阳明学大盛，百余年间，孙扬之学几至湮没无闻。明清易代后，在反思阳明学流弊的思潮中，孙扬其人其书被清儒重新发现。《质疑稿》也成为批评阳明学说的思想武器，而孙扬则被推许为浙中朱子世嫡，直接何、王、金、许之后的理学正传。清中期而后，王学与朱学同时式微，孙扬复归于沉寂。重新审视孙扬学术个案，可深入发覆阳明学兴起之际，浙中学术界的历史生态和真实状况，更清晰地认识浙中阳明学与朱子学的研究谱系。

李诗远《葛寅亮〈四书湖南讲〉思想探析》（山东大学硕士学位论文，2022年5月）一文认为，浙江杭州人葛寅亮是明代晚期的阳明学者，《武夷山志》载其"文章、政事、理学皆有可称"，在明朝后期乃至清初都产生了一定的影响。《四书湖南讲》是记录葛寅亮儒学思想的重要著作，通过对《四书湖南讲》思想进行梳理，可以全面了解葛寅亮的儒学思想，同时探究他与明代晚期思想史的关系，更好地明确葛寅亮在明代晚期乃至整个儒学思想发展史上的地位。《四书湖南讲》是葛寅亮讲学于湖南书院，与门人弟子商讨整理而成，历经约三十年，从思想上来看，受王阳明和管志道思想影响较大。《四书湖南讲》整体思想表现为"真空妙有"，强调"有无互融"，具体呈现出两个方面的特质：其一是对朱子学的批判；其二是对阳明学的修正。葛寅亮继承了王阳明"心性一体"的观点，又通过"性"的概念来论述"心"的复杂内涵，它吸收了佛教"即寂即照"的思想主张，将"心"分为灵觉之心与作用之心，前者属性；后者属情，但在试图将心性与具体的个体生命相结合时，存在着"本心"无归处和"性"无法"受生"的理论漏洞。同时，葛寅亮又以"真妄一体"阐述"性与天道"，主张存养工夫上的心性一体，又通过"尽性"将存养工夫与"知天"相结合，使其心性论与天命论相贯通。在人性论上，葛寅亮主张本体层面上的"无善无恶"论，在受到来自社会道德实践层面的诘难时，又进一步提出"慎独诚意"的工夫和"敬"的工夫，以实现其"无善无恶"论的实践落实。葛寅亮为解决"现成良知"带来的流弊问题，提出"顿悟渐修"观，主张以悟为先，悟修并重，他强调基于悟的修，但同时又极其重视"在事上做"的渐修工夫，最后通过"上学下达""大德敦化""小德川流"将圣人与贤人在实践工夫层面等同起来，以此来强调渐修工夫的重要性。基于对事功的重视，葛寅亮提出其"道统论"的主张，他通过对"德"的内涵的规定，重新划定了"道统论"的评判标准，提出其"治统"与"道统"相结合的观点，之后又将其与《大学》八条目相结合，形成一个完整的内圣外王的逻辑体系。总之，该文力图通过对《四书湖南讲》的探析来全面把握葛寅亮的儒学思想，同时将其置于学术史的发展脉络之中，探究葛寅亮思想与晚明"三教合一""无善无恶""顿悟渐修""经世致用""经学回归"等学术思潮之间的关系，进一步明确葛寅亮《四书湖南讲》的思想渊源及其学术脉络和产生的影响，明确其在明末清初思想史上的地位和影响。

唐媛媛《良知为体，身心为用——明代虞淳熙〈孝经〉学探析》(《中国思想史研究》辑刊，2022年卷)一文指出，明末阳明学陷入发展困境之时，实学的兴起为学术界注入了新鲜血液。以虞淳熙为代表的一众学人将阳明学与实学结合，借助经典，阐发他们自己的思想学说。虞淳熙认为，天地万物皆为太虚之"遗体"，太虚为"孝"提供了物质依托；良知是"孝"的精神来源，而"孝"则是良知的一种外在表现形式。同时，虞氏将"孝"与太虚、良知观念相联系，并与诵读《孝经》、斋戒等实践活动相结合，构成了他的"孝"思想体系。虞氏对明末理学、实学发展境遇的阐释，体现了明末《孝经》学发展的特色，也影响了明末清初《孝经》学的发展趋势，成为后人学习的重要范例。

黄强《再论李渔哲学观点源于王阳明心学》[《江南大学学报》(人文社会科学版)2022年第4期]一文指出，李渔哲学观点源于王阳明心学。对这一论题开展讨论的前提有二：一是应当采用"李渔哲学观点"的提法；二是李渔极为推崇王阳明，对心学体会很深，以及两个方面赖以支撑的文献资料，本身就是李渔主动自觉接受心学影响的直接证据。将《资治新书(初集)》《玉搔头》《闲情偶寄》三书中李渔与王阳明心学对接的资料做系统翔实的考述，足以证明李渔哲学观点源于王阳明心学。《考论》一文认为，李渔的"以心为师"说源于"医者，意也"这一中医古训，是对文献断章取义的刻意曲解。李渔作为儒家思想的信徒，并受到道家、禅宗思想的影响，但在其著述中却见不到对三家思想长篇大段、引经据典式的理论探讨，李渔对王阳明心学精髓的有意识接受同样如此。这是李渔哲学观点、思想理论表述的鲜明个性特征，有其必然如此的原因。

三、江右王学研究

江右王门，顾名思义，意指阳明良知心学的江右传人，抑或指称江西籍的阳明弟子、门人及后学群体。黄宗羲在编撰《明儒学案》之时，专辟八卷即卷十六至卷二十三来述评《江右王门学案》，且宣称："姚江之学，惟江右为得其传，东廓、念庵、两峰、双江其选也。再传而为塘南、思默，皆能推原阳明未尽之旨。是时，越中流弊错出，挟师说以杜学者之口，而江右独能破之，阳明之道赖以不坠。盖阳明一生精神，俱在江右，亦其感应之理宜也。"①

（一）江右王学综合研究

2022年，不见关于江右王学综合研究的论著。

（二）江右王门学者个案研究

黄宗羲《明儒学案》卷十六至卷二十三《江右王门学案》为江右王门学者立学案27个，涉及学者33人，分别为：邹守益（附：邹善、邹德涵、邹德溥、邹德泳）、欧阳德、聂豹、罗洪先、刘文敏、刘邦采、刘阳（附：刘印山、王柳川）、刘晓、刘魁、黄弘纲、何廷仁、陈九川、魏良弼、魏良政、魏良器、王时槐、邓以赞、陈嘉谟、刘元卿、万廷言、胡直、邹元标、罗大纮、宋仪望、邓元锡、章潢、冯应京。

---

① 《黄宗羲全集》第7册，第377页。

此外,《明儒学案》卷五十三《诸儒学案下一》中的舒芬①,也是南昌进贤籍的阳明门人,《传习录·下》中有不少舒芬问学阳明先生的记载②。还有,郭子章也是晚明时期江右籍阳明学者。

1. 邹守益研究(附:邹善、邹德涵、邹德溥、邹德泳研究)

李承贵《江右王学之冠——邹守益对阳明心学传播与发展的独特贡献》[《江西师范大学学报》(哲学社会科学版)2022年第1期]一文认为,阳明心学的主要势力之一就是江右王学,江右王学的核心代表就是邹守益。邹守益在学术梯队建设、建造书院、刊刻语录、传播心学等方面,对阳明心学做出了杰出贡献。而更为值得关注的是,王阳明与邹守益无话不谈,将自己的心思与学术主张经常与邹守益分享,并敦促邹守益讲学必须坚守"致良知"路线,从而进一步表明邹守益之于阳明心学的重要地位。邹守益这个案例亦提示我们,地域性传播和发展对扩大阳明心学的影响具有特殊且重大意义。

唐青州《心学视域下邹东廓"克己复礼"诠释及工夫论辨析》[《温州大学学报》(社会科学版)2022年第2期]一文认为,邹东廓学术承继王学传统而来,向来以"戒慎恐惧说"为学界所熟知,其对《论语·颜渊》"克己复礼为仁"这一命题的诠解也彰显出浓厚的心学色彩。从诠释路径看,邹东廓延续"即本体言礼"的心学传统,紧扣良知本体,将"无欲""主敬"等工夫收摄于"戒惧"二字,开出"克己复礼"即"修己以敬"的心学解释路径;在此基础上其工夫论也将"去欲而全其本体"的心学工夫作为特色贯穿始终。从哲学史层面看,邹东廓这种以"心学本体"为筌蹄,以"复归本我之心"为鹄的,主张"克去己私""修己以敬"的工夫论诠解方式,有别于理学以私欲解己的诠释路线,对当时学界"竞谈玄虚"之风也有一定的扭转意义,在凸显良知心体作为道德实践主体地位的同时,使"克己复礼"这一命题在心学的视域下得到别开生面的新解释。

---

① 《黄宗羲全集》第8册,第614—615页。应该指出,黄宗羲不认可舒芬为阳明先生门人。
② 《王阳明全集》第83,110页。

赖区平《回归古典与常情——张卫红教授〈敦于实行：邹东廓的讲学、教化与致良知学思想〉读后》（《新经学》辑刊，2022年卷）一文指出，明代自王阳明致良知教出，心学大盛，高徒辈出，而江右王门邹东廓更被黄梨洲视为得阳明真传。张卫红教授《敦于实行：邹东廓的讲学、教化与致良知学思想》（上海古籍出版社2020年版）一书，是学界首部综合研究邹东廓社会历史活动和学术思想的学术专著。

2022年学界没有研究邹善、邹德涵、邹德溥、邹德泳的专论。

2. 欧阳德、聂豹研究

张兰兰《〈欧阳南野先生文选〉版本考略》（《名作欣赏》2022年第26期）一文指出，欧阳德著有《欧阳南野先生文集》和《欧阳南野先生文选》，卷数不等，有三十卷本系统、四卷本系统和五卷本系统。自欧阳德去世后，其门人王宗沐、李春芳、冯惟讷，好友王畿，先后整理校订过欧阳德的文集。前人多关注欧阳德的理学层面，罕有关注其文集的版本源流，对《欧阳南野先生文选》的版本考证更是少之又少。该文对《欧阳南野先生文选》各个版本考证梳理，辨别源流。

朱思羽《欧阳德年谱》（贵州大学硕士学位论文，2022年5月）一文认为，欧阳德是王门弟子代表人物，一生虔诚传播发扬王学，为官三十载，历任十二官，在政治和思想领域颇有建树。学界对欧阳德政治和哲学思想的研究也呈现不断上升的趋势，但是对于欧阳德生平经历的梳理较为欠缺，对此人文集也未有较为系统的研究。因此，该文总结整理相关文献，以期为欧阳德撰写一份系统、详瞻的年谱。该文主要分为前言、凡例、年谱和附录四部分。前言部分主要概述欧阳德的生平，包括其人生经历、政治生涯、思想气质、文学成就四个方面的内容。从多个角度来梳理其生平经历和历史地位，并阐述其研究价值与现实意义，希望借此加大学术界对欧阳德研究的关注。凡例部分对该谱编撰的原则和体例进行说明，以编年纪月之法对欧阳德的生平活动进行考订编次，酌列当年的重要事迹，展现其一生经历的本貌，以求知人论世之效，为有关研究提供一份相对完整可靠的材料，期以条理清晰地展现欧阳德的生平思想。年谱部分以欧阳德年岁为界，总共分为六十四条。每条中的内容以"月""日"为单位，细致梳理欧阳德一生所历之事。所引文献主要出自欧阳德及同时代友人的奏稿、诗集、信札等。同时，又借助明代方志、史类文献以及后人汇编的数据，联系其所处的社会政治环境，对欧阳德的生平经历、交游往来、学术活动进行细致编年。对于同一事件有不同记载之文献进行详细考证，并以按语形式置于当条之后。附录部分为欧阳德传记资料汇编、交游考和其著述版本情况之整理。

刘晓颖《聂双江"归寂"思想研究》（贵州大学硕士学位论文，2022年5月）一文指出，聂双江作为阳明后学，在其揭示"归寂"说后，却遭到王门诸子各致难端。时至今日学界，仍存在对双江此人以及其学说的质疑。故而，该文以双江在阳明后学中的独特性与争议性为切入点，对其"归寂"思想进行研究，试图还原双江思想的本来面目，并对其思想进行定位。

3. 罗洪先、邓以赞研究

2022年，研究罗洪先的专著、论文如下。

许蔚《豫章罗念庵、邓定宇二先生学行辑述》（中西书局2022年2月版）一书指出，明代中期开始，阳明心学兴盛，并逐渐形成"江右王门"。吉水状元罗洪先（号念庵）、新建会元邓以赞（号定宇），是明嘉靖、万历年间相继而起的江右王门代表人物。二人行事相仿，学问也近似，以守摄工夫见长，为时人所称，尤见重于刘宗周，因而黄宗羲标于卷端。该书在全面调查罗洪先、邓以赞二人的存世文集版本、钩稽佚文的基础之上，考证二人一生出处行事，并着重对其守摄工夫、个人追求及其与道、释教的交往予以研讨。

何文《寂静与致知——罗洪先心性思想的现象学探微》（中南大学硕士学位论文，2022年5月）一文指出，心性现象学的目的在于通过观念直观把握心识的本质。在这一背景下，耿宁以"视之无形听之无声"作为寂静意识的心理状态描述的做法引起了讨论。对此，我们需要回到罗洪先那探讨他的寂静意识是处于什么情况而产生的，且收摄保聚是为了解决什么问题。因此，该文的结构安排如下：梳理罗洪先在李中、聂豹和王畿三人的影响下产生了自己的心性思想，虽然有着大体方向上的坚持，但缺乏一个核心概念和观点，容易在繁多的学说中犹豫。阐明罗洪先对见在良知的否认和良知本体的理解，以及对其他致良知方式感到失望，由此提出收摄保聚作为自己致良知的方式。在此基础上说明寂静意识的设想，并在最后将对寂静意识的考察具体为对"观"与"所观之物"的考察。将罗洪先的致良知概括为，良知有着本来状态和呈现状态的区别，其中良知本体是始终完善的，而呈现的良知有着或多或少被私欲遮蔽的缺陷，对罗洪先寂静意识的讨论可以概括为，寂静意识的设想并不在于挑战意向性，而在于丰富意识的解释。

4. 刘晓、刘文敏、刘邦采研究

李伏明《安福阳明弟子对阳明学的理解和接受——以刘晓、刘文敏、刘邦采为例的考察》（《赣南师范大学学报》2022年第4期）一文指出，阳明一生精神俱在江右，主要是江右王门学者对他们所理解和接受的阳明学的传播结果。他们自身所处的环境条件、知识基础、拜师动机对于其研究和传播阳明学至关重要，在相当程度上决定了其对王阳明和阳明学的认识和理解，并决定了他们研究和传播阳明学的方式及途径。以刘晓、刘文敏、刘邦采为例，分析他们对阳明学的理解和接受，他们三人对阳明学的认识和理解体现了江右王门学派发展方向和本质特征。

5. 刘阳研究（附：刘印山、王柳川）

截至2022年12月，尚未有学者对刘阳、刘印山、王柳川开展专题研究。

6. 刘魁、黄弘纲、何廷仁、陈九川、舒芬、魏良弼、魏良政、魏良器研究

2022年，学界没有研究刘魁、黄弘纲、何廷仁、陈九川、舒芬、魏良弼、魏良政、魏良器的论著。

7. 王时槐研究

2022年，学界没有关于王时槐研究的论著。

8. 陈嘉谟研究

2022年，学界没有关于陈嘉谟研究的论著。

9. 刘元卿研究

彭树欣编著的《刘元卿年谱》（江西教育出版社2022年1月版）一书，以8000字《刘征君年谱》为基础，博采刘元卿的相关资料100余种，对谱主的活动时间、地点、交游、事件等做了大量考证，并附以约160个相关人物的小传，还订正了原年谱中的一些舛误。该年谱对了解刘元卿的生平、思想及江右王门的相关活动等均有重要的参考价值，也为刘元卿的哲学、教育、文学思想以及江右王门的相关研究等奠定了基础。

李伟龙《刘元卿心学思想研究》（延安大学硕士学位论文，2022年5月）一文指出，刘元卿是晚明时期江右王门的重要代表人物，一代纯儒，江西王学重镇吉安王门学派的精神领袖之一。在明朝中后期儒、释、道三教融合的大背景下，他有感于道教、佛教绝缘屏念、耽虚蹈空和后儒体用分离流弊逐渐显现，出于对这一流弊的反动，以孔子的"一以贯之"为思想基础，同时归本于孟子的"四端扩充"之学，吸收阳明学的良知本体工夫合一说，继承了耿定向的"真机不容已"之旨和"学有三关"之说，将人欲作为人的自然本性予以肯定，从日常生活伦理道德入手，构建了以"仁人不分，形性不二"为核心，以辨志、明德、诚意、亲民、修齐、治平为工夫的理学思想框架，形成自己全面而系统的心学思想体系，在中国传统儒家思想史上，他是一位真正的归道者。刘元卿一生为官时间极短，长期致力于家乡的兴会讲学，是晚明江西安福讲学的领袖之一，先后在安福西乡兴建了复礼书院、识仁书院、中道会馆三所讲会式的书院，使得讲学落实于地方乡里，更接地气，更深入基层，并与地方宗族产生密切联系，许多地方人士热心地参与讲学，起到化成民俗的作用，为家乡文化教育事业的发展做出了巨大贡献。

10. 万廷言研究

2022年，学界没有关于万廷言研究的论著。

11. 胡直、邹元标、罗大纮、宋仪望、冯应京研究

陈瑾《胡直诗歌研究》（华东交通大学硕士学位论文，2022年12月）一文指出，长期以来，学术界对胡直的研究都是将他作为心学家进行的，而对其生平、交游对象以及诗文作品关注不多。基于此，该文以胡直的诗歌为研究对象，并结合胡直生平经历、交游情况等，从五个方面对胡直的诗歌创作进行分析研究，进而总结出胡直诗歌的题材内容、艺术特色、地位价值以及影响等。除绪论、结语外，全文共分为五章。绪论主要介绍有关胡直的研究综述以及该文的研究思路与方法、研究价值、创新点与不足之处。第一章主要通过搜集现有资料对胡直的家世生平、交游进行考证和梳理。胡直生活在一个儒学世家，先祖多有读书立志之才，这不仅加强了其自身的文化道德思想修养，也对包括胡直在内的后辈们的成长奠定了浓厚的家学基础。此外，晚明好出游的时代风气、个人对理想的不断追求、多处为官的经历使胡直的一生大多杖策离乡，多方奔波。特殊的经历不仅丰富了胡直的阅历，还使他结交了不少朋友。胡直交游网络复杂且庞大，政治官员、名人清客、隐者贤士、理学后生等皆在其中。在与不同身份且性格各异的朋友交流相处中，胡直的眼界不断开阔，思想也不断成熟。交游活动对胡直诗歌创作的影响也是不容忽视的，例如他的交往诗显然是交游活动在诗歌领域的反映。第二章着重从胡直诗歌本身出发，全面探讨胡直诗歌的题材，该章共分为三小节。按照内容的不同，可将胡直诗歌分为山水纪行诗、交往唱和诗、咏怀言志诗三大类。其中山水纪行诗吟咏醉美风光，别有趣味；交往唱和诗抒写友谊，情意绵绵；咏怀言志诗感时怀古，寓理于情。第三章深入挖掘胡直诗歌的艺术风貌，这也是该文的创新之处。从现有资料来看，研究者对胡直诗歌作品的风格、艺术特色缺乏全面的总结和分析。该章从胡直的创作实际出发，在探讨胡直诗歌内容的基础上，对艺术风貌进行研究，共分为三部分。第一部分是多元的诗歌风格，既有沉郁雄奇、质朴的一面，又有清雅自然、活泼的一面，这也是胡直诗歌最鲜明的特色；第二部分是体式多变，胡直具有深厚的文学功底，他擅长各种诗体，尤其是律诗；第三部分是多样精湛的艺术手法，他善用典故和个

性化的意象来抒情言志，语言上巧用动词、名词、形容词，曲尽情貌。第四章主要对胡直诗歌创作的渊源进行探讨。这也是该文的另一个创新之处。该章从外在环境、内在因素两方面做精要的分析。外在环境对胡直诗歌的影响主要表现在南方独特的自然地理风光和明代政治人文环境两个方面。其中自然地理风光对胡直诗歌的影响主要体现在陶冶性情、扩大诗歌题材、影响诗歌风格形成方面；明代政治人文环境的作用表现在明代哲学的发展以及后期分化出来的江右王门思想、科考制度、江西特定的文学氛围等三个方面。从胡直主观因素来说，他对儒、释、道三者思想的融合、自成一家的哲学思想以及积极主动的学习、借鉴汉魏古诗和唐诗都对其诗歌创作产生了无法估量的作用。第五章在以上论述的基础上进行延伸，总结胡直诗歌的价值与地位。第一节主要从审美价值、旅游价值和教育价值三个方面分析。第二节主要论述胡直诗歌的地位。胡直给后世留下的不仅仅是作品本身，更是浸注在里边的仁民爱物、勇于承担责任的儒家情怀，敢于质疑、创新的批判精神。诗歌本身的价值和表现出来的内在气魄使他在明后期的诗坛以及现在都有独特的魅力。结论部分对论文的研究做了整体性的概括。胡直作为明代颇负盛名的大家，对他的关注不能仅停留在哲学层面上，该文将胡直放在明后期特定的环境背景下，进行多方面的考察挖掘，以希望更好、更完善地探讨其诗歌的创作特征和价值。

温世亮《胡直"神韵"说的心学因缘及诗学意义》（《中国文学研究》2022年第2期）一文指出，胡直是较早将神韵引入诗学的学者。胡直论神韵，强调寄寓，重视主体精神的根基作用，尊情意识突出；同时，将神韵视为一种艺术境界，重本色，强调主体情感的自然外化，非专注于某种风格之表现，重视诗的精神感染价值。胡直"神韵"说与后来神韵论有差异也有趋同，它的生成与其"心造天地万物"思想相关，它的提出又以中晚明诗学生态为背景，与复古派、唐宋派、性灵派均有联系，在晚明诗坛产生了一定反响，在神韵诗学发展历程中有其价值。

刘倩《胡直诗学观及其诗歌创作研究》（汕头大学硕士学位论文，2022年6月）一文认为，胡直是明代中后期的重要阳明学人，世称"江西三子"

之一。胡直与欧阳德、罗洪先、邹守益、耿定向等重要阳明学者交游，与唐顺之、李先芳、赵贞吉等文坛领袖交好，并结交了张居正、李春芳等政坛要人。在复古思潮和心学机理的影响下，胡直诗心四变，持有"神韵"诗论和"复古"化之等观念，其诗歌在明代文坛中有重要的关照意义。论文旨在对胡直的诗学观念和诗歌创作进行研究。基于此，该文从两个方面进行研究：其一，以文献研究法为主要方法，详细分析胡直的家学、人格、师承、交游情况，并全面探究尚未引起后人足够重视的诗学观念及诗歌创作；其二，从文献整理的角度出发，对胡直的交游进行考订，对胡直的生平进行编年。沿此思路，正文分为三个部分。第一部分为绪论，介绍胡直的作品及其流传情况，通过梳理研究现状，了解有关胡直其人其文的已有研究范畴，发现胡直的诗歌观念及其诗歌创作方面研究的不足之处，确立该文立论的出发点和创新点，明确该文的研究价值。第二部分为正文，包括四个章节。第一章从知人论世的角度探究胡直的家学和性格，并探讨师承、交往行迹对胡直思想及文学观念的影响。第二章研究胡直的诗学观念，首先探究明代中后期复古与反复古、王阳明心学等背景对胡直诗学观念的影响；其次分析胡直诗心四变的过程；最后着重阐释胡直"复古"化之、"雅""淡"为胜和"神韵"先之的诗学观念。第三章分析胡直的诗歌作品，总结诗歌内容，深入探讨其诗歌在风格、语言、体例和意象方面的显著特点，发掘其诗歌作品的审美价值。第四章探究胡直的诗学地位及其影响，以文史结合为研究思路，展现胡直"神韵"诗论的影响，挖掘胡直对"泛江西诗派"的拓展作用。第三部分为结语。从全局性的角度对胡直做出一个客观公正的评价，展现胡直其人其诗在明中晚期文坛中的独特魅力。通过对上述内容的研究，展现胡直的文学成就，拓宽学术界对胡直的研究范围，为我们研究明代中晚期的阳明学人文学特质、江西地域文化提供一个例证，为弘扬中华传统文化、坚定文化自信贡献一份力量。

郭俊豪《〈月令广义〉研究》（河北大学硕士学位论文，2022年5月）一文指出，冯应京纂辑、戴任增释的《月令广义》属于古代仿《月令》体的时令类文献。冯应京热衷于经世致用之学，并且与西学相关人士关系密切，这也是《月令广义》诞生的客观原因。《月令广义》源自作者冯应京早年为弟子讲学期间编纂的一本名为《士民月令》的小书，其弟子戴任不满足其内容，想要扩充原书内容。他在冯应京入狱后开展《月令广义》的编修工作，在此过程中得到了许多人的帮助，最终完成全书。《月令广义》存在明末和清代两个版本。同时，清代曾对《月令广义》重新编修，命名为《月令辑要》。《月令广义》记载了丰富的古代科学知识，例如农业生产和食品制造知识、摄生养生知识，还载有吴中明版《山海舆地全图》摹刻本。《山海舆地全图》属于《大瀛全图》一系，是目前所见到的利玛窦地图最早的版本。但《月令广义》中存在着不注明征引文献、混淆不同植物的名称、同一本书在全书中分别以不同名字进行征引、恣意增删征引原文等问题。

2022年学界没有研究邹元标、罗大纮、宋仪望的论著。

12. 邓元锡研究

刘桂娟《邓元锡〈皇明书〉研究》（淮北师范大学硕士学位论文，2022年5月）一文认为，明嘉万间学者邓元锡撰《皇明书》，是继郑晓《吾学编》之后第二部私家撰著的纪传体明史。《皇明书》约成书于万历十七年至万历二十一年间（1589—1593），是邓元锡晚年之作，旨在接续《函史》上编，属于当代人撰著当代史。全书计45卷，由纪、传两部分组成，记事上起明太祖朱元璋，下讫明世宗朱厚熜。帝纪11卷，分"帝典""后妃内纪"两部分。"帝典"即本纪或帝纪，系有明太祖至世宗列朝皇帝本纪，以《太祖高皇帝帝典》开端，使不同于后世诸帝之"帝纪"，以示推崇之意；次采建文帝"逊国"说，立《大逊记》；再依次为成祖至世宗诸帝立"帝纪"，然不为景泰帝置纪，而附于《英宗睿皇帝帝纪》之后。"后妃内纪"是明初至嘉靖间十五位太后、皇后之合传，盖仿《后汉书·皇后纪》体例而成。列传计34卷，有大传、合传与类传三种类型。其中类传分为19种，所涉上自文武重臣，下至商人与妇女的社会各阶级阶层代表人物，其最突出者莫如细化臣僚列传及忠孝节义诸类传，体现出邓元锡强调事功、注重纲常名教的理学思想；置《宦官列传》于文武百官列传之前，以反映明代宦官专权跋扈的特有现象；并立《理学列传》与《心学纪》《心学述》两种类传，以展现明代理学发展的两大历史阶段，以及阳明心学一派在明中期以后的学术主导地位。邓元锡撰著《皇明书》，除参阅《明实录》《皇明祖训》等官方史料，还广泛参考、征引大量明人著述，如陈建《皇明资治通纪》、郑晓《吾学编》、杨廉《皇明名臣言行录》、范守己《皇明肃皇外史》、王世贞《弇州史料》等明人撰当代史，以及奏疏议论、诗文集等，并加以考订。足见他广搜博采、求真务实的治学精神。然此书未及卒业，邓元锡即因病辞世，更遑论对书中重出、简略、误载等处加以复核审订。总体来说，《皇明书》卷帙较大，征引丰富，为充分反映明代史实，体例上颇有创新，具有重要的学术价值；对《明实录》等官方记载有纠谬补阙之功；相对后出之私家明史著述、清修《明史》等而言，能较全面地展示历史事实之细节，对后世学人编纂与研究明史具有重要的史料价值。

13. 章潢研究

2022年，学界没有研究章潢的论著。

14. 郭子章研究

邱美琼《论郭子章〈黔记〉中的人物传记》（《现代传记研究》辑刊，2022年卷）一文认为，郭子章《黔记》60卷，其中关于人物记载的多达31卷，占全书半数以上。这些人物传记，既具有一般方志中人物传记的特征，也有自身独具的特色，其主要体现在：载录人物以黔籍为主，客籍为辅；广泛引证文献资料，考据精核；论赞以品评人物，感慨世事；列举诗文，丰富与印证人物事迹。郭子章《黔记》撰录的人物传记，不拘旧例、各具特点，既有对传统编纂体例传承相袭之处，又体现出在正统编纂体例基础上的创新之处，体现了郭子章对于方志人物传记撰写的思考与探索，也为后世方志人物传记的撰写提供了路径与模式。

四、止修学派研究

"止修学派"源本于《明儒学案》卷三十一《止修学案》，黄宗羲将其置于《粤闽王门学案》之后、《泰州学案》之前，鉴于《止修学案》案主李材系江西丰城人，同时其父李遂师从阳明先生，而李材系王门之"宗子"邹守益的传人，故而本报告在编写过程中置李材所开创的"止修学派"的研究现状于"江右王学研究"之后。

2022年，关于李材与止修学派的研究成果仅有两种。

李璐楠《李材的"知止"思想及其定位》[《厦门大学学报》（哲学社会科学版）2022年第1期]一文认为，面对阳明后学所造成的"玄虚""情识"之弊，心性问题成为晚明儒者的核心关切。李材立足于《大学》的"知止"观念，将阳明学内向体证的工夫直接贯彻到"性体"这一向内追究的逻辑终点，同时尝试从人伦日用中识认性体，反对将知止工夫局限于单纯自我意识的领域，以便与佛老的心性工夫划清界限。李材对心性之间内在张力的自觉，体现了他对朱子、阳明两种理论分殊和弊端的反思，最终指向对于儒家心性和秩序关系的思考。

李璐楠《明宗与辨异：李材对何为儒学的思考》（《中国哲学史》2022年第1期）一文指出，面对晚明三教混杂的现象，正学与异端问题成为晚明儒者的共同关注。李材立足于《大学》的"知止"和"修身"观念，重建儒家心性、经世合一之学，并以此作为区分三教的标准。因此，李材提出的"止修之学"具有三重意义：回应心学流弊、严明儒释之辨以及重思心性与秩序的关系。

通读目前学界已有的李材研究相关论著，我们可以说李材与止修学派的研究已经开启，但是还有很多课题需要完成，比如《李材全集》的编校整理宜加快进行，还有"止修学派"群体的文献史料也需要辑编。这样，才能为李材学术思想的深入研究提供基础文本，进而研究李材生平学行（可以考虑编写《李材年谱》《李材评传》）、李材与止修学派对发展阳明学的学术贡献及其在阳明后学发展上的历史地位。

五、南中王学研究

南中王门，主要指明代南直隶（今安徽、江苏、上海）地区的阳明门人。阳明在世时，南中王门弟子有王艮（见"泰州学派"）、黄省曾、朱得之、戚贤、周冲、冯恩、程默等；阳明殁后，浙中王门钱德洪、王畿讲学于此，江右王学邹守益、欧阳德、何廷仁官于南都，从之者甚众，[①]诸如贡安国、查铎、沈宠、萧念、萧良斡、戚补、张棨、章时鸾、程大宾、郑烛、姚汝循、殷迈、姜宝、周怡、薛应旂、唐顺之、唐鹤征、徐阶、杨豫孙等。黄宗羲《明儒学案》卷二十五至卷二十七专辟《南中王门学案》，予以论列。

（一）南中王学综合研究

韩登明《"南中王门"心学地域传衍研究》（淮北师范大学硕士学位论文，2022年5月）一文指出，"南中王门"概指南中地区王阳明一传弟子与再传弟子构成的阳明心学分支，"南中"是指以明代"留都"（今南京）为中心，包含当今江苏、安徽、上海三省的地域。"留都"作为明朝的政治次中心，王阳明及其部分弟子有着任职南中地区的经历，这使得南中地区被覆盖在阳明心学影响之下。王阳明及其高足借助书院讲学、讲会、交游等方式，令南中地区的心学兴盛一时，因而一、二代南中心学门人广泛分布于南中地区滁州、松江府、徽州府、苏州府、常州府、安庆府、宁国府、应天府、扬州府、广德州、庐州府等十一个地区。王阳明及其高足的离去，

---

① 《〈明儒学案〉〈宋元学案〉黄宗羲之案语汇辑》，第89页。

使得"南中王门"第三至第六代学人数量锐减,地域分布也迅速缩减。"南中王门"三代学人只分布于常州府、宁国府、镇江府三地,四代学人更是只出现于泾县地区,五代弟子只有陈履祥一人,南中王门的学人囿于徽州府一地,第六代弟子人数虽有所增加,其地域仍局限于宁国一地。而六代弟子规模的扩大,既是本地学人陈履祥努力弘扬心学的结果,也是南中心学最后的夕阳余晖。

陈寒鸣《阳明讲学滁州和留都与南中弟子群的形成和分化及其意义》[《贵阳学院学报》(社会科学版)2022年第1期]一文指出,阳明一生以讲学为首务,并把讲学当作分内事。他的心学思想体系的形成、发展及其影响日益强烈的过程,是与其不断讲学并不断形成弟子集群相伴随的。而在这样的过程中,阳明在滁州和留都的讲学,因其讲学而形成的南中弟子群,因其讲学而在其时发生的朱、陆论辩,无疑具有很重要的意义。

金小方《传承中华优秀传统文化的典型案例——评〈水西书院志〉》[《贵阳学院学报》(社会科学版)2022年第1期]一文指出,书院是中国古代的民间教育组织,推动了教育向下层社会的普及。刘聪、王黎芳合著的《水西书院志》系统论述了安徽泾县境内水西书院的历史,尤其是阳明后学在水西书院讲学的历史,全面整理了水西书院相关的会约和讲学史料,是目前内容最全面、史料最丰富的水西书院志书。水西书院在明、清两代产生了广泛的社会影响,当代复建水西书院是复兴中华优秀传统文化的积极探索。该书为继承与弘扬中华优秀传统文化提供了一个鲜活的典型。

(二)南中王门学者个案研究

目前学界对南中王门学者的个案研究,主要体现为对戚贤、黄省曾、朱得之、薛应旂、唐顺之、徐阶、查铎、陆树声等阳明学者的研究。

1. 戚贤、黄省曾研究

2022年,学界不见研究戚贤、黄省曾的论文。

2. 朱得之研究

2022年,学界不见研究朱得之的论文。

3. 薛应旂研究

宗立东、夏欢《薛应旂思想研究——官员、学者、诗人的杰出代表》（《作家天地》2022 年第 29 期）一文指出，薛应旂是明代中前期知名文人，在文史哲领域均有建树，尤以史学著作《宪章录》闻名于世，故学者们也往往关注其史学与理学的贡献。而薛氏在诗歌创作上也有独到之处，并深受其史学与理学思想的影响。并且，史学、理学、文学里所反映出的见识见解与思想理念，又与薛氏的生平经历和个人性格有着密切的关系。

刘梦楚《薛应旂〈宪章录〉的记事特点》[《常州工学院学报》（社科版）2022 年第 2 期]一文认为，《宪章录》为薛应旂编撰的一部记载明代洪武至正德年间历史的编年体史著。该著有着独特的记事特点，薛应旂尤为注重明代政治和军事的变化，对明代选官制度及边防军政记载颇多，以表现历史发展的治乱盛衰。《宪章录》大量收录涉及当朝时势的诏书及奏疏，通过对比明前后期君臣对待国事的态度及议论内容的变化，揭示明朝国势渐衰之缘由，达到宪章当代的目的。

4. 唐顺之研究

芮赵凯《唐顺之视师东南考论》（《中国区域文化研究》2022 年第 1 期）一文指出，唐顺之晚岁再度出仕后，赴北京任职，官兵部职方司郎中。在结束为期两个月的蓟镇阅兵事务后，因罹患脾疾寻求南归。在严嵩等人的帮助下，得赴东南视师，与胡宗宪协谋御倭事宜。视师东南期间，唐顺之在巡视沿海的基础上进一步申严巡洋会哨之制，并提高对"打来倭"的奖赏。在谋划部署取得三丬沙大捷后，唐顺之率援兵北上，协助凤阳巡抚李遂应对江北倭寇。在三沙岛余贼激变之际，又自江北回援三沙岛，调兵筹饷，数次督战，围困倭寇三个月有余。在倭寇奔突江北后，又立即北上与李遂协力将其剿灭。唐顺之视师东南的经历，可谓迎难而上，勇于任事又颇有建树。

刘尊举《在天机和无欲之间——论唐顺之的脱洒与小心》（《明清文学与文献》2022 年第 2 期）一文指出，黄宗羲"以天机为宗，以无欲为工夫"的论断，是对唐顺之成熟阶段心学思想的概括，背后则隐藏着其对"良知见在"与"归寂致知"思想分别的批判与接受。唐顺之反对江右王学的"矜持把捉",又批评以王龙溪为代表的江左诸人"任情恣肆",拈出"脱洒"与"小心",主张以"有寂有感"的工夫复得"无寂无感"的本体,却终究难以摆脱工夫与境界关系的理论困境。遂将问题引向"真实力行",主张以"真精神",即真切的生命体验,取代理论的纷争。"真精神"的提出,对其学术思想的进展与文学思想的转变都有着极为深刻的影响。

黎昇鑫《论唐顺之诗中的"文武互动"现象——以〈杨教师枪歌〉〈峨眉道人拳歌〉〈日本刀歌〉为考察对象》[《常州工学院学报》(社科版)2022年第3期]一文认为,唐顺之兼有文学家与武术家双重身份,其诗歌中不乏对武术器械与套路演练的描写。明代武术发展和其多年习武经验共同推动了唐顺之诗歌中武术题材的书写,而唐顺之的文学造诣也让其诗中的演武场景与兵器刻画更具有文学性和艺术性。唐顺之因其习武者的身份,对武术的理解与认识更为深刻,其诗中的武术描写真实而生动,有别于一般的"文人观武"。唐顺之此类诗歌呈现了独特的"文武互动"现象。

李德锋、鞠星《论明中叶唐顺之批选〈史记〉〈汉书〉》[《廊坊师范学院学报》(社会科学版)2022年第1期]一文指出,在注重汉史研习的社会风尚影响下,在应对科举考试和深入参与明中叶古文运动需求的推动下,唐顺之批选了《史记》《汉书》。唐顺之批选《史记》《汉书》的学术行为,既体现了其对《史记》《汉书》的认可和推崇,也在文字训诂、史事考实以及经世致用和"异端"史学思想方面表现出一些新的变化,从而成为明中后期相关史学思潮的有机组成部分。

张慧琼《编纂整理〈唐顺之全集〉的学理思考与建构》[《阜阳师范大学学报》(社会科学版)2022年第6期]一文认为,唐顺之是明中叶重要文学家,现行文学史上所谓古文流派"唐宋派"的领袖,其诗歌、古文创作在明代自成一家,八股时文冠绝一代,"本色论"的文艺理论影响文坛,精湛批点评注前代多种文史著作,流存作品集有《荆川集》《荆川续文集》《南北奉使集》《武编》《两汉解疑》《两晋解疑》和八股文集,批注文献有《荆川先生批点精选史记》《荆川先生批点精选汉书》《唐宋八大家文钞》

《御选唐宋文醇》《苏文》《类编草堂诗馀》《集古评释西山真先生文章正宗》等。然迄至目前尚未见《唐顺之全集》整理本问世，因而极大地限制了对于唐顺之的全面深入研究。

5. 徐阶研究

2022年，不见研究徐阶的论著。

6. 查铎研究

2022年，不见研究查铎的论著。

7. 陆树声研究

刘鲜鲜、朱冶《中晚明士人陆树声的学术倾向探析》[《郑州航空工业管理学院学报》（社会科学版）2022年第6期]一文认为，江南士人陆树声（1509—1605，字与吉，号平泉，松江华亭人）的学术倾向在中晚明时期具有代表性，其学问旨在修正阳明后学的空疏弊病。陆氏反省中晚明士人远离"明经"之旨的现象，他在认同阳明学说的基础上，对于阳明后学存在的问题有清醒的认识。陆树声不积极支持阳明从祀，对王学末流的虚谈之风也提出批评，他强调由深造自得而"致"良知，并警惕阳明后学"跻阳明而为禅"的倾向。陆树声平以济世的学行特色，在他的学术取向、文学表达与言行实践中均有体现，亦是中晚明学者深入反思和救弊阳明学说的缩影。

刘鲜鲜《晚明松江名士陆树声学术与思想研究》（华中科技大学硕士学位论文，2022年5月）一文指出，松江士人陆树声的学术和思想在晚明社会具有代表性。他的学术旨在修正阳明后学的空疏弊病，其思想受心学思潮的影响而呈现出追求自我与儒者担当相结合的特色。在学术倾向上，陆树声认同阳明学说，同时还认识到阳明后学的弊端。一方面，他肯定阳明学说，批评士人远离"明经"之旨的弊端；另一方面，他不赞同阳明从祀，批判王学末流空疏的学风，肯定纠正王学末流的行为，实为王学的修正者。而他近于中庸之道的言行，又深远启发着东林学派追求"平正"风气的相关活动。陆树声的学术倾向反映到思想层面，表现为他既重视"自适"和"性情"思想，又注重教育和教化思想。心学提倡的追求人生适意的境界使陆树声的文章具有新的特征。他追求"自适"思想，向往达到物我共适的状态；他重视"性情"思想，绘画评论重达意，文章批评重描写人物，诗贵表现胸襟与人格。同时，他不忘提倡醇厚文风以挽救虚伪的士风。《国学训诸生十二条》《陆氏家训》《乡会公约》较集中地展现了陆树声的教育与教化思想。在国子监生的教育上，他以"治心""立志"为要，重视培养国子监生的身心与经世之才；在家庭教育上，他注重塑造子孙后代美好的品格；在乡里教化上，他以礼化俗，纠正奢靡之风。总之，陆树声的思想表现出他既追求自我适意，又注重挽救不良士风的特点。

六、楚中王学研究

楚中王门是指今湖北、湖南区域的阳明学者群体。《明儒学案》卷二十八《楚中王门学案》卷首载："楚学之盛，惟耿天台一派，自泰州流入。当阳明在时，其信从者尚少。道林、闇斋、刘观时出自武陵，故武陵之及门，独冠全楚。观徐曰仁《同游德山诗》，王文鸣应奎、胡珊鸣玉、刘瓛德重、杨礽介诚、何凤韶汝谐、唐演汝渊、龙起霄止之，尚可考也。然道林实得阳明之传，天台之派虽盛，反多破坏良知学脉，恶可较哉！"①黄宗羲这里提到的楚中王门学者有湖北黄安籍的耿定向、耿定理兄弟，他们已被划入"泰州学派"②；武陵籍门人有蒋信、冀元亨、刘观时，此外还有王应奎、胡鸣玉、刘德重、杨介诚、何汝谐、唐汝渊、龙止之等人。

（一）楚中王学综合研究

常德市鼎城区地方志编纂室、湖南应用技术学院编的《王阳明与常德》（岳麓书社 2022 年 11 月版）一书，系当代首部阳明后学之"楚中王门"的研究专著。全书分为四部分：第一部分"常德阳明文化概说"，依次为"一代圣贤王阳明""王阳明讲学常德""楚中王门述论"；第二部分"常德阳明文化史迹"，介绍了常德境内 11 处与王阳明有关的遗址遗迹；第三部分"常德阳明文化论坛"，选录了 14 篇全国各地阳明文化研究专家的优秀论文；第四部分"附录"，收录了美国哈佛大学图书馆珍藏的蒋信《桃冈日录》，这

---

① 《明儒学案》第 7 册，第 727 页。
② 《黄宗羲全集》第 8 册，第 66—83 页。

一国内外罕见的明代刻本。

（二）楚中王门学者个案研究

1.蒋信研究

肖啸《蒋信的心学思想与师门归属再探》（《湘学研究》辑刊，2022年卷）一文指出，蒋信一生践履笃实，不事虚谈，先后从学于王阳明和湛若水，其学以心为本体，坚持心性理气贯通无二，合之于万物一体，其工夫论则以慎独为主，默坐澄心，以达到勿忘勿助之间。蒋信的心学思想源于湛学为多，与王学有偏离之处，且其个人情感依归于湛门，当归入甘泉学派。蒋信的心学思想不仅是对明代中期空疏学风的补偏救弊，还开启了晚明学术由"心学"到"气学"的转化。该文转换以王阳明、湛若水为中心的观察视角，聚焦于蒋信个人思想脉络的发展历程，可知其非王、湛的骥尾，而为试图突破既定思想范围之鳌头。

2.冀元亨研究

2022年，不见研究冀元亨的专论。

七、北方王学研究

"北方王门"的提法见于黄宗羲《明儒学案》卷二十九《北方王门学案》，指明代中后期在北方地区（山东、河南与陕西）研究和传播阳明心学的学者群体，主要有穆孔晖、张后觉、孟秋，尤时熙、孟化鲤、杨东明，南大吉、鹿善继等，还有王阳明早年弟子王道（后学宗程朱，脱离"王学"阵营）。

（一）北方王学综合研究

黄建眉《杨朝亮〈北方王门学案研究〉评介》（《运河学研究》辑刊，2022年卷）一文指出，京杭大运河的贯通，带动了南北思想文化的传播、交流。王阳明心学的北传就是一个鲜活的案例。阳明心学在明中叶产生之后迅速传遍整个大江南北，成为一时显学。在王守仁去世之前，他对于其"致良知"学说并没有进行详细的说明和阐释，因之，使得弟子们对于"致良知"的理解出现了偏差。再加之他们所处地位、政治倾向以及地域文化等诸多因素的不同，阳明后学表现出较大的差别。他们依据自己对师说的理解在各自所处地区传播和发展了阳明心学，使得阳明心学在明中后期风靡一时。

（二）北方王门学者个案研究

钟治国《阳明学"万物一体之仁"说析论——以河南王门后学王以悟、张信民为例》（《中州学刊》2022年第6期）一文认为，作为晚明河南地区传承阳明学的后学，王以悟和张信民以"万物一体之仁"为核心论题来阐发王阳明的良知学，赋予了阳明学突出的地方学派传承特色。二人皆主张道不远人、天人一理、道即此心，因此不必在心外求道、理。缘此，穷理、尽性、至命皆是一事，皆是此心、此性、此理、良知的本然呈露，表达为对万物一体之仁的追求。张信民多就恻隐说仁，因而在工夫上反对将"己"归于"一膜之内"，强调视人如己，以达至一体之仁。王以悟则强调不能自小其身、沦于私我，因而特重去除私欲对此心的遮蔽而复其本明，将天地万物皆涵融于此人人本有的一体之爱中。

马龙飞《北方王门孟化鲤良知学研究》（河北师范大学硕士学位论文，2022年5月）一文旨在讨论两个问题：一是孟化鲤良知学的思想内涵；二是孟化鲤致良知工夫论的内容与特色。主体共三部分。第一部分介绍北方王门的划分和孟化鲤的生平，以便读者对孟化鲤这个人物性格和生平经历有一个整体的印象。其中"北方王门"之概念为黄宗羲提出。其在《明儒学案》中将王门后学按照地域划分为七家，因孟化鲤为河南新安人，故将其归入北方王门学派。而孟化鲤的生平是笔者参照孟氏弟子王以悟所编辑《云浦孟先生年谱》，挑选整理孟化鲤一生中较为重大的经历和事迹加以介绍，使读者对孟氏的生平有较为全面的了解。第二部分是对孟化鲤的良知观做一个系统的阐释。首先对孟化鲤良知学的思想渊源做一个整体的梳理，论述心学从孟子到陆九渊再到王阳明的传承与发展过程中其学说内涵的发展与衍化；再对孟化鲤良知学中的心之本体论、生人之性和真心观进行解读。他的心之本体论基本不超出王阳明所讨论的范畴，包含"定是心之本体""善是心之本体""乐是心之本体"和心生万物的生成论；他对"生人之性"的论述也是在阳明心学"心性一体"的基础之上所做的阐发；他的真心观中"真心"即指代良知，加一"真"乃是指此心未被障蔽的纯粹之状态。第三部分对孟化鲤的致良知工夫论进行全面的研究。首先，孟化鲤提出"圣可学而至"的观点，认为只有不间断地学习修养才是成圣之正途，他对睡梦中用功做了特色鲜明的理论阐发，他把梦境中的行为当作现实发生的事，也需要做省察克治之功；其次，他认为良知是人人本具的，只是因为私欲的遮蔽使得本心蒙尘，所以要用"无欲"来复本心之灵明；再次，他对"慎独"的阐释主要是"不自欺"和"诚"，"诚"与"不自欺"是二而一的关系；最后，孟化鲤认为，周敦颐"几善恶"一语有误，不符合《周易》主旨，他认为"性"既然是纯善无恶的，那"几"由性的发用而产生，也是纯善的，纯善之"性"不可能产生"恶"之"几"。

曾桂林《杨东明与虞城同善会——兼论同善会在江南地区的流播》（《安徽史学》2022年第6期）一文认为，同善会最早由杨东明创设于虞城，尚留有怡老会的印痕，然亦开始具备善会的基本特征，可说是一种过渡形态，并非"亲睦会"。通过钩稽原始史料，进一步明晰了江南地区同善会由张师绎"传自中州"的传播路径。基于此，杨东明首创的虞城同善会可视为明清善会善堂的近亲源头。

华建新《王阳明笔下的绍兴知府南大吉形象》[《贵阳学院学报》（社会科学版）2022年第1期]一文指出，明嘉靖二年至四年，王阳明与南大吉在越城有三年的交结，此期间南大吉向正在越城丁忧、赋闲的王阳明问政请学，受阳明先生亲炙。在与南大吉的交谊中，王阳明为南大吉撰写了六篇相关的文章。在其笔下，南大吉是一位明德亲民、勇于担当的力行者，求诸己心、逆风勇进的弘道者，昭明灵觉、高风亮节的得道者。王阳明笔下的南大吉形象，彰显了正义者、亲民者、传道者的力量，追求着政治清明、学术朗润、社会和谐的治世理想。无论是为官还是为民，南大吉的形象都为世人确立了人格高标，具有较高的历史认识价值与现实意义。

李承贵《南大吉对阳明心学的四大贡献——兼论对复兴优秀传统文化的启示》[《贵阳学院学报》（社会科学版）2022年第6期]一文指出，考之南大吉生平，其于王阳明心学的贡献主要表现为四个方面：不唯笃信心学，而且身体力行实践之；不唯修葺书院为王阳明讲学提供平台，而且亲临督教指导学员；不唯刻印阳明语录，而且与同门切磋学习心得，相互激励；不唯抵御对阳明心学的各种攻击、毁谤，而且成为王阳明心灵上的知己。南大吉之于王阳明心学的作为和贡献，对于当今复兴传统文化的实践亦蕴含着弥足珍贵的启示意义。

赵泽明《鹿善继〈四书〉学研究》（贵州大学硕士学位论文，2022年6月）一文指出，鹿善继师承北方王门第三代学者王以悟和晚明名臣徐光启，与孙承宗、孙奇逢及诸多东林党人过从甚密，是晚明北直隶地区学术的主要发起者和代表人物之一。鹿善继的学术思想本之陆王，兼融程朱，讲究"下学而上达"，"由博而返约"，并以之立身、讲学、从政，转玄谈为践行，本道学而兼经济，表现出学术转型的时代特色和燕赵文化的地域特征。《四书说约》乃是鹿善继晚年所作，为其一生思想的凝聚。其对"四书"经典的解释，多处表现出具有明清易代之际的士大夫阶层讲究经世致用的独到理解和其沙场经历的狂骨豪情，这一点与同为阳明后学的龙溪、绪山诸君子颇为不同。该文从梳理鹿善继的生平时代及学术著作入手，通过选取典型章目，依《大学》《中庸》《论语》《孟子》之次序，考察鹿善继《四书说约》，一是通过阐述鹿善继以心为体，以"真"为"仁"，以"博约"两进为修养工夫，以"孔颜乐处"为教学宗旨，展示其以王为本、兼融朱王的学术特征；二是利用文本的形式更清晰地掌握其"四书"学思想的基本内容和典型观点，并通过与朱熹和阳明等对"四书"相应文本的解释做深入对比，突出时代演变下的"四书"学流变，展现以鹿善继为代表的晚明河北王学秉承经世致用精神对传统经典的解释模式；三是阐述鹿善继对诸理学概念的认知，尤其是对"礼"的重视，展现其经学转向。总体来看，理学与"四书"学的联系，深刻地表现了中国思想史与中国学术史相互依托的关系。鹿善继作为阳明学的传承者与修正者，其《四书说约》以文本注释形式正表现了宋明理学发明到明末的转型现象和转型的内在理路；而其融通朱王、反约认理的学术思想特色则为河北王门的学术传承做了时代性的总结。

许卉《明代北学谱系中的心学——以〈北学编〉为中心》（《中国哲学史》2022年第2期）一文指出，《北学编》自觉构建了"北学"谱系，集中体现了"北学"学者的学术面向和大旨，其中载录的明代北地学者中持有心学思想的儒家人物尤值得注意，体现了心学的北传脉络。贺钦承江门心学，从白沙"自得之学"中发展出"为己之学"。王崇庆、蔡叆宗甘泉心学，前者在甘泉"即气即道"的观点下重述"盈天地间皆气"；后者对其师"二业合一"论进行申发，提出"合一"论。鹿善继深得阳明之学，以"良心"阐释"良知"。四人既宗师说，又有己见，体现出兼宗、躬行的北学特质。他们的心学思想拓展了心学的版图，扩充了北学的思想容量。

八、粤闽王学研究

粤闽王学，顾名思义，指明代中后期广东、福建籍的阳明门人弟子。黄宗羲《明儒学案》卷三十专辟《粤闽王门学案》，主要为"行人薛中离先生侃""县令周谦斋先生坦"二先生立学案。此外还有方献夫、薛尚贤、杨骥、杨仕鸣、梁焯、郑一初、马明衡等七人的小传。[①]

（一）粤闽王学综合研究

张山梁《闽中王学研究》（厦门大学出版社2022年12月版）一书，分阳明学与福建、阳明学与漳州、阳明学与平和、王阳明研究、阳明后学研究等五部分，从不同角度探究在福建"两次半"的行经历程，阳明后学在闽的活动轨迹，以及阳明学在福建尤其是漳州、平和的发展情况。该书在福建阳明地域文化上，提出一些前所未发的新论断、新观点，见解独到，立意新颖，是一部弘扬、传承、发展福建阳明地域文化的新著述、新成果。

王传龙《明代福建阳明学对朱子学的批评与融摄》（厦门大学出版社2022年12月版）一书，首先考察宋代理学的崛起背景，以及程朱理学的谱系构建；其次阐述朱子学自宋至明在福建的传播模式、发展历程，以及不同地域间的差异；最后探究阳明心学与程朱理学、白沙之学的根本分歧，阳明学传入福建的模式，阳明学者与朱子学者之间的交流，以及两种群体间的影响与嬗变。与此同时，结合日本内阁文库所藏《道南一脉》收录的287位闽地学者，按照朝代及地域进行分类考察，归纳阳明学传入福建的三

[①]《黄宗羲全集》第7册，第761—763页。

种主要模式及其代表人物思想，证明在福建为宦与讲学的外地学者才是传播阳明心学的主力军，还系统考证了明代福建朱子学者对阳明学的质疑与抨击。

（二）粤闽王门学者个案研究

苏何诚《〈薛侃家训〉家庭教育教学法探析》[《文学教育》（下）2022年第12期]一文指出，薛侃是明代哲学家王阳明的及第高徒，在他所建立的宗山书院传授阳明心学，造就潮州成为研习王学的重镇，名声从岭南遍及全国。薛侃故里薛陇村的《薛氏族谱》记载，他有着"行义在乡里，名节在朝野"的美誉，对于乡里族人的善行义举包括行乡约、立祠训、兴教化、浚溪、建桥、修路、捐田地等。目前挂在薛氏家庙里的《薛侃家训》，为薛侃用来教育族亲所立下的祠训，其中内容为启蒙后代族人的教育思想。该文通过中国哲学之工夫境界理论，对《薛侃家训》进行剖析，提升为一种家庭教育的教学法。

唐哲嘉《林兆恩"三教合一"论与阳明心学关系考辨》[《绍兴文理学院学报》（人文社会科学版）2022年第1期]一文认为，林兆恩是融合儒、释、道三教为一体的思想家，一生倡导"三教合一"学说，然其"三教合一"思想最终以"归儒宗孔"为根本宗旨。通过对其思想的溯源可以发现，林兆恩的思想主要依据阳明心学建构，带有明显的心学特色，因而其"归儒宗孔"说的实质还是在于"归心"。从其思想渊源与地域特征来看，林兆恩作为阳明后学应当为"闽中王门"的重要一支。

九、泰州学派研究

《明儒学案》卷三十二至卷三十六为《泰州学案》，因该学派创始人王艮系南直隶泰州人，故名曰"泰州学派"，主要指今天江苏泰州一带的阳明学者，但还包括与泰州王学所倡学术宗旨相近、有学脉传承的一批江西、四川、广东、浙江、湖北、福建、江苏籍的阳明学人。《泰州学案》所选阳明学者，即泰州王门学者，有王艮、王襞（附朱恕、韩乐吾、夏叟）、徐樾、王栋、林春、赵贞吉、罗汝芳、杨起元、耿定向、耿定理、焦竑、潘士藻、方学渐、何祥、祝世禄、周汝登、陶望龄、刘塙等21人。此外《泰州学案》"小序"录泰州学派学人颜钧、梁汝元（何心隐）、邓豁渠、方与时、程学颜、钱同文、管志道等7人。李贽也是泰州学派一系的阳明学者，因其思想属"异端"，黄宗羲不为其立"学案"。实则从师承、学脉上来讲，汤显祖（师从罗汝芳）、徐光启（师从焦竑）、袁宗道、袁宏道、袁中道等，也属"泰州学派"中的阳明学者。

（一）泰州学派综合研究

周群《泰州学派研究》（商务印书馆2022年5月版）一书，系统地梳理了泰州学案序的内在逻辑，考察了泰州学派的历时特点，全面分析了泰州学派盟主及主要成员的思想内涵以及在中国思想史上的独特地位。

唐东辉《泰州学派"觉民行道"的哲学省察》（广西师范大学2022年1月版）一书，紧紧抓住泰州学派"觉民行道"这一特征与思想主旨，指出"百姓日用即道"是泰州学派"觉民行道"的理论基石，"大成师"是泰州学派"觉民行道"的先觉者，"孝弟慈"是泰州学派"觉民行道"的"实落处"，"乐学"是泰州学派"觉民行道"的保障，而榜门讲学、周流讲学、书院讲学和讲会讲学是泰州学派由士大夫之学向百姓之学转变的重要方式与路径。该书对泰州学派的实践品格也是"三致意焉"，指出泰州学派在儒学由庙堂转向民间、由精英转向大众、由士大夫之学转向百姓之学的过程中，大大促进了儒学的社会化进程。

唐东辉《从"致良知"到"良知致"——论泰州学派对王阳明良知学的日用实践》（《孔子研究》2022年第6期）一文指出，王阳明的"致良知"有两重向度：就本体而言是复良知本体；就工夫而言是率良知而行。王艮则将王阳明的"致良知"发展为"良知致"：在本体上强调"天理良知"天然自有、现成圆满的属性；在发用上注重在人伦日用中践履"日用良知"，突出了"百姓"的主体地位、"日用"的载体地位以及"当下即是"的工夫地位。为了将"天理良知"下贯为"日用良知"，泰州学派在实践上进行了多方探索，包括以先知觉后知的民间讲学，以孝悌为实落处与下手处的乡约实践，以及"治世还从睦族先"的家族建设等。这对当代儒学的创造性转化、创新性发展具有重要的借鉴价值：一是从"儒化天下"向"儒行天下"转变；二是因应业已变化的社会结构，为儒学再造新体。

朱义禄《论泰州学派的民生思想——以王艮、颜钧、罗汝芳的欲望观为中心的考察》[《贵阳学院学报》（社会科学版）2022年第6期]一文指出，王艮的身本论为泰州学派的民生思想奠定了理论上的基础。作为泰州学派中的承前启后的人物，颜钧的"制欲非体仁"与"大遂以聚民欲"，发展了王艮的民生思想。泰州学派中官位最高的罗汝芳把王艮的民生思想付诸在任上。从王艮始，泰州学派就对王阳明"存理灭欲"禁欲主义依违其间，颜钧以"大遂以聚民欲"为其理想社会的所寄，罗汝芳以"向民所欲"的担当精神作为施政方针。三人的民生思想虽有差别，但在关怀民生、满足人的欲望上是一致的。如何看待人的欲望是泰州学派民生思想的核心，是泰州学派让王阳明心学出现"风行天下"与"渐失其传"的缘由。日益增长的民生需求如何在社会许可的情况下得到最大程度的满足是古今中外思想家永恒探索的命题。泰州学派以欲望观为核心的民生思想的合理性是毋庸置疑的。

常新《泰州学派研究的省思与定位》（《船山学刊》2022年第3期）一文认为，泰州学派是阳明之后一个主要学术流派，在阳明生前逝后有着非常重要的影响。由于泰州学派成员地域分布广泛，学术思想驳杂，与"名教"所认同的"中行"相悖，自明晚期以来就受到理学内部的批判。在近现代学术研究中，泰州学派的学派归属问题存在分歧，另外由于特定的政治与文化背景，研究者往往将泰州学派视为近代中国思想启蒙的"先驱"，是与传统社会相决裂的"革命者"。但泰州学派并非理学的反叛者，而是理学内部对自身诸多弊端的批判者。

徐泽平《泰州学派的身体观探究》（大连理工大学硕士学位论文，2022年6月）一文指出，"身"在中国古典哲学中是一个内涵丰富的概念。泰州学派继承了先秦儒家以来成己成人的修身宗旨，通过对"身"与"心""物"关系的再诠释，在对宋明理学尤其是阳明心学扬弃的基础上，建立了较为系统的中国式身体观，在中国哲学史上产生重要的影响。故而，该文通过对王艮、颜钧、罗汝芳等人为代表的泰州学派思想中身心关系与身物关系的疏浚，细绎泰州学派思想中"身"的具体内涵、地位及其实践路径，以此分析泰州学派基于"身"的多层次诠释所欲建构的理想人格特征，并于此基础上探索其历史与现实意义。进而言之：首先，该文基于历史与逻辑相统一的原则，对泰州学派身体观所产生的历史背景与理论渊源的分析；其次，该文以王艮、颜钧、罗汝芳为切入点，一方面，通过对此三者有关身心关系与身物关系的探讨以更好地聚焦泰州学派"身"的内涵及其理论定位，另一方面以保全个体生命、身心兼重以及立身行道三个维度为主分析泰州学派"身"的实践路径；再次，基于"合内外之道"的方法论原则，探索泰州学派以"身"行道的理想人格特色；最后，在对泰州学派身体观全面把握的基础上，揭示出泰州学派身体观的思想史及现实意义。

（二）泰州学派学者个案研究

泰州学派的个案研究以王艮、王栋、王襞、林春、徐樾、颜钧、何心隐（梁汝元）、罗汝芳、杨起元、耿定向、李贽、焦竑、徐光启、管志道、汤显祖、周汝登（周海门）、陶望龄、赵贞吉、邓豁渠等人为代表。本书编写，权把"赵贞吉、邓豁渠"归入"蜀中王学"。

1. 王艮（附：王栋、王襞）研究

陈寒鸣编校《王艮全集》（上海古籍出版社2022年12月版）一书，以袁承业《明儒王心斋先生遗集》为底本，以《淮南王氏三贤全书》中《心斋先生全集》（《重镌心斋王先生全集》）、日本京都中文出版社《王心斋全集》（《王文贞公全集》）为参校本，精心编校整理，并辑入民国三十一年（1942）刊刻的《心斋先生学谱》等重要资料，是目前为止最为完善的王艮文集汇编。

陈源《王艮政治哲学研究——从心到身的转换》（华东师范大学硕士学位论文，2022年5月）一文指出，中国传统儒家义理一直有"本体—发用"的理论架构。该文也是按照"本体—发用"的逻辑展开对王艮政治哲学的研究。在王艮政治哲学中，良知和格物安身属于本体，政治思想和政治参与以及师道精神属于本体的发用。换言之，王艮的哲学思想属于内圣层面，而他的政治思想和师道精神则属于外王层面。相较而言，王艮对传统儒家的心性之学的关切是有所欠缺的，他更重视的是外王层面。所以不论是从外部探究王艮保身的原因，还是从内部义理来分析王艮保身的原因，王艮安身保身的目的就是实践他的政治理想，即由保全个体的吾身扩展到群体。

朱义禄《论王阳明与王艮、王襞之乐论研究》（《赣南师范大学学报》2022年第1期）一文认为，无论是梁漱溟的"和乐人生观"，还是李泽厚以"乐感文化"对中国文化定性，都离不开"乐"。这是宏观角度的把握。若从中观视野来剖析就会发觉，自孔子到王阳明、王艮父子的"乐"论，有着一个从具体到抽象、自理论到通俗、由外在的普及到内在的体悟的过程。伴随这一过程，"乐"的内涵，发生了由具体情感进到人生境界，再提升到本体论的行进。王阳明"乐是心之本体"说是行进中的核心。作为阳明后学的王艮与王襞，王艮对之做了通俗化的理解并贯穿到平民化教育中，王襞用内在的体悟去把握"乐"的本体，并引入了魏晋玄学"得意忘言"论，

说明体悟的必要性。无论是在理论层面还是实践层面，王阳明与王艮父子对乐论的探索都是相当深刻的，达到了他们那个时代难能可贵的高度。

朱晨蕾《王艮身本思想研究》（苏州科技大学硕士学位论文，2022年5月）一文指出，泰州学派作为明代王门后学中影响较大的学派之一，其独特性对我国思想史的丰富发展做出了巨大的贡献。身为泰州学派奠基人的王艮，其身本思想在整个学派的成长过程之中，发挥着推动和贯穿的重要作用。师从王阳明之后，他针对"良知说"和"格物论"等学说均有了自己的创见，在不同程度上继承与发展了王阳明的心学思想。王艮进而提出了"以身为本"的理论体系，对儒学的传统观念加以重释，将哲学视角转移至民俗社会，以凸显百姓的自我主体价值，从而开启了儒学平民化的新途径。前人对王艮身本思想的研究中，普遍只注意到了平民化特征或平民主义思想，研究范围也主要局限于王艮身本思想中的某一点加以阐述，对该思想缺乏系统化与全面化的梳理。首先，该文从王艮身本思想产生的时代背景与理论渊源入手，挖掘王阳明、道家二者与王艮之间产生的千丝万缕的联系。其次，在厘清儒家身体观基本内涵的前提下，结合王阳明的心学体系，从"尊身、修身、保身"三部分对身本思想展开具体阐释，并从整体上提炼出该思想的鲜明特点。最后，该文欲揭示王艮身本思想对现实多角度关系和谐发展所带来的指导价值；与此同时，身本思想也存在一定的局限性，导致了泰州学派在一定程度上又受到后人的误解和质疑。

张爱萍《王艮大人人格论的个体性向度研究》（新疆师范大学硕士学位论文，2022年6月）一文指出，理想人格论作为儒家哲学研究的重要范畴，既代表了传统儒者们毕生追求的最高精神境界，又代表了其一生思想的至善精华与思考总结。理想人格论不仅具备向内认识世界进路中思维、认识水平的总结，还具备向外改造世界，尤以经世致用为显要特色。王艮理想人格论以追求理想人格的"大我"化为主要指向，在人格培养路径中的直接表现就是个体性。王艮大人人格论的个体性向度以身本论为理论基础，旨在以自身根柢的确证从而实现"大我"人格主体性精神的挺立。王艮阐述尊身的存在意义，并将其与命、性、义相贯通，形成了身为本体与道德实践在形上、形下的紧密相联。而在保存此身光明的现实情况下，王艮又提出了安身的工夫，重视扩充实践路径，尤其体现在"孝""敬"和"人己互动"的道德实践中。王艮以尊身和安身实现了身本论在本末一贯和内外不失体系中的贯通。而在身本论向外在实践扩充的过程中，王艮主张通过"现成日用"将人格修养与现实当下相联结，以"性能易命""日用即道"为主要切入点，从而展开对良知现成性、"志"在成圣修养过程中的作用和百姓日用方面的论述，并以身为絜矩之道作为格物之则，以简易直截作为工夫要求，从而在省身、当下、认识的层面构建其大人人格论的个体性基础。这种以"身"为立本准则的大人人格论的培养，将后天的为学之思和道德实践内化于个体的自我意识之中，明确阐述了道德修养人主道辅的工夫次序，回应了确认主体人格尊严与价值的首要关切，聚焦天人、乐学关系以肯定人在知觉本能状态下良知良能的发显，充分彰显出主体意愿的突出和个体肯定意识的大人人格论个体性特征。面对现实问题的关照，王艮大人人格论的个体性向度旨在以大成圣学作为其师道主张的义理内容，以及建立在此基础上的政学关系互动和开展讲学活动的层次给予回答。对王艮大人人格论的个体性向度评价及当代价值的阐发，既要从理论价值和局限不足来评判其大人人格论个体性向度的得失，又要从现实维度发掘其思想对当今社会德性现状的参考价值，从而探明王艮大人人格论个体性向度的现代意义。

宋婉玉《王艮平民教育哲学研究》（山东大学硕士学位论文，2022年5月）一文认为，王艮的平民教育哲学思想作为一个比较系统完善的理论体系，发芽于处于社会转型时期的明朝中叶。这一时期虽然政治腐败，但经济发展却没有停下脚步。以此为契机，王艮的平民教育哲学思想得以诞生和发展，并经过王艮的后学，诸如王襞、颜钧及何心隐等人进一步的拓展和深化，形成了一套完整的理论体系。这一体系包含了平民儒学和平民教育哲学两大思想主体。平民儒学是王艮平民教育哲学的理论建构，平民教育哲学是在前者的基础上提出来的有关教育的相关理念，这两者是相辅相成的。在王艮生活的明朝中叶，虽然传统的官僚政治制度逐渐衰落，统治阶级腐朽不堪，但经济却有了显著的发展，士商逐渐合流，这也就促进了新思想的诞生。而由此导致的社会风气的上下流通，也开辟了知识传播的新渠道。面对如此的社会条件，平民意识也开始觉醒，他们自主地学习新知识，希望有所作为。另外，在这一时期，始于唐朝的书院，历经宋朝至明朝而臻于成熟，这进一步促使私人讲学的风气大为兴盛，为文化在不同阶层之间的传播提供了相应的载体。这几点是儒学得以平民化的主要条件。王艮平民教育哲学的思想基础分别是"日用良知"学说和"大人"学说。他的"良知"学说主要来自王阳明的思想，这一思想又包含"天理良知"和"日用良知"两部分内容。"天理良知"是体，"日用良知"是用。"日用良知"是王艮所着重强调的思想，其主要是指"良知"是实实在在存在于百姓日用生活中的。王艮所谓的"大人"是人人都可以成为的，并不是过去一般意义上的"大人"。他的这一思想主要来自孟子和王阳明的"大人观"的结合，并将其进一步发展。"大人"学说主要包含"正己""身""造命"三方面的内涵。总之，在思想上，王艮把处于形而上的"天理"以"日用良知"的方法拉近到百姓的生活中，并加以"大人"观的谆谆教诲，掀开了儒学平民化的进程，为他的平民教育哲学奠定了理论基础。王艮的平民教育哲学理论主要包含五大方面：在"教育学风"上，他主张"有教无类"，强调"不以老幼贵贱贤愚，有志愿学者，传之"的观点；在"教育态度"上，他主张"简易乐学"，认为先贤思想中最深奥玄微的是"简易之道"，同时他也认为体悟"乐"是达到"圣人之道"的必要条件；在"教育思想"上，他主张"即事是学"，认为"百姓日用即道"，要在"百姓日用"的小事中当下进行学习，在"家常事"中去学习做人的道理；在"教育方法"上，面对"百姓日用而不知"这一现象，王艮提出了以"先知觉后知"和"自觉自学"两种应对方法，认为"人之天分有不同，论学则不必论天分"强调后天学习的重要性和必要性；最后，王艮说出了他的"教育理想"，那就是"人人君子，比屋可封"，他认为要实现这一理想社会的基础就是能够推行德行，上行而下效之。经过上述理论框架的构建，王艮完成了他的整个平民教育哲学体系。王艮的后学在平民教育哲学思想上也有所继承与发挥。王栋继承了王艮"有教无类"的思想，并进一步提出了"反身乐学"的观点。王襞继承了王艮"百姓日用即道"的思想，并在此基础上提出了"自然之谓道"的观点。颜钧提出了"纯任自然，便谓之道"和"老安少怀"的观点。何心隐提出了"老者相安，朋友相信，少者相怀"的观点。王艮的后学大多在王艮的平民教育哲学思想的基础上进一步发扬光大，使其思想得到了传播和普及。以"平民儒学"思想为基础，王艮进一步提出了平民教育哲学的观念，这一思想和其身体力行的做法，对于明朝及后世都具有突破性的意义。总而言之，王艮本人和泰州后学的平民教育哲学理念，及其提出来的一系列主张和建构，促进了晚明时期儒家学说的下移，对平民教育的发展具有十分重要的作用。

胡发贵《王艮"明哲保身"说的历史叙事》（《社会科学战线》2022年第8期）一文指出，"明哲保身"是明代思想家王艮竭力提倡的概念。从历史的视域来考察"明哲保身"说，可以发现这一主张背后所隐伏的丰富的历史信息和社会状貌，它们共同酝酿、结蒂出"明哲保身"论。换言之，这一主张宛如一面棱镜，在历史的叙事下，分别呈现出明代仕宦的风险、家族利益冲突下的遗孤之虞、灶民的悲惨境遇。它们或微观、或宏观，但都指向了历史的真实和历史的细节；在此历史的镜像中，不仅有利于更好地理解"明哲保身"这一观念本身，也有利于更深入、更真切地把握王艮思想的平民性和人文性。

2. 徐樾研究

徐春林、袁栖迟《明儒徐樾生平与学术思想初探》[《贵阳学院学报》（社会科学版）2022年第5期]一文指出，泰州学派一传弟子徐樾是泰州学派承前启后的关键性人物。首先，依据原始一手资料，较为详细地考索了其生平、家世、著作；其次，从本体、工夫和修养路径三个重要面向阐发了徐樾的学术思想；最后，简要阐述其重要的学术贡献及影响。深入研究徐樾生平与学术思想，对于澄清和阐明心学发展史，特别是泰州学派发展史有着重要意义。

3. 颜钧研究

钟华《颜钧性命践履之学探析》（《朱子学研究》2022年第1期）一文指出，颜钧的思想直承王艮、徐樾，下启罗汝芳、何心隐等，是泰州学派中承上启下的关键人物。他的"制欲非体仁""放心体仁"等思想在宋明理学史中具有重要意义。

钟华《颜钧性命践履之学研究》（湖南大学博士学位论文，2022年3月）一文指出，黄宗羲说："泰州之后，其人多能以赤手搏龙蛇，传至颜山农、何心隐一派，遂复非名教之所能羁络矣。……诸公掀翻天地，前不见有古人，后不见有来者。"黄宗羲绘声绘色地描述了颜钧（山农）诸贤气象，并给予如此崇高的评价，这在一部《明儒学案》中实不多见。这一评述引起中国思想史研究者极大兴趣和特别关注。但长期以来黄宗羲的这一评述却得不到印证，原因是关于颜钧这一主角的"剧本"——有关颜钧的第一手思想资料一直未曾面世。20世纪90年代颜氏后人颜学恕先生将颜钧遗著捐献给中国社会科学院历史研究所，著名学者黄宣民先生将之精心整理成《颜钧集》加以出版，使得学界能够见到颜钧思想的"真容"。然而，研究颜钧思想是非常有难度的。难度主要来源于三个方面。第一，来自文字梳理的困难。虽然说颜钧思想有民间化、世俗化的特点，但颜钧的文字写作全没有宋代以来类似《朱子语录》那种平易明白的风格；相反，却是极其艰深晦涩，乃至佶屈聱牙的，并且他自有一套独特风格的语言体系，难以常理解析。第二，难以理解的文字背后的深层原因是思维模式的障碍。通常学理研究运用的是理性逻辑思维。然而，心学家的文字从心中流出，他提出的概念往往为了描述对心灵境界的体悟以及指示达到这种境界的方法，它不是一种纯粹的逻辑思辨，因而单从理性思维的方式入手研究不能直接进入心学家的心灵境界。今日学者通常以"神秘主义"概括之，这是由于研究者是从外部研究的原因，在心学家自己那里，认为这是当然而然，并不存在什么"神秘"。第三，历史上对颜钧思想的理解与研究有极大的反差，其原因：一是由于学派立场不同所形成的"意见"之风的弊端；二是由于时代的局限。为澄清一位思想家思想的本来面目，对存在的干扰因素应指出其根源所在并加以排除。《颜钧集》出版后，学术界对颜钧的思想研究跳出了历史上理学与心学之争的圈子，更加趋向于对其思想特点进行描述，学者大致将颜钧思想的特点归纳为：神秘主义特点与民间宗教性，悟道、修道与传道的特质，平民性，简化性，平实性，道德化的社会理想，扮演的社会角色，等等。总之，学者的讨论已不再囿于以往学派的立场，这当然是一种优点。但由此带来另一个缺点，即脱离了从思想史发展脉络看问题，无法判断颜钧在思想史发展脉络上的环链节点和思想贡献。该文认为，一部思想史，可以说是一部中国精神现象学史，又是一座中国的精神殿堂，历史上各思想家都在为这座精神殿堂添砖加瓦，看一个思想家的贡献，就是要看他为这座精神殿堂增加了什么新的内容。宋明时期的"性命之学"上承孔孟思想，所探讨的是宇宙人生的终极性意义，但它并不是虚幻的精神花朵，它要向人间落实，接受社会的检证。从宋代理学的发展阶段，到明代心学的发展阶段，再由精英之学向民间儒学的转换，这些都不是偶然的事件，而是在思想史律动中有它自己所需要解决的问题。只有在这个思路上思考问题，才能使得我们这个特定的课题——颜钧思想研究能够取得深入的进展。论文的创新在于采用了"性命之学"这个全新的视角，在儒家心性问题的整体领域中观察颜钧思想的特点，在一以贯之的心学脉络中分析颜钧"性命之学"由内部证悟向外部实践展开的逻辑，并对他思想呈现的一些特点的深层原因予以解答。颜钧思想本是以"性命之学"立宗的。若离开儒家"性命之学"传统的视域，以及颜钧身处的时代所面临复杂的思想环境，我们很难看出颜钧思想真正的价值与贡献。从"性命之学"的角度切入，在儒家"性命"问题的大背景中看待，才能够发现相较于纯理论"性命"概念的思辨，颜钧的性命之学偏重于实证"性命"实践。因而该文以"性命践履之学"为标题概括颜钧思想的特点。颜钧论"心"基本是对孟子、陆九渊、王阳明、王艮思想的继承与发挥。相较于阳明包罗万象可通一切事理、物理、伦理等方面的"心"本体，颜钧的心学涉及面相对狭窄，只是着重发扬伦理方面。他的心学旨在发挥人身之中"心"的作用以明"德"，以变化气质，消除人伦之间的障碍，使得道可以运化人世。颜钧接受了阳明"心"本体的思想，但他以"心"本体的理论与实践来落实人伦日用之道。从人伦实践方面来说，颜钧是阳明后学中难得的实践派。该文认为，颜钧在性命观上主张"御天造命"，具有强调人的主体性和主动性的鲜明特点，但学界并无人将"御天造命"当作一个重要的"问题意识"加以探讨，这是一个较大的疏漏；颜钧提出"神莫"的新概念与传统的"性情"概念相对待，对人的思维意识活动的类型有较深入的分析和认识，对照西方心理学的"潜意识""无意识"概念来看，这是颜钧对中国思想史的一个重大贡献；颜钧提出"豁然顿悟"的"七日闭关"修持工夫，欲使"顿悟"思维的获得具有可操作性，并将此方法向社会学人推广。学术界一向默认"顿悟"并无可操作性，颜钧此一说法的对错另当别论，但颜钧这样提出问题至少有保留讨论的价值。以上这些都可以看作颜钧在中国思想史上的贡献。正因为如此，该文主张，应该为颜钧思想在中国思想发展史上争一席之地。

4. 何心隐（梁汝元）研究

赵金刚《何心隐"友伦"诠释的哲学维度及其现代意义》（《哲学动态》2022年第4期）一文指出，何心隐抬升"友伦"在五伦中的地位，认为经由"友伦"成立"孔氏家"可以促进五伦的整体实现。何心隐对友伦的论述，不能仅从实践意义上来看，还要看到其背后的形上学向度。一方面，他从"拟天地之交"的角度来诠释"友伦"的重要性；另一方面，其对"友伦"的诠释内在于阳明学乃至泰州学派"万物一体"的思想结构当中，"万物一体"才是何心隐乃至整个泰州学派对朋友关系论述的理论根基。特别是，只有注意到了"万物一体"与"友伦"的关联，才能将何心隐的论述与从绝对的个体出发而建立的朋友关系区分开来。何心隐的"友伦"叙述关切到晚明人与人之间由于流动性增强而出现的陌生化倾向，基于"万物一体"的哲学前提，为陌生人之间交往的"再伦理化"，以及从中开显出当代儒家解决陌生人伦理提供可能。

张春楼《何心隐思想与实践对当代中国乡村治理的启示》（《淮阴工学院学报》2022年第2期）一文认为，何心隐积极传承泰州学派创始人王艮

"百姓日用即道"之学，构建以"和"为核心的思想体系，倡导人应"尽性节欲"，主张君主圣贤与民同欲，抬升朋友之伦，直击"爱有差等"成见；创建"聚和堂"，创造性推行中国式乌托邦思想试验，落实"聚和"精神，贯彻"原学原讲"理念，实施社会变革。聚和思想内涵丰富，是集聚平等性、开放性、独立性、批判性和实践性特征的集成创新。何心隐理论与实践对当代中国乡村治理蕴含着积极而深刻的启发意义。

5. 罗汝芳研究

陈寒鸣《罗汝芳学谱》（孔学堂书局2022年10月版）一书，以时为序，通过翔实资料展示了阳明后学罗汝芳的学思历程、思想宗旨及包括从政在内的人生实践，有助于我们更为直观地认识谱主罗汝芳其人其学。罗汝芳是晚明时期与王龙溪并提的阳明学宗师，是泰州学派最重要的思想家，其学以"求仁"为宗旨，以"孝、弟、慈"为核心，以提振人性、醒民化俗为目的。此一内容，在《罗汝芳学谱》中有着完美的呈现。

张新民《"求仁"实践工夫的社会化开显与落实——〈罗汝芳学谱〉序》[《东南大学学报》（哲学社会科学版）2022年第2期]一文指出，罗汝芳乃泰州学派发展至顶峰的重要代表性人物，其"求仁"思想既重悟觉又重践履。一方面强调内证自修工夫并形成了一套心性学的义理系统，另一方面也重视外在绝对主体实践而包裹了一层社会文化的形态特征。他是知识精英与庶民大众的沟通者，也是大传统与小传统两种文化的整合人。透过他一生心路跋涉历程及话语言说主张，也能一窥泰州王学共同的价值诉求与思想理论特征。该文所论题域甚广，主要涉及八个方面。一是王艮与颜钧：两位泰州学派的先驱。二是制欲与求仁：艰难的心路跋涉历程。三是归宗性地：人天一体境界的开出。四是觉悟与实践：真谛与俗谛的彻底打通。五是以学为政：乡村社会秩序的建构。六是儒学下乡：基层教化实践活动的开展。七是明明德于天下：民间社会秩序建构的代言人。八是理想与关怀：《罗汝芳学谱》的现实意义。

周进《调适上遂与破除光景——圆教模式中的罗近溪思想研究》（华东师范大学硕士学位论文，2022年5月）一文指出，以罗近溪对孟子之"践形"说的阐释，作为理解圆教问题的切入点，具体而言，是将德福一致之圆善转换为更加切题的心身之谐和。如此转换的根据，是因为就宋明儒学的义理架构而言，"心—身"之架构可以通贯工夫论的体系与宇宙论的洞见。为证成此观点，该文首先通过对道统的回溯，表明圆善之境是宇宙论意义上的心身之谐和，即"色心不二"的圆成境界；其次，通过对阳明学之良知本体的阐释，表明应该以非本质论的视角作为圆善之可能性的理论依据；最后，通过对工夫论问题的讨论，以"德润身"这一根源性的智慧为基础，证明圆教的实践性，进而证明圆善何以是纯粹实践理性的必然对象。

鹿博《明末王学"人"的走出与"学"的分流——以近溪一脉师承流变为中心的考察》[《贵州大学学报》（社会科学版）2022年第1期]一文认为，局限于王阳明亲传弟子的阳明后学研究不足以反映明末王学演化、分流之全貌，由罗汝芳开创的"盱江一脉"在晚明清初思想界具有广泛影响力，对近溪一脉"人"之流动与"学"之传承的梳理和研究可为晚明王学分化乃至明清学术转型的探讨提供重要线索。整体言之，就师承来说，近溪一脉虽"善无常主"，但总体精神不离泰州经世风貌；就思想传承上讲，近溪孝弟慈之教在其后学中得到普遍宣扬，然"性命真诠"却为其再传弟子吴道南摒弃。这一转变正突显了明清之际儒者对待心性之学的反省、重构之思。

张蒙《罗汝芳道德修养思想及其对加强大学生品德修养的启示研究》（天津师范大学硕士学位论文，2022年6月）一文指出，罗汝芳是中晚明著名的哲学家、教育家、文学家，阳明后学的代表人物之一。罗汝芳一生中主要扮演了两个角色，即书院教师和朝廷官吏。无论是处于居家治学中，还是身在宦途，罗汝芳都以化民成俗、扬善止恶为己任。在罗汝芳看来，从当朝执政者到士人乡宦，再至普通民众，能够真正唤醒人心的唯有道德。罗汝芳在实践中形成了既具理论性又具实践性的道德修养思想。通过对罗汝芳道德修养思想的深入研究，发掘其中蕴含的优秀资源，以期对加强大学生品德修养提供有益启示。

唐东辉《罗汝芳的乡约思想及其当代价值》（《原道》`辑刊，2022年卷）一文指出，罗汝芳的乡约思想，是在明代前中期乡约发展趋势的时代背景下产生的。这种时代背景，一是乡约职能从民间教化向官府职役转变；二是乡约组织与其他基层组织相互融合；三是乡约规条从吕氏四条向圣谕六条转变；四是乡约手段从以德礼为主向以政刑为主转变。罗汝芳的乡约思想既有时代烙印，又有其作为儒者的坚守：前者是指他顺应乡约发展趋势，在乡约组织上融保甲和义仓于乡约组织，在乡约规条上以圣谕六条为核心，并以圣谕六条统摄吕氏四条；后者是指他作为一代大儒，坚守儒学德礼教化的基本立场，在乡约手段上从政令刑罚回归道德礼乐，在乡约仪式上注重寓教化于乡饮酒礼。罗汝芳的乡约思想对当代中国的乡村治理现代化具有积极的借鉴价值：一是以民主参与和组织建设推动乡村自治；二是以道德教化和制度建设促进乡村德治；三是以道德教化和普法宣传助力乡村法治。

邹建锋、刘丹主编的《罗近溪文献辑刊》（10册，巴蜀书社2022年6月版），系阳明学者罗汝芳的文献汇编。其目录如下：

第一册：《近溪罗子全集》（一）《近溪子集》六卷，［明］罗汝芳撰、耿定向等评编，明万历间刻本。

第二册：《近溪罗子全集》（二）《罗先生诗集》二卷、《罗近溪先生语要》二卷、《近溪子续集》二卷，［明］罗汝芳撰、耿定向等评编，明万历间刻本。

第三册：《近溪罗子全集》（三）《近溪罗先生一贯编》七卷、《近溪子附集》二卷，［明］罗汝芳撰、耿定向等评编，明万历间刻本。

第四册：《近溪子集》（一）《礼卷》《乐卷》《射卷》《御卷》《书卷》，［明］罗汝芳撰，明万历十六年建昌知府李膂刻本。

第五册：《近溪子集》（二）《数卷》，［明］罗汝芳撰，明万历十六年建昌知府李膂刻本；《罗明德公文集》（一）首一卷、卷一至卷二，［明］罗汝芳撰、罗怀智汇编，明崇祯五年罗氏刻本。

第六册：《罗明德公文集》（二）卷三至卷五，［明］罗汝芳撰、罗怀智汇编，明崇祯五年罗氏刻本。

第七册：《罗近溪先生集》一卷，［明］罗汝芳撰，清康熙五经堂刻《广理学备考》本；《罗近溪先生语要》二卷，［明］罗汝芳撰、陶望龄辑，明万历二十八年何光道刻本；《孝经宗旨》一卷，［明］罗汝芳撰，明万历三十四年绣水沈氏尚白斋刻《宝颜堂秘籍》本；《孝经宗旨》一卷，［明］罗汝芳撰，明崇祯四年程一础闲拙斋刻《孝经古注》本；《孝经宗旨》一卷，附《孝经引证》一卷，［明］罗汝芳撰、杨元起撰，日本承应元年五伦书屋翻刻明本；《大明通宝义》一卷，［明］罗汝芳撰，明万历二十四年董裕刻本；《盱坛直诠》二卷，［明］罗汝芳撰、曹胤儒编，民国间刻《复性书院丛刊》本。

第八册：《近溪罗先生一贯编》（一）卷一至卷五，［明］罗汝芳撰，明万历间长松馆刻本。

第九册：《近溪罗先生一贯编》（二）卷六至卷十一，［明］罗汝芳撰，明万历间长松馆刻本。

第十册：《近溪子明道录》八卷，［明］罗汝芳撰，明万历十三年詹事讲刻本。

6. 杨起元研究

2022年，不见研究杨起元的论文。

7. 周汝登（周海门）研究

王格《溯求正统：周汝登与万历王学》（上海人民出版社2022年1月版）一书，以阳明学派学者周汝登为核心，对周汝登生平事迹等进行较为全面的梳理与归纳。在此基础上，就周汝登与以王畿为代表的浙中王学，王艮、罗汝芳等为代表的泰州学派，以及以当时其他思想文化脉络的关系，进行了较为细致的梳理。

陈时龙《周汝登与徽州府讲学》(《中国区域文化研究》2022年第1期)一文指出，作为晚明的阳明后学，周汝登的讲学一向局限于浙东一带，万历三十二年往徽州婺源主讲六邑大会之行，是他少有的为讲学而远程旅行的赴会之举。他在徽州前后停留十四天，在婺源及歙县诸地停留，即途次亦不辍讲学。在朱熹的家乡，尽管其讲学中对朱熹的思想有所观照，但周汝登讲学的核心还是"心学"。不过，周汝登的讲学只是围绕着自心、反思等概念发论，缺乏概念分疏，与会众并不合拍，未能耸上听众。这说明阳明后学于数传之后，其思想见解不再有心学萌起时的创造性和吸引力。周汝登的思想极具个人特色，但创新不够，与晚明以东林为代表的回归程朱的时代思潮则渐行渐远。

8. 陶望龄研究

龚开喻《陶望龄生死观的五个面向》(《价值论与伦理学研究》辑刊，2022年卷)一文指出，相较于宋代理学将生死议题归诸佛、老的观点，陶望龄广泛征引儒学经典，证明生死的议题是儒学本有的内在向度。他以临终时坦然、不散乱作为得道的标志，并以此践行德性工夫。在这个根本追求下，他试图会通儒、释，并有意识地亲师取友，以互相启发、鼓励。他的生死观是向女性开放的，他认为女性也可以通过学习和践履达到了脱生死的境界。

周雨《陶望龄文论研究》(扬州大学硕士学位论文，2023年5月)一文指出，明中后期阳明心学影响深远，心学与文学交互作用，很多当世文人也是心学学者，研究思想领域与文学领域的互动是学界关注的热点问题。晚明士人陶望龄是公安派的重要成员，创作上主张独抒性灵。他的文论观点颇具代表性，在心学思想上深受浙中王门的濡染，也传承泰州学派以"身"为本和任情的思想，泰州学派以"狂"为审美归趣，在陶望龄文论中表现为对"偏"的倡导。该文从心学与文学交互影响的角度出发，探讨陶望龄在文学本体、创作主体、语言表达等方面的文论观点，进而探讨其文论的地位和影响。

9. 陶奭龄研究

2022年，学界不见研究陶奭龄的论著。

10. 刘塙研究

2022年，学界不见研究刘塙的论著。

11. 耿定向研究

徐倩《刘元卿对耿定向"天台一派"的承继与传扬》（《扬州教育学院学报》2022年第3期）一文指出，耿定向是晚明学界重要人物，学术上以"不容已"为核心建构"三关四证"心学体系，被黄宗羲称为"天台一派"。刘元卿学术上承继并发挥"三关四证"之说，确立"不容已之仁"的求仁之学，认为"仁"深植于人心之中不容思虑、自自然然存在。刘元卿秉承明后期的讲学之风，在讲学中宣传阳明心学与耿定向之学，将耿师之学的影响进一步扩大，甚至通过基层讲学，将"天台一派"的学术深植于西乡教育，成为"天台一派"事实上的中坚之一。

12. 李贽研究

2022年学界的李贽研究，集中在李贽生平事迹研究、"童心""真心"思想研究、文学艺术思想研究、李贽思想综合研究与李贽著作文献研究。

（1）李贽生平事迹研究

陈恩维《李贽、利玛窦的交友与晚明中西友道互鉴》（《东南学术》2022年第5期）一文指出，李贽与利玛窦的交友，是晚明语境中东、西方文化巨人跨越文化藩篱的"异人"之交。二人对于朋友的性质、类型和功用的认识存在诸多契合，但李贽交友论主要受泰州王学左派的影响且以儒家异端自居；而利玛窦的交友论主要来自欧洲古典友爱观和神圣友爱观，但采取了合儒的策略。李贽生前给予利玛窦足够的理解和帮助，但利玛窦对于李贽之死，却经历了从同情、中立到庆幸的明显态度变化。李贽和利玛窦的交友过程，反映了中、西方友道思想在晚明语境中的艰难曲折的交流互鉴。

（2）李贽的"童心说""真心说"研究

刁雪《李贽"童心说"研究》（大连理工大学硕士学位论文，2022年4

月）一文指出，李贽作为明后期杰出的思想家、心学左派的继承者，其思想集儒、道、释三家为一体，在中国哲学史上占据着独特的地位。在李贽的诸多哲学思想当中，"童心说"尤受各界关注。"童心说"虽然是李贽的文论思想代表作，但其内涵不局限于文学观方面。事实上，"童心"思想是李贽用以批判理学道统、假道学的工具，也是贯穿于李贽哲学思想各个方面的核心概念。该文主要对李贽哲学中的"童心"思想进行分析与研究，深入探究"童心说"的哲学内涵。首先在历史背景和理论渊源方面，李贽的"童心说"诞生于明代中晚期假道学盛行和资本主义萌芽出现的历史大背景下，其思想来源丰富，包括阳明心学、佛教哲学和老庄道家哲学。在"童心说"的理论内容方面，从李贽对于"童心"这一概念的界定入手，掌握"童心"的基本含义。通过对"童心"与其他相关的传统伦理概念进行结合分析，论述伦理社会视域下"童心"的具体内涵，进而探究"童心"思想当中蕴含的启蒙思想。"夫童心者，绝佳纯真，最初一念之本心也。"李贽对"童心"概念的界定主要在"本心""初心"和"真心"，即本源性、先天性及本真性三个方面。"童心"这一概念在李贽的行文语境中，是判断"真人假人""真文假文""真假道学"的工具，落实于现实世界的伦理社会中则是作为一种价值判断标准存在的，其最终目的都指向对个体"自然之真"人性的推崇。"童心说"意图表达的对个体性的推崇也具有近代人文主义倾向的启蒙意蕴。从根本上来说，"童心说"并未跳出中国传统儒学重视社会伦理、以"心体"为本的哲学思路，因而是在传统儒学框架中的一种较为激进的自发改良思想，作用在于造成对当时和后世社会的思想冲击，引发对封建礼教统治下的社会的激烈批判。但从"童心说"本身来看，不论是其具体内容还是论证思路，其实都对今日社会极具启迪之益。

　　房霖原《李贽"童心说"与孟子"性善论"比较分析》（《作家天地》2022年第17期）一文指出，李贽思想核心"童心说"包含着肯定人人平等，追求去假存真的思想，对明晚期文学思潮方面产生了深刻的影响。与孟子"性善论"相对比，清晰体现出李贽思想中对儒家传统思想的借鉴和反叛。

（3）李贽文学艺术思想研究

郝艳燕《试论李贽散文的语言风格》（《文化创新比较研究》2022年第2期）一文指出，李贽的散文重在表达自己的观点，体现个人的情感，具有论辩性强、形式活泼的特点，在语言风格上表现得既浓烈豪放又自由随意，这种语言风格是形成李贽散文个性风格的重要方面。

于婧《李贽"以狂释真"的文学创作观念与实践》（《黎明职业大学学报》2022年第4期）一文指出，李贽"以狂释真"的文学创作观念及创作实践对后世影响深远。"狂禅精神"及以"童心说"为代表的崇真文学观念互相交织，形成了李贽文学观的重要特色，即童心是狂禅的内核，狂禅是童心的外显。李贽的文学批评和文学创作秉承了"以狂释真"的理念：李贽终其一生为崇真的价值观与道学中人进行了激烈辩驳；他为戏曲、小说等民间文学正名，使之登上大雅之堂。在创作中，李贽不拘格套，展现出极强的个人创作特色。

苏利海、孙纪文《李贽的"大人"之学与"快乐"诗学——兼议李贽诗学的"现代性"特质》（《晋阳学刊》2022年第4期）一文与传统学界将李贽诗学归为"童心说"不同，从李贽"大人"之学入手，溯源其心性锤炼历程，梳理出"快乐"诗学的特质。对此特质，分别从主体性与价值两个角度探讨：一是独立不惧的"大人"形象的树立；二是平易自然的"化工"风格。李贽有着自觉地追求自由、独立的主体意识，同时在诗学表达上不尚典、不雕琢、不求载道，这与晚清的"诗界革命"、五四的"新诗革命"皆有贯通之处，具有了"现代性"的特质，故对其诗学价值更应放置在传统与现代文学的"长时段"演变中去发掘。

杨遇青《晚明诗学中的主体质素论述及其演生过程——从李贽的"二十分识"到公安派的尚趣重学》［《四川大学学报》（哲学社会科学版）2022年第4期］一文指出，从"童心说"到"性灵说"，文人主体性规定发生了深刻变化。李贽的"才胆识"三要素说重视写作主体的独立识见与批判能力，而袁中道以李贽三要素说为基础，把袁宏道万历二十五年的唯趣说和万历二十七年以后重学问的倾向加以整合，归纳出性灵主体的"识才学胆趣"五要素，形成了以"尚趣"和"重学"为特色的新论述。"尚趣"是袁宏道漫游吴越时从自然山水中获致的生命体验，"重学"是其任职北京时从宋人别集和禅学实践中生成的诗学经验。把尚趣与重学的倾向统一起来，赋予性灵主体以崭新意义，这是公安派对性灵诗学的重要拓展，也展现了此期诗学演进的深层逻辑。

毛长森《李贽文学创作论与其文学实践的关系研究》（青岛大学硕士学位论文，2022年6月）一文认为，李贽文学创作论主要由三部分内容构成。其一，李贽在一些专论文学或文章学的散文中集中讨论了文学的创作问题，且给出了一些纲领性的意见，例如以"童心"为文学创作的前提，秉持一种绝假纯真的创作态度，以"发愤"为创作动机，不愤不作，不矫揉造作。其二，李贽对于当时流行的戏曲小说作品做了大量的评点工作，其中包含李贽关于文学的思考与主张。这部分内容较多，也是构成李贽文学创作论的主要内容。在此李贽对文学创作工作提出三点要求：首先，作者要取材于现实；其次，叙事情节要自然顺性，不可为文造情，以"化工"作为叙事性作品的审美标准；最后，李贽认为戏曲小说同样可以发挥"兴观群怨"的政治教化功能，且好的作品要寓理于情、以美育人。其三，李贽就如何创作论辩文也给出一些意见，例如"就他城池"之法（找到对手文章中的矛盾，然后借此瓦解对方的论点）。但这一部分内容很难融入李贽一般的文学创作论，且李贽的确按此方法创作了一定数量的论辩文。这些文章都带有明确的功利性创作目的。虽然李贽对于文学创作的功利性问题具有辩证的看法，但这也加剧了李贽文学创作论与文学实践之间的复杂关系。李贽在五十六岁以后所创作的诗歌（体量占其诗歌创作的大半），大部分作品突破了格律诗形式上的束缚，自由奔放，风格独特。因此李贽诗歌呈现出通俗易懂、不拘声律、重情抑景的特点。李贽所创作的诗歌基本践行了他的文学创作理论，能够做到直抒情性、绝假纯真、发愤而作。李贽的散文创作丰富多彩，同时也复杂多样，既有理论与实践相统一之处，也有不和谐、甚至对立之处。李贽文学创作论一再强调"迩言"的重要性，他的散文创作同样贯彻了这一主张，呈现出语言简洁、通俗易懂等特点。但李贽的散文创作又常常带有明确而具体的社会功利性目的，这与李贽倡导的"真"与"自然"的创作原则与审美标准有所冲突。所以散文创作的功利性问题就成为李贽散文与其文学创作论关系复杂的主要原因。李贽本人的主体意识与其全部社会活动（以文学创作活动为主）本质上决定了李贽文学创作论与其文学实践之间的关系。因为李贽的主体意识与其全部社会活动都是在一定的历史环境中展开的，所以当时的特定历史环境对李贽思想与行动都产生了重要影响。受此影响，李贽在文体观上持一种杂文学观念，这种相对复古的文体观与激进的文学创作观之间容易产生冲突。另因文学创作活动作为社会活动的一部分，而社会活动往往带有向善的功利属性，所以李贽的文学创作实践必然涉及社会功利性问题，致使他并未完全践行自己的文学创作论。

（4）李贽思想定位及其综合研究

张谦谦《荣格分析心理哲学"自性化"视域下的李贽思想研究》（山东大学硕士学位论文，2022年5月）一文接续近百年来中、西方学术界对李贽的研究，以李贽学术思想个性的特征作为突破口，探索其思想张力背后的心理因素。美国研究中国思想史的著名学者狄百瑞对李贽的研究得出了"极端个人主义者"和"私人的或消极的个人主义者"的结论，虽然能在某种程度上揭示李贽思想的个性特征，但是不足以把握其深层内涵，并且"个人主义"的标签也过于狭隘；而如果我们能够保留此关注李贽独特个性的视角，改以荣格"自性化"这个本身与中国哲学有着深刻渊源同时又涵摄了大量现代心理学研究成果的学说来观照李贽思想，便会在相应领域内取得更深刻的认识。

刘颖思《吉田松阴对李贽生死观的接受研究》（西华大学硕士学位论文，2022年4月）一文认为，李贽是晚明时期杰出的启蒙思想家、文学理论家，生与死是他关怀的核心问题之一。幕府末期维新思想家、诗人吉田松阴在日本是一个家喻户晓的人物，为实现倒幕维新，年仅29岁就被幕府处以死刑。在他去世前一年，李贽的《焚书》《续藏书》给身处幽囚的他带来了极大的心理安慰，吉田松阴自言《焚书》促使他对生死问题产生了新的认识。目前国内外学界对吉田松阴对李贽生死观的接受研究，多集中于哲学思想层面，少见有从文学影响角度来论述。该文通过史料的收集与整理，运用文献研究、比较研究、接受研究、跨文化传播等研究方法，以吉田松阴的汉诗为研究对象，系统考察吉田松阴对李卓吾生死观的接受情况，进一步加深李贽对江户日本影响的研究。

王宝峰《侯外庐学派的李贽思想研究》［《宝鸡文理学院学报》（社会科学版）2022年第4期］一文指出，以"发掘"为方法论总体特征，"侯外庐学派"的李贽思想研究，典型地表现了"纵通"与"横通"并重、文献与概念皆精、正统与"异端"共举等三个侯派中国思想史研究方法论特点。继承并发展侯派"批判性继承与创造性发展"这一研究路径与特质，对于创新世界眼光、学理"合法"的中国思想史方法论研究，具有重要的学术价值和现实意义。

（5）李贽的女性观研究

陈晓杰《李卓吾的女性观与明代社会——以"出世丈夫"为线索》（《文史哲》2022年第5期）一文指出，在近代学术研究中，李卓吾因其思想"离经叛道"而受到广泛关注，并形成了迄今仍然占主流的李卓吾解读研究的"解放史"观路径。细致地考察其女性观，可以对上述主流观点提出质疑与批判。李卓吾大加称颂学佛女性为"出世丈夫"，他心目中的"大丈夫"形象，依然是传统社会所设想的"理想男性气质=自立、志向远大"，他又将"无法自立""优柔寡断"等负面特质赋予"妇人女子"，这虽然超越了单纯以生理性别划分高下的看法，但并未改变他对"男性气质"的推崇。李卓吾所描绘的孔子形象显示，其"出世"概念指人要学道就当出游四方以求道友，然而在当时条件下能够出游的只可能是衣食无忧的士大夫男性而已。李卓吾并未意识到，自己的主张看似超脱流俗，但其实与传统社会分工"男主外、女主内"的理想图式不谋而合。

（6）李贽著作与文献研究

傅秋涛点校的《李卓吾批评阳明先生道学钞》（中国社会科学出版社2022年10月版）一书，是李卓吾选编王阳明政论类文章加以评点而成。该书包括两部分。其一是王阳明本人的文章,前两卷为论学书、杂著书,主要收入王阳明早年在北京做官时与朋友往还的书信;第三至七卷为龙场书、庐陵书、南赣书、平濠书、思田书等。其二是李卓吾所编的年谱,系李卓吾主要根据王门弟子所编的旧谱进行改编,同时增加了大量时人的评论、笔记,选择性地突出了王阳明作为政治家、军事家、实践家的形象。《李卓吾批评阳明先生道学钞》的编成,大大提升了阳明著作的可读性;李卓吾的评点使王阳明的政治思想和实践的精华得到突出的表现,突出了王阳明政治哲学中的亲民思想、法治精神与权力意识。

方新蓉《李贽评选〈坡仙集〉平议》[《西华师范大学学报》(哲学社会科学版)2022年第3期]一文指出,李贽评选的《坡仙集》在明代苏轼诗文的传播中起到了重要作用。《坡仙集》实为文集。李贽评语构成方式多样,有"○"和"、"圈点符号,有题下评语、文中评语、文后评语。李贽评语分布不均表明评语在形式上的兴之所至、有感而发。李贽在评点时重自我愉悦与自我宣泄。评语感情色彩浓厚、字词重复率高。评语内容涉及对文章写法的评判、对苏轼人格的称赞和遭遇的同情、对道学的批判等方面。

李旭洲《李贽〈道古录〉研究》(西北大学硕士学位论文,2022年6月)一文认为,《道古录》是李贽晚年"四书学"专著。该论著以《大学》《中庸》为核心文本,提出以"诚"为核心观念的道学思想。该文的第一章、第二章分别对研究现状、时代生平、思想渊源、《道古录》成书由来等内容进行了考察梳理。第三章以本体论、工夫论、境界论为视角,围绕"诚"本体、"诚之"工夫、"至诚"境界三个方面内容来分析《道古录》的哲学思想。第四章指出《道古录》具有以《大学》《中庸》为主要依据、以人为核心,以"诚"为贯通、融合佛道、崇尚平等这三个特点,并通过与狄百瑞、孙向晨、杜维明等人的相关论说做比较,阐发出《道古录》具有教育个人重视自身价值,投身实践,实现理想人格;指导社会和谐、稳定、有序发展的双重维度的现代意义。《道古录》是李贽借用"解读经典"这个面具对腐败社会、封建礼教进行批判的武器。尽管经历了时代变迁与历史浮沉，《道古录》仍然可以成为在经济社会飞速发展中迷失自我的人们去找寻方向、重拾自我的指南针。《道古录》具有重要的研究价值和意义，应当受到学界应有的关注。

13. 焦竑研究

黄芳《焦竑对晚明王学的修正及其思想史意义》[《重庆师范大学学报》（社会科学版）2022年第6期] 一文指出，晚明泰州学派后劲焦竑面对晚明王学空谈性命、玄虚而荡的现状，从王学内部理论出发对阳明后学作出修正。焦竑承接阳明及其后学基本观念，用"孝弟"诠释良知，严格把控性情关系，以应对晚明情欲恣肆之弊；倡顿、渐并重的修养工夫，以扭转阳明后学工夫疏旷之现状；提揭博学与经世，以救治晚明空疏学风。焦竑对晚明王学从本体、工夫至于学风作出的修正，反映出晚明理学演变的复杂形态，亦可看到晚明儒学思想之新动向。

周启荣、朱仙林《明代儒学：杨慎与焦竑的文献训诂学及其阐释原则》[《国际儒学》（中英文）2022年第1期] 一文指出，清代的考证学有继承明代考据学的地方，杨慎、焦竑、陈第等的训诂考证学对清代考证学都有一定的贡献。但若从考证学与思想史的关系而论，则明后期与清代的考证训诂学各具特点，而这些特点必须从方法论的预设及个别学者的思想来理解。杨慎提倡汉儒经学以矫时弊，他之所以强调经学及训诂的重要性，是针对当时由陈献章及王阳明所揭起的一股不重读书、空谈性理的学风。杨慎并不以汉、宋经学为两个不兼容的经学系统，他的训诂及考证文章亦非为了要全面打破程朱经学、另奉汉儒为新的经学权威。他虽没有提倡三教合一，但并不排斥道家，更没有视宋代经说为阳儒阴释，必须重新全面研究古音古义始能回复儒家原来的思想面貌。此乃其与清代汉学家重大歧异之处。焦竑是明末少数能欣赏杨慎学术的士人之一。他一方面研究古音，另一方面又鼓吹三教合一的思想；可是他并没有运用训诂及考证的方法以证明他的三教合一主张；他的古音学并非建立在严谨的历史研究方法之上。他的训诂往往是直觉式的，远不如清代汉学家的训诂学与礼教思想有系统性的结合。就杨慎及焦竑的例子而论，明后期的训诂、考证学的发展既非为了打击三教合一的思想，亦非为了推动三教合一的思想运动。汉经学与考证的关系亦与清代乾嘉学者所理解的大异其趣。

代玉民《从三教互释到三教一贯：论晚明焦竑的三教观》（《东方哲学与文化》辑刊，2022年卷）一文指出，作为晚明泰州学派代表人物，焦竑深涉佛道之学，形成了较为独特的三教观。在"三教互释"方面，焦竑通过以道释儒、以佛释儒、以佛释道和以道释佛的方式，淡化三教的宗教色彩，凸显其义理之学，以一种义理诠释的智识化路径使三教之学相互诠释。然而，这种三教互释并不是均衡的，焦竑更侧重以佛道之学诠释儒学。不过，从"三教互释"进展到"三教一贯"，焦竑平视三教，强调一贯之道是超越三教的境界。这表明，三教本为一体，均为此一贯之道的显现。因而，焦竑反对执着于"三"与"一"的"三教合一"之说。进而，焦竑将三教观的智识化诠释路径引入心学境界论，通过诠释孔孟之学来阐明心学境界，深化了对心学境界的形而上维度的客观认知。

蒋鹏举《〈国朝献征录〉的删润与焦竑的史观》（《古籍研究》2022年第2期）一文指出，焦竑的《国朝献征录》是一部规模宏大的传记类史书，因其征引广博、材料丰富而被广泛称引。但《四库全书总目》认为其"文颇泛滥，不皆为据"，故把其归入存目。事实上，焦竑在编纂过程中，做了一系列工作，对原始材料有所澄汰和删润，表现在：篇题上有增有减有改，斥似采真，使传主的身份信息更简洁准确；正文中通过三种删减，避免了谀墓的浮夸，体现了史家求备求真的史学观念。当然，也存在少量删而不当的问题，不过占比不大，不能掩盖焦竑的编纂之功。

14. 潘士藻、方学渐研究

2022年，不见研究潘士藻的论著。

陈畅《方学渐心学的理论特质及其困境——兼论黄宗羲〈明儒学案·泰州学案〉的思想主旨》[《同济大学学报》（社会科学版）2022年第1期]一文认为，黄宗羲在其名著《明儒学案》中将泰州学派的学风概括为"非名教之所能羁络"的狂禅化和异端化。但是，《明儒学案·泰州学案》所收人物并非全部都能归入此类学风，甚至有些思想家是以反对狂禅学风著称的，方学渐即为其中的典型。这种看似矛盾的思想史书写方式，其实蕴含着黄宗羲深刻的哲学洞见。通过将方学渐心学置于中晚明阳明学核心问题中考察其思想定位、背景与困境，在揭示出《泰州学案》思想主旨及哲学洞见的同时，亦能厘清方学渐心学何以展现"朱王调和"形象的理论根源。这种双重视角研究，在推进学术界对于阳明后学复杂的理论形态及其思想史出路的认知方面具有独特优势。

15. 徐光启研究

燕华《徐光启与利玛窦对〈几何原本〉的翻译及影响》（《书屋》2022年11期）一文指出，徐光启与利玛窦之间的交游以及合作翻译数学名著《几何原本》，既是两人友谊的见证，也是东、西方文明交流的重要成果。在徐光启等思想开明人士和以利玛窦为主的西方传教士的共同努力下，欧洲科技学术第一次在中国得到稍具规模的传播。

周志文《谈徐光启》（《读书》2022年第8期）一文指出，晚明有一位重要学者，也是政治人物——徐光启。基督教传入中国很早，但信的人不多，明末有不少天主教教士来中国，之后信仰的人逐渐多了起来，徐光启便是其中之一。

16. 管志道研究

2022年，不见研究管志道的论著。

17. 汤显祖研究

2022年，汤显祖研究的论文有30余篇，兹择要介绍。

苏凤《汤显祖谪岭南历程考》（《学术交流》2022年第12期）一文认为，汤显祖谪岭南历程对其文学创作有着重要影响。1591—1593年间，汤显祖以诗记程，又遍访神庙古刹。在《牡丹亭》中，汤显祖虚构了韩愈后裔、昌黎祠香火秀才韩子才这一角色。汤显祖曾由南京经临川至徐闻，抵南安府治大庾。《牡丹亭》中岭南学子柳梦梅越岭北上，即借寓于南安府后花园，成就一段千古奇幻爱情故事。汤显祖云游时见闻颇多且具异域情调，这些素材可在《牡丹亭》香山嶴多宝寺以及"番回""番鬼"中得到印证。此外，谪尉徐闻及为知遂昌县期间，汤显祖阐述《贵生书院说》《明复说》

《秀才说》，折射出他本人的政治理想和人文情怀，为"临川四梦"的面世提供了思想基础。

罗畅《汤显祖南京时期诗歌创作的地域文化特色》[《文学教育》（上）2022年第5期]一文认为，汤显祖在南京的求学、仕宦经历是他极重要的人生历程，他在南京时期的诗歌创作对于考察其艺术创作全貌及其政治生涯而言，应当受到足够的重视。作家的主体创作往往受到一定地域文化的影响，南京地域文化之于汤显祖南京时期的诗歌创作亦然。通过对汤诗文本的解读分析，可见出南京地域文化对汤显祖南京时期诗歌创作的影响主要有三个方面：南京以其文学景观塑造了汤诗绰约明丽的风格；以其政治现实培育了汤诗中的济世精神；以其宗教文化促就了汤诗中的佛道因缘。

柳旭《汤显祖山水诗的灵音梵唱》（《长春师范大学学报》2022年第11期）一文认为，汤显祖的山水诗奏响佛家的灵音梵唱。空灵的意象、淡远的诗风、澄明的本心令他的诗歌进入了无所住、无挂碍的身心自由境界，展现了他"日日好日子"、逍遥无挂碍、"水月两相忘"的禅门体验。这些诗歌在创作方面妙得禅趣，思维灵动，文字清隽，余韵无穷，大得禅家之旨。

徐芷莹《以〈牡丹亭〉论析汤显祖"至情观"》（《牡丹》2022年第14期）一文主要从《牡丹亭》题词着眼，结合《牡丹亭》分析汤显祖的"至情观"。其"至情观"主要有三重境界，他将"情"上升到了形而上的高度，"情"是一种精神，有着激荡人心、超越生死的力量；"情"更是一剂良方，拯救被理学压抑的沉闷腐朽的世界，体现了汤显祖思想中的人文主义和终极关。

翟颢《显祖贵生思想的形成与内涵》[《文学教育》（上）2022年第6期]一文认为，"贵生"是汤显祖谪居徐闻时创办"贵生书院"的主要起因，也是其重要教育思想之一，更是其人生哲学的重要组成部分。一直以来，学界多将汤显祖的"贵生"单纯地理解成"敬畏生命、珍惜生命"，但梳理、研究现有文献后，我们发现他的"贵生"还应包括："学道爱人、众生平等"的"民本"思想、"天下兴亡、匹夫有责"的责任担当和"以情格理、崇尚真诚"的"情至"思想。贵生思想的形成大体经历了萌生期、定型期和延续期三个阶段，而明末资本主义经济萌芽、晚明江西士风和罗汝芳等师友是汤显祖"贵生思想"形成的三大主因。

18. 袁宗道、袁宏道、袁中道研究

2022年学界同仁关于"公安三袁"的研究论文有10余种，兹择要汇辑。

王镱苏《公安三袁对荆楚佛教寺院的文学书写与信仰实践》（《法音》2022年第12期）一文认为，晚明时期佛教出现中兴的迹象，各地修建佛教寺院蔚然成风，不仅佛教文献中保存了大量相关记载，而且晚明文人的著作中也存在大量与寺院修建相关的篇章。其中，湖北公安袁宗道、袁宏道、袁中道兄弟三人（史称"公安三袁"）即是当时重要的代表人物。公安三袁，是晚明著名的文学家和佛教徒，是晚明文学流派"公安派"的领袖人物。公安三袁的存世文学书写中有不少募疏募册、寺碑寺记等涉及寺院修建的内容，其乃是考察晚明佛教存在状况的重要文献。

韩焕忠《袁宗道对儒家四书的佛学解读》（《普洱学院学报》2022年第4期）一文认为，袁宗道所著《读四书》是一部会通儒佛、融禅于儒的典型文本。《读〈大学〉》以佛教的思想观念解释儒家经典，对"明德""知止""致知""格物"尤为致意。《读〈中庸〉》将"天命之谓性""君子之道费而隐""博学、审问、慎思、明辨、笃行""曲能有诚""德性"等章句置入佛教语境之中。在他看来，《孟子》一书的主旨就是性善论，他对孟子之论性善、养气、不忍人之心以及人之所以异于禽兽者的理解，颇有类于禅宗祖师的"明心见性"。袁宗道的《读四书》是体现晚明时期儒、道、佛三教合一思想潮流的典型文本。

马昕《袁宏道性灵文学中的"边缘人心态"及其理论弊端》[《苏州大学学报》（哲学社会科学版）2022年第6期]一文认为，袁宏道的文学创作与思想根源于一种"边缘人心态"，具体表现为孤傲、疏狂的性格特征，归隐或游历的生活方式，以及带有异端色彩的思想观念。这种心态发源于袁宏道人生的早期阶段，与其家庭环境、地域文化心理和思想文化氛围密不可分。到其中后期，仕隐矛盾加剧，边缘人心态有逐渐模糊化的趋势。袁宏道诗文创作风格的变化以及性灵文学思想的确立，都以这种边缘人心态为基础，其中暴露了袁宏道的诸多理论错误。正是这些，导致袁宏道及其所代表的公安派无法成为引领晚明文学潮流的核心力量。

颜思齐、刘松来《庄学与袁宏道的山水文学》[《江西师范大学学报》（哲学社会科学版）2022年第2期]一文认为，自然山水自六朝以来一直被文人视为主要的审美对象之一，晚明文人出于对自然山水与自我心理感受的纯粹关注，开拓出借由山水通往主体心灵自由的审美路径。其中，公安派袁宏道的山水文学将庄学与"性灵"文学相结合的尝试更是堪称典范。袁宏道凭借对庄学的深刻领悟和对自然山水的独特感受，创作出的文学作品在审美视角、审美趣味和审美体验上别出机杼，远契庄学精髓又不失公安派"性灵"之内质；既是庄学的赓续，更是对庄子审美境界的超越与创新，其文学史意义不容小觑。

阮晓佳《当阳玉泉——袁中道笔下的"居家"景观与文化场域》（《湖北职业技术学院学报》2022年第3期）一文指出，当阳玉泉作为一个城市景观，具有浓厚的佛教和关羽信仰氛围，从自然与人文两个层面构成了当地的整体景观；作为袁中道的居家生活空间，当地的局部景观借由袁中道在景观内的文学活动，构成以袁中道为主体的"场"。当阳玉泉与京城西山玉泉两处对照，是袁中道居家与居京时期的相互对比，完成了从公共社会空间到个人生存空间的过渡。袁中道以自己的生命历程赋予了当阳玉泉这一自然人文景观新的意义。

十、黔中王学研究

"黔中王学（门）"的提法，不见于黄宗羲编纂的《明儒学案》。改革开放四十多年来，经过贵州地方文史学者诸如吴雁南、张新民、王路平、谭佛佑、余怀彦、王晓昕、敖以深、刘宗碧、张坦、李迎喜、李友学、杨德俊、赵平略、张明、张小明、陆永胜等当代学者的发掘与撰文论证，"黔中王学（门）"的提法日渐成熟，并得到阳明学界的认可。

（一）黔中王学综合研究

张新民《过化与施教——王阳明的讲学活动与黔中王门的崛起》（《孔学堂》2022年2期）一文指出，王阳明"龙场悟道"之后，针对大、小两种传统受众的不同，开展了一系列的讲学活动，既吸引了大量地方普通民众，化导移易了民间社会风俗，也培养了不少科考读书士子，构成了王学地域学派的中坚。贵州既是阳明的"过化"之地，也是他的"施教"之区。而黔中王门学者受阳明心学思想的沾溉，主动践行"知行合一"实践哲学精义，不仅人才群体济济兴盛，即代表人物亦卓荦特出。他们或"得阳明之和"，或"得阳明之正"，遂"承良知之派以开黔学"，形成了全国最早的阳明学地域学派。无论是分析或讨论阳明心学的地域分布状况及思想生态结构格局，还是研究或书写有明一代思想学术发展变迁历史进程，黔中王门作为崛起于边地的一大心学学派，都是必须客观正视不能绕过的重要文化现象。

戴婵《龙冈山上一轮月，仰见良知千古光——贵州阳明学探微》（《周口师范学院学报》2022年第4期）一文指出，王阳明直宗濂洛，上溯孔孟，集立德、立功、立言于一身而"真三不朽"。贵州为王阳明"最是动心忍性砥砺切磋之地",于此地怡情山水、砥砺道德、敦化风俗、澄怀观道,勤劳于诗书章句之间,更致力于德性心术之本,力矫宋儒"支离决裂之病"。王阳明以龙场悟道为原点构建了完整的心学体系,是其重新开辟精神天地之滥觞。王阳明一直被黔中文士视为风徽,堪称"肇西南文教之先哲"。

郦波《论黔学之于心学的伴生意义》(《贵州社会科学》2022年第7期)一文指出,心学诞生于黔地,得益于贵州的山水、人文与社会思潮,而黔学也在王阳明心性、行为与思想的转变影响下得以初步形成。黔学最初的使命即为弘扬传播心学,其构建与发展之核心全在心学,它在心学历史研究中的缺位是黔学研究必须面对的一个关键问题。

黄诚、黄书《返本与开新——"贵州阳明学研究40多年历史回顾与未来展望"学术研讨会综述》[《贵阳学院学报》(社会科学版)2022年第4期]一文指出,王阳明诞辰550周年之际,贵州省儒学研究会于2022年5月21日组织召开了"贵州阳明学研究40多年历史回顾与未来展望"学术研讨会,与会专家聚焦贵州阳明学研究40多年来的分期问题、研究状态、研究特点、研究路径、研究方法,以及可拓展的研究新视野和新领域,并就阳明学研究的当下与未来进行思考与展望,推进了新时代贵州阳明学研究,产生了重要的学术意义与社会影响。

黄丽梅、龙仕平《贵州阳明祠碑刻疑难词考释》(《贵州师范学院学报》2022年第1期)一文指出,阳明祠位于贵州省贵阳市城东扶风山麓。祠内藏有碑刻38通,主要记载阳明祠修建历史以及明清两际多位名人对王阳明石像的赞词。研究这些碑刻对阳明祠历史及王阳明事迹研究有参考价值,但碑刻研究的前提是正确释读碑文。阳明祠碑刻中《汉语大词典》未收录的词语较多,这给碑文释读带来了一定的不便。拟择取"温肃""侟讱""敽斜""劀剥""尘壅""濣祥""权颖""窥较""智矜""潜养""漫诋"11个词语对其进行考释,以期为碑文阅读和《汉语大词典》的修订提供有益参考。

（二）黔中王门学者个案研究

目前学界关于黔中王门学者个案研究，主要集中为对李渭、孙应鳌、马廷锡、陈珊的研究上。

王路平、石祥建《王阳明黔籍再传弟子李渭"幼蒙庭训"考》（《贵州社会主义学院学报》2022年第1期）一文指出，李渭是王阳明黔籍再传弟子，黔中王门大师。李渭之学发端于幼蒙其父李富之庭训，读陈白沙《禽兽说》以明"必为圣人"之志，为李渭后来亲近江门学派大师湛若水和兼王、湛二学之长的蒋信埋下了伏笔；持程朱"毋不敬""思无邪"之工夫，戒慎恐惧，一介不取，日夜在楼上静坐以求本心，又认真学《易》，刻苦钻研，终于在22岁时以《易》中举，这不仅为李渭将来入仕为官保持廉洁奉公、操行清白的品德夯实了心理防线，而且为他从程朱理学转向阳明心学准备了思考契机，同时也为他日后被蒋信点破"楼上楼下光景"，而由楼上静坐走向世上，磨炼开启了闸门，亦为其一生最后归宗阳明心学，为建立自己独特的心学思想体系奠定了理论基础，开启了逻辑起点。

郑晶燕《论孙应鳌诗歌对"仁本"心学的艺术阐释》（《新余学院学报》2022年第3期）一文指出，孙应鳌作为贵州王门心学的重要旗手，一生成就斐然，为黔中冠冕，被莫友芝誉为"贵州开省以来人物冠"。他的文学创作颇具特色，尤以诗歌创作成就最为突出，往往能以诗歌展现其倡导的"仁本"心学思想，主要体现在：以诗谏仁，主张以"仁"强国；以诗誓忠，提倡以"仁"报国；以诗御敌，强调以"仁"救国；以诗警世，主张以"仁"兴国。这些思想多为前人之未发，在文坛上独树一帜，对贵州明清时期诗歌创作及诗论发展产生了较大影响。

十一、蜀中王学研究

"蜀中王学（门）"同"黔中王学"一样，其提法不见于明清之际思想家黄宗羲（1610—1695）编纂的《明儒学案》。近年来，随着"阳明学热"的逐步升温，"地域阳明学与阳明学的地域化"也成为阳明学研究中的一个学术增长点，适时提出"蜀中王学"，也是可以进行讨论的。近年来，围绕蜀中地区的王门学者，已经开展了不少有意义的研究，主要集中在对席书、杨名、赵贞吉、邓豁渠、何祥、杨甲仁的研究上。

胡传淮、李宝山点校的《元山文选》（中国华侨出版社2022年8月版）一书，以明嘉靖二十年（1541）席中、席和汇编的《元山文选》刻本为底本，书前有嘉靖二十年杨名撰"序"一篇，书后有席中撰"跋"一篇，较为详细地叙述了编纂此书之缘由及相关情况。全书按文体编排，分五卷：卷一有"序"35篇；卷二有"记"13篇，"志铭"2篇，"碑状"3篇，"祭文"11篇，"词"9首；卷三、卷四均为"奏议"，计31篇；卷五有"论"6篇，"策问"8篇，"策"3篇，"书札"19通。其中，《送别阳明王先生序》及席书与王阳明的5通信札，有助于我们进一步了解席书与王阳明的交游过程，是研究阳明心学十分重要的一手文献。

义文辉点校《愧庵遗集》（四川大学出版社2022年1月版）一书，系四川射洪籍阳明学传人杨愧庵（杨甲仁）传世文集的汇编整理。杨愧庵一生著有《易学验来录》《北游日录》《下学录》《自验录》《下学芙城录》《忧患日录》等，辞世后由其子杨秉乾汇辑成《愧庵集》八卷本手稿。其后110余年时间里，《愧庵集》手稿历经坎坷，直到道光十年（1830）才流落至安康张补山手中，并由其于道光十二年（1832）首次刊刻为《愧庵先生遗集》。

同治三年（1864），蓬溪叶光宇重刻为《愧庵遗集》七卷。民国十三年（1924），成都金沙寺明道院又刻本铅印了《愧庵遗集》。此外，还有桐城马氏于光绪丁丑年（1877）刊刻辑要本《愧庵遗著集要》五卷及民国十年（1921）云阳程德全复刻本。

十二、徽州王学研究

刘艳《明末清初徽州心学的衰落》（《齐鲁师范学院学报》2022年第2期）一文指出，明中晚期王阳明高徒以讲会的形式向徽州传播心学，使得心学在徽州地区盛极一时，但是阳明心学试图占领具有深厚理学背景的徽州地区并非易事。万历中期，阳明心学开始走向衰落。而其衰落的原因主要在于，张居正的打压和王学末流的冲击，东林学派的兴起对徽州产生重要影响，以及明朝后期徽州讲会活动扭转了学术走向。即使明末时期徽州地区还存在一些王学末流的余音，但那也难挡朱子学重回光明、日渐兴盛的历史趋势，阳明心学没能守住徽州这块阵地，其衰落是大势所趋。

朱冶《明中期徽州学者汪循的思想志业与乡邦精神重塑》（《安徽史学》2022年第5期）一文指出，徽州学者汪循的学思表现是明中期士人出处行事的典型代表。早在湛若水、王阳明心学入徽之前，汪循已揭开白沙心学与徽州朱子学结合的序幕。深植新安理学传统的汪循受明前期大儒陈白沙、庄昶影响，着重强调儒学的践行特质，给明中期徽州学术带来新活力。以此为出发点，汪循以格君行道的上层经世活动来躬行其政治理念，并重新发掘徽州理学传统中的行动价值，以期重塑乡邦精神的实践面向，引导徽州后学注重践履的思想新风气。

下篇

海外阳明学研究

阳明学派作为明朝中晚期思想学术领域中的一个著名流派，后传播于日本、韩国等东亚儒家文化圈中，产生了较大的学术影响，并形成了独具特色的日本阳明学、韩国阳明学。现当代，日本、韩国均成立有阳明学会，并有不少学者从事阳明学的传承与研究。

自18世纪甚至更早以来，王阳明就一直是欧洲和北美学术界的研究对象。但这一早期的阳明学研究，却被20世纪60—70年代所发表的诸多英文著作所掩盖，以致变得模糊不清。追溯欧美学术界"发现王阳明"的这一早期历史，我们可以看到更加广阔的中、西方思想交流史。当代欧美汉学界、哲学界也有不少专业学者从事阳明学文献的英译与阳明学著作理论的阐释研究，也有一定数量的阳明学研究成果。

文炳、潘松、刘吉文等著的《阳明心学海外传播研究》（浙江大学出版社2022年10月版）一书，系统、全面地梳理了涵盖10余个语种的大量阳明心学海外传播与研究的文献资料，访谈了10余位海外阳明心学学者，从而掌握了阳明心学海外传播与研究的真实状况和最新动向。这项研究拓宽了阳明心学海外传播研究的范围，弥补了国内学界在阳明心学海外传播与研究资料搜集和梳理上的不足。

一、日本阳明学研究

2022年中文出版的阳明学著作有10多部，发表的研究日本阳明学的论文有近10篇，涉及的议题有日本阳明学的形成发展史及其理论特质、日本阳明学者的学术思想研究以及现当代学者的阳明学研究阐释。

陈艳、陈利权《安远驿嘉宾馆——阳明文化传往东瀛的原点和见证——写在王阳明先生诞辰550周年之际》[《宁波经济》（三江论坛）2022年第12期]一文指出，中日两国学界公认日本阳明学的开创要追溯到正德年间作为正使率团入贡明朝的日本禅僧了庵桂悟，其原因在于王阳明曾前往了庵寓居的宁波官方驿馆拜会他。该文结合中日史料对这一事实做了深入考证，确认了这一具有历史意义的会晤发生的时间及地点，得出宁波安远驿嘉宾馆旧址正是阳明文化传往东瀛的原点和见证这一结论。

徐倩《日本明治时期的阳明学研究》（中国社会科学出版社2022年5月版）一书，以三宅雪岭、高濑武次郎、井上哲次郎为中心展开了日本明治时期阳明学研究的思想图景。一方面，分析了三人对阳明学核心概念、范畴的理论创新，客观评释其对中国近代阳明学研究的影响；另一方面，阐释了阳明学在日本明治时期社会文化方面发挥的作用，可为挖掘阳明学的当代价值提供有价值的思考。

荒木见悟《阳明学的位相》（"海外中国研究"之一，焦堃等译，江苏人民出版社2022年7月版）一书，是荒木见悟关于阳明学研究的总结之作。全书包括《陈白沙与王阳明》《心之哲学》《圣人与凡人》《顿悟与渐修》《知行合一》《性善论与无善无恶论》《阳明学与大慧禅》《拔本塞源论》《未发与已发》《乐学歌》十章及《结语——关于"自然"》，围绕王阳明及其后学、反对王学者、试图折中朱王者以及禅学等流派和人物的思想表述与论辩，在思想的内在理路中把握阳明学的概念范畴，力图构建"何谓阳明学"的整体图景，厘清阳明学在中国思想史上的地位。

邓红、欧阳祯人主编的"日本阳明学研究名著翻译丛书"（8种，山东人民出版社2022年1月版），主要收录日本阳明学者高濑武次郎、井上哲次郎、安田二郎、岛田虔次、山井涌、楠本正继、冈田武彦与荒木见悟等人的8本代表作，荟萃了20世纪初至80年代日本阳明学研究的名家名作，呈示了日本阳明学研究从萌芽、展开到高潮各个阶段的优秀成果，也反映了日本阳明学研究的发展历程与学术水平。该丛书由具有留日背景的学人历时8年翻译而成，为中日阳明学研究的进一步交流提供了重要的文献基础。这8种著作如下。

高濑武次郎（1869—1950）的《日本之阳明学》，既对阳明学进行了全面阐述，又系统勾勒出日本阳明学的人物系谱，并对他们的著作和思想做了详细阐述。

井上哲次郎（1855—1944）的《日本阳明学派之哲学》是迄今为止日本阳明学的权威著作，为日本阳明学在日本学术界挣得了正式的话语权，梁启超、张君劢和朱谦之等中国学者深受其影响。

安田二郎（1908—1945）的《中国近世思想研究》为论文专集，研究特点在于用西方哲学的概念、体系和手法来研究朱子学和阳明学，寻找朱子和阳明著作中的逻辑关系。

岛田虔次（1917—2000）的《朱子学与阳明学》追溯了宋明理学发展的内在逻辑，认为阳明学是对朱子学从外（王）向内（圣）的必然发展，肯定了儒学作为"有"之哲学的价值，同时对"理""气"内涵和工夫论的相关问题进行了解析。

山井涌（1920—1990）的《明清思想史》共分四部分，其中第二部分"性理学的诸问题"，论述了朱子学和阳明学关于"气""太极""心即理"等思想的内涵和演变。

楠本正继（1886—1963）的《宋明时代儒学思想之研究》，由"宋学"

和"明学"两部分构成,"明学"部分从宋代的陆象山心学开始,论述了阳明心学的渊源,然后根据前期、中期、后期的时代划分,完整地论述了阳明学的发展过程和思想全貌。

冈田武彦(1908—2004)的《明代哲学的本质》,收集了冈田武彦从40多岁到50多岁所谓学术全盛时期明代哲学研究的12篇论文,展示了作者对阳明学研究的最高峰。

荒木见悟(1917—2017)的《明代思想研究》,由"序言"和12篇论文构成,以明代心学的展开为中心,阐述明代儒学正统与异端的总体性发展趋向,明确了这些思想和佛教的关联。

总之,《日本阳明学研究名著翻译丛书》将日本阳明学研究名著收入一套丛书,具有高度的时代性、系统性和代表性,为中外学界理解和吸收日本学者的阳明学研究提供了坚实的文献基础。

《王阳明纪行:探访王阳明遗迹之旅》(吴光策划审校、徐修竹翻译,浙江人民出版社 2022 年 10 月版)一书的作者,即日本学者冈田武彦先生是国际知名的阳明学者,他不仅在阳明学上的造诣精深,而且深刻践行阳明学。为了研究和推广阳明学,他曾先后 7 次组织考察在中国的王阳明遗迹。有关阳明遗迹的学术考察持续了 10 年时间,共计 200 多人次直接参与,行程 2 万余里,跨越中国 8 个省(自治区)80 余个市县。该书就是其历次考察王阳明遗迹的行程实录,充分展示了改革开放以来中日阳明文化的交流互鉴。书中不仅记述了每次考察期间冈田武彦及其团队成员在中国的所见所闻,而且详细记录了所到之处王阳明所留下的各类遗迹的情状。书中所记,可系统回溯王阳明一生行迹,有助于读者在了解阳明经历的同时,进一步了解其心学思想产生的背景和产生的影响,也可为国内相关领域学者提供进一步研究的线索和基础。该书策划审校者吴光先生也是《王阳明全集》的主编,曾陪同冈田武彦先生一起寻访王阳明先生遗迹,他认为冈田武彦先生在传播阳明心学上不遗余力、身体力行,足以看出王阳明及其良知心学的智慧和魅力。

高濑武次郎《王阳明传》(青岛出版社 2022 年 11 月版)一书,依据

《明史》《阳明先生年谱》等文献对王阳明波澜壮阔的人生经历予以描述。

张菁洲《图书的回环：王阳明文献在日本明治时期的传刻》（《新世纪图书馆》2022年第1期）一文认为，明治时期是日本王学的传播高峰期，王阳明文献在日本流传的过程中，通过不同人物的翻刻、评注、选辑，形成了各自鲜明的版本特征，阳明的文学创作与哲学思辨在国内外形成了两个传刻的倾向与线索，在日本学者对阳明文献的重刻与编辑中也逐渐形成了哲学文献与文学文献的传刻途径，反映出王阳明文献在日本的文献接受与日本本土的文化语境结合紧密。

姚辰宇《江户时代与明治维新时期的日本儒学研究》（苏州科技大学硕士学位论文，2022年5月）一文认为，日本儒学的发展历史，本质上就是中国儒学日本化的过程，是日本社会在一以贯之的神道思想的指导下对中国传统儒学哲学体系不断扬弃和理性批判的过程。江户时代与明治维新时期是日本儒学发展过程中的两个重要阶段，前者是自宋儒东传的270余年后，日本儒学开始打破日本佛教思想的束缚，走向独立发展和本土化改造的繁荣时期；后者则是在国家民族生死存亡之际，由日本儒学毅然承担起折中和汉思想矛盾与调和东、西方文化冲突的重任，为日本社会探索近代化转型道路的变革时期。朱子学、古学与阳明学是日本儒学理论的主要组成部分，日本儒学的哲学体系大致上是以朱子学理论为整体框架，以古学和阳明学对朱子学思想的批判作为完善和补充，最后在其与神道思想的交流融合中完成本土化定型的。从日本儒学的生长脉络来看，可以简要划分为江户前期的朱子学繁荣阶段、江户中期的古学崛起阶段、江户后期的阳明学兴盛阶段以及明治维新时期的日本儒学式微阶段四部分。

张捷《中江藤树对恶的解读》（《道德与文明》2022年第3期）一文认为，善恶问题是思想家自古以来关注与争辩的焦点。日本阳明学派的先驱人物中江藤树对其进行过深入探讨，他认为心对于善恶的选择取决于知和意两方面。当良知主导时，指向善的方向；当意主导时，指向恶的方向。二者是此强彼弱、同层同质的二元对立关系。道德判断的形成是身心合一参与的过程，对道德心理表征的创建过程必然有身体的本能应激反应和天赋道德情感的双重作用，而对于理性活动则具有排斥的倾向。道德直觉始终对道德行为有驱动力，它使践履更加灵敏、迅捷，略去了思索的意识过程。中江藤树对意的改造和对良知的阐发，皆体现出日本阳明学的特色。

王佳卉《中江藤树道德教育观的研究》（哈尔滨师范大学硕士学位论文，2022年5月）一文指出，中江藤树是日本江户初期的儒学家、教育家，日本阳明学派的创始人。他不仅在哲学史上留下深刻的烙印，其提倡的教育思想也对日本后世以及近现代的教育产生了不可磨灭的影响。中江藤树的一生经历了朱子学时期、过渡时期以及阳明学时期。中江藤树所处的江户时代初期的幕府大力提倡朱子学，并以朱子学为官学。而在他的晚年，毅然决然脱藩，放弃官位回到家乡，创办了日本的阳明学派，开始了向日本社会宣扬其阳明学主张的事业。在此期间，他设立了"藤树学院"，在学校进行教育的同时，也借此机会将自己的阳明学思想融入教育理念之中，大力提倡道德教育的重要性。这不仅体现出中江藤树作为一位教育家将自己的哲学思想与教育融合在一起的成功之处，也使藤树学院成为江户时代教育平等思想以及因材施教教学方式的萌芽。"藤树学院"毕业的学生或在政治领域有所建树，或在思想史上垂名千史。他们对于中江藤树所提倡的阳明学提出自己的质疑，使得阳明学发展到后期时延伸出不同意蕴。

陈石军《读书便是致良知——池田草庵与幕末日本阳明学》[《贵阳学院学报》（社会科学版）2022年第6期]一文认为，池田草庵（1813—1878）是日本阳明派晚期代表人物。他幼年学佛，经由古文辞学契入儒学，以阳明学为宗，以刘宗周"慎独"为工夫，融会朱子学之经学，最终归本张栻的"敬"学，实现本体与工夫的圆融，体现出幕末阳明学者兼容并蓄、重视实用的学术综合性。草庵接续并发展了大盐中斋"读书便是致良知"的论断，提倡以四书、六经作为入学的门径，以修身作为治学的要津，既补救了朱子后学陷于支离的弊病，也发展了阳明学的良知论。最后，草庵提出"以身体之"的经学方法，强调以阳明学指导经学，纠正幕末经学陷于烦琐的考证风气，为幕末日本革新知识体系提供了思路，回应了幕末日本的时代问题。

陈晓隽《话语批评视野下井上哲次郎"日本儒学史"的建构与虚构》[《福州大学学报》（哲学社会科学版）2022年第3期]一文审视井上哲次郎"儒学三部曲"的撰写目的、建构目标与落实之处，可以把握其树立"日本儒学"的问题之所在。第一，井上"日本儒学"的撰写是以所谓的"时代使命"为出发点来进行书写的，故而尤为注重时代精神的自我展现，而缺失了哲学式的逻辑起点。第二，井上"日本儒学"建构在面对西方哲学之际，遭遇到无数的"困境"，他却将这一问题转化为以"日本国民"为对象的国民道德论，凸显出明治日本的政治需要。第三，井上树立的"日本儒学"架构最后落实到日本独特的"武士道"，体现为所谓"日本精神"。就此而言，若是站在话语批评视角来探究井上"日本儒学"的撰写、建构与落实，可以说其实质不是为了彰显"儒学"本身，而是以此为媒介来实现"日本精神"的创造，从而体现日本"天皇制国体"的存在。

欧阳祯人、慕洲《岛田虔次的"近代思维说"探析》（《中华文化论坛》2022年第3期）一文认为，岛田虔次是二战后日本研究中国近世思想史的先驱，他以"近代思维"为根据，对阳明学进行了重新解读。岛田虔次"近代思维"观点的形成受到了内藤湖南、稽文甫等人的影响，也与他的主观生命体验和当时学术背景有关。"近代思维"以欧洲近世的思想为其内涵，并以此考察中国的近世。岛田将欧洲近世的特征总结为"意图与方法"之间的矛盾，以及由此引发的"人"的发现。他将李贽视为阳明学发展的高潮，认为李贽的主观目的只是追求更加纯粹的"道"，但是其理论发展的客观结果却导致了个人理性的独立。岛田虔次的阳明学研究引起了学界的激烈反响，具有重要的研究意义。

崔亮亮《浑一与单一：荒木见悟的湛、王关系论》（《新疆社会科学》2022年第5期）一文认为，荒木见悟的湛、王关系研究是以朱子之学为参照系而展开的。在他看来，朱子性理学所遗留下来的最大问题是凝固化的定理意识，而阳明所倡导的良知则打破了朱子性理学的定理意识，更为重视根源性的心。以定理（朱子学）与良知（阳明学）的研究框架为背景，荒木从心与性（理）、"随处体认天理"与"致良知"、"单一"的立场与

"浑一"的立场及儒释之辨等方面详细论证了甘泉心学深处依旧保留了朱子性理学的核心构造及阳明心学对朱子性理学的根本性扭转，由此说明了湛、王二学的本质性差异。荒木该研究的意义在于其根据湛、王二学所争论的"理障说"为线索，揭示了阳明后学内部围绕克服"理障说"所产生的三种典型的儒佛调和论，这对于我们研究阳明学与佛学的交流互动具有深刻的启发意义。

刘颖思《吉田松阴对李贽生死观的接受研究》（西华大学硕士学位论文，2022年4月）一文通过对史料的收集与整理，运用文献研究、比较研究、接受研究、跨文化传播等研究方法，以吉田松阴的汉诗为研究对象，系统考察吉田松阴对李卓吾生死观的接受情况，进一步加深李贽对江户日本影响的研究。

赵熠玮《西田哲学中的阳明心学影响考释——以〈善的研究〉为中心》［《南京理工大学学报》（社会科学版）2022年第5期］一文指出，以1911年《善的研究》初次发表为标志，西田几多郎开创了日本最早的独创性哲学。通过利用西方哲学的基础概念与论证说理方式，西田成功将独具东方思想特色的哲学体系推向世界舞台。但观其西方逻辑框架下的东方思想内核，尤其是围绕"行为与知行合一""统一力与道""纯粹经验与实在""道德伦理的形而上"四个核心概念展开的阐释与阳明学有着紧密的逻辑关系。阳明学相比于其他学术体系而言对西田哲学产生了无可替代的影响，甚至可以说西田哲学是中国哲学日本化的一次近代性尝试。

王殊璟《关于三宅雪岭〈王阳明引〉的考察》（厦门大学外文学院第十五届研究生学术研讨会暨第五届外国语言文学博士论坛论文集，2022年12月）一文指出，三宅雪岭的《王阳明》引言部分出现的有关元、明开创史的叙述因为与主题关系不大，从而在理解上有难度。结合时代背景考察发现，三宅雪岭描写这些内容并非偶然，他的意图在于：一方面暗示较之中国，日本未受异族统治，因而儒学的发展具有相对独立性；另一方面表达对盲目学习异族文化的厌恶，试图唤醒人们对于本国文化的自觉。

施敏洁《"身教"与"身学"——中日阳明学的教育启示》（《继续教

育研究》2022年第10期）一文指出，阳明学注重身体的修行，强调实践的作用。对比研究显示，中日阳明学的教育启示主要体现在修己和治人两个方面，修己对应"身学"，治人对应"身教"。"身教"与"身学"，即聚焦于身体的"教""学"双向活动，是同一件事的两个方面，在实践性上体现了统一。通过"身教"与"身学"，达到教学相长、共同进步，才是教育界的良知体现。

黄丽华《翻译转换理论指导下的〈朱熹与王阳明——物、心、理的比较思想论〉日译汉翻译实践报告》（浙江工商大学硕士学位论文，2022年12月）一文指出，朱子学一般认为在镰仓中叶传入日本。朱子学传入日本后的300多年里得到了很大发展，这一时期也称为"理学输入时期"。朱子学当时被德川幕府命名为"官学"，发展成了江户时代的主导思想。朱子学思想在日本的发展为明治的成功实践积累了思想经验。该文为日汉翻译实践报告。翻译的原文本节选自高桥进的《朱熹と王陽明——物と心と理の比較思想論》（《朱熹与王阳明——物、心、理的比较思想论》）。高桥进教授通过朱熹与王阳明思想的比较，从原理上探究包括日本在内的东亚思想文化。该文本引用了大量的朱子和王阳明等哲学家的论点，句式多为较难理解的长难句，因此该翻译实践对笔者的宋学知识把握程度及逻辑能力要求较高。卡特福德的翻译转换理论能够运用结构的划分及转换有效地厘清原文含义。因此，该文在卡特福德理论的指导下，尝试探究翻译转换理论在学术性专著翻译实践中的具体运用。该文主要由五个部分组成：第一部分笔者对翻译文本作者和文本的内容进行了简要介绍；第二部分简要概括了整个翻译过程；第三部分较为详细地介绍了翻译转换理论；第四部分先对层次转换、结构转换、类别转换、单位转换四方面的翻译实践案例进行分析；第五部分为总结，对于翻译转换理论指导下的翻译方法进行归纳，总结了此次翻译实践过程中的心得。

二、朝鲜、韩国阳明学研究

为推进韩国阳明学研究，韩国阳明学研究者在1995年成立有韩国阳明学会，创办有《阳明学》辑刊（ISSN：1229—5957），2022年3月、6月、9月、12月，分别出版第56、57、58、59期，刊发儒学与阳明学研究论文数十篇。

2022年中文期刊刊发的朝鲜、韩国阳明学研究论文的内容，涉及宋应昌在朝鲜的讲学活动、朝鲜朝中期的阳明学辨、韩国阳明学者的个案研究。

焦堃《宋应昌朝鲜讲学活动考——阳明心学在域外的一次"外王"实践》（《文史哲》2022年第1期）一文指出，万历朝鲜之役爆发之后，信奉阳明心学的宋应昌被明廷任命为经略，作为明军的最高指挥官前赴朝鲜。在朝鲜期间，除指挥明军作战外，宋应昌还曾与朝鲜官员李廷龟等人讲学长达数月，并通过公文与当时的朝鲜国王宣祖论学。宋应昌在朝鲜的讲学活动除了学术目的外，还有着很强的政治意图。通过向宣祖讲论"明德""亲民"，宋应昌试图劝阻朝鲜方面处死投降日本的朝鲜民众的做法，并促使朝鲜方面妥善安置这些降民。而将朝鲜世子光海君的讲官李廷龟等人召至幕下讲学的目的，则是希望他们以自己的心学思想教育光海君，以期其将来能够带领朝鲜实现中兴。不过，由于宋应昌与朝鲜君臣在粮草供应、和战方针等问题上的激烈矛盾，加之朝鲜方面尊奉程朱的学术宗尚，使得宋应昌在朝鲜传播阳明心学的努力归于失败，其学说始终未被朝鲜方面接受。

李学堂《朝鲜朝中期的阳明学辨——以退溪、西厓、栗谷为中心的讨论》（《中国哲学史》2022年第6期）一文指出，在朝鲜朝中期，经过以退溪、栗谷为代表的性理学者的学术努力，程朱理学及其文化认知已经以某种方式和途径进入了社会成员的文化心理结构，形成某种特定的认知图式，产生了文化上的赓续和同化过程。而这种文化心理又反过来作用于朝鲜朝对阳明心学的群体认知，形成了延缓并阻碍吸收新学术思想的环境背景，从而影响整个社会成员的思维方式及价值观等。出于确立和维护本国正统道学的需要，以晦斋李彦迪和退溪李滉为代表的朝鲜道学家从学理上积极研究程朱理学，探讨并选择性地继承其心性理气观念，从而在朝鲜性理学内部形成了一整套概念系统和价值体系。这就可以解释为什么朝鲜朝中后期阳明心学受到顽强抵制，未能在这块儒家思想成为精神文化支柱的异国土地上开花结果的历史原因。西厓所主张的"王学创立是为了纠朱学末学之偏"的观点代表了当时朝鲜学界的部分视角，表明朝鲜学界已经对阳明心学的历史意义有了一定认识。

李伟、代大为《试论朝鲜王朝茶山丁若镛对王阳明"心学"之融合与发展》[《延边大学学报》（社会科学版）2022年第5期]一文指出，茶山丁若镛作为朝鲜王朝实学思想的集大成者，其学术体系宗于孔孟，将自身之理论学说标榜为"洙泗学"，并构筑了体现其时代要求的经世哲学。从朝鲜王朝的社会现实出发，吸收了西学、考证学中的积极因素，对宋明理学思想做了最新诠释，从其"性嗜好说""权衡""知则必行，行则必知"等理论出发，亦可验证丁若镛的经学思想中含有诸多王阳明"心学"的思想内涵。可知，处于朝鲜王朝"异端"论打压下的王阳明"心学"对其末期实学思想的发展与社会的进步亦做出了积极贡献。

李兆曦《壬辰倭乱时期汉文化东渐朝鲜王朝研究》（延边大学博士学位论文，2022年5月）一文指出，汉文化自身内容与内涵的丰富多彩，使其对外传播与交流的历史悠久，尤其对于毗邻中国的朝鲜半岛来说，汉文化东渐的内容不胜枚举且方式多样，不但有通过国家间主导的使臣往来而产生的文化传播，而且不乏因文人间私交而进行的文化交流与融汇。朝鲜半岛对汉文化长久以来的接受与学习，为壬辰倭乱时期汉文化东渐朝鲜王朝奠定了文化基础。壬辰倭乱是一场持续了7年（1592—1598）之久的涉及中、朝、日三国的区域性战争。战争由当时的日本关白丰臣秀吉对朝鲜王朝发动，明朝因与朝鲜王朝的宗藩关系以及对自身边疆安全的考虑后出兵援助，战争的爆发与持续对中、朝、日三国政治、经济、文化等方面造成了极大的影响，使三个国家的封建统治受到不同程度的动摇。其中值得探究的是，本应在战乱时期被忽略的文化交流，因为壬辰倭乱中大量援朝明军的流动而产生。该文将壬辰倭乱作为历史背景，研究此时期通过援朝明军这一群体而产生的汉文化东渐朝鲜王朝的内容与影响。由于"汉文化"涉及内容的广泛性，故该文研究的壬辰倭乱时期东渐朝鲜王朝的"汉文化"，具体内容为关羽信仰、阳明学、《纪效新书》及历史演义小说。该文共分为三部分。第一部分是绪论，主要阐述该文研究目的与意义、介绍国内外学界相关的研究动态，以及该文研究方法及创新点。第二部分是本论部分，由四章组成。第一章主要论述壬辰倭乱时期汉文化东渐朝鲜王朝的背景。首先对壬辰倭乱前明朝与朝鲜王朝的政治与文化关系进行简要概述。朝鲜半岛对汉字、儒家思想以及汉籍的受容，是壬辰倭乱时期汉文化东渐朝鲜王朝的文化背景，而朝鲜王朝与明朝宗藩关系的建立，不仅是壬辰倭乱时明朝出兵的重要政治条件，还是壬辰倭乱时期汉文化东渐朝鲜王朝的政治基础。其次，壬辰倭乱时期汉文化东渐朝鲜王朝主要通过援朝明军的行为产生，所以对壬辰倭乱中援朝明军的数量以及战后遗留明军人次进行整理，并简要概述壬辰倭乱时期遗留明军的活动，为后文探究汉文化的东渐与发展做铺垫。第二章重点探究朝鲜王朝对关羽信仰与阳明学的受容和继承。此章开始对壬辰倭乱时期汉文化东渐朝鲜王朝的具体内容展开研究。对关羽信仰、阳明学的文化内涵以及在朝鲜王朝的传播、发展进行了重要探究。其一是对关羽信仰的研究，首先论述关羽信仰在朝鲜王朝的传播，其次分析朝鲜王朝对关羽信仰的默认与受容的转变过程，最后阐释朝鲜王朝对关羽信仰的继承与演变的历程；其二是对壬辰倭乱时期朝鲜王朝对阳明学再认识的研究，阳明学在壬辰倭乱前已传入朝鲜王朝，在初传阶段受到了朝鲜王朝朱子学者的排斥与批判而鲜少发展，通过论述壬辰倭乱时期援朝明军对阳明学的再次积极宣讲，探究朝鲜王朝在壬辰倭乱期间对阳明学的再认识及反思。第三章重点论述《纪效新书》与历史演义小说在朝鲜王朝的东渐与发展。该章首先对《纪效新书》在朝鲜王朝的传播与发展进行研究。在壬辰倭乱期间由于朝鲜王朝国防意识不足、军事能力孱弱导致战况频频失利，而援朝明军在壬辰倭乱期间将《纪效新书》应用于朝鲜王朝并产生了积极效果，使朝鲜王朝在国防意识及军事能力方面均有所提高，进而引发朝鲜王朝对《纪效新书》及军事书籍的发展。其次，对壬辰倭乱结束后明朝历史演义小说在朝鲜王朝的流行进行概述。明朝时期在小说方面有较大的发展与成就，历史演义小说便是其中之一，但是在壬辰倭乱前的朝鲜王朝，由于历史演义小说对历史事实存在一定的夸张和改编，使崇奉朱子学的朝鲜王朝文人对其存在偏见，以至于朝鲜王朝对历史演义小说的阅读和创作颇少。壬辰倭乱的爆发以及大量明军的流入，逐渐使朝鲜王朝看重军事能力与文化，同时社会各阶层对战争过程的好奇与英雄人物的崇拜，有所打破了朝鲜王朝曾经对演义小说的偏见，从而在一定程度上激发了朝鲜王朝文人的创作热情。第四章对壬辰倭乱时期汉文化东渐朝鲜王朝所产生的影响进行探究与总结。根据前文的研究对前文涉及的壬辰倭乱时期汉文化东渐朝鲜王朝的内容与发展的影响进行阐述与总结。其一是关羽信仰的传入及朝鲜王朝的继承所产生的影响，是对朝鲜王朝的信仰文化的丰富；其二是壬辰倭乱时期阳明学引发的朝鲜王朝的反思，对朝鲜王朝儒学的发展有深远影响；其三是《纪效新书》以及历史演义小说在朝鲜王朝的传播与发展，积极推动了朝鲜王朝军事书籍的编撰并丰富了朝鲜王朝的军事文化；其四是对壬辰倭乱时期遗留明军在朝鲜王朝的一系列活动而产生的贡献及其发展进行分析、总结。第三部分为结论。通过研究壬辰倭乱时期关羽信仰、阳明学、《纪效新书》及历史演义小说东渐朝鲜王朝以及产生的影响，对全文研究进行总结，从壬辰倭乱战争本身、汉文化自身特点及汉文化东渐朝鲜王朝的意义三方面出发，得出该文的研究结论。

三、欧美阳明学研究

伊来瑞《阳明学之欧美传播与研究》（"汉学研究大系"之一，学苑出版社2022年3月版）一书，按照时间顺序和研究维度系统梳理了阳明学在西方的研究情况。全书共七章：第一、二、三章，分别考察了1916年之前、1900—1950年期间和1950—1980年期间的西方阳明学研究情况；第四章分析了1980—2018年期间的西方阳明学研究的历史背景；第五、六、七章，分别从历史、宗教和比较的维度，考察了阳明学在西方的研究情况。

辛红娟、费周瑛主编的《异域"心"声：阳明学在西方的译介与传播研究》（浙江大学出版社2022年10月版）一书，汇编1981年陈荣捷教授第一篇介绍阳明学在欧美译介的文章发表以来，阳明学在西方的译介与传播的学术成果。书中论文由三部分构成：上编为阳明学在西方世界的传播概览；中编介绍阳明学在欧美与俄罗斯的传播与影响；下编聚焦阳明学经典《传习录》英译研究情况。

蔡亮《阳明思想在欧美的传播研究》（《浙江社会科学》2022年第2期）一文指出，阳明思想的域外传播是中外文化交流史上的重要篇章。明清之际，在"东学西渐"的洪流之中，包括阳明思想在内的中国优秀思想文化传入欧洲，并在一定程度上滋养了欧洲启蒙运动者的精神世界。通过梳理500多年的传播历史，可以发现阳明思想在欧美的传播呈现出传播历程的阶段性和传播路径的交织性两大显著特征。

云龙《作为现象学的阳明学如何可能——兼论耿宁对阳明心学的现象学研究》[《北京理工大学学报》（社会科学版）2022年第1期]一文认为，以现象学改造阳明心学，须坚持胡塞尔现象学回到"原初给予的直观"这一根本原则。此一原则在中国哲学中具体落实为以"本体"概念为核心的"原生现象"。一切在原生现象基础上流变而来次生现象，亦必须"还原"到原生现象这种"原初给予的直观"中予以重新理解。依此理解路径，阳明心学中"良知"的真实内涵也就须统摄于"本体"之中，而耿宁所并列划分的良知三义说亦需要进行重新理解与厘定。将良知第一义的"向善"禀赋与第二义的善恶分别意识还原收摄到"良知本体"中来，将经验意义上的良知现象学提升为先验意义上的良知现象学，不失为阳明学现象学化进程中的一条可能通道。

刘孔喜、胡琴《作为教育行为的〈传习录〉英译与传播》（《西安外国语大学学报》2022年第3期）一文指出，王阳明哲学思想在英语世界的译介起步较晚，直到20世纪初才由美国传教士、学者亨克首次出版以《传习录》为核心内容的英译本 *The Philosophy of Wang Yang-ming*，1963年旅美华人哲学史家陈荣捷推出《传习录》全译本。百年中虽仅有两个英译本，却各自见证了特定历史文化语境下的中学西传。两位译者文化身份特殊且具有教育者共性，《传习录》英译作为具有教育行为意义的翻译活动，发挥着教育的文化功能，向彼时西方学子拓荒性地普及了先秦儒道哲学之外的中国传统文化思想，积极扭转了他们对中国哲学与中国文明认识的缺陷。

李扬、张婷婷《框架语义学视域下〈传习录〉陈荣捷英译本翻译策略研究》（《海外英语》2022年第22期）一文指出，框架语义学关注个体经验、知识背景与认知背景对语义的建构，对于典籍翻译研究具有启发意义。该文以《传习录》心学框架的文化元素为研究对象，分析译者如何通过框架操作来构建并强化目标语读者对心学框架的认知，以期从认知层面上为中国哲学典籍的外译与传播提供有益参考。

李焕然、李晔子《普林斯顿大学王阳明国际会议》〔《国际儒学》（中英文）2022年第4期〕一文指出，2022年3月，普林斯顿大学举行了一次关于王阳明及其对明朝思想影响的国际跨学科会议。参加这次会议的有来自4个不同国家的12位演讲者，多达60位的现场参会者和30位在线参会者。据我们所知，这是普林斯顿大学哲学系第一次举办专门针对中国思想的会议。《国际儒学》（中英文）慷慨地邀请笔者作为会议的共同组织者，写一份关于这次活动的简短报告。笔者想在谈到会议本身之前，先介绍一下美国哲学系研究王阳明的背景，以及笔者个人研究王阳明的历程，可能会有帮助。

杨镇源《阳明心学视阈下"向内而求"的元理论建议——针对西方译学界"凝滞于物"的学理风险》（《外国语文研究》2022年第4期）一文指出，西方译学界过度偏向"向外而求"的元理论思维，因而导致"凝滞于物"的学理风险，易于陷入来自各种理论话语的割裂与钳制。该文在阳明心学的观照下提出"向内而求"的元理论建议，主张通过自心反思澄明良知，生发出译论认知之良能，以祛除"凝滞于物"的学理风险。这一基于中国心学智慧的思维有助于克服西方译学割裂的理论视野，远离理论话语表象的钳制，进而趋向圆融自在的学理姿态。

钱衡、彭若男《阳明学说的英译及其在西方世界的传播与研究》（《语言与文化研究》2022年第2期）一文指出，中华文化"走出去"战略作为我国21世纪文化建设的重要方针，对于国家文化软实力和中国文化影响力的提高具有极其重要的意义，而中国典籍的外译和中国思想的海外传播是中华文化"走出去"战略的重要组成部分，对文化的海外传播意义重大。该文将借助数据量化分析的方法，从阳明学说的论文发表情况以及其经典著作《传习录》的销售评价情况这两个角度出发，调查分析阳明学说在西方世界的传播与研究情况。调查显示，阳明学说存在海外传播影响力不足、研究深度广度有限的现实困境。中西思维方式差异、译文版本的单一以及传播途径的缺失等，是造成这一问题的主要原因。

附　录

一、2022年阳明学主题会议综述

　　2022年系王阳明诞辰550周年，围绕王阳明与阳明学，浙江省哲学社会科学界（包括省外乃至境外的高校科研机构）通过组织学术会议、举办学术论坛等多种形式，强有力地推动了阳明学的研究阐释与推广宣传。据不完全统计，2022年全年举办了76场以"王阳明与阳明心学"为主题的学术研讨会、文化活动周、文化旅游节，而各高校科研单位、企业组织、社会民间组织的阳明学讲座、《传习录》读书会更是举不胜举。从一定意义上说，类似阳明先生去世后相当长的一段时间里，阳明弟子、门人定期举办的"阳明学会讲（学）会"。2022年，月月有阳明学会议的举办、周周有阳明学学术沙龙（读书会、学术讲座）的分享。

　　2022年在"阳明先生遗爱地"以及阳明后学活动地——浙江（杭州、宁波、余姚、绍兴）、贵州（修文、贵阳）、江西（大余、崇义、赣州、龙南、吉安、上犹、上饶）、福建（漳州、福州）、江苏（泰州），以及北京、上海、河北、广东、山东、陕西、湖北、广西举办的"王阳明与阳明后学"的学术研讨会及相关活动主要有以下76场。

　　"阳明文化与崇义文旅发展研讨会"（江西崇义，1月1日），"传承良知精神·讲好修文故事"（贵州修文，1月5日），"天下同念——2022年纪念阳明先生逝世493周年典礼"（浙江绍兴，1月9日），"纪念王阳明先生逝世493周年拜谒活动"（江西大余，1月9日），"2022年纪念王阳明逝世493周年活动"（浙江余姚，1月9日），"余姚王阳明纪念馆展陈大纲研讨"（浙江余姚，2月16日），"第十七届（贵州）省旅发大会及修文第七届国际阳明文化旅游节暨阳明先生诞生550周年系列活动专题调度会议"（贵州修文，

3月18日)，"Wang Yangming and Ming Thought（王阳明与明代思想）国际性学术研讨会"（美国普林斯顿大学，3月18—22日），"纪念王阳明先生到任庐陵知县512周年祭拜活动"江西吉安，4月18日），"胶东阳明心学论坛暨胶东阳明心学研究会成立3周年庆典"（山东胶东，5月2日），"纪念王阳明诞辰550周年·弘扬中华优秀传统文化交流活动"（贵阳信息科技学院，5月12日），"'阳明读书社'开讲仪式暨周月亮《王阳明的心学智慧》专场分享"（浙江余姚，5月13日），"中华社会文化发展基金会王阳明文化基金揭牌仪式"（北京，5月18日），"'吾心光明'阳明心学启发灯光设计展览"（浙江余姚，5月20日），"绍兴市王阳明研究会一届理事会五次（扩大）会议"（浙江绍兴，5月21日），"贵州阳明学研究40年专题学术研讨会暨《王阳明行踪遗迹》出版首发式"（贵州大学，5月21日），"纪念王阳明诞辰550周年系列活动之一：阳明文化论坛"（浙江余姚，5月28日），"第六届中国阳明心学高峰论坛筹备会"（北京，6月19日），"阳明学与现代儒学发展的现状与前景展望学术研讨会"（河北省社会科学院，6月24日），"纪念王阳明诞辰550周年系列活动：'孔学堂—阳明洞会讲'第八期'共述王阳明龙场悟道'"（贵州修文，6月30日），"《阳明心学与企业家精神》首发式暨阳明文化研讨会"（浙江杭州，7月10日），"纪念王阳明诞辰550周年：贵阳、赣州阳明后学书法笔会"（贵州修文，7月10—11日），"纪念王阳明诞辰550周年学术研讨会暨阳明文化书画作品展"（贵阳信息科技学院，7月13日），"隆重纪念王阳明诞辰550周年暨'从朱熹到王阳明'学术研讨会"（腾讯会议，7月18—19日），"纪念王阳明诞辰550周年预热活动发布暨'阳明心学与廉政建设'主题讲座"（浙江绍兴，7月25日），"朱子与阳明心学学术工作坊"（上饶师范学院，7月27日），"阳明心学交流研讨会"（贵阳孔学堂，8月4日），"阳明文化的当代价值学术研讨会"（贵阳孔学堂，8月5日），"心学传统及其在新时代的展开学术论坛"（贵州大学，8月6日），"'阳明先生珍稀文献二种'首发仪式暨分享座谈会"（贵州修文，8月7日），"王阳明与广西研讨会——从悟道到成道：王阳明的终极实践"（广西南宁，8月10日），"纪念王阳明先生诞辰550周年暨龙场悟道515周年——阳明文化遗产保护研究与开发利用专题学术研讨会"(贵州修文，8月18日)，"《王阳明身心哲学研究——基于身心整体的生命养成》学术研讨会"(腾讯会议，8月20日)，"近代日本の学術と陽明学学术研讨会"(日本二松学舍大学，9月17日)，"甬上阳明2022秋季讲坛暨纪念王阳明诞辰550周年专场沙龙"(浙江宁波，8月28日)，"纪念王阳明先生诞辰550周年暨天沐阳明书院、长生阁艺术馆揭牌仪式"(江西上犹，8月28日)，"吾心自有光明月：全球华人纪念阳明先生诞辰550周年暨中秋诗歌朗诵会"(陕西西安，9月9日)，"2022宁波(余姚)阳明文化季启动仪式暨'吾心自有光明月'中秋诗会"(浙江余姚，9月10日)，"《王阳明纪行》中文译本出版访谈活动"(浙江余姚，9月29日)，"王阳明在广西展示馆开馆仪式"(广西南宁，9月30日)，"广西王阳明研究会第一届第一次会员代表大会"(广西南宁，10月15日)，"《走近阳明》专题教育系列教材新书发布会"(浙江余姚，10月28日)，"纪念王阳明先生诞辰550周年座谈会"(浙江桐乡，10月28日)，"复见天地之心——纪念王阳明诞辰550周年青年学者工作坊"(上海，10月29日)，"此心光明——纪念王阳明诞辰550周年《中华传统文化百部经典》阅读推广特别活动"(北京国家图书馆，10月30日)，"竭忠尽瘁——纪念阳明先生诞辰550周年学习会"(江西大余，10月30日)，"阳明心学论坛"(浙江余姚，10月30日)，"余姚市教育系统纪念王阳明诞辰550周年诗词歌赋会"(浙江余姚，10月30日)，"纪念王阳明诞辰550周年线上青年读书会"(贵州贵阳，10月31日)，"纪念王阳明诞辰550周年礼贤仪典"(浙江余姚，10月31日)，"浙江省良知阳明文化研究院、省阳明良知慈善基金会揭牌仪式"(浙江余姚，10月31日)，"《知行合一——王阳明诞辰550周年》个性化邮票首发仪式"(浙江余姚，10月31日)，"'吾心光明'王阳明主题书画展"(浙江余姚，10月31日)，"王阳明诞辰550周年纪念暨阳明故里开放仪式"(浙江绍兴，10月31日)，"纪念王阳明诞辰550周年暨王阳明江右事功座谈会"(江西崇义，10月31日)，"纪念王阳明诞辰550周年暨日新正蒙国学公益读经活动"(江西吉安，10月31日)，"纪念王阳明先生诞辰550周年活动暨王阳明教育思想研讨会"(广西南宁，10月31日)，"旅日华侨纪念阳明先生诞辰550周年"(日本高岛，10月31日)，"纪念王阳明诞辰550周年：阳明文化沙龙"(贵州修文，10月31日)，"阳明学与朱子学交涉工作坊"(中山大学，11月5日)，"王阳明与南宁专题读书会"(广西南宁，11月10日)，"王阳明在广西历史资源保护与利用研讨会"(广西南宁，11月18日)，"纪念王阳明诞辰550周年座谈会暨第六届中国阳明心学高峰论坛新闻发布会及启动仪式"(北京，11月19日)，"纪念王阳明诞辰550周年：锥迹光明——阮解篆刻、壶铭、砚铭作品展"(浙江余姚，11月21日)，"思想与文学：阳明文化的当代价值——第二届全国大学生知行合一传习论坛"(浙江绍兴，11月22—24日)，"全国大学生'阳明诵'大赛决赛"(浙江绍兴，11月22日)，"世界阳明学大会"(浙江余姚、绍兴，11月23日)，"王阳明教育思想及当代价值主题活动暨2022年度阳明教育联盟工作会议"(绍兴职业技术学院，11月24日)，"宁波市中华文化海外传播联盟成立仪式暨阳明文化海外传播主题论坛"(宁波余姚，11月25日)，"天涯无日不思归——论王阳明诗文中的家国情怀：关爱海外侨胞和留学生直播活动"(浙江日报报业集团，11月29日)，"纪念王阳明诞辰550周年暨第七届'知行论坛'全国学术研讨会"(贵州贵阳，12月9—12日)，"阳明文化的时尚表达主题展暨分享会"(浙江余姚，12月12日)，"新编历史京剧《阳明悟道》"(贵州贵阳，12月12日)，"'吾心光明'——纪念王阳明诞辰550周年中韩书法交流展"(赣南师范大学，12月26日)，"钱绪山学派、龙溪学派与近溪学派文献整理及思想研究开题论证会"(武汉大学，12月28日)，"爽爽贵阳·文昌云岩2022年'良知行'系列活动——你好！2023·围炉煮茶迎新年"(贵州贵阳，12月31日)。

兹根据诸项学术研讨活动的举办时间，把相关研讨交流成果等予以胪列梳理。

（一）"阳明文化与崇义文旅发展研讨会"在江西崇义举行

2022年1月1日，"阳明文化与崇义文旅发展研讨会"在江西省崇义县召开。研讨会上，周建华、彭迪云、赖功欧、汪玉奇、王东林等5位专家学者围绕王阳明心学、王阳明政治思想与社会治理、王阳明生平、王阳明与崇义的关系等内容，分别做了以"共同富裕、王阳明的为学观与王阳明学院游学价值""从《立崇义县治疏》《再议崇义县治疏》看王阳明的治政取向""把崇义打造成阳明心学传承基地""王阳明的当代意义""中国重要历史文献视野下的王阳明与崇义"为题的演讲。演讲深入浅出、精彩生动，深刻阐述了阳明文化与崇义文旅融合发展方向，为江西省崇义县进一步擦亮"阳明圣地·养生天堂"名片提供了有力的理论指导。

据介绍，近年来，崇义县高度重视阳明文化的保护和传承工作，不断创新文化载体，积极推动阳明文化的全方位研究，致力打造世界阳明文化高地。崇义县把阳明文化与文旅融合、乡村振兴相结合，深度发掘阳明文化旅游资源，倾力打造了"一山（阳明山）一湖（阳明湖）一城（阳明心城）一寨（阳明军事文化体验园、阳明寨）一园（知行公园）一馆（阳明博物馆）一院（阳明书院）一碑（平茶寮碑）"的阳明文化核心载体，深入实施文旅融合战略，不断擦亮"阳明圣地·养生天堂"名片。[①]

（二）"传承良知精神·讲好修文故事"系列活动在贵州修文举行

2022年1月5日是我国农历传统二十四节气中的小寒。当天晚上，贵阳市修文县"传承良知精神·讲好修文故事"系列活动第一期在修文县全民阅读协会活动基地——龙场茶驿举行。此次活动由修文县全民阅读协会、贵州龙场王阳明研究院共同主办，同时也是修文县2022年首场读书沙龙活动——"我们的节日·小寒"。一群文化专家学者齐聚这里，赏读明代哲学家王阳明居夷期间所著《居夷集》中的多首描写雪景诗，共话500多年前王阳明谪居龙场（今修文县城）时光中的那几个下雪天。

[①] 信息来源于《阳明文化与崇义文旅发展研讨会在我县召开》，崇义县全媒体中心，2022年1月6日。

据《王阳明年谱》记载，王阳明于明正德元年（1506）35岁那年被贬谪龙场驿驿丞。沿途历经奔波，直至正德三年春才到达龙场赴任。直至正德五年（1510），他39岁时升江西庐陵县知县才离开。在阳明居夷近3年的时间里，他历尽艰难困苦，曾住草棚、山洞，开荒种地，面临生死存亡的考验。面对这样的谪居生活，他坦然视之，能正确适应自己的生存状态，尽显圣人风范。艰难的居夷生活，成就了他的"知行合一""致良知"等心学理论，也奠定了他一生伟大功业的重要基础。居夷期间，阳明写下了《玩易窝记》《何陋轩记》《君子亭记》《五经臆说序》《瘗旅文》《居夷集》等著名诗文。在王阳明先生的众多居夷诗中，有8首是描写雪景的。

在当晚的赏读活动中，来自修文县各界的10多位专家学者，纷纷对阳明先生描写雪景的诗歌进行了赏读，分享了学习心得。"举办这场主题活动，旨在进一步挖掘阳明文化内涵和修文历史文化脉络，营造全民阅读、全民讲习、全民受益的氛围，更好地打造修文县的好'文'章。"修文县文联主席、贵州龙场王阳明研究院院长李小龙如是说。

（三）"天下同念——2022年纪念阳明先生逝世493周年典礼"在浙江绍兴举办

2022年1月9日是心学大师王阳明先生逝世493周年纪念日，"天下同念——2022年纪念阳明先生逝世493周年典礼"在浙江绍兴举行。受新冠疫情影响，全国各地的阳明爱好者通过线上祭祀的方式，"云"上缅怀，表达追思之情。

是日上午，浙江省稽山王阳明研究院发起在绍兴兰亭阳明园举行庄重简短的祭祀仪式。浙江省稽山王阳明研究院执行院长潘建国主持仪式，主祭人浙江省稽山王阳明研究院副院长钱明恭读祭文。典礼开始，全体肃立、雅静，参祭人员依次上香、敬酒，行礼结束后，全体人员缓步至墓前，鞠躬献花。

近年来，绍兴致力于推进阳明文化的保护传承、教育普及和学术研究等工作，大力弘扬阳明文化，为阳明精神走向世界贡献绍兴力量。通过阳明先生逝世纪念活动，让更多人体悟阳明思想文化内涵，进而践行阳明精神，承担中华文化复兴的伟大使命。①

（四）"纪念王阳明先生逝世493周年拜谒活动"在江西大余举办

2022年1月9日，江西省大余县社科联、县阳明文化研究会、青龙镇人民政府、县文广新旅局、县教科体局、赣州阳明书院在青龙镇阳明心园联合举办，赣南师范大学国学院、赣南师范大学王阳明研究中心协办了"纪念王阳明先生逝世493周年拜谒活动"，青龙中学师生与阳明文化爱好者参加活动，一起追思圣哲先贤弘扬传统文化。

据悉，阳明先生生于浙江余姚，少年立志成圣贤，一生上下求索，追寻真理，终至龙场悟道。圣人之道，吾性自足，不假外求。五百年沧海桑田，世事变迁，所幸文脉赓续，代代传承，心学有继。该活动使大家同擎心灯，共启心路，和圣哲对话，与光明同行，传承阳明文化，增强大余文化自信。②

（五）"2022年纪念王阳明逝世493周年活动"在浙江余姚举行

2022年1月9日，浙江省余姚市王阳明故居与余姚开投蓝城共同举行"2022年纪念王阳明逝世493周年活动"。493年前，一代圣贤王阳明先生坦然而去，留下一身光明，流芳四海，彪炳古今。为纪念这位生于余姚的伟大先贤，王阳明故居与余姚开投蓝城共同举行此次活动，与广大游客共同礼敬先贤。

活动当天，虽然天气阴冷，时有霏雨，但仍有游客络绎而来，安静有序地通过关注公众号领取菊花，献至王阳明铜像前，向先贤致以崇高的敬

---

① 信息来源于《浙江绍兴纪念王阳明逝世493周年》，中国新闻网，2022年1月9日。
② 信息来源于《大余举办纪念王阳明先生逝世493周年拜谒活动》，大余宣传，2022年1月12日。

意。许多余姚开投蓝城的员工也自发前来，大家满怀敬意，在王阳明铜像前鞠躬献花，默哀致礼，追思先生遗训，感怀圣贤功德。时至今时，传承与弘扬，才是我们对阳明先生最好的纪念。

（六）"余姚王阳明纪念馆展陈大纲研讨"在浙江余姚举办

2022年2月16日，由余姚市社会科学界联合会和余姚阳明文化书院主办的阳明文化沙龙之"余姚王阳明纪念馆展陈大纲研讨"在余姚市博物馆报告厅举行。参加沙龙的嘉宾有浙江省儒学会会长吴光，余姚市社会科学界联合会专职副主席黄士杰，余姚市品质办主任周伯勤，余姚市品质办原主任黄晓帆，浙江大学教授严建强，清华大学教授张烈，浙江省社科院哲学所副所长、研究员张宏敏，宁波阳明研究专家陈利权、蔡亮、朱友君，余姚本地学者范立书、计文渊、诸焕灿，余姚市社会科学界联合会秘书长谢建龙，余姚市文保所所长李安军、副所长孙栋苗、黄懿。

沙龙由阳明文化书院院长许为民主持，围绕展陈设计团队提出的《王阳明纪念馆展陈大纲》重点讨论三方面内容：建在阳明故里的余姚王阳明纪念馆应该有什么样的独特之处？对展陈大纲在布展逻辑、重点拿捏和史料取舍等方面有何意见建议？如何拓展渠道、挖掘资源获取纪念馆展陈所需要的各种展品？

沙龙首先由纪念馆展陈设计团队负责人严建强就展陈思路做简单陈述：将采用本质论方式，让人看完展览便能真切地知道展陈的核心内容；展陈将以学术和生平为载体来表达王阳明的思想；展陈计划以纪事的形式，把现象和事件安装在时间轴上，顺藤摸瓜地展现。接着，纪念馆展陈设计团队的张烈就"王阳明纪念馆展陈大纲"的策划大纲和初步呈现方案两部分做了具体介绍。

随后，在座的专家学者和领导纷纷发表了自己的想法和建议。余姚本地学者范立书认为，王阳明纪念馆应该是余姚一座重要的公共文化地标，是紧邻王阳明故居的纪念馆。故居用以展现王阳明的史实及思想，纪念馆则可以展现历史理解的王阳明，将王阳明及其心学思想艺术化、科技化、平民化。阳明纪念馆要注重营造阳明心学圣地的氛围，在收获社会效益的同时发挥经济效益。建议引入有余姚特色的机器人技术、大丰演艺技术。

余姚本地学者计文渊指出，纪念馆的内容要避免与博物馆、阳明故居展陈内容重复；其中田螺山、余姚历代名人历史展陈内容可以减少，着重展现王阳明的内容，特别要突出其他地方缺少的东西；展陈内容要注意真实性和严谨性，提升高度，内容新颖。

余姚本地学者诸焕灿指出，纪念馆的场景要宏大，展示方式要新颖，让观众参与和互动，要表现出余姚的特色，内容要有史料依据；并建议在展陈中将"致良知"作为阳明心学的核心内容，纪念馆的目的在于唤醒人人心中的良知，并为现代社会服务。

余姚市文保所所长李安军强调，王阳明纪念馆是和王阳明故居、姚江书院三位一体的关系，体现出余姚的特色。届时纪念馆可以用来展示，而故居可以发挥体验功能。另外作为纪念馆，一定要有记忆点。今天的大纲只是开始，工作需要循序渐进，史料收集任务也很重，希望各位专家领导多加支持。

余姚市文保所副所长孙栋苗认为，目前的展陈大纲还可以深化和细化；王阳明故居和纪念馆的分工必须明确，展陈要尊重史实；展陈要更加通俗化，贴近社会大众，但也不能媚俗。声光电使用要考虑后续便于维护。

余姚市社会科学界联合会秘书长谢建龙指出，纪念馆的展陈内容要有新意；展陈内容要有史可查、有迹可循；展示方式要新颖且具有吸引力，必须体现余姚特色。比如正德八年（1513）王阳明的四明山研学，王氏家族及宗谱等内容，都是很好的切入点，建议加入。

宁波阳明研究专家陈利权指出，首先要摆正阳明故居在该片区建设中的核心位置，纪念馆的建设要注重体现纪念和教育意义。展陈在突出余姚特色的同时，也要突出它的正统性、独特性和包容性。另外也可借鉴国家大剧院的短剧表演方法，提高观众参与性和互动性。

浙江省社科院哲学所副所长张宏敏认为，首先要顺应时代，顺应"阳明学热"，纪念馆一定要错位地做出余姚的特色，宁波的特色，浙江的特色；其次要跳出余姚看阳明，走出去、引进来，集思广益，守好阳明学脉；最后要重视青少年需求，让每个参观者都有所收获。他建议借鉴学习北京的中国共产党历史展览馆、各地王阳明纪念馆的岩中花树（贵州）、剿匪场景（崇义）的成功经验。

宁波阳明研究专家蔡亮提出三个改进点。首先要有互动性，比如机器人小镇作为余姚现代化的特色，可以将其与阳明心学相结合；其次要有时代感，在创造性转化、创新性发展的整体框架下谈阳明心学，在国家文化中讲文化自信；最后是国际化，阳明心学是世界的文化，纪念馆可以通过双语或多语呈现，使其与世界接轨、与时代接轨。

浙江省儒学会会长吴光最后做总结，第一，在建设过程中要"不忘初心"，"初心"就是"阳明故里·心学圣地"，要突出作为阳明故里的王阳明生平学说特点，要清楚心学圣地的核心是阳明心学，即良知心学，是最具阳明特色的东西，要抓住；第二，建设阳明故里要做到"三不要"，不要以假乱真、不要人云亦云、不要落于俗套，不能曲解历史，要有一些历史的真迹和实物；第三，展陈的解说词非常重要，如何引用阳明的诗词十分有讲究，既要真实，又要生动，更要贴切；第四，大纲和展品的选择需要反复琢磨，眼光要放大放高，要与宁波大市合作，可以到"阳明文化（贵阳）国际文献研究中心"寻找资料；第五，设计团队要"吃透"阳明学说，它上接孔孟的"明德亲民"思想，体现人民至上、以人民为中心理念，是其心学的落脚点，要紧紧抓住。

严建强全程认真听取各位专家学者发言后深有感触，并做了简单回应：设计团队对于纪念馆最初的设计定位是将其打造成一个最具话语权、最顶端的综合性存在，此次会议上有专家提出要照顾到片断性的特点，设计团队会根据专家建议进一步思考。在设计大纲中天泉证道、阳明离世等部分，计划使用较多的情景在线＋投屏的沉浸式方式呈现，与专家所提的科技性、新颖性要求相符，增强了信心。

（七）"第十七届（贵州）省旅发大会及修文第七届国际阳明文化旅游节暨阳明先生诞生550周年系列活动专题调度会议"在贵州修文召开

2022年3月18日，"第十七届（贵州）省旅发大会及修文第七届国际阳明文化旅游节暨阳明先生诞生550周年系列活动专题调度会议"在贵州省修文县召开。会议听取第十七届省旅发大会及修文第七届国际阳明文化旅游节暨阳明先生诞生550周年系列活动筹备情况。

会议指出，第十七届省旅发大会及修文第七届国际阳明文化旅游节暨阳明先生诞生550周年系列活动，中国阳明文化园作为系列活动的主会场，修文将精致细致地做好各块工作，并抽调专人组建专班，紧盯各类事项无缝对接，干事谋事，紧盯各类问题梳理清单，清单化推进。要做实总方案、拟定子方案，确保方案的指导性。把系列活动中特别是"世界企业家年会、项目观摩、学术论坛"做细，确保向外展示修文新亮点、新发展、新形象和新理念。

据悉，为深入挖掘和弘扬阳明文化的时代价值，厚植"知行合一、协力争先"贵阳城市精神的文化内涵，为抢抓新国发2号文件机遇奋力在新时代西部大开发上闯新路注入精神力量、创造文化条件，修文县拟筹办第七届2022中国贵阳（修文）第七届国际阳明文化旅游节，同时举行时间贯穿5—12月的阳明先生诞辰550周年系列活动，以"各美其美、美美与共"的理念实现"以文塑旅，以旅彰文"的目标。①

（八）"Wang Yangming and Ming Thought（王阳明与明代思想）国际性学术研讨会"在美国普林斯顿大学召开

2022年3月18—22日，美国普林斯顿大学哲学系召开了一次以

---

① 信息来源于《修文进入第十七届省旅发大会及修文第七届国际阳明文化旅游节筹备阶段》，修文县融媒体中心，2022年3月22日。

"Wang Yangming and Ming Thought（王阳明与明代思想）"为主题的国际性学术研讨会。线上线下共会集了来自不同学科和背景的40余位学者参会。发表演讲的有卫斯理大学教授斯蒂芬·安格尔（Stephen Angle）、哈佛大学教授彼得·波尔（Peter Bol）、伦敦大学佛教研究中心副研究员詹妮弗·艾希曼（Jennifer Eichman）、玛卡莱斯特学院副教授翰若愚（Rivi Handler Spitz）、乔治城大学教授艾文贺（Philip J Ivanhoe）、伦敦政治经济学院教授李蕾（Leigh K.Jenco）、普林斯顿大学助理教授哈维·莱德曼（Harveyleder-man）、台湾"中研院"研究员林月惠、浙江大学教授彭国翔、复旦大学教授吴震等。研讨的范围也较为广泛，涉及明代哲学、历史、宗教、文学及其与同时期西方文化之比较。[①]

（九）"纪念王阳明先生到任庐陵知县512周年祭拜活动"在江西吉安举行

2022年4月18日，江西省吉安市青原区纪念王阳明先生到任庐陵知县512周年祭拜活动在阳明书院举行。来自井冈山大学的专家学者、青原区文旅局、青原山阳明文化研究传播中心、阳明书院陈列馆、王学爱好者等50余人参加。

在五贤祠，参祭人员整齐列队来到王阳明先生铜像前，怀着崇敬的敬仰之心诵读了《答聂文蔚书》（节选），并向圣贤王阳明先生行拜谒礼、献花。缅怀512年前王阳明先生到任庐陵知县，"以开导人心为本"，做了接访息讼、恢复"两亭"制度、建保甲制、颁行乡约、减税纾困、改造防火墙、赈灾救民等七件亲民爱民的大事。祭拜仪式结束后，大家一同参观了主题展"王阳明与吉安"。

随后，由本地王学专家学者组成的寻访阳明后学田野考察队开展了"寻访阳明后学　体悟阳明思想——纪念王阳明到任庐陵知县512周年主题活

---

① 李焕然、李晔子：《普林斯顿大学王阳明国际会议》，《国际儒学》（中英文），2022年第4期。

动"，分别寻访了江右王门第一代传人聂豹故里、罗洪先讲学场所石莲洞，江右王学殿军大将邹元标故里，阳明书院第一任山长刘绎等，并在石莲洞书院召开座谈会，探讨当地阳明后学对阳明心学的弘扬和传播做出的贡献，从中汲取智慧和力量。①

（十）"胶东阳明心学论坛暨胶东阳明心学研究会成立3周年庆典"在山东胶东举办

2022年5月2日，"胶东阳明心学论坛暨胶东阳明心学研究会成立3周年庆典"在山东胶东举办。

畅销书《明朝一哥王阳明》的作者吕峥做了题为"心之为用——王阳明的返本开新之道"的主题报告，报告核心是"做自己，去私欲"。江西省王阳明研究会秘书长皇甫金石做了题为"用阳明心学破内卷抗躺平"的主题报告，核心是用"心即理"破除一切概念的束缚，开始创建一个伟大的梦想；用"事上磨"为过程，成就一个伟大的事业。深圳至诚读书会理事长蒲宗阳做了"阳明心学与企业实践"的主题报告，核心是自己在企业践行阳明心学的心得总结、分析和引申，从中寻找出阳明心学与企业实践中的一般规律。河南阳明书院院长王程强做了"致良知与致良知于事事物物"的主题报告，核心是辨析了"格物致知"的三种对象、学科、路径、效果和意义。论坛最后，举办了题为"阳明文化与企业管理、人生实践"对话会。

因新冠疫情未能亲临现场的胶东阳明心学研究会名誉会长、浙江大学教授董平发来了视频寄语和为大会题名的墨宝"胶东阳明"。同样因疫情未能到会的贵州修文阳明文化研究中心秘书长谌业军发来了视频讲座。

据悉，阳明先生与山东渊源深厚，作为中华民族的圣贤，他的根在孔子和周公等古代圣贤那里。他一生中多次往返大运河，每次都要经过山东，

---

① 信息摘录自《青原区开展纪念王阳明到任庐陵知县512周年主题活动》，青原区阳明书院陈列馆，2022年4月18日。

主考过弘治十七年（1504）的山东乡试，在济南文衡堂墙壁题过诗，拜过周公庙，爬过泰山，登过济宁的太白楼等。山东有他的弟子穆孔晖、陈鼎、路迎、梁谷等，更有许多再传弟子。其中，陈鼎就是胶东人。

（十一）"纪念王阳明诞辰550周年·弘扬中华优秀传统文化交流活动"在贵阳信息科技学院举行

2022年5月12日晚，贵阳信息科技学院举行"纪念王阳明诞辰550周年·弘扬中华优秀传统文化"交流活动，中国书画院副院长、贵州分院院长熊师辉，中国书画院贵州分院顾问吴振武，贵州出版集团编审唐浩，贵州财经大学团委副书记贾秋玲，贵阳人文科技学院团委书记田仁贵及师生代表，贵州城市职业学院团委书记孔玉林及师生代表，贵州师范大学师生代表，贵州轻工职业技术学院师生代表出席演出活动。

演出伊始，中国书画院副院长、贵州分院院长熊师辉致辞。熊师辉表示，2022年是王阳明诞辰550周年，中国书画院贵州分院艺术家们准备了多幅与阳明文化、与优秀传统文化相关的书法字画用于展出，一方面丰富在校大学生的校园生活；另一方面让师生们感受美，感受传统书法绘画的魅力，陶冶高尚情操。此次书画展也是中国书画院贵州分院今年的首次外展，在此祝愿书画展与文艺演出圆满成功。

贵阳信息科技学院校长唐建荣在现场致辞。唐建荣首先代表学校党委、学校15000余名师生员工对此次莅临现场的领导与嘉宾表示热烈的欢迎，对中国书画院贵州分院艺术家们的辛勤创作表示衷心的感谢。2022年是王阳明先生诞辰550周年。500年前，阳明先生悟道贵州龙场，形成了中国思想史上独特的思想体系——阳明心学；500年后，我们在此贵州大地问道阳明，去学习中华优秀的传统文化，对我们新一代大学生是一次绝佳的精神营养大餐，我们要将贵阳信息科技学院阳明书院打造成为大学城独一无二的阳明文化传承基地、交流平台与学术高地。

唐建荣最后用习近平总书记对阳明文化的重要讲话作结：古人要求我们格物穷理、知行合一、经世致用，我也很敬仰王阳明先生，"龙场悟道"

就在此地。不仅中国人敬仰他、学习他，阳明心学也影响到东亚、东北亚地区，像日韩等。我们贵州的文化传承，对他的学习更应该有深刻的心得。王阳明的一生真正做到了知行合一，他既是一位伟大的哲学家、思想家，也是一位伟大的政治家、军事家。他讲到的几点基本要求，第一条就是立志，我想年轻人首先就应该立志，"志不立，天下无可成之事"。立志就是要养浩然之气，就是要修炼、砥砺、磨炼、苦学。"我们不仅要学国学，更要学习马克思主义，学习中国特色社会主义理论。我们现在坐在书斋里，潜心学习，就是要养浩然之气，选定我们立志的目标、奋斗的目标。这种选择意义重大，如果方向错了，就会南辕北辙。希望大家在学校的时候要树立远大、正确、崇高的理想，并在实践中去考验、磨炼，虽九死而犹未悔，才是真正坚定的理想。

节目现场，中国书画院贵州分院的书画家带来了节目串烧《古琴·旗袍·手绘》、舞蹈《觉之舞之母亲》，让在场师生们尽数感受到了古琴的余韵、旗袍的绮丽、水墨的飘逸、身姿的灵动。总之，此次文艺展演紧扣"阳明文化"和"中华优秀传统文化"两大主题，旨在纪念伟大思想家、政治家、哲学家王阳明，大力弘扬中华优秀传统文化，丰富贵安新区大学城各大高校的师生校园生活，陶冶学生们的精神节操，加强各高校间学生社团的联系，以青春向上的姿态展现新时代青年抗击疫情的信心与决心。[①]

（十二）"'阳明读书社'开讲仪式暨周月亮《王阳明的心学智慧》专场分享"在浙江余姚举行

2022年5月13日上午，"'阳明读书社'开讲仪式暨周月亮《王阳明的心学智慧》专场分享"在浙江省余姚市阳明微讲堂文化驿站举行。

开讲仪式上，发布了"阳明读书社"的LOGO，展现以书为媒、人人阅读、知行合一的立意和构思；聘请了中国传媒大学阳明书院院长周月亮、

---

① 信息摘录自《贵阳信息科技学院"纪念王阳明诞辰550周年·弘扬中华优秀传统文化"交流活动举行》，人民网贵州频道，2022年5月16日。

浙江省政府咨询委员陈寿灿、宁波市朗读联合会主席谢安良、《明朝一哥王阳明》的作者吕峥等4位专家学者作为阳明读书社领读顾问。活动现场通过视频连线的形式，邀请了《王阳明传》的作者周月亮为广大市民做"王阳明的心学智慧"专场分享，阐述王阳明的传奇人生和阳明心学精髓，表示心学是唤醒自己直心的艺术，希望阳明故里——余姚能用王阳明的学习方法办好阳明读书社，并致敬王阳明先生诞辰550周年。

此次活动由余姚市委宣传部、余姚市文化和广电旅游体育局主办，余姚市社会科学界联合会承办，是余姚市第十二届全民读书节系列活动、纪念王阳明诞辰550周年系列活动的重要内容。活动通过姚界客户端、"余姚发布"微信公众号等平台进行了网络直播，广大市民群众、阳明文化爱好者，以及新疆库车阳明小学的部分师生等通过网络收看了直播，观看人数12.2万左右。[①]

（十三）"中华社会文化发展基金会王阳明文化基金揭牌仪式"在北京举行

2022年5月18日，"中华社会文化发展基金会王阳明文化基金揭牌仪式"在北京举行。中国亚洲经济发展协会副会长、中国阳明心学高峰论坛组委会副主席申坤，中华社会文化发展基金会执行副秘书长蒋晔，北京大学原教育文化战略研究所所长王继华，三智书院理事长高斌，中华社会文化发展基金会王阳明文化基金名誉主任、推动力集团董事长贾晓坤等出席揭牌仪式。

高斌理事长在致辞中谈到，我们提倡研究阳明心学，旨在促进马克思主义与中国传统文化相结合的理论创新，以人类共同命运之历史与现实为观审维度，来重新诠释人类共同智慧所凝成的公共价值理念。我们提倡实践阳明心学，旨在唤醒人人心中所本具的良知，用心体的光明去破除一切

[①] 信息来源于《宁波余姚"阳明读书社"开讲了！周月亮做〈王阳明的心学智慧〉专场分享》，浙江新闻客户端，2022年5月13日。

物欲的心魔；让"知行合一""致良知"成为社会大众的座右铭，重建个体的心身秩序，实现社会的普遍和谐。随后，高斌理事长代表三智书院企业家学员向王阳明文化基金会首捐100万元整，蒋晔副秘书长代表基金会接受了捐赠。

之后，蒋晔副秘书长简要回顾了中华社会文化发展基金会王阳明文化基金发展历程。2015年11月28日，中华社会文化发展基金会丝绸之路公益基金申请成立王阳明文化研究中心，开始启动王阳明文化圣地构划工作。2018年5月12日，为推动中国阳明心学高峰论坛的举办，中华社会文化发展基金会决定将原丝绸之路公益基金"王阳明文化研究中心"更名为"王阳明文化中心"，并作为基金会直属机构。2018年6月18日，第二届中国阳明心学高峰论坛闭幕论坛在浙江绍兴举行，正式提出把王阳明文化圣地升级为中华心学圣地。2022年4月16日，中华社会文化发展基金会决定，正式将"王阳明文化中心"升级为"王阳明文化基金"。

仪式结束后，与会嘉宾就中华社会文化发展基金会王阳明文化基金的进一步发展进行了非常富有成效的座谈，由此拉开了王阳明文化基金弘扬中华心学的新时代。[①]

（十四）"'吾心光明'阳明心学启发灯光设计展览"在浙江余姚开幕

2022年5月20日下午，宁波诺丁汉大学与王阳明故居合作的"'吾心光明'阳明心学启发灯光设计展览"在浙江余姚王阳明故居开幕。

"与时俱进，开拓创新"是当代社会的发展趋势，而"创新"和"创意"又是设计的灵魂和本质。经过前期双方共同努力，宁波诺丁汉大学的师生将阳明文化进行了创造性转化、创新性发展，为大家呈现了"吾心光明"阳明心学启发灯光设计展，各种灯具也诠释了青年学生对阳明思想以

[①] 信息来源于《中华社会文化发展基金会王阳明文化基金在京揭牌》，经济网，2022年5月20日。

及设计理念的思考和探索。

通过此次展览，余姚王阳明故居将继续搭建馆校持续沟通的桥梁，积极响应"保护好、传承好、利用好中华优秀传统文化"的号召，为学生提供更为开放、更为丰富的学习方式，从而进一步推动阳明文化国际化。[1]

（十五）"绍兴市王阳明研究会一届理事会五次（扩大）会议"在浙江绍兴召开

2022年5月21日下午，"绍兴市王阳明研究会一届理事会五次（扩大）会议"在绍兴市柯桥古镇保护管理利用服务中心召开。绍兴市王阳明研究会于2021年在绍兴市社科联的领导和指导下，坚持以党的十九大以及十九届历次全会精神为指引，以阳明先生"致良知"思想为明灯，潜心研究、普及阳明文化，积极助力浙江高质量建设共同富裕示范区的新进程。2022年要继续以"五进"为载体普及阳明文化，办好"阳明之路"第二届书画篆刻大赛、"吾心自有光明月"中秋诗会等活动，继续开展"少年阳明班""良知学堂"等弘道工作，适时启动研学游活动。强调全体会员要加强学习，注重自身素养的提升；加强对本地阳明遗迹遗址的考察研究，提升研究能力，才能更好地去弘道解惑。

会议由绍兴市王阳明研究会副会长孙有峰主持。柯桥古镇保护管理利用服务中心主任马明代表会议承办单位向与会代表表示热烈的欢迎，并介绍了柯桥古镇的情况。绍兴市王阳明研究会副会长兼秘书长马士力向大会做了题为"潜心致良知 协力共富道"的工作报告，总结了2021年的主要工作，比如《山阴光相桥王氏宗谱》正式首发并公开出版，得到国家图书馆、上海图书馆、浙江图书馆等高度肯定，并收藏；与绍兴文理学院联合举办的阳明文化青年论坛取得圆满成功，出版论文专集；多个课题研究取得阶段性成果，并出版研究成果《万花根源总在心》；多个课题被立项为绍

---

[1] 信息来源于《馆校合作再续新篇："吾心光明"阳明心学启发灯光设计展在王阳明故居开幕》，网易网，2022年5月22日。

兴文化研究工程重点研究课题，张校军领衔的"山阴光相桥王氏宗谱"编撰、李永鑫领衔的"简明绍兴史"均名列重点课题，并获得专项资金资助。

会上，原绍兴县文保所所长梁志明做了"王阳明墓探寻与修复"的情况介绍，柯桥区开发经营集团副总经理李传芳介绍了2015年开始建阳明园的情况，绍兴市家谱协会会长郭欢裕介绍了调研、梳理"山阴光相桥王氏宗谱"的情况，连环画《王阳明传》的编绘马仲安介绍编绘《王阳明传》的情况，绍兴市王阳明研究会顾问那秋生谈了如何保护传承绍兴地域文化标志——阳明文化的建议。

（十六）"贵州阳明学研究40年专题学术研讨会暨《王阳明行踪遗迹》出版首发式"在贵州大学召开

2022年5月21日，由贵州省儒学研究会、贵州大学东方思想与文化遗产研究中心、江苏弘德文化出版基金会主办的"贵州阳明学研究40年专题学术研讨会暨《王阳明行踪遗迹》出版首发式"在贵州大学学术交流中心举行。

贵州大学中国文化书院荣誉院长张新民教授，贵州大学历史与民族文化学院副院长黄诚教授，贵州省儒学研究会副会长舒奇峰，贵州省儒学研究会副会长、贵州师范大学教授王进，修文县阳明文献研究中心理事长杨德俊研究员，贵阳学院阳明学与黔学研究院院长赵平略教授，贵州省儒学研究会副会长、中勘集团董事长胡正森，贵州省儒学研究会副会长、中青城投贵州（集团）有限公司董事长康忠，以及贵州省社会科学院、贵州大学、贵州民族大学、贵州财经大学、贵阳学院、贵州省委党校、《贵州日报》社等多家高校科研机构、媒体代表40余人参会。

张新民教授在开幕式上致辞。他指出，今天的阳明学研究要注意做创造性转化与创新性诠释工作，如何"接着讲""接着做"阳明学，让阳明学在新时代重获时代脉动，是当下阳明学界的重要课题。阳明学是一个生态，并不是中国历史上孤零零的高峰，有着形成、发展、调整、完善的过程。所以，做阳明学研究，不能只看到王阳明，往前要看到程朱理学，往后也还有各王门学派,既要有宏观的眼光,也要有微观的局部研究。《王阳明行踪遗迹》一书内容翔实、考证有力、旁征博引、观点创新,是杨德俊研究员数十年如一日读万卷书、行万里路之后的阳明学研究心路历程的具体彰显,更是阳明学学术界的一大标志性成果,具有重要的学术价值与现实意义。

研讨会上,贵阳学院阳明学与黔学研究院院长赵平略教授、贵州省儒学研究会副会长杨德俊研究员,贵州大学中国文化书院教授王胜军、邓国元,中青城投贵州(集团)有限公司董事长康忠先生,贵州大学历史与民族文化学院教授马国君、张明,贵州省社会科学院研究员李发耀、贵州财经大学副教授邓立、贵州省委党校教授苟爽、贵阳学院黄江玲女士、贵州师范大学教授王进等围绕"贵州阳明学研究40年历史回顾与未来展望"进行了学术研讨。各位专家就贵州阳明学发展阶段、贵州阳明学特质、阳明学如何研究、阳明精神如何弘扬、良知救国救世、全国视域阳明研究、阳明精神与企业治理、阳明心学与共产党人心学、阳明学如何向百姓推广普及、阳明遗址遗迹修复、阳明文化遗产保护等话题,展开了深入交流与广泛探讨,为贵州阳明学的发展指明了方向,具有重要的学术意义。

杨德俊研究员就《王阳明行踪遗迹》(贵州大学出版社2021年10月版)一书的收集、整理和出版过程做了详细介绍。他介绍道,在搜集、阅读了上千本有关王阳明的书、走了几万里阳明行迹之后,凭着良知一步步完成了这部43万字、380幅图片的《王阳明行踪遗迹》书稿,书中对当今阳明学界的一些学术观点提出了商榷。他告诫青年后学,做学问不仅要读万卷书,而且还要行万里路,只有在知行合一中才能进一步做出可靠的、令人信服的学问。杨德俊研究员被誉为"阳明学的守护人",数十年坚守在王阳明"龙场悟道"的修文县遗址上,发掘古迹、抢救文物、搜集资料、重走阳明路等,对贵州阳明学的传承与发展做出了重要贡献。首发式上,杨德俊研究员向贵州省儒学研究会、贵州师范大学贵州阳明文化研究院、贵阳学院阳明学与黔学研究院、贵州大学东方思想与文化遗产研究中心等社会各界代表进行了签名赠书。①

（十七）"纪念王阳明诞辰550周年系列活动之一：阳明文化论坛"在浙江余姚举行

2022年5月28日，以"大担当下的大自在——到阳明故里，悟阳明心学"为主题的"阳明文化论坛"在浙江余姚举行。此次"阳明文化论坛"是纪念王阳明诞辰550周年系列活动之一，由余姚市社会科学界联合会指导，全国阳明史迹保护研究联盟、余姚市历史文化名城研究会主办。来自余姚市的阳明学研究专家、学者和阳明文化爱好者汇聚一堂，通过文化主题讲座、阳明心学主题论坛等形式深入挖掘阳明资源，传承弘扬阳明文化，努力实现阳明思想在当代社会的创造性转化和创新性发展，为建设现代化美好活力"最名邑"提供源源不断的精神动力。

余姚市政协副主席朱卫东为此次阳明文化论坛致辞，从多个层面向在场嘉宾阐述了阳明心学的时代意义，高度肯定了阳明文化论坛对传播和践行阳明心学的有力作用，号召在场的嘉宾在新冠疫情下担负莫大压力的同时要养活心中春意。只有承载得住大的担当，才会有大的自在。就如同王阳明在人生最困窘的龙场驿时期抗住压力而最终悟道一般，走出小天地，得见大宇宙。

余姚市历史文化名城研究会副会长谢建龙带领在场嘉宾一起领略余姚文化。余姚是浙江省历史文化名城，境内既有远古的河姆渡文化遗址，又有古代的王阳明故居，还有现当代的浙东抗日根据地旧址。这方文化热土不仅诞生了明代的王阳明，还有东汉的严子陵、明末清初的黄宗羲、当代的余秋雨等许许多多的历史文化名人。因此余姚获得了"姚江人物甲天下""东南最名邑"和"文献名邦"的美誉。

余姚市文化和广电旅游体育局党委副书记董斌、浙江省文物考古研究

---

① 信息来源于《贵州阳明学研究40年专题学术研讨会暨《王阳明行踪遗迹》出版首发式举行》，贵州大学中国文化书院，2022年5月22日。

所研究员王明达、余姚市社科联专职副主席黄士杰、全国阳明史迹保护研究联盟理事长李安军等共同启动了"阳明之路"文化游学。

作为阳明故里，余姚一直在用阳明心学浸润城市灵魂，不断开发文化活动来纪念阳明先生、传承阳明心学。此次阳明文化论坛作为纪念王阳明诞辰550周年系列活动之一，正是在余姚的城市精神指引下应运而生的，以新时代下大众喜闻乐见的方式演绎阳明心学，让阳明精神不断焕发新生机，响应了习近平总书记提出的增强文化自信的号召。[①]

（十八）"第六届中国阳明心学高峰论坛筹备会"在北京召开

2022年6月19日，中国阳明心学高峰论坛组委会在北京三智书院召开"第六届中国阳明心学高峰论坛筹备会"。中国阳明心学高峰论坛执行主席申占华，中华社会文化发展基金会执行副秘书长蒋晔，中国亚洲经济发展协会副会长申坤，北京四海孔子书院院长冯哲，中国实学研究会副秘书长徐治道，中华社会文化发展基金会王阳明基金会执行秘书长葛潇潇，三智书院副院长王智、赵弘参加了此次筹备会。三智书院理事长高斌主持会议。

第六届中国阳明心学高峰论坛继续坚持"以学术为基础，以历史为背景，以人民为中心，以创新为化古"，为学习和践行阳明心学提供知行的路径和次第，为各地阳明心学的研究和普及提供引领和指导。在会上，大家热烈讨论交流，对第六届中国阳明心学高峰论坛的举办时间、论坛主题、分议题、组织形式、呈现形式等提出了建议和想法。2022年是王阳明诞辰550周年，论坛也会开展一系列纪念活动。阳明心学的厉害之处在于有经世之用，此届论坛着重突出阳明心学的功用，新冠疫情期间，用阳明心学智慧解决现代人心态问题，企业家在中国当今形势下安心定志，重建企业家

---

① 信息来源于《"到阳明故里，学阳明心学"，阳明文化论坛在余姚举行》，《钱江晚报》2022年5月30日。

的精神家园，为社会转型、企业创新发展提供动力源泉等。①

（十九）"阳明学与现代儒学发展的现状与前景展望学术研讨会"在河北省社会科学院举办

2022年6月24日，河北省社会科学院举办"阳明学与现代儒学发展研究中心"成立大会暨"阳明学与现代儒学发展的现状与前景展望"学术研讨会。河北省社会科学院党组书记、院长康振海出席会议并讲话，副院长孟庆凯主持会议。河北师范大学党委书记戴建兵、河北省社科联常务副主席彭建强、河北省社科院原副院长孙继民、河北省儒学会常务副会长高士涛、河北省社科院哲学研究所所长李洪卫及相关人员共40余人参加了此次会议。康振海、戴建兵、彭建强和李洪卫一起为中心揭牌。

康振海指出，河北历史悠久，文化底蕴深厚。晚明保定学人鹿善继推崇王阳明、罗念庵，开创了以躬行实践为特色的"燕南王学"。北学宗师孙奇逢以程朱、陆王"相济为用"，会通兼收，倡导有自己特色的实用之学。在此基础上，燕赵地域特色的人文传统和理性精神在原有基础上更加具有开放性，形成求实、包容、创新的燕赵人文精神。"阳明学与现代新儒学发展研究中心"应当承载起促进河北省文化强省建设、增强文化自信的责任，围绕燕赵区域优秀传统文化的历史传承和现代阐发开展工作，实现传统文化的创造性转化和创新性发展。阳明学与现代儒学发展研究中心未来要在传统学术理路中不断深耕，打造河北省乃至国内阳明学和现代儒学研究的学术品牌，同时又要积极弘扬传统文化的当代价值，为地方文化建设做出自己的贡献。

研讨会上，浙江省社会科学院哲学所研究员吴光就"阳明心学的本体与结构"发表了主旨演讲，武汉大学哲学学院教授郭齐勇和华东师范大学哲学系教授高瑞泉分别做了题为"综论现代新儒家思潮"和"心学现代演

---

① 信息来源于《第六届中国阳明心学高峰论坛筹备会于6月19日在三智书院召开》，中国文化网，2022年6月22日。

化中的'自由意志'"的主旨演讲。在会讲单元,华东师范大学哲学系教授郁振华、中山大学哲学系教授陈立胜、河北大学哲学与社会学院院长程志华教授和《河北经贸大学学报》主编武占江教授分别发表了相关评论和报告。

郭齐勇教授、高瑞泉教授、中国社科院世界宗教研究所儒教研究室主任赵法生研究员、程志华教授和副会长高士涛纷纷对中心的成立表示衷心的祝贺。贵州大学中国文化书院荣誉院长张新民先生、《文史哲》原常务副主编刘京希先生和武汉大学国学院教授欧阳祯人发来了贺信。①

(二十)"纪念王阳明诞辰550周年系列活动:'孔学堂—阳明洞会讲'第八期'共述王阳明龙场悟道'"在贵州修文举行

2022年6月30日,由贵阳孔学堂文化传播中心与中共修文县委共同举办,贵阳学院阳明学与黔学研究院、贵阳市文物局和阳明文化(贵阳)国际文献研究中心协办的"纪念王阳明诞辰550周年系列活动:'孔学堂—阳明洞会讲'第八期'共述王阳明龙场悟道'"在贵州省修文县阳明文化园龙冈书院举行。此次会讲邀请到了贵阳学院阳明学与黔学研究院院长、教授赵平略,贵州师范大学贵州阳明文化研究院教授张春香,贵州大学历史与民族文化学院副教授张明和贵州龙场王阳明研究院院长、修文县文联主席李小龙作为主讲人,赵平略教授主持了此次会讲活动。

会讲活动中,赵平略教授对王阳明龙场悟道的原因进行了深入分析;张春香教授以身体力行的方式告诉大家自己对王阳明龙场所悟"道"的理解;张明副教授从王学圣地、书院讲学、黔中王门和人才培养以及对当地教育发展的推动等方面娓娓道来;李小龙主席则从王阳明的历史地位和影响方面进行了阐述。会讲最后阶段,主讲人与听众进行了热烈的交流互动。

据悉,王阳明在修文潜心悟道讲学,先后创立了"心即理""知行合

---

① 信息摘录自《我院举办"阳明学与现代儒学发展研究中心"成立大会暨"阳明学与现代儒学发展的现状与前景展望"学术研讨会》,河北省社会科学院网站,2022年6月24日。

一"致良知"等学术思想，并享誉海内外，对中华优秀传统文化影响深远。邀请当代学者在阳明文化发端地进行学术交流，不仅是为了弘扬阳明文化，也为当代学者提供了思想交流的平台。"孔学堂—阳明洞会讲"的举办，既是弘扬传承中华优秀传统文化的举措，也是深入研究、阐释和传播阳明心学的重要实践之一。①

（二十一）"《阳明心学与企业家精神》首发式暨阳明文化研讨会"在浙江杭州举行

2022年7月10日，由浙江工商大学、中国社会科学出版社联合主办的"《阳明心学与企业家精神》首发式暨阳明文化研讨会"在浙江杭州举行。此次研讨会王永昌作为《阳明心学与企业家精神》一书主编参加活动并致辞。浙江省人大常委会原副主任、省文史馆馆长、《阳明心学与企业家精神》主编王永昌在致辞中向对他给予过帮助和支持的专家、企业、媒体代表一一致谢。他表示，其绝大多数著作都由中国社会科学出版社出版，感谢中国社会科学出版社对其著作倾尽心血，感谢长期以来对他的关心和支持。

中国社会科学出版社党委书记、社长赵剑英谈道："对永昌同志，我非常敬佩也非常感激。我感觉他是特别勤奋又善于创新的人。他善于思考和研究，又非常注重调研，强调理论与实践的统一。2022年是王阳明诞辰550周年，知行合一的精神对当代人的成长依然具有丰富的价值。在永昌同志主编的《阳明心学与企业家精神》一书中，我们就很好地看到了中国现代企业家，尤其是浙江企业家所具备的实践精神、创新精神，与阳明心学的精神内涵融合贯通。"海亮集团党委书记、董事长王黎红希望，"用阳明心学涵养企业精神，推动企业乘风破浪、勇往直前"。杭州市人大常委会主任李火林回忆了与王永昌的交往，"永昌同志对我来说不仅是领导，也体现了师长的风范"。杭州市政协主席马卫光说："我想表达的是祝贺和敬

① 信息来源于《纪念王阳明诞辰550周年系列活动："孔学堂—阳明洞会讲"第八期"共述王阳明龙场悟道"在修文县举行》，孔学堂网，2022年7月4日。

佩……很不容易。"

王永昌主编的《阳明心学与企业家精神》是宁波市社科院阳明心学研究重大招标课题"阳明心学与企业家精神研究"的结项成果。该书旨在从理论上厘清阳明心学与企业家精神的内在关联，并从实践上提出阳明心学对培育企业家精神的启迪。该书将阳明心学与企业家精神结合起来进行深入研究，有利于形成阳明心学研究的新视角，进一步扩大阳明心学的影响力，有利于在培育企业家精神的过程中从优秀传统文化里汲取智慧，有利于传承浙东文化传统，扩大浙江历史文化影响力，有利于弘扬中华优秀传统文化，推动传统文化在现代社会的创造性转化、创新性发展。①

（二十二）"纪念王阳明诞辰550周年：贵阳、赣州阳明后学书法笔会"在贵州修文举行

2022年7月10—11日，由中国明史学会王阳明研究分会、江西省王阳明研究会、贵州省阳明学学会、贵州省修文县文联主办，修文县书法家协会、赣州阳明书院、修文阳明书院、贵州龙场王阳明研究院承办的"纪念王阳明诞辰550周年：贵阳、赣州阳明后学书法笔会"在贵州修文阳明书院举行。

中国明史学会王阳明研究分会常务副会长、江西省王阳明研究会常务副会长周建华，贵州省阳明学学会副会长、贵州龙场王阳明研究院院长、修文县文联主席李小龙，贵州省书法家协会副主席、贵阳市书法家协会主席朱俊首，修文阳明书院院长、赣州阳明书院院长王修权，赣州市书法家协会原副主席李安华，赣州市书法家协会副主席赖俐华，修文县书法家协会主席张仕山，修文县文联副主席唐孝驹，修文县书法家协会副主席吴乾辉等参加了交流笔会。

活动中，来自贵阳、赣州的专家学者、书法家代表围绕阳明文化主题，

---

① 信息来源于《开启涵养企业家精神的"心智开关"！〈阳明心学与企业家精神〉等新书在杭首发》，浙商杂志，2022年7月11日。

集中创作了一批作品，这些作品大多将制作成抱对，悬挂于修文阳明书院内。笔会活动结束后，赣州市交流团还参观考察了"玩易窝"等在修文的阳明先生圣迹。

（二十三）"纪念王阳明诞辰550周年学术研讨会暨阳明文化书画作品展"在贵阳信息科技学院举行

2022年7月13日上午，由中国少数民族哲学及社会思想史学会、中国东方文化研究会阳明文化委员会、贵州阳明学学会主办，由贵阳信息科技学院、中国书画院贵州分院、贵州播雅书院承办的"纪念王阳明诞辰550周年学术研讨会暨阳明文化书画作品展"在贵阳信息科技学院阳明书院举行。来自北京、广西、云南、辽宁、贵州等地的50余名阳明学专家学者、阳明文化爱好者出席了纪念活动。

此次学术研讨会主要以主旨演讲的方式进行。贵阳信息科技学院校长唐建荣致欢迎辞。他在致辞中说道，作为教育工作者，从阳明文化中找到增强文化自信的切入点，引导广大青年成为社会主义事业的建设者和接班人，是义不容辞的责任。贵州师范大学教授顾久围绕"阳明文化及其时代价值"，阐述了阳明文化在当今时代对人们的精神引领作用，面对种种世俗诱惑，必须坚持知行合一、坚持致良知。

中国东方文化研究会副会长、阳明文化委员会会长王梅林围绕"从悟道到成道——王阳明的终极实践"，讲述了阳明先生一生的主要行迹、经历和心学思想体系的发展历程以及王阳明在广西的主要事迹。他说："贵州和广西是山水相连的邻居，都是阳明文化的重要区域，从阳明心学体系发展上，从思想和实践上及其对当今社会的意义价值和影响角度，一个是开端，一个是终极实践，希望两地加强阳明文化研究交流与合作。"

贵州省经济文化促进会会长王六一以"世界艺术家心中的王阳明"为主题，介绍了中国、俄罗斯、巴西、土耳其、印度尼西亚、美国等世界艺术家围绕阳明文化开展创作的情况。同时，中国少数民族哲学及社会思想史学会副理事长兼秘书长、中央民族大学教授刘成有围绕"此心光明与少数民族哲学研究"，云南大学意象哲学研究所所长李煌明教授围绕"良知即易：阳明本体论的意象阐释"，中国书画院副院长、贵州分院院长熊师辉围绕"王阳明与中国绘画"，贵阳学院副院长汪建初教授围绕"交友之道与龙场悟道"，贵州省阳明学会会长王路平研究员围绕"王阳明龙场悟道之体相用论"，贵州省阳明学会副会长李小龙围绕"王阳明居夷诗中的贵州生态"，贵州省国学研究院院长杨朝雄围绕"易经困卦与阳明玩易窝悟道"，朝阳师范高等专科学校教授乌凤琴围绕"从王阳明和尹湛纳希'诚'理念的异同诠释'诚'的当代价值"，贵州播雅书院院长石行围绕"阳明学派的书院讲学运动及其对现代书院建设的启示"等主题发表了主题演讲。

当天下午，专家学者还以小组讨论的形式，对阳明文化的研究、传承、弘扬传播进行深入研讨和交流。①

（二十四）"隆重纪念王阳明诞辰550周年暨'从朱熹到王阳明'学术研讨会"在线上以腾讯会议形式举办

2022年7月18—19日，"隆重纪念王阳明诞辰550周年暨'从朱熹到王阳明'学术研讨会"在线上以腾讯会议形式举办。来自北京大学、清华大学、中国社会科学院、中国人民大学、北京师范大学、首都师范大学、复旦大学、华东师范大学、浙江大学、武汉大学、中山大学、厦门大学、四川大学、南昌大学、湖南大学、暨南大学、深圳大学、南开大学、贵州大学、贵州师范大学、尼山世界儒学中心等高校和研究机构的170多位专家学者参加了此次会议，并围绕着大会主题展开了深入而细致的讨论。此次会议的召集人是武汉大学中国传统文化研究中心教授欧阳祯人。

在7月18日上午的开幕式上，多位专家学者进行了致辞。中华孔子学会会长、北京大学哲学系教授王中江在致辞中指出，王阳明是"人类的教师"，阳明学是东亚文化圈的核心组成部分之一。贵州省文史馆馆长、省人

---

① 信息摘录自《纪念王阳明诞辰550周年学术研讨会暨阳明文化书画展在贵阳举行》，网易网，2022年7月14日。

大常委会副主任顾久表示，阳明心学具有一种难得的、自我解放的刚健气质，并针对"朱王异同"表达了自己的观点。国际中国哲学学会主席、华东师范大学教授杨国荣认为，在中国哲学历史的演变过程中，王阳明哲学具有不可忽视的地位与意义，展现了对世界的意义关切与价值关切。武汉大学国学院荣誉院长郭齐勇教授就为什么要研究阳明学、学习阳明学哪些内容、怎么去学习落实阳明学展开了致辞。中国社会科学院哲学研究所所长张志强研究员指出，从阳明心学的发展可以发现中国是一个可以容纳世界的大国，阳明心学的精神是一种自我革命的价值创造精神。武汉大学中国传统文化研究中心主任杨华教授在致辞中表示，阳明学是中国传统文化研究的重要部分，阳明学对明清社会的影响非常重大，中国传统社会后半段的研究根本无法绕开王阳明。中国阳明文化研究园董事长张其鹤表示，将继续发掘阳明学的文化资源，努力提高中国阳明文化研究园龙冈书院的文化软实力。

在主题报告阶段，华东师范大学教授杨国荣以"中国哲学中的王阳明心学"为题进行了主题发言，从心外无物——人创造意义的世界、心即理、心与事、作为德性的良知、本体与工夫之辩、知行合一、万物一体走向人与人之间的和谐七个方面展开对阳明心学的具体论述。武汉大学国学院名誉院长郭齐勇教授以"中国哲学史研究的新思考"为题进行了发言，以新近出版的10卷本《中国哲学通史》为例，阐释了中国哲学关注的主要向度、问题意识与方法论等内容，并对中国哲学进行了理论反思与未来展望。浙江大学教授董平在"如何看待王学对朱学的突破"的主题发言中，认为王阳明不满于朱子的知识论体系中手段与目的的二律背反，阳明最终重构了知识论，实现了存在与价值的统一，完成了对朱子的理论突破。复旦大学哲学学院教授何俊在主题发言中以"陆象山的易学"为题，指出象山之《易》学从规模上看强调义理与象数并重，而从精神指向上看则强调心学精神的一以贯之，其《易》学的落脚点在于人心，象山《易》学对本心工夫的发挥主要体现在其"九卦之序"的论述中。此外，张学智、蔡方鹿、钱明、李景林、景海峰、龚隽、刘泽亮、唐文明、汪建初、丁为祥、王兴国、陈立胜、魏义霞等学者也从不同方面进行了大会主题发言。

此次大会设立了5个分会场，每个分会场设立4个半场，共进行了20场学术汇报。各分会场分别从不同角度围绕心学展开了精彩的论述。

第一分会场围绕阳明学经典理论诠释、阳明学文献考证等问题进行了深入探讨。张卫红对王阳明的九声四气歌法进行义理辨析，此歌法是王阳明进行社会教化的重要手段，具有收拾人心、激扬德性之作用，对于儒家成德之教的实现与落实意义重大。黎业明围绕阳明弟子徐霈从学于阳明的具体时间进行了绵密而周详的考证，依托相关文献，指出徐霈当于其20岁时，即1524年左右从学于阳明，而非束景南先生所认为的1503年，这有助于进一步还原相关的历史史实。

第二分会场就朱王关系、朱子学的个案问题研究等方面做出了较大的理论拓展。赵金刚以工夫论为视角，重新考察朱子学与阳明学的兴起，指出由于朱子学内部产生了"工夫论"与"工夫论化的朱子学"两种分化，促使阳明学的兴起，从而说明朱王之间的承续关系。朱人求以朱子的格物致知为切入点，对中国哲学的认知与悟道进行了理论探讨，格物致知作为认知之途径，同样是以悟道作为最终目标，认知与悟道实则相互贯通。

第三分会场从陆九渊相关思想、阳明后学等视角进行了理论考察。邓国坤阐释了陆九渊的易学思想，认为象山学的根本并非孟子学而是易学，这一观点对于学界进一步探讨象山学的思想渊源具有重大意义。陈晓杰对阳明后学邹守益、罗汝芳二人的"克己复礼"思想进行了研究，指出二者虽分别属修证派与现成派，但在克己复礼的问题上实则有会通之处。

第四分会场的议题横跨先秦儒学与现代新儒学。廖晓炜从"可以与能"的视角，对孟荀哲学之歧异进行了深入剖析，阐明了孟子对荀子思想存在着理解之偏差，荀子所谓的"可以"表征着逻辑的可能性，而"能"表征着现实性，但孟子混淆了二者，造成了理解之歧异。谢远笋从体用论的角度勾勒了从熊十力到牟宗三的发展脉络，熊十力的体用论思想存在着内在矛盾，而牟宗三则借助西方哲学的相关资源，在继承熊十力思想的基础上对其体用论实现了进一步发展。

第五分会场围绕北宋五子、三教思想等方面进行了充分讨论。张锦枝以"乾父坤母"说为理论切入点，阐明张载思想中的儒家传统与伦理意义，他认为儒家"言孝不言慈"的传统在宋代占据着主导地位，而与汉代的"三纲"传统略有不同，但二者均具有重要的伦理价值意义。陈赟以道家哲学为视域，就人禽之辨与秩序根基进行了相关研究，认为道家的人禽之辨另辟蹊径，乃是通过消解"人"与"非人"的界限实现人与万物之间的关系和解。

总之，此次会议既是对阳明先生诞辰550周年的纪念，也是一次对宋明理学进行学术总结、展望和推进的会议，对深化宋明理学的研究具有重大意义。①

（二十五）"纪念王阳明诞辰550周年预热活动发布暨'阳明心学与廉政建设'主题讲座"在浙江绍兴举行

2022年7月25日，由绍兴市委宣传部、绍兴市直机关工委联合举办的"纪念王阳明诞辰550周年预热活动发布暨'阳明心学与廉政建设'主题讲座"在绍兴举行。浙江大学求是特聘教授、浙江省稽山王阳明研究院院长董平主讲"阳明心学与廉政建设"。董平说，阳明心学教我们知行合一、致良知，它的整体就是关于廉洁之心的自我实践，廉洁是阳明心学实践的自我要求，是完整人格的必要手段，甚至可以说，致良知就是实现廉政的根本途径，亲民则是致良知的一种自然结果。讲座深入浅出，既普及了阳明文化、展现了一个有血有肉的王阳明，又有很强的现实针对性，一语中的，让与会人员深受启发。

此次讲座旨在响应浙江省第十五次党代会对党的建设提出新要求的号召，要深刻领会把握以党的自我革命引领社会革命。打铁还需自身硬。要一刻不停地推进反腐败斗争，保持清醒"破心中贼"，持续严格落实中央八

---

① 信息摘录自《隆重纪念王阳明诞辰550周年暨"从朱熹到王阳明"学术研讨会会议综述》（作者系武汉大学中国传统文化研究中心博士研究生张旭），武汉大学中国传统文化研究中心官网，2022年7月18日。

项规定精神，加强对权力运行的监督制约，从阳明心学中感悟廉政文化，从知行合一中感受此心光明，纵深推进清廉机关、模范机关建设，营造干部清正、政府清廉、政治清明、社会清朗的政治生态，着力打造新时代党建高地和清廉建设高地。①

（二十六）"朱子与阳明心学学术工作坊"在上饶师范学院举行

2022年7月27日，由上饶师范学院朱子学研究所、山东大学儒学高等研究院联合主办，江西省2011朱子文化协同创新中心承办的"朱子与阳明心学学术工作坊"在上饶师范学院举行。来自山东大学、尼山世界儒学中心、山东省社科院、西北民族大学、贵州大学和上饶师范学院近30位专家学者参加。

山东大学儒学高等研究院教授沈顺福与上饶师范学院朱子学研究所教授徐公喜分别做了题为"体用之间：朱熹与王阳明的哲学比较""清中晚期程朱陆王之争"的主题报告。在学术研讨环节，12位与会青年学者就各自论文写作的缘起、思路与结构做说明，评议人则对论文的构思、行文、遣词造句等问题提出意见建议。通过这种讲评结合、交互论辩的方式，大家深入研讨了朱子与阳明心学的比较研究、互动发展，程朱陆王理学的现代意义，朱子学阳明学与全球化发展等问题，深化了对朱子与阳明心学演进关系的认知。②

（二十七）"阳明心学交流研讨会"在贵阳孔学堂举行

2022年8月4日，贵州省宁波企业商会开展阳明文化交流研讨活动。活动邀请了贵州大学中国文化书院荣誉院长张新民教授、中国国家博物馆外

---

① 信息来源于《市直机关工委举办"夜学讲坛"阳明心学与廉政建设专题讲座》，绍兴市直机关工委，2022年7月29日。
② 信息摘录自《"朱子与阳明心学"学术工作坊在我校举办》，上饶师范学院官网，2022年7月29日。

文网站主编王碧蓉、贵州修文阳明文献研究中心理事长杨德俊、宁波大学阳明学院王津伟等参加交流研讨。

交流活动首先从参观贵阳孔学堂开始。贵州省宁波企业商会会长王宋芳及其他与会人员一同参观了孔学堂相关文化设施、孔学堂图书馆，了解翻阅阳明文化藏书。随后，召开了阳明心学交流研讨会。交流研讨中，张新民提出，不论做什么，首先不能忽视"心"的力量，"心"的力量就是指人的内驱力和自我审视的勇气。要学习或追求任何事物，首先都应做好"心"的建设，而"心"的建设则可以用"良知"二字进行广义的概括。对于阳明文化的学习，不应追求外在的"阳明文化"，而是应该将心收回到自己本身，从"心"出发去追求领悟真正的阳明文化。

宁波企业商会会长王宋芳表示，不论是商会还是企业，都因有阳明文化的注入而变得更加具象。商会文化精神、企业文化精神不再是一个抽象的词。而阳明先生的"知行合一　致良知"，一直以来都是商会及商会会员企业的核心精神。从对口帮扶、助力乡村振兴到"走出去、引进来"，商会一直不断地提高自身文化的修养，潜心研究阳明心学，认真践行"知行合一"的精髓。商会将努力在今后的工作中把"阳明心学"发扬光大，用文化凝聚力量，促进商会建设。①

（二十八）"阳明文化的当代价值学术研讨会"在贵阳孔学堂召开

2022年8月5日，由贵阳孔学堂文化传播中心主办，孔学堂学术委员会学术支持，贵阳市文物局、贵阳学院阳明学与黔学研究院、修文县委宣传部、阳明文化（贵阳）国际文献中心、贵州龙场王阳明研究院、孔学堂书局（杂志社）协办的"阳明文化的当代价值学术研讨会"在贵阳孔学堂召开。来自国内外阳明文化研究专家学者齐聚一堂，纵论阳明文化的当代

---

① 信息摘录自《荣誉院长张新民应邀参加贵州省宁波企业商会阳明文化交流研讨》，贵州大学中国文化书院官网，2022年8月12日。

价值。

贵阳孔学堂文化传播中心主任、党委书记戴建伟表示，这次学术研讨是贵阳孔学堂推进中华优秀传统文化的创造性转化、创新性发展的具体举措。作为主办方，由衷地期待到场的专家、学者们更新更深邃更精彩的思想成果，赋予"阳明心学"时代的新内涵，为大家奉上一道文化盛宴。2022年是王阳明诞辰550周年，贵阳孔学堂推出纪念王阳明诞辰550周年的"六个一"系列活动，即举办一场论坛、举办一场展览、出版一本图书、推出一个专题系列讲座、举办一场会讲、展陈一批图书。

武汉大学国学院教授、孔学堂学术委员会主席郭齐勇表示，王阳明"知行合一"论对今天的中国有很大意义，尽能尽职、为正理事，做一份工作就提任一份良知，提任一份良知就行一份良知的道理，赋予了道德的实践，完善自我的勇气。浙江省稽山王阳明研究院副院长钱明围绕"王阳明的思想智慧与当代中国的共富之路"、中华孔子学会阳明学研究会会长董平围绕"主体性的自我澄明：论王阳明'致良知'说"、贵州大学中国文化书院教授兼荣誉院长张新民围绕"过化与施教——王阳明的讲学活动与黔中王门的崛起"、复旦大学哲学学院教授吴震围绕"从泰州学派看江南儒学的世俗性转化"、武汉大学中国传统文化研究中心教授欧阳祯人围绕"阳明后学对陆象山哲学思想的评论"，现场进行学术主旨发言，就阳明文化的当代价值展开论述。

同时，日本早稻田大学教授永富青地围绕"从佐藤一斋与大盐中斋看王守仁《大学古本傍释》在日本的接受情况"、日本九州大学教授藤井伦明围绕"日本当代新儒家冈田武彦的'身学'及其思想产生之背景"、日本信州大学人文学部早坂俊广围绕"'止'的伦理学"、日本福冈女学院大学教授难波征男围绕"阳明文化的当代价值"，做视频主旨发言。

最后，贵州省人大常委会原副主任、贵州省文联原主席、贵州省文史研究馆原馆长顾久对此次研讨会做总结，围绕"阳明文化跟阳明学到底是什么关系？""当代处在什么时代？""阳明文化和今天市场经济时代的中国，转移过来是否可能，怎么样去做？"等三个问题，与大家分享学习心得体会。①

（二十九）"心学传统及其在新时代的展开学术论坛"在贵州大学召开

2022年8月6日，由《道德与文明》杂志社、贵州大学哲学与社会发展学院、贵州大学哲学社会科学研究院、贵州大学研究生院联合主办，贵州省重大专项课题"习近平总书记关于共产党人'心学'的重要论述与新时代贵州党性教育创新研究"课题组、贵州省中国共产党人"心学"与推进党的建设新的伟大工程高端智库联合承办的"心学传统及其在新时代的展开学术论坛"在贵州大学召开。

来自中国社会科学院、天津社会科学院、清华大学、中国人民大学、复旦大学、南开大学、同济大学、华东师范大学、武汉大学、湖南师范大学、湘潭大学、贵州大学等研究机构和高等院校的30多位专家、学者齐聚一堂，纵论心学传统的深刻内涵和其时代发展。此次学术论坛也是贵州大学120周年校庆暨贵州大学哲学系建系50周年系列活动之一。

论坛开幕式由贵州大学副校长漆思教授主持。贵州大学党委书记李建军教授致辞。他首先代表贵州大学欢迎各位与会专家学者在贵州大学120周年校庆、贵州大学哲学系建系50周年之际来到贵州大学讲学交流，并围绕办学历史、学科专业、人才培养、学校发展等方面简要介绍了贵州大学的基本情况。他指出，心学传统是我国古代哲学思想的重要组成部分，深入研究这一传统是我们继承和弘扬中华优秀传统文化的题中应有之义。树立文化自信，建设文化强国的重要任务就是传承好、研究好我国5000年历史积累的宝贵精神财富，推动中华优秀传统文化的创造性转化、创新性发展。他强调，习近平总书记提出的共产党人"心学"这一重要概念，是心学传统在新时代创造性转化、创新性发展的重要成果。共产党人"心学"是马

---

① 信息来源于《"阳明文化的当代价值"学术研讨会召开》，贵阳孔学堂官网，2022年8月8日。

克思主义基本原理同中华优秀传统文化有机结合的重大理论成果，也是21世纪马克思主义党建理论的重要概念，我们要深入挖掘本土文化资源来阐释中国共产党人"心学"，推进党的建设新的伟大工程。希望各位专家、学者把心学传统的理论问题讲深讲透、讲细讲明，凸显出心学的当代意义与价值。

天津社会科学院伦理学研究所所长、《道德与文明》杂志社主编杨义芹研究员致辞。杨义芹首先代表《道德与文明》杂志社向各主办单位、承办单位的辛勤付出和周到服务表示感谢，也向出席此次学术论坛的各位专家学者表达敬意。她指出，此次学术论坛活动是《道德与文明》杂志服务学者、推动学术发展的系列活动之一。学术期刊作为学术论文刊发的重要平台和学术成果问世的重要载体，肩负着推动学术发展、培养学术新人的社会责任。作为中国伦理学学会的会刊，《道德与文明》杂志有责任为中国特色伦理学学科体系、学术体系、话语体系的建设贡献力量。《中共中央关于党的百年奋斗重大成就和历史经验的决议》中首次提出党的理论创新要坚持把马克思主义基本原理同中国具体实际相结合、同中华优秀传统文化相结合。所以深入挖掘中华优秀传统文化的精华，结合时代的特征和实践的需要进行传承与创新，是我们哲学社会科学工作者的使命，也是学术期刊的职责。此次在贵州大学召开的"心学传统及其在新时代的展开"学术论坛，可谓天与其时、地与其利、人与其和，希望与会专家、学者碰撞出更多的思想火花，成就精品力作。

中国人民大学明德书院院长、贵州省中国共产党人"心学"与推进党的建设新的伟大工程高端智库首席专家郝立新教授致辞。他首先指出此次会议的选题非常重要，切合了习近平总书记提出的马克思主义中国化进程的"两个结合"重要思想，以及党性教育是中国共产党人"心学"的重要论断。面对丰富的传统心学思想资源，我们要秉持创造性转化、创新性发展的原则，既要做好心学传统的纯学理研究，也要把心学的理论和当代中国人的精神构建、共产党人的精神构建实践结合起来。当下探讨心学问题，首要是把握住心学传统的精华，尤其是阳明心学的精华；其次是充分挖掘心学传统在新时代的重要意义，做好心学传统的发展和转化；最后，郝立新教授再次表达了他对母校建校120周年及哲学系建系50周年的祝贺。

贵州省哲学社会科学规划办公室主任杜常春讲话。杜常春主任首先代表贵州省委宣传部哲学社会科学规划办公室对论坛的召开表示热烈祝贺、对与会的专家学者表示诚挚欢迎。他指出，贵州"黄金十年"的发展是全方位的，其中包括了哲学社会科学事业的发展。他强调，习近平总书记高度重视传承和弘扬中华优秀传统文化，重视心学研究，并提出了共产党人的"心学"这一重大命题，我们应该按照总书记的要求处理好继承与发展之间的关系，重点做好心学传统的创造性转化、创新性发展。此次"心学传统及其在新时代的展开学术论坛"是对习近平总书记系列重要论述和重要指示的深入贯彻，为交流学习提供了机会。希望与会专家、学者畅所欲言，提出具有思想性、启发性和原创性的理论观点，将共产党人"心学"的研究推向新的理论高度，也为广大党员加强自身建设，提高政治境界、思想境界、道德境界提供新的启迪。

主旨演讲阶段由贵州大学哲学与社会发展学院院长陈艳波教授主持。复旦大学教授何俊发表了题为"陆象山的《春秋》学"的演讲，紧扣象山本心发明为实学的基本思想，剖析了象山《春秋》学"内惧于心""外格于礼"两个方面思想内涵，既彰显了象山《春秋》学的特色，又见其心学思想的展开。华东师范大学教授付长珍发表了题为"论儒家的伦理知识观"的演讲，对伦理学与知识论的相遇、儒家大知论、儒家知识观的范式转型等问题进行了深入探讨。她认为中国伦理学知识体系的当代重建，必须充分体现中华民族的伦理智慧和哲学传统，承百代之流而会乎当今之变。中国社会科学院研究员周丹发表了题为"中华文明的天道理想与人民至上的核心价值"的演讲，在"两个结合"的理论视野下分析了天道理想之境界转化成人民至上之价值的内在逻辑，认为"人民至上"是马克思主义价值观与中华文明价值观的统一，中国共产党人"心学"是党性与心学的统一。天津社会科学院副研究员张永路发表了题为"从'亲国相争'到'亲亲相隐'——论孔孟对早期'仁'概念的发展"的演讲，深入讨论了前诸子时代的"仁"概念，认为"亲国相争"体现了早期"仁"概念的内外张力，

"亲亲相隐"则体现了"直"对"仁"的意义重塑。武汉大学教授吴根友围绕"天人关系视域下戴震'自然'与'必然'范畴及其辩证关系的重思"展开论述,认为天人关系是中国哲学的根本问题。戴震在广义宋明理学的背景之下,通过对自然与必然这对范畴的辩证论述,在伦理学、政治哲学领域内重新讨论了天人之间的复杂、辩证关系,以伦理学的方式开辟了哲学认识论与价值论的思考。贵州大学教授龚晓康围绕"'知行合一':复归本体的明觉与能动"发表演讲,梳理了阳明关于心、意、身三重知行的区分,辨析了阳明关于知与行二分的讨论,并围绕几个关键性命题回应了学人对"知行合一"说的诸种质疑,最后认为阳明的"知行合一"说,回答了道德知识的先天来源与道德行为的根本动力问题,在当代社会仍然具有重要的现实意义。

组讨论环节,与会专家学者就先秦哲学中的心学渊源、阳明心学的内涵及其展开、阳明后学对阳明心学的继承开拓、中国共产党人的"心学"及其他相关问题进行了深入探讨。闭幕式由贵州大学哲学与社会发展学院副院长梅其君教授主持,贵州大学哲学与社会发展学院教授邓国元做了大会总结发言。①

(三十)"'阳明先生珍稀文献二种'首发仪式暨分享座谈会"在贵州修文举行

2022年8月7日下午,作为贵州省纪念王阳明诞辰550周年系列活动之一,由贵州龙场王阳明研究院主办的"'阳明先生珍稀文献二种'首发仪式暨分享座谈会"在贵州省修文县龙冈书院举行。贵州省人大常委会原副主任、省文史馆原馆长、省文联原主席、贵州师范大学教授、贵州龙场王阳明研究院名誉院长顾久先生主持首发座谈会并做会了议总结。

座谈会上,"阳明先生珍稀文献二种"(《传习录》《居夷集》)的校注

---

① 信息摘录自《"心学传统及其在新时代的展开"学术论坛在贵州大学召开》,贵州大学哲学与社会发展学院官网,2022年8月14日。

者、贵州省阳明学学会副会长、贵州龙场王阳明研究院院长、修文县文联主席李小龙（李半知）介绍了该书的校注情况。他表示，"阳明先生珍稀文献二种"所用版本很好，值得研读。修文是王阳明先生龙场悟道发生之地，是"知行合一"思想诞生的地方。校注出版"王阳明先生珍稀文献二种"，修文责无旁贷。

作为"阳明先生珍稀文献二种"（《传习录》《居夷集》）两书的责任编辑，贵州人民出版社综合图书编辑一室副主任、副编审马文博介绍了出版情况。李小龙向修文龙冈书院、贵州大学中国文化书院、修文阳明书院、贵州播雅书院等机构赠送了书籍。

与会专家、学者在分享发言中表示，此次"阳明先生珍稀文献二种"首发分享座谈会，是贵州纪念王阳明先生诞辰550周年系列活动的又一举措。李小龙（李半知）所新近校注《传习录》《居夷集》是阳明先生身前刊刻的版本，十分珍贵。由阳明悟道之地和心学圣地的贵州修文地方学者校注出版王阳明先生著作，对于推动阳明文化在贵州乃至国内外的传承弘扬具有独特价值和重要意义。

顾久教授在会议主持、总结及两书推荐语中表示，2022年是王阳明先生诞辰550周年，各地都在开展不同形式的纪念活动。此前，已在贵阳信息科技学院阳明书院举办了"纪念王阳明诞辰550周年学术研讨会"，在孔学堂举办了"阳明心学的当代价值"学术论坛。今天，再举行"阳明先生珍稀文献二种"首发分享座谈会，可喜可贺。两书参考众家，复下己说，准确简洁，篇幅便于精读熟读。对于初涉"心学"者，有引向通途、步入正门之功；对于有一定程度的学者，也可获回溯原本、探赜堂奥之妙。

浙江省稽山王阳明研究院院长董平教授、副院长钱明研究员在发言中表示，浙江余姚是王阳明个人肉体生命的诞生之地，而贵州修文则是阳明龙场悟道形成其思想体系、首先阐发其学说之地。今年（2022）是王阳明先生诞辰550周年，王阳明珍稀文献最新校注版的出版，对传播阳明文化、体现阳明文化当代价值意义非凡。此次分享会是浙黔文化学术合作的体现之一，希望进一步继续和加强两地在阳明学研究与阳明文化传承弘扬等方面的合作。

校注主要参校本《王文成公全书》的点校者、贵州省阳明学学会创会会长、贵阳学院教授王晓昕在现场发言及两书推荐语中认为，李半知先生校注《传习录》与《居夷集》，西泠印社出版社称之为"阳明先生珍稀文献二种"。若与阳明先生现存文献对照来读，或可发现其独有之价值：一是所选版本善；二是校注良好；三是富有特色。

贵州大学中国文化书院教授张清在发言中对新近校注两书出版发行表示热烈祝贺，对贵州人民出版社为传承和弘扬中华优秀传统文化及贵州地方文化所做出的努力表示钦佩，感谢校注者向贵州大学中国文化书院等单位特意赠书。他认为，从历史文献学、版本学的角度来看，两书对于揭示阳明在黔活动及其思想形成的历史真实具有很好的价值。

据悉，《传习录》是王阳明门人。弟子所记录的先生讲学言论以及先生与弟子并时人的答论之语，语言简约而含义博大，词语浅显而寓意精深，微言精义已具其中，是阳明先生全部哲学体系和学术要义的精华、研究阳明心学最基本的著作，堪称王门圣书、心学经典。此次校注的版本是阳明先生身前刊刻，在嘉靖三年（1524）阳明弟子南大吉任绍兴知府时令其弟南逢吉在薛侃正德十三年（1518）初刻本基础上，增编阳明先生与门下弟子论学书信，以原名刊刻，是现存最早的《传习录》版本。《居夷集》以明嘉靖三年（1524）丘养浩刻本《居夷集》为底本。该本共3卷，收录王阳明谪居期间诗文198篇（首）。前有丘养浩序，后有徐珊、韩柱跋，真实反映了王阳明谪居贵州龙场的真实状况和龙场悟道的心路历程。[①]

（三十一）"王阳明与广西研讨会——从悟道到成道：王阳明的终极实践"在广西南宁举办

2022年8月10日，中国东方文化研究会阳明文化委员会在广西南宁市

[①] 信息摘录自《新校注"阳明先生珍稀文献二种"首发分享座谈会举行》，贵州大学中国文化书院官网，2022年8月8日。

举办了"王阳明与广西研讨会——从悟道到成道：王阳明的终极实践"。会议由中国东方文化研究会副会长、阳明文化委员会会长王梅林主持召开，来宾市博物馆馆长韦江胜、贵州省阳明文化研究学者文源笙、广西商会副会长戴健等参加了此次研讨会。

文源笙围绕龙场悟道的意义，对阳明先生的"心即理""知行合一"思想学说进行了阐述。他认为，阳明先生的伟大之处，不仅在于他提出了开创性的思想理论，更在于他的这些理论具有实践意义。韦江胜馆长以来宾市忻城县的白虎山石刻、南丹卫城遗址，武宣县大藤峡、大藤庙等阳明文化的遗址遗迹为主题，讲述了阳明先生当年在广西致良知、怀仁心，主动为当地百姓解决了常年扰民的八寨、大藤峡贼寇匪乱。来宾是阳明先生的过化之地，来宾丰富的阳明文化遗址表明了后人对阳明先生的爱戴，我们博物馆也在组织相关的活动、展览，让更多的人认识和了解阳明文化。戴健副会长从经营企业的角度，分享了阳明文化在广西商圈、企业家圈层中相关的活动和影响。阳明文化委员会委员王若贤从纵向、横向两个维度比较阐述了阳明先生当年到广西不是镇压农民运动的，深度剖析了阳明先生在广西实践中所体现的军事思想和亲民思想。阳明学爱好者农献以一个法务从业者的身份阐述了阳明心学的现实意义；张双玲从企业践行的角度讲述了阳明文化在他们企业的运用，充分说明了阳明心学是具实践性和有强大生命力的学说。

经过与会人员发言讨论后，王梅林会长对会议进行了总结，并阐述了阳明先生悟道在贵州、成道在广西。表达了阳明先生在其思想学说高度成熟完善之后来到广西，不费一兵一卒既平定了思田叛乱，又凭借心中的良知，玉石分清，良知妙用，解决了八寨、大藤峡问题，其间还创建敷文书院，大力发展广西教育事业，教育教化百姓，培养人才，可以说广西是阳明先生的大成之地、成道之地、终极实践之地。

王梅林会长还对广西阳明文化的丰富性做了详细介绍，并对梧州市、南宁市、来宾市、百色市、平果市重视阳明文化建设表示赞赏，也充分反映各地在阳明文化打造方面正付诸务实行动。阳明文化在传播广西好声音，讲好广西故事中将发挥更大作用，同时也为新时代文化强区建设、促进民族融合民族团结提供源源不竭的精神动力。

（三十二）"纪念王阳明先生诞辰550周年暨龙场悟道515周年——阳明文化遗产保护研究与开发利用专题学术研讨会"在贵州修文举办

2022年8月18日，由贵州省儒学研究会指导、修文阳明文献研究中心主办的"纪念王阳明先生诞辰550周年暨龙场悟道515周年——阳明文化遗产保护研究与开发利用学术研讨会"在贵阳市修文县中国阳明文化园龙冈书院举行。来自贵州、浙江、江西、安徽、福建等阳明故里、阳明文化遗产地的近50名阳明研究专家汇聚一堂，通过实地参观、话题讨论、学术交流、观点分享等形式，围绕阳明文化遗迹保护利用、阳明古籍整理研究、阳明文化传承弘扬等展开了讨论，纪念阳明先生诞辰及龙场悟道。

会议开幕式上，贵州省儒学会副会长、修文阳明文献研究中心理事长杨德俊介绍了会议筹备情况。在随后的主题研讨中，北京知行合一阳明教育研究院执行秘书长郭洪波、贵州大学教授黄诚、余姚市文化广电旅游局副局长王建军、贵州师范大学教授王进、贵州大学教授龚妮丽、中堪集团胡正森、广西师范大学副教授王学伟、赣州市直机关工委副书记董华、余姚市东海城市文化研究院院长华建新、贵州省宁波企业商会会长王宋芳、滁州市阳明研究会常务会长张祥林、福建省平和县委宣传部副部长张山梁、山西大学经济与管理学院哲学研究中心李安、贵州民族大学文学院杨锋兵等先后发言。会议闭幕式前，与会嘉宾就"阳明文化数字博物馆"建设、《追寻阳明先生足迹》历史纪录片拍摄情况等进行了讨论。

贵州大学中国文化书院教授张新民在开幕式及闭幕式主旨发言中认为：王阳明龙场悟道具有三重意义，阳明文化遗产具有重要价值。阳明心学首先发端于黔中并随着其活动范围及思想传播空间的扩大，具有阳明个人生命安顿、开出黔中学派、建立心学学术系统的意义。不仅其个人生命焕然一新、黔中王学地域学派崛起兴盛和日益壮大，而且形成阳明学与朱子学官学系统并存的思想体系并为全人类所共享；阳明文化遗产具有历史文物的唯一性、保护性、教化性、开发性、利用性、旅游性等特征，重视阳明文化遗产保护研究与开发利用，于今天的文化和社会发展都具有重要的现实意义。

杨德俊表示，自己曾在修文县文物管理所和文广局工作，出于对王阳明的热爱，从20世纪90年代初起，筹资培修王阳明重要遗迹"玩易窝""玩易亭"；培修王阳明名篇《瘗旅文》中所说的"三人坟"，重刻《三人坟》《瘗旅文》碑；引进资金对王文成公祠等进行修缮、重塑王阳明铜像、重刻匾额抱对；争取资金修建王阳明纪念馆，编写《王阳明史迹陈列大纲》、收集相关图片书籍布展等。保护阳明遗迹，研究和传承阳明文化，全凭自己的兴趣爱好和热情以及文化自觉和文化自信的强烈意识，为此倾注了全部心力。作为此次研讨会的具体操办人，他认为每做这样的一次活动，就是一次积极的文化建设行动，很有意义。

研讨会期间，在杨德俊带领和陪同下，来自贵州省外的专家实地参观考察了修文阳明洞、玩易窝、三人坟、天生桥、蜈蚣桥等阳明文化遗迹遗存，并在阳明洞集体祭拜王阳明先生。①

（三十三）"《王阳明身心哲学研究——基于身心整体的生命养成》学术研讨会"在线上以腾讯会议形式举办

2022年8月20日，由上海三联书店主办，河北省社会科学院阳明学与现代儒学发展研究中心和《社会科学论坛》编辑部协办的李洪卫研究员新作"《王阳明身心哲学研究——基于身心整体的生命养成》学术研讨会"在线上以腾讯会议形式举办。来自中国社会科学院、上海财经大学、浙江工商大学、河北省社会科学院、浙江省社会科学院等高校科研机构的专家、学者，就河北省社会科学院阳明学与现代儒学发展研究中心主任李洪卫研

---

① 信息摘录自《纪念王阳明诞辰暨龙场悟道"阳明文化遗产保护研究与开发利用学术研讨会"召开》，贵州大学中国文化书院官网，2022年8月19日。

究员的新著——《王阳明身心哲学研究——基于身心整体的生命养成》（上海三联书店2021年9月版）一书展开研讨。

《王阳明身心哲学研究——基于身心整体的生命养成》一书分上、下两编，凡八章，不满足于仅对阳明身心哲学的梳理和开显，而是在中西哲学的宏大视野下进行考察与论证，认为身心关系问题是中西哲学一个根本性的共同出发点，是它们的交集，同时也是"未来可能的普遍哲学或世界哲学的出发点和落脚点"。全书通过对身心一体、身心整体的探讨，指出个体道德现实化的可能性，试图就这一问题的哲学思考提供传统儒者在理论思考和体证、实证层面的一些智慧。

阳明心学凸显心的内涵及其引导性、规范性和修证层面的指向意义，但在此基础上，该书还着重强调了身与身心一体、身心整体等向度的展开。其目的在于揭示阳明心学所倡导的知行合一的身心层面的根据，说明知行合一和阳明所指示的"自由"是在具有直接行动力层面上的论说，这个行动力是身心一体和身心整体的，否则便不具有行动的能动性，或仅具有思维的能动性而不具有身体行为的能动性，或只具有动机性但无法具体实践或无法完全践履。可见，作者不只在阳明心学方面进行发挥，而是着力探讨良知的身体基础、知行合一身心层面的根据。如此，阳明学就不只是心灵之学或心理之学，还是身心之学和生命养成之学。

（三十四）"近代日本の学術と陽明学学术研讨会"在日本二松学舍大学举办

2022年9月17日，以"近代日本の学術と陽明学"为主题的学术研讨会在日本二松学舍大学阳明学研究中心举办。研讨会由2022年开始接任二松学舍大学阳明学研究中心主任的牧角悦子教授主持，东京大学教授小岛毅做了题为"陽明学は右か左か"的基调讲演。会议分为三段：第一段的主题为"陽明学研究の現在"，主持人是二松学舍大学教授中根公雄，发表人及发表论文是二松学舍大学大学院山路裕《定理と"心"——規範の遵守と実践の多様性》、早稲田大学原信太郎《山田方谷における誠意説の基

盤》和早稻田大学大場一央《陽明学研究におけるテーマ性について》；第
二段的主題为"幕末から近代の陽明学"，主持人是二松学舍大学教授和久
希，发表人及发表论文是东京音乐大学山村奖《井上哲次郎以前の"近代
日本の陽明学"》、常磐大学松崎哲之《水戸学における尊王攘夷につい
て》和早稻田大学永冨青地《安岡正篤の陽明学理解について》；第三段的
主題为"近代の学術制度と陽明学"，主持人是二松学舍大学教授牧角悦
子，发表人及发表论文是二松学舍大学大学院铃置拓也《二松学舍をめぐ
る陽明学—創立から現在まで》、二松学舍大学今井悠人《陽明学関連資料
データベースの構築について》和九州大学藤井伦明《九州大学における
陽明学研究：回顧と展望》。最后是"総合討論"环节，主持人是二松学舍
大学町泉寿郎。

　　据悉，此次研讨会以日本二松学舍大学为主，基本上属于该大学阳明
学研究中心的一次内部研讨会。①

（三十五）"甬上阳明2022秋季讲坛暨纪念王阳明诞辰550周年专场沙龙"在浙江宁波举行

　　2022年8月28日，由宁波保险博物馆、甬上阳明传习社主办的"甬上
阳明2022秋季讲坛暨纪念王阳明诞辰550周年专场沙龙"在宁波保险博物
馆（江北区白沙路126号）举行。据悉，甬上阳明传习社成立于2017年3
月11日。这是一个以"知行合一、共致良知"为宗旨，研究和传播王阳明
心学的民间公益文化社团。传习社的参与者均以"习友"相称，研习方式
是线上和线下相结合，线上通过微信群、微信公众号、喜马拉雅（音频分
享平台）、直播等方式不定期地开展习友互动交流；线下通过日常学习、月
度论坛、主讲、游学、参观等方式举行研习活动。这些"习友"中有创业
者、公司职员、企业管理人员、公务员、教师、律师等。②

---

① 信息来源于钱明《国内外的"阳明学"何以出现大温差》，《文史天地》2023年第9期。
② 《甬上阳明传习社成立　研究和传播王阳明心学》，中国宁波网，2017年3月13日。

（三十六）"纪念王阳明先生诞辰550周年暨天沐阳明书院、长生阁艺术馆揭牌仪式"在江西上犹举行

2022年8月28日，由赣州市委宣传部、市文广新旅局、中国明史学会王阳明研究分会、江西省王阳明研究会主办，上犹县委宣传部、县文广新旅局、江西高校出版社、赣南师范大学国学院、天沐阳明温泉度假小镇协办的"纪念王阳明先生诞辰550周年暨天沐阳明书院、长生阁艺术馆揭牌仪式"在江西省上犹县天沐阳明温泉度假小镇举行。赣南师范大学校长朱小理，赣州市委宣传部副部长杨运武，赣州市文广新旅局党组书记、局长李俊锐，赣州县委常委、宣传部部长谢海等领导，以及荣宝斋艺委会委员、书画鉴定家王卫，中国明史学会王阳明研究分会常务副会长、江西省王阳明研究会会长、赣南国学院院长周建华，陈桂南等赣南书画家出席。

杨运武在致辞中指出，近年来，赣州十分重视阳明文化的传承弘扬，倾力打造"阳明文化"品牌。上犹在传承弘扬阳明文化方面做了大量而细致的工作，特别是阳明湖国家4A级旅游景区正式揭牌以来，景区的文化内涵、人文厚度得到进一步提升，阳明文化得到进一步彰显。上犹县委、县政府高度重视文化建设工作，着力推动文旅融合发展。希望大家发挥资源优势，积极为研究和推广阳明文化述学立论、建言献策，不断擦亮"阳明文化"名片，提升赣州知名度，推进文化发展繁荣，助力赣州"文化强市"建设。

据了解，此次展览分为"阳明心画"古代书画精品展和"艺韵阳明"赣南书画名家精品展两大主题。其中，"阳明心画"古代书画精品展包含有王阳明《南赣家书》、陈献章《草书七言诗》、黄道周《行书书论》、文彭《潇湘夜雨诗》、方以智《书杜甫诗一首》、汤显祖《节录唐诗一首》、魏禧《行书唐诗二律》等25件真迹佳品。

据悉，天沐阳明书院是一座集研究、挖掘、传扬王阳明心学的专业书院，书院分为收藏展览、学术研讨、国学传授等多个综合型板块。天沐阳明书院共有展厅两间，可承办中小型艺术展览；传习室一间，可同时容纳

50人参与学习；会客室三间。该书院主旨阳明心学不能仅限于高深的研究，而是要化深为浅，让阳明心学的核心思想进入普通人的心灵和生活，推动阳明心学发扬光大。①

（三十七）"吾心自有光明月：全球华人纪念阳明先生诞辰550周年暨中秋诗歌朗诵会"在陕西西安举办

2022年9月9日下午，陕西省阳明学会在古城西安举办了"吾心自有光明月：全球华人纪念阳明先生诞辰550周年暨中秋诗歌朗诵会"，并实现了线上与线下同步直播。来自全国各地的阳明心学爱好者和学会学员积极观看，线下的学员纷纷化身为"歌者""舞者"，呈现了一场舞台大秀。

此次活动异彩纷呈，有诗歌话剧、诗词朗诵、舞蹈、歌曲、太极拳等，大家在寓教于乐中品味了一场歌舞辞赋的盛宴，享受了一场传统文化的熏陶。活动结束后，陕西省阳明学会会长王海峰做总结，他首先对此次活动的成功举办表达了祝贺，并对线上线下的阳明心学爱好者致以节日的问候。他表示，要紧紧地抓住阳明心学这一中华优秀传统文化精华，推动中华优秀传统文化创造性转化、创新性发展。用阳明心学去正心诚意、修身齐家，去改善工作和生活，贡献未来，"用良知呼唤良知，以良知影响社会"，铸就中华文化新辉煌。②

（三十八）"2022宁波（余姚）阳明文化季启动仪式暨'吾心自有光明月'中秋诗会"在浙江余姚举行

2022年9月10日晚上，"2022宁波（余姚）阳明文化季启动仪式暨'吾心自有光明月'中秋诗会"在余姚阳明开元观堂酒店举行。宁波市社科院（联）院长（主席）、党组书记傅晓，宁波市委宣传部副部长胡文飞，余姚市领导傅贵荣、诸晓蓓、陈长锋、王娇俐、沈小贤、李昭、林体等出席。

---

① 信息摘录自《纪念王阳明先生诞辰550周年暨天沐阳明书院、长生阁艺术馆揭牌仪式顺利举行》，网易网，2022年8月28日。
② 信息来源于《传承阳明文化　弘扬时代旋律》，中国融媒产业网，2022年9月13日。

余姚市委书记傅贵荣在致辞中表示，近年来余姚市委、市政府致力于把余姚建设成为"阳明故里 心学圣地"，大力开展阳明文化"六进"活动，精心打造"阳明古镇"特色街区，充分彰显了阳明文化超越时空的独特魅力和时代价值。特别是2022年创造性提出"余山姚水 阳明心城"的城市发展目标，将持续深入把阳明文化的思想光辉浸润到经济社会发展的方方面面。作为阳明故里，余姚将深入学习贯彻习近平总书记关于文化建设的重要论述精神，坚持以文铸魂、以文润城、以文兴业，以阳明先生诞辰550周年为契机，把阳明文化周升格为阳明文化季，通过开展中秋诗会等系列活动，深学笃用阳明思想，让阳明文化飞入寻常百姓家、滋养四明大地，为现代化美好活力"最名邑"建设注入强大、持久、深远的文化力量。

此次中秋诗会的主题为"吾心自有光明月"，分为《姚江源》《四明心》《光明月》三个篇章，采取视频直播、现场互动等线上和线下相结合的方式，呈现了一幅诗与月、光与景相融合的美好画面。阳明心学专家、学者和爱好者"云端"聚首诗会现场，通过朗诵、独唱、姚剧等艺术形式，展现千古圣心启航的余姚，感怀清风明月，体悟阳明匠心，携手共赴一场曲水流觞的至善之约。活动现场，还举行了阳明读书社"传习录天天读"网络平台上线仪式和宁波一人一艺新空间"光明心"开放麦发布仪式，并为首批书香宁波领读人颁发证书。①

（三十九）"《王阳明纪行》中文译本出版访谈活动"在浙江余姚举行

2022年9月29日下午，"《王阳明纪行》中文译本出版访谈活动"在余姚阳明古镇文德园举行。2022年是王阳明先生诞辰550周年，《王阳明纪行》中文译本由浙江人民出版社出版。活动专门邀请了浙江省社科院哲学研究所研究员、《王阳明纪行》中文译本策划审校人吴光，浙江人民出版社

---

① 信息摘录自《2022宁波（余姚）阳明文化季启动仪式暨"吾心自有光明月"中秋诗会举行》，《余姚日报》2022年9月12日。

审读出版中心主任卓挺亚及该书翻译者徐修竹，一同重温王阳明先生思想，分享有关《王阳明纪行》一书的点点滴滴。

在阳明学研究领域，日本学者冈田武彦是国际知名的阳明学者，他不仅在阳明心学上的造诣精深，而且深刻践行阳明心学。为了研究和推广阳明心学，他曾先后7次组织考察王阳明遗迹。有关王阳明遗迹的学术考察持续了10年之久，共计200多人次直接参与了考察活动，行程2万余里，跨越中国8个省（自治区）80余个市县。《王阳明纪行》中文译本就是其历次考察王阳明遗迹的行程实录，充分展示了中日阳明文化的交流互鉴。

书中不仅记述了每次考察期间他和团队成员在中国的所见所闻，而且详细记录了所到之处王阳明所留下的各类遗迹的情状。书中所记，可系统回溯王阳明一生行迹，有助于读者了解阳明经历的同时，进一步了解其心学思想产生的背景和产生的影响等，也可为国内相关领域学者提供进一步研究的线索和基础。

冈田武彦于1909年生于日本国兵库县姬路市，1934年毕业于九州大学法文学部，1958年任九州大学教授，1966年任美国哥伦比亚大学客座教授。1972年退休，后任九州大学名誉教授。2004年病逝于福冈市。主要著作有《王阳明与明末儒学》《王阳明大传》等。吴光研究员曾陪同冈田武彦先生一起寻访王阳明先生遗迹，他认为冈田先生在传播阳明心学上不遗余力、身体力行，足以看出王阳明及其良知心学的智慧和魅力。[①]

（四十）"王阳明在广西展示馆开馆仪式"在广西南宁举行

2022年9月30日，由南宁威宁集团与南宁学院合作共建的"王阳明在广西展示馆开馆仪式"在南宁三街两巷历史文化街区举行。南宁市副市长李建文、南宁市文广旅局四级调研员李宁、南宁威宁集团董事长黎军和南宁学院校长李栋学及师生代表70余人参加了开馆仪式。

[①] 信息摘录自《〈王阳明纪行——探访王阳明遗迹之旅〉出版发行》，贵州大学中国文化书院官网，2022年11月8日。

开馆仪式上，李建文副市长、李宁调研员、南宁威宁集团董事长黎军、李栋学校长共同为王阳明在广西展示馆揭牌。随后，南宁学院副校长陈雄章教授现场先后为参与揭牌的领导、嘉宾、师生代表和市民朋友讲解王阳明的生平事迹以及阳明文化的传承与发展。陈雄章教授指出，建设新时代中国特色社会主义壮美广西，最重要的是要做到知行合一、言行一致，学校坚持学以致用的培养理念，高度重视对学生应用意识的培养。

据介绍，明代哲学家、教育家王阳明出生浙江、成名北京、悟道贵州、事工江西、成道广西。他恩威并施，解决了困扰广西近200年的社会动乱问题；他土流兼治，德政广西，开辟了广西社会治理的新模式；他弘文励教，广建书院，以文化广西，强化了广西人民的民族认同、国家认同、文化认同，为今天广西成为民族团结进步模范示范区奠定了重要的历史与文化基因。展示馆建设初期，为收集一手资料，丰富展馆内容，南宁学院"阳明文化在广西的研究"课题组曾到广西武鸣等地调研王阳明史迹遗址，寻找王阳明在广西的历史事迹与遗迹，体会王阳明不负初心的一生及其"知行合一"的心学理念。[1]

（四十一）"广西王阳明研究会第一届第一次会员代表大会"在广西南宁召开

根据广西壮族自治区文化和旅游厅、广西壮族自治区民政厅相关文件要求，2022年10月15日，广西王阳明研究会第一届第一次会员代表大会在南宁召开。来自全区各地市县（区）的阳明文化学者、专家、阳明文化企业代表、阳明文化爱好者等80多位会员代表参加了此次大会。广西壮族自治区工商联副主席蔡家东，阳明文化研究者、中国东方文化研究会研究员吴孝斌，南宁学院党委副书记覃存民等嘉宾出席了大会。

会议开始，全体与会人员集体诵读了"无善无恶心之体，有善有恶意

① 信息来源于《传承传统文化 深化校企融合——南宁学院举行王阳明在广西展示馆开馆仪式》，南京学院官网，2022年9月30日。

之动，知善知恶是良知，为善去恶是格物"阳明"四句教"。接下来，广西王阳明研究会筹备组韦利婷就广西王阳明研究会筹备工作，即主要从研究会成立背景、工作进度、会员吸纳与审核等方面做了汇报。筹备组董苏煌宣读了《广西王阳明研究会章程（草案）》《民主选举制度（草案）》，与会会员以举手表决的方式，全体一致通过了章程草案和选举制度草案。同样以举手表决的方式，大会选举了27名研究会理事和1名监事。理事会选举了广西王阳明研究会常务理事、会长、副会长及秘书长。中国东方文化研究会副会长、阳明文化委员会会长王梅林当选广西王阳明研究会会长。

王梅会会长在当选讲话中说，广西王阳明研究会的成立，对广西、对中国乃至对国际阳明文化的发展，都是一件具有里程碑意义的事情。研究会的成立，将进一步深入挖掘广西阳明文化资源，传承弘扬阳明思想和精神，加快实现阳明文化在当代社会创造性转化、创新性发展，在铸牢中华民族共同体意识中发挥更大作用，同时也为文旅产业高质量发展和文化强区建设提供源源不断的精神力量。

阳明文化研究者、中国东方文化研究会研究员吴孝斌在大会上讲话。他指出，阳明心学虽历经500年，依然深受大家的推崇，是阳明先生留给我们的宝贵精神财富。广西阳明文化遗址遗迹十分丰富，但相比浙江、贵州、江西等地，广西阳明文化发展却相对落后。成立广西王阳明研究会，将有力推动广西阳明文化遗产的保护传承和多元融合发展，发挥阳明心学的时代价值，增强广西人的文化自信。

（四十二）"《走近阳明》专题教育系列教材新书发布会"在浙江余姚举行

2022年10月28日下午，在宁波余姚阳明小学内举行"《走近阳明》专题教育系列教材新书发布会"，这是国内首套正式出版的阳明文化专题教育教材，分为《图说阳明》《寻迹阳明》《感知阳明》《品读阳明》4本，覆盖小学、初中、高中三个学段。发布会上，余姚中学、阳明中学、瑞云学校等12所阳明文化培育学校接受了赠书。

余姚市委宣传部相关负责人表示，《走近阳明》教材的开发和使用，是推动阳明文化创造性转化、创新性发展的又一个标志性成果，实现地方文化资源与核心价值观教育的深度融合，为我们培养阳明文化传人发挥了积极作用。阳明文化作为先哲智慧的沉淀，必将在余姚加快建设现代化美好活力"最名邑"的过程中，发挥更加积极的作用。

据介绍，作为余姚文化"金名片"，阳明文化蕴含丰富的教育资源。但是优秀传统文化进校园，"进什么、进多少、如何进"一直是困扰学校的难题。2021年6月，余姚市教育局牵头组建了一支由专家学者、一线教师组成的创作团队，历时一年编写了这套阳明文化专题教育教材。4本教材紧贴一线教学，根据不同学段学生德性养成规律，对阳明文化要素进行分解和重整，构建"阳明文化"课程体系，力求以学生喜闻乐见的方式，将阳明文化融入校园生活，内容定位各有侧重，且有序衔接、螺旋上升，实现小学、初中、高中三学段全覆盖。比如，小学低段的《图说阳明》以绘本的形式，重点学习他的立志、勤奋、改过、责善的良好品质。小学高段的《寻迹阳明》以故事的形式，按王阳明一生现有的遗迹为点展开，让学生理解王阳明的待人处世之道，为国为民之情，学为圣贤之路。初中的《感知阳明》以主题大单元的方式，让学生感知王阳明的哲学家、思想家、军事家、教育家等维度的丰功伟绩，培养学生的社会责任感和民族自豪感。高中的《品读阳明》以王阳明及其弟子的经典原文为题材，进行原汁原味的学习，通过思辨等方式体悟阳明心学要点，理解中华优秀传统文化的博大精深，树立为国立学、为国立功的志向。[1]

（四十三）"纪念王阳明先生诞辰550周年座谈会"在浙江桐乡举办

2022年10月28日，浙江省桐乡市大麻镇组织举办"纪念王阳明先生

---

[1] 信息来源于《余姚发布全国首套正式出版的阳明文化专题教材》，浙江新闻客户端，2022年10月28日。

诞辰550周年座谈会",旨在深入挖掘大麻镇地方名人文化,发扬王阳明"知行合一"的思想,助推"风雅桐乡十二乐章"之"大美麻溪"建设。桐乡市文联副主席褚万根,桐乡市名人与地方文化研究会会长王士杰,桐乡市大麻镇党委委员寿利宏、陆丹凌等参加了座谈会。

会上,褚万根副主席就桐乡市文化建设特别是名人文化建设做了介绍,并指出要加强王阳明与大麻的研究,做深做强桐乡名人文化。王士杰会长就名人文化对"风雅桐乡"建设的重要作用进行了分析,提出在名人文化研究中要重视曾经在此工作、生活、求学的"寓贤",并进行系统挖掘。大麻镇党委委员陆丹凌从由大麻镇"古贤"引出"今贤",就大麻镇乡贤工作向参会文史学者做了介绍。大麻镇文史研究者范红杰先生分享解读了其近年来收集的《封礼部主事一诚徐公行状》《答某人书》《明故尚书祠部主事徐公墓志铭》《徐母沈孺人墓志铭》《徐母蔡太孺人行状》等诸多史料,有力地证明了王阳明父子与大麻徐家的联系。在自由讨论环节,大家就桐乡市名人文化建设与大麻镇王阳明文化挖掘提出了宝贵的建议。

会后,参加此次座谈会的人员还实地参观了大麻镇"王阳明读书处"纪念馆并合影留念。[1]

(四十四)"复见天地之心——纪念王阳明诞辰550周年青年学者工作坊"在上海举行

2022年10月29日,由上海社会科学院哲学所宋明理学研究中心、同济大学人文学院哲学系、上海财经大学国际儒商高等研究院联合主办的"复见天地之心——纪念王阳明诞辰550周年青年学者工作坊"在上海举行。来自清华大学、中国人民大学、中山大学、武汉大学、山东大学、华东师范大学、中国社会科学院、同济大学、上海财经大学等30余所高校和科研机构的近50名学者参会并展开研讨。会议开幕式由上海社会科学院哲学所

---

[1] 信息来源于《大麻镇举办纪念王阳明先生诞辰550周年座谈会》,桐乡市人民政府官网,
2022年10月31日。

副研究员张锦枝主持。上海社会科学院哲学所副所长成素梅研究员、上海社会科学院哲学所原所长方松华研究员致开幕辞。

此次会议由七场主题报告组成。

第一场主题报告由南开大学卢兴主持，同济大学谷继明评议。

山东大学翟奎凤的报告题为"阳明学良知说与朱熹之'虚灵不昧'明德论"。他认为，阳明在论述中常常用来讲"良知"的"灵明""灵昭不昧"与朱子晚年在佛教背景下将"明明德"解释为"虚灵不昧"，在强调心性跃动性和人的主体性的角度上是十分接近的。故而他认同阳明后学及明清时期的学者试图以此为基点会通朱王的做法，进而指出儒家道统宋代在朱子而明代在阳明，二者相续于同一法脉。

华东师范大学朱承以"王阳明对孔子'正名'的理解"为题，针对朱子《论语集注》和阳明《传习录》中关于"孔子正名"提出的不同方案探讨了二人在处理政治问题时采取原则的不同倾向。朱子更为凸显人伦原则的优先性、先君遗命的合法性以及权力的公共性，通过"父子之别"来正名；而阳明侧重强调人情在政治权力、公共生活中的重要性，试图通过"父子之情"来化解名位危机。这体现了二人对"名正言顺"的不同理解。他认为，阳明的思路虽有迂阔之处，但也显示了一定的政治智慧。

武汉大学张昭炜和单珂瑶以载于《密之先生杂志》的《胡庐山自矢文》与《管子登忏罪文》两篇忏文为例做了题为"阳明学忏悔思想研究"的学术报告。经过阳明的诠释，儒学的成圣被内化为纯乎天理、去人欲，而胡直与管志道作为阳明后学，以此将阳明的去人欲而成圣的工夫还原为忏悔。胡直的忏悔工夫主要针对忿欲、名利等杂念，以无欲主静为核心，以慎独来平衡主静与持敬，指向独知心体的自然呈露，此是援佛入儒；而管志道的忏悔思想包含经视和出世两个维度，分别指向为学障蔽和轮回业债，此是儒佛会通。

华东师范大学卢盈华着眼于阳明学对当代伦理社会的启示，他的报告题为"良知与说谎能否相容"。他首先阐释了儒家与阳明对谎言的总体立场，辨析了"诚"与"信"之同异，又结合康德学说讨论了善意的谎言是否符合良知，并对防止伤害进行讨论和限定，进一步探讨欺骗与指向未来的欺骗——虚假约定。他指出，良知允许的应当是意图防止伤害的、为生生之仁所引导的、被恻隐与爱的情感动力驱动的谎言。除此之外，说谎是否合于良知还与情境有关。

第二场主题报告由上海师范大学邓辉主持，上海师范大学杨杰评议。

武汉大学陈晓杰以"阳明学的悖论——以女性能否成圣为线索"为题，围绕知识、政治、判断之自由、男女之"同一"与"差异"四个维度展开论说。针对最后一个维度，他对王龙溪和李卓吾的相关论述进行了细致的探讨。他认为，针对"女子能否成圣"的探讨最重要的意义并不是得到一个"能"与"不能"的结论，这一问题实际关系到"圣人"之内涵这一儒学的本质问题。而"女子能否成圣"问题的探讨在阳明学中竟是空白的，这值得我们深思。

清华大学高海波的报告题为"试论朱子与阳明学体用观的差异——以二者对'体用一源'命题的诠释为中心"。他分析了"己丑中和之悟"前后，朱子"体用一源"观的转变，即由体用一体共在、互相涵摄的体用观转向了体先用后的体用观，这导致了朱子在工夫论上主张在体用两方面双管齐下的"静而存养，动而省察"的二元工夫论。而阳明及其后学整体上坚持了与伊川和湖湘学派相似的体用互摄的体用观，这也决定了他"即用以求体"的工夫论。

陕西师范大学江求流报告的题为"良知与气：再论阳明学中良知的创生性问题"。他采取了在阳明学中，气在存在论上具有更为本源的地位的这一观点，进而把气内在的生命力理解为阳明所谓的良知或生理。他认为，阳明正是在气是化生万物的主体、良知是气生化万物的内在动力的意义上，断言良知是"乾坤万有基"是"造化的精灵"的。

浙江大学柳旻定的报告题为"韩国郑济斗与其仁学——以《论语说》为中心"。她分析了韩国阳明学的代表人物郑济斗的仁学之特征，并将其概括为三个特点：一、把仁定义为心；二、把仁和圣等同起来；三、与朱子相同，把"克己复礼"的"己"解释为私欲，并进一步指出郑济斗的学问以阳明学为中心，同时兼有朱子学和实学的特色。

第三场主题报告由中山大学陈慧主持，浙江大学李明书评议。

中山大学傅锡洪围绕"在朱子与程明道之间：论王阳明对为学道路的选择"一题展开讨论。他认为，在阳明思想的形成过程中，不仅是于朱子学，于程明道、陆象山、湛甘泉等人的学问也有扬弃。阳明所主张的工夫直接凭借展现于现实世界中的本体展开，既不必像朱子主张的那样首先诉诸漫长而艰苦的格物致知工夫，也不必像程明道、陆象山、湛甘泉等主张的首先通过顿悟之类的方式以充分把握本心。阳明综合了两个工夫方向，即后天工夫因本心作用的引入而简易，先天功夫因后天因素的引入而严密，形成了"先天渐教"，开创了一条不同于此前儒者的道路。

华东师范大学李想的报告题为"万全之法视域下的阳明四句教及阳明后学的分化与融合"。他注意到了阳明二、三代弟子在工夫形态上各异又相互批评，但在最后又产生融合之趋势，并认为这是由于王畿、钱德洪二人对阳明四句教有不同理解，更重要的是阳明四句教本身就包含着悟与修两个方面。在阳明的四句教中，"自觉"和"自然"也就是修和悟这两个要素在不同的适用条件下存在着不同的侧重，所以具有动态性与开放性，形成了不同的工夫类型，也就形成了工夫的一与多的辩证关系。这也就是阳明后学分化而融合的理论基础。

江苏省社会科学院孙钦香结合徐爱与阳明关于著述和实行关系的讨论做了题为"'天下之大乱，由虚文胜而实行衰'——阳明文实观析评"的报告。她将阳明此论置于儒家文道、文质关系的诠释史中，并认为此种观点与象山"尧舜之前，何书可读"及子路"何必读书"论相近。她认为，阳明这种将天下大乱归罪于著述的论述是对儒家"文以载道"主张的极端运用和孔子"与文"思想的游离和挑战，是极易滑出儒家看重人文教化的轨道并走向道家自然无为之领地的。

贵州大学张明的报告"王阳明裔孙在贵阳"，以发现于贵阳阳明祠堂中的《阳明先生燕居小像》为引，考证并介绍了将阳明此像由浙江带至贵州的阳明裔孙王惠、王介臣父子两次迁居、携像入黔、重刻古籍等事迹。这是王阳明贬谪贵州 300 多年之后,王阳明裔孙在贵州有明确记载的活动痕迹。

第四场主题报告由中山大学仝广秀主持,北京航空航天大学王硕、上海大学曾海龙评议。

北京大学刘莹、中国社会科学院王茂林的报告"论阳明学之近代'复权'",从三个维度讨论了阳明学继有清一代的沉寂后于近代重新登上了思想舞台的问题:作为"激活词"的"阳明学"、作为明治维新动力的"阳明学"以及"启蒙"思潮下的"阳明学"。明治维新前后日本所谓的"阳明学"和以康、梁为首的维新派所倡导的"阳明学"都带有浓厚的"主义"色彩;与此同时,作为学问的阳明学也在清末不断酝酿,最终在近代错综复杂的社会环境下得以复权。

中国人民大学刘增光的报告"王阳明心学的经学之维"对王阳明经学观念的内在脉络做了梳理,并指出阳明谈论经学的资料非常丰富。阳明曾提出"六经者,皆吾心之记籍""圣人之学,心学也"这样的命题,这是阳明的心学化经学,而在这一过程中阳明将辞章口耳之学转向身心之学。阳明强调了事变的无穷性和义理的无穷尽,也拉近了古今、圣凡之间的距离。经学在阳明心学化的过程中降低了经典的权威性,突出了对"道"的思考。这样的经史观念不仅在明代流传甚广,也延及清代经学。

湖南师范大学萧平的报告"《王阳明年谱长编》商榷与补正",对在《王阳明年谱长编》中束景南先生所做出的关于阳明之学和白沙之学关系的判断进行了商榷。他经过考证认为,根据已有材料还很难得出王阳明通过林俊与陈白沙在京城相见,进而提出很难认为阳明与白沙有交往、其学有传承的关系的结论。由此观之,阳明对白沙很少提及也就不难理解了。

厦门大学谢晓东和李治言的报告题为"以道德相对主义的视角看王阳明的良知观"。报告将王阳明的良知观在元伦理学上划分为强实在论、道德认知主义和非自然主义并承认王阳明的良知说解决了道德动机的问题,但同时也对王阳明如何为良知进行辩护提出了疑问。

东南大学张星以"阳明学者的生死关怀——以罗近溪的悟道历程为例"

为题，通过展示罗近溪悟道历程中的关键经历，来验证悟本体的心性工夫与透悟生死所具有的内在关联和一致性——正视人之有死的问题可以成为立志契机；怕死之心可以转化为工夫动力；生死交关的临界状态更是悟道契机，并探讨其背后的依据及将生死问题纳入心性工夫的可能性，以帮助当代人正视存在—死亡的焦虑，进而安身立命。

第五场主题报告由上海师范大学孙逸超主持，兰州大学王涵青评议。

杭州师范大学张天杰的报告"'即物穷理'与'心即理'之辨——以张履祥、张烈为中心"，介绍了张履祥、熊赐履、魏裔介、张烈四位清初朱子学者对阳明学"心即理也"的批判。从他们的观点之中，可以看到经过阳明心学运动之后，程朱理学实际上在学术体系上也得到了新的发展。

上海财经大学陈焱的报告题为"研几与良知：薛侃研几思想研究"。他认为薛侃作为阳明后学，其《研几录》中将研几与阳明之良知合一的核心思想颇有独到之处。在薛侃看来，无时无刻地（当下即刻不停地）以良知的虚明灵觉研善恶之几，是保证个人去除物欲之蔽为善去恶道成德的关键所在。薛侃研几中的这种踏实的现实工夫论趋向，实际上对于阳明的"致良知"之说在具体工夫层面做了阐发。

北京航空航天大学顾家宁的报告"古今内外之间：黄宗羲与明清之际思想研究的方法与视角"关注于明清思想转型这一学界热点问题，通过对侯外庐、岛田虔次、沟口雄三对这一时期思想研究方法的分析，勾勒出晚明清初思想研究的重要典范。侯外庐提出早期启蒙说，立足于马克思主义社会史观的普遍视野而在启蒙视角下对明清思想史做出长时段的整体性解释，对于个体思想人物的把握则颇有点到为止之憾。岛田虔次聚焦于明代心学本身，试图从近世精神世界的内部发现其近代因子与极限，在严格的模式比照之下，明代儒学与近代思维终有一间之隔，"彻底的近代精神"与儒家传统之间似乎横亘着一条难以跨越的鸿沟，根植于近世儒学的近代萌芽必然挫折于其自身的内在限制。沟口雄三则更进一步尝试从中国思想中发掘其自身的近代原理。由此，黄宗羲不再是近代的先知与传统的异端，而是被脉络化为中国前近代思想曲折演进过程中一个承前启后的标志性节点。

中山大学赖区平的报告"心理关系重探：基于道学史的两个节点"，围绕朱陆之争与罗王之辩展开讨论。在朱陆之争时，朱子一方面指出心学易认欲为理，一方面指出心学未能真正落实心与理一；而待到罗王之辩时，罗整庵仅以认气为理来批评王阳明，朱子的后一批评反而成为阳明批评理学的利器。宋明两次争论中批评视野的变动和转化，关乎道学分派及其标准的变动，需要在研究中加以关注。

西安交通大学钟治国的报告题为"张横渠的'民胞物与'说与王阳明的'万物一体之仁'说合论"。他指出，虽然二者在表述方式和义理内涵上颇为相似，但横渠是从宇宙生成演化的终极本体上寻找民胞物与的依据，这种更侧重于宇宙本体论、生成论的论证导致其工夫论不是从"理"这次一级的范畴而发；而王阳明则是在"心即理"的基础上，阐发心与万物在一气贯通和意义互构两个方面上的原本一体，故而阳明主张不必外心求理。由此可见，"民胞物与"与"万物一体之仁"所蕴含的本体体证与工夫主张并不尽相同。

第六场主题报告由苏州大学朱光磊主持，首都师范大学雍繁星评议。

大连理工大学姜含琪的报告题为"王艮的理想人格探究"。她认为王艮结合宋明理学中对"圣人"观念的道德化诠释，进一步丰富了以圣人为目标的理想人格的实现路径。他以"大成圣"为理想人格境界，通过对《中庸》的借鉴，一方面从尽己之性的角度，基于体用一源的原则，重新解读良知的内涵，为人人成圣奠定了理论基础；另一方面，就成物之智而言，把"大成圣"实现的关注点聚焦在"日用"的层面，强调"大成圣"的反求诸己的躬身实践性。

杭州师范大学申绪璐的报告题为"张九成的儒释交往及其心学思想"。他指出，尽管张九成与佛教僧道交往频多，但是依然坚持其儒学的立场，这体现在格物和求仁两个方面。张九成的格物穷理思想提出穷一心之理以穷万物之理，由内在穷理以参赞化育外在世界。张九成将求仁看作孔子第一要义，不仅强调以"觉"训仁，还特别注意杨时以来的仁义兼举思想。

张九成的思想发后世陆王心学之先声，是北宋二程道学思想的一个重要部分，而不能简单地看作受佛教影响的杂学。

西安电子科技大学苏晓冰的报告题为"自得之学的澄明——对王阳明龙场悟道的核心问题之探讨"。她认为，王阳明哲学的实际架构在龙场悟道时就已经成型，而阳明在此时的概念使用、内容表达有清晰表明了其入学归向，其实质乃是儒学原始经典的激活。所以龙场悟道在阳明学中具有的开端性意义之所在，其实是在阳明"自得之学"与流于文字之上、口而之间的"世儒之学"的对比下，而非儒佛之辩的背景下展开的。

浙江省社会科学院张宏敏发表了题为"为黄绾生卒年、表号、职官等正名"的报告。他经过考证认为，黄绾的生卒年应为"1480—1554"，而非"1477—1551"，其表字应为"宗贤"而非"叔贤"，官至"礼部尚书"而非"南京礼部尚书"，著作有《石龙集》《明道编》而不仅限于此二部。

同济大学刘昊在其发表的报告"作为物的'佚文'是被遗忘的吗？——阳明《矫亭说》真机的流传与记忆"中指出，我们现在在学术研究中，已经习惯于阅读现代学术整理点校的各类文本，对于阳明《文录》《传习录》的早期刻本及其中的佚文也只把其中的文字资料作为研究对象。阳明手记原稿、石刻等物质形态的材料被忽视会进一步使人们遗忘阳明真迹的物质形式及题跋背后的丰富信息，这些物质材料在流传过程中所承载的思想和历史印记也被置于学术研究之外。而如果我们转换视角，将物质性的佚文本身作为研究对象，而非仅仅重视佚文本身的校勘、史料作用，那么我们就可以激活阳明佚文、书法研究的新视野。

第七场主题报告由上海大学袁晓晶主持，天津社会科学院李卓评议。

中山大学陈乔见的报告题为"解书不通，只要解心——王阳明的'心学解经学'"。他解释说，王阳明之解经不在"文义"上用功，而在"心体"上体当，这并不意味着经典可以被随心所欲地解释，而是以"吾心"这一是非判断的终极根源取代了以圣贤之是非为是非的外在标准。王阳明的心学解经学不仅受到孟子"以意逆志"的影响，而且也深受庄、禅"言意""言道"之辨的熏染。以今观之，王阳明的心学解经学的一些观点也蕴含了戴维森等人所谓的"善意原则"和"人性原则"。

浙江省社会科学院李旭的报告题为"论王阳明致良知的大学之道"。他认为阳明以知致为《大学》之头脑，突破了朱子学"居敬穷理"的工夫体系，进而实现了动静、有无之统一。但是，这也导致了阳明忽略了《大学》中"物"与"事"之间的差别，虽得《大学》"知本"的宗旨，却可能未尽"知止"之义。从儒学整体来看，《大学》虽然体现了孔门学问"务本"的宗旨，而且规模广大、条理详密，但其义理未必能赅摄整个儒学，阳明继承朱子以《大学》为儒家《四书》之首，从中发明出来的义理工夫可以说"近道"，却未必是"至道"。

同济大学陈畅在报告"王阳明静坐工夫新论"中，首先讨论了中国文化传统中静坐的三个形态——与"身体"有关、与"心性解脱"有关、与"政教秩序"有关。理学家的静坐工夫是以心性和政教秩序的融和为目标的，如何处理其中的张力关乎宋明理学的核心问题。他通过分析阳明哲学中的"动静与内外""静中之物与万物一体之仁"两组思想概念，指出阳明在江右以后不再专提"静坐"工夫而易之以"致良知"，这意味着阳明良知学的目标是体验和养护生生不息的天机，培养情感的关联，进而把"静中体验"转化为"为善去恶"的道德实践。其意义在于构建伦理社会，以积极推动社会政治改革、解决时代的政治难题。

闭幕式由同济大学陈畅教授主持，上海财经大学副教授朱璐、副教授王格为此次工作坊做总结发言。朱璐副教授对此次青年学者工作坊中提交论文的质量、谈论问题的深度、采用的材料之新给予了高度评价。朱璐结合她在孔子学院工作的实践经验谈到，在当今复杂的国际社会背景下，人需要人性的温暖和关怀，阳明学的"复见天地之心"正是回应了时代和社会的问题，儒家学者对阳明学的研究也正是体现了其对社会的担当。王格副教授则指出，此次纪念阳明诞辰550周年的学术会议海纳百川，学者们的研究既有批评与反批评，还有修正与反修正；既有思想意义的读解，还有文献、历史、图像，甚至实地考古；不仅有王门遍天下的南北东西，还有古今中西的交锋与对话。纪念和思考阳明远远不只是纪念和思考明代浙江余姚出生、绍兴成长的那位先贤，而是继续思考和与我们当下的事件密切相关的大问题。这些问题就如日月一样照耀着每一代人的人生道路。[①]

（四十五）"此心光明——纪念王阳明诞辰550周年《中华传统文化百部经典》阅读推广特别活动"在北京国家图书馆举办

2022年10月30日，为纪念我国著名思想家、儒家心学的集大成者王阳明诞辰550周年，国家图书馆举办国图公开课"此心光明——纪念王阳明诞辰550周年《中华传统文化百部经典》阅读推广特别活动"。国家图书馆馆长熊远明出席活动并致辞。

活动以学术演讲和艺术演出相结合的方式，带领大家了解王阳明的生平思想，感受他的高洁人格。国家图书馆特别邀请了中国人民大学教授、著名哲学家张立文，复旦大学哲学学院教授、《中华传统文化百部经典·传习录》解读人吴震做主旨演讲，详细解读王阳明的哲学思想和传世作品；邀请了中国艺术研究院研究员王能宪，国家图书馆副研究馆员田艳军做特邀演讲，讲解传统经典的当代价值，赏析王阳明书法的独特魅力；邀请了著名古琴演奏家任静演奏古琴名曲《流水》，首都少儿朗诵团演绎王阳明家训《示宪儿》，展示了王阳明的超然境界与传世家风。

国家图书馆作为国家总书库和文化传播的重要阵地，长期以来一直通过重点项目建设，推动中华优秀传统文化的传承与弘扬。《中华传统文化百部经典》编纂项目遴选中华传统文化中最具代表性的100部经典，目前已出版60种。国图公开课是国家图书馆2015年推出面向大众的互联网通识教育平台，已上线10余门专题课程和上百期读书推荐节目。2019年起推出"天才的时代"系列活动，旨在纪念中国历史上伟大的文化人物，并对其著作、思想和精神进行传播与弘扬。此次公开课阅读推广特别活动是继"千年回

[①] 田雨生：《复见天地之心——纪念王阳明诞辰550周年工作坊》，澎湃新闻网，2022年11月11日。

望司马光"和"千年回望王安石"之后，"天才的时代"系列第三场活动，也是国图公开课和《中华传统文化百部经典》项目的再度合作。

活动由国家图书馆主办，同时通过"学习强国"学习平台、中新网、文化和旅游部政府门户网站等多个平台进行线上直播。①

（四十六）"竭忠尽瘁——纪念阳明先生诞辰550周年学习会"在江西大余举办

2022年10月30日，上百位企业经营管理者、学者以及阳明心学践行者相聚江西，由北京知行合一阳明教育研究院主办的"竭忠尽瘁——纪念阳明先生诞辰550周年学习会"在江西省赣州市大余县举办。

学习会上，中共大余县委副书记、县政府县长曾志平受县委书记韩相云委托，代表大余县委、县政府开场致辞。他提到，习近平总书记指出："我们必须坚定历史自信、文化自信，坚持古为今用、推陈出新……以社会主义核心价值观为引领，传承中华优秀传统文化，满足人民日益增长的精神文化需求，不断提升国家文化软实力和中华文化影响力。"总书记也指出："王阳明的心学正是中国传统文化中的精华，是增强中国人文化自信的切入点之一。"企业家对阳明心学的学习与传承，可为大余发展注入新的活力。

全国工商联智库委员会委员王忠明分享了题为"对古圣先贤要常存敬畏"的中华经典学习心得。第十二届全国政协常委委员王秦丰在学习会上分享了《阳明心学的源流》。他认为，阳明先生承接孔孟之道，完善陆九渊思想，是心学的集大成者。王秦丰特别提到，阳明先生的"知行合一"是"一念出，即是行"，践行阳明心学要在念头上止恶扬善，拥有正确的认知至关重要。北京大学教育学院教授文东茅线上讲述了主题为"良知教育，幸福人生"的六年致良知心路历程。北京知行合一阳明教育研究院创始人

---

① 信息来源于《国家图书馆举办国图公开课"此心光明——纪念王阳明诞辰550周年"〈中华传统文化百部经典〉阅读推广特别活动》，人民政协网，2022年10月31日。

白立新在学习会上分享了与志同道合之人一同学习阳明心学的十年之旅。北京知行合一阳明教育研究院联合创始人、《阳明心学与个人战略》课堂主讲人张立平，讲述了主题为"点铁成金"的南赣心法，对原文的学习，为我们阐述阳明先生赢得民心的关键所在，同时也分享了学习阳明心学的心得。

作为践行阳明心学多有时日的企业家代表，远东控股集团董事局主席蒋锡培、长城物业集团董事长陈耀忠、圣都装饰创始人颜伟阳和上海派能股份有限公司董事长谈文，以圆桌对话的形式分享了学习中华经典以来的自我超越。此外，数位中小微创企业经营者代表、阳明心学志愿者代表以及毕业于各大高校的青年代表，也分享了自己的实践所得。

值得一提的是，在学习会正式开幕的前一天，众多践行中华经典的企业家与阳明心学爱好者，以游学形式在青龙铺参观了阳明先生"光明碑"，并在碑前种下了两棵"阳明树"。"光明碑"为北京润泽园200多位阳明心学志愿者共同捐赠，在大余县政府、大余县文旅局、青龙镇政府、青龙中学师生代表的见证下，于2022年7月1日落成。两棵"阳明树"来自广东省和平县，与500年前阳明先生手植树属同一树种，因此也被当地人称为"阳明树"。两棵"阳明树"由润泽园志愿者一路护行来到碑前，现场的企业家代表、青年代表为此培壅灌溉。①

（四十七）"阳明心学论坛"在浙江余姚举行

2022年10月30日下午，余姚市举行"阳明心学论坛"。阳明文化专家、学者和阳明文化爱好者齐聚一堂，纵论阳明文化。

此次"阳明心学论坛"是"2022宁波（余姚）阳明文化季暨纪念王阳明诞辰550周年系列活动"之一，由余姚市社会科学界联合会指导，全国阳明史迹保护研究联盟、余姚市历史文化名城研究会主办，浙江酒重天酒业有限公司承办。论坛现场，余姚市阳明文化学者诸焕灿、计文渊与企业家

---

① 信息摘录自《竭忠尽瘁——纪念阳明先生诞辰550周年学习会成功举办》，网易网，2022年10月31日。

桂仁东、作家丁千城一起从不同的角度探讨阳明文化的时代意义，实现阳明思想在当代社会的创造性转化、创新性发展，为建设现代化美好活力"最名邑"提供源源不断的精神动力。①

（四十八）"余姚市教育系统纪念王阳明诞辰550周年诗词歌赋会"在余姚中学举行

2022年10月30日下午，余姚市教育局相关负责人、部分中小学校长和学生代表齐聚余姚中学，参加"余姚市教育系统纪念王阳明诞辰550周年诗词歌赋会"。活动现场，600余名余姚中学高一学生齐声诵读王阳明所著的《教条示龙场诸生》节选，并由学生代表向王阳明铜像敬献花篮、行鞠躬礼。《龙泉山下点亮心灯》《良知在吾心》《四句教·一路光明》《心之所向》等节目一一亮相，通过歌舞表演、独唱、合唱等形式，充分挖掘阳明思想的时代价值，使阳明心学的核心思想深深根植于师生心灵。

近年来，余姚市教育系统发挥文化育人功能，以王阳明教育思想的传承和发展为引擎，秉持"文化浸润每个生命幸福生长"教育理念，发挥学校弘扬传统文化的主阵地、主战场作用，探索传统文化进校园的余姚路径。接下来，余姚全市中小学、幼儿园将积极行动起来，打造体现时代特征和地域特色的校园文化，大力弘扬阳明精神，努力践行阳明品格，让优秀传统文化融入课堂、融入校园、融入生活。②

（四十九）"纪念王阳明诞辰550周年线上青年读书会"在贵州贵阳举行

2022年10月31日，由中共云岩区委宣传部主办、贵州天眼传媒有限责任公司承办的"纪念王阳明诞辰550周年线上青年读书会"在贵州省贵阳市云岩区融媒体中心·新时代文明大讲堂举行。天眼新闻客户端和视频号、

---

① 信息摘录自《我市举行阳明心学论坛》，《余姚日报》2022年11月1日。
② 信息来源于《市教育系统举行诗词歌赋会 纪念王阳明先生诞辰550周年》，《余姚日报》2022年10月31日。

云岩区融媒体中心客户端等平台对读书会进行了全程直播,吸引众多网友在线观看。

贵州省文联原主席、省文史研究馆原馆长顾久做客直播间,为线上观众分享题为"今天,我们为什么还需要王阳明"的读书心得。"今天,我们为什么还需要王阳明?这是很多朋友向我提过的问题,其实也是不断引发我思考的问题。"在顾久的理解中,王阳明及其"心学",不仅是一个人的哲思,而且是中华传统文化的一个部分,一个有典型意义的代表。顾久阐述了王阳明及其"心学"对于当下人类怎么看待世界、社会、人心等起到的重要启发作用。王阳明的"心学"是中国传统文化中的精华,对弘扬中华优秀传统文化并树立自信有很大的帮助。如何解决人类面临的问题,在500多年前历经坎坷、终不忘"知行合一"的王阳明身上,储存了智慧和力量。

阳明心学能否给青年诗意与远方?在青年对话环节中,贵州法以正律师事务所合伙人张海、云岩公安分局八鸽岩派出所民警谢旭蔷,与顾久一起分享了他们对阳明心学的当代意义和实践价值的认识。顾久表示,王阳明的一生波澜壮阔,直到今天,"知行合一""致良知"这些至简又至深的道理,依然在点亮后人的思考和行动。在谢旭蔷看来,只要心存光明,胸怀信仰,始终保持坦荡的胸怀,用良知守护本心,任何困难就都不能扰动我们本来平静而自由的内心。对张海来说,王阳明临终时留下的"此心光明,亦复何言"的遗训深深触动着他。他认为,年轻人应自觉扛起"为天地立心,为生民立命;为往圣继绝学,为万世开太平"的大旗,这是当代青年应有的历史使命与责任担当。

据介绍,云岩区结合"爽爽贵阳"城市品牌,确定"人文其昌"全新城市定位,推出"爽爽贵阳·文昌云岩"城市品牌。2022年,云岩区对传统区域文化品牌"良知行"系列活动进行了全面升级。爽爽贵阳·文昌云岩2022年"良知行"系列活动纪念王阳明诞辰550周年线上青年读书会,是其七大系列活动之一。①

（五十）"纪念王阳明诞辰550周年礼贤仪典"在浙江余姚举行

2022年10月31日是王阳明先生诞辰550周年纪念日。当天上午，社会各界人士在王阳明先生诞生地——余姚市瑞云楼前隆重集会，举行纪念王阳明诞辰550周年礼贤仪典，以此致敬一代大儒、余姚先贤阳明先生，传承弘扬中华传统文化，凝聚"知行合一、勇毅前行"的强大力量。

宁波市委常委、宣传部部长金彦，宁波市副市长朱欢，中国集邮总公司高级资深经理任永信，浙江万里学院校长应敏，中国邮政集团浙江省分公司总经理方志鹏，新乡贤徐八达、陈寿灿等有关领导专家，余姚市领导傅贵荣、沃勇特、诸晓蓓、陈长锋、王娇俐、沈小贤、林体，宁波市有关单位领导，市内外阳明学专家代表、社会各界代表等出席礼贤仪典。

金彦在致辞中说，王阳明先生是先贤先哲的杰出代表，是史所罕见的全能大儒，他创立的以"知行合一"和"致良知"为核心的阳明心学，是极为珍贵的思想文化遗产。作为阳明先生的故乡，宁波这些年来牢记习近平总书记"繁荣港城文化"的殷切嘱托，坚决担起"为往圣继绝学"的历史责任，全力推动阳明文化融入群众日常生活、涵养高尚精神品格、成为城市人文底色，为增强文化自信自强，扩大中华文明传播力和影响力提供了宁波实践。当前，宁波正以党的二十大精神为统领，奋力开创现代化滨海大都市建设新局面。我们将深入学习习近平总书记关于社会主义文化建设的重要论述精神，进一步挖掘阳明文化的精神内核，传承知行合一、明理力行的思想精髓，当好中华优秀传统文化的守护者、传承者，努力成为创造性转化、创新性发展的探路者、先行者，不断激发市民群众文化创新创造活力，为打造"精神富有、文化先行"的新时代文化高地做出宁波贡献。

---

① 信息来源于《沉浸式体会阳明心学！纪念王阳明诞辰550周年线上青年读书会如约而至》，中国日报网，2022年11月3日。

傅贵荣在致辞中对各位领导、各方朋友的到来表示热烈欢迎，对他们长期以来对余姚的关心支持致以衷心感谢。他说，余姚是一座历史文化与现代文明交相辉映的城市，在历史长河中涌现大批鸿儒硕学，王阳明是其中的佼佼者。作为阳明先生出生地、成长地、阳明心学思想重要萌发地和传播地，传承好、弘扬好、挖掘好阳明文化，余姚义不容辞、重任在肩。近年来，余姚紧扣上级要求、立足本土资源，保护修缮阳明史迹，精心打造阳明古镇，阳明文化的影响力、知名度和美誉度大幅提升。接下来，我们将深入学习贯彻习近平总书记关于社会主义文化建设的重要论述精神，聚力推进四大工程，加快把"知行合一""致良知"等转化为深学笃行党的二十大精神的强大动能，为建设现代化美好活力"最名邑"注入强大文化力量，为浙江省、宁波建设新时代文化高地做出更大贡献。

礼贤仪典上，举行了敬献花篮、整理敬联仪式，并进行了礼贤仪典主题诗颂，全体来宾向王阳明像行鞠躬礼。①

据介绍，2015年起，余姚连续7年在王阳明诞辰日举办"阳明文化周"系列活动。2022年恰逢王阳明诞辰550周年，余姚更是把"阳明文化周"升格为"阳明文化季"，通过举办纪念王阳明诞辰550周年礼贤仪典、世界阳明学大会、"阳明心学的时代价值"学术论坛等活动，吸引更多民众了解、学习阳明文化，让阳明文化"飞入寻常百姓家"。

（五十一）"浙江省良知阳明文化研究院、省阳明良知慈善基金会揭牌仪式"在浙江余姚举行

2022年10月31日，在浙江余姚王阳明故居广场举行的"纪念王阳明诞辰550周年礼贤仪典"上，浙江省良知阳明文化研究院和浙江省阳明良知慈善基金会正式揭牌。

浙江省良知阳明文化研究院和浙江省阳明良知慈善基金会是在杭州的

---

① 信息来源于《纪念王阳明诞辰550周年礼贤仪典在余姚举行》，凤凰网，2022年10月31日。

余姚乡贤发起成立的民间组织，以传承弘扬阳明文化、增强文化自信为宗旨。其中，浙江省良知阳明文化研究院是研究推广阳明文化、培育联系阳明文化研究人才的学术社团；浙江省阳明良知慈善基金会是资助阳明文化教材编写、学术研究、教育培训、文艺创作、奖学助学等公益活动的慈善组织。①

（五十二）"《知行合一——王阳明诞辰550周年》个性化邮票首发仪式"在浙江余姚举行

2022年10月31日，为纪念王阳明诞辰550周年，《知行合一——王阳明诞辰550周年》个性化邮票，在阳明故里、心学圣地余姚举行的"纪念王阳明诞辰550周年礼贤仪典"上首发。先是在10月27日，"中国集邮"发布《知行合一——王阳明诞辰550周年》个性化邮票发行通告："2022年适逢先贤王阳明诞辰550周年。为延续先贤千年文脉，传承中华优秀传统文化，中国集邮有限公司定于10月31日发行《知行合一——王阳明诞辰550周年》个性化邮票一版。"

据介绍，这套邮票是国家邮政总公司为纪念王阳明诞辰550周年专门制作发行的个性化邮票，极具文化内涵和收藏价值。邮票采用异形版式、宣纸材质、特殊编码，开启500年先贤新系列。邮票五边形寓意王阳明诞辰550周年。五边对应五地，反映先贤从出生到归葬的人生轨迹。双主图《竹》《太阳神鸟》对应"格竹"典故和"此心光明"的大格局。画像匹配先贤手书，风骨尽现。

（五十三）"'吾心光明'王阳明主题书画展"在浙江余姚博物馆开展

2022年10月31日是王阳明先生诞辰550周年纪念日。31日上午，余

---

① 信息摘录自《纪念王阳明诞辰550周年礼贤仪典在浙江余姚举行》，中国日报网，2022年10月31日。

姚市在余姚博物馆举办"吾心光明"王阳明主题书画展开展仪式，以此纪念阳明先生。余姚市委书记傅贵荣宣布书画展开展，余姚市政协主席陈长锋致辞，余姚市领导王娇俐、华红出席。

此次主题书画展中，上海著名海派人物画家、中国美协会员、上海书画院画师奚文渊先生专门创作了20余幅阳明先生图传，形神兼备，别具一格；余姚著名书画家、阳明学专家计文渊先生特地绘就阳明史迹图、书录阳明诗文数十幅，画意隽永，意韵犹存。两位先生作品文格相近、气韵相通，荟萃一体、珠联璧合，通过联袂办展，为市民带来一场精神文化盛宴。①

（五十四）"王阳明诞辰550周年纪念暨阳明故里开放仪式"在浙江绍兴举行

2022年10月31日，绍兴市举行"王阳明诞辰550周年纪念暨阳明故里开放仪式"。绍兴市委书记盛阅春等为王阳明雕像揭幕，国际儒学联合会秘书长贾德永，浙江省委宣传部副部长盛世豪，绍兴市委副书记、市长施惠芳致辞，绍兴市领导谭志桂、魏伟、丁如兴、鲁霞光、陈伟军等参加仪式。

贾德永说，绍兴是王阳明的故乡和阳明心学的发祥地、成熟地和传播地，具有深厚的文化沉淀和独特的文化标志，相信阳明故里的开放开发必将进一步推动阳明文化的研究传承和普及弘扬，提升阳明心学在中国、东亚乃至世界的文化影响力。让我们携手努力，发挥各自优势，进一步挖掘弘扬阳明文化的当代价值，不断弘扬儒学文化和中华优秀传统文化的思想精华，为加强国际传播能力建设，推动中华优秀传统文化走出去，塑造可信、可爱、可敬的中国形象，推动构建人类命运共同体做出新的更大贡献。

盛世豪代表浙江省委宣传部对阳明故里的建成开放表示祝贺。他说，阳明心学是中国思想文化史上的重要学术成就，是中华优秀传统文化的典

---

① 信息来源于《"吾心光明"王阳明主题书画展在余姚博物馆开展》，凤凰网，2022年10月31日。

范，有着重大的理论价值、历史价值和实践价值。近年来，绍兴这座历史
文化名城在保护和传承、继承和开拓中华优秀传统文化诸多工作中取得了
重要成绩，希望阳明故里的建成开放能进一步有助于阳明文化等优秀传统
文化的普及保护、挖掘整理和开发出版，真正让阳明文化绽放出新的时代
价值，助力浙江"两个先行"。

施惠芳说，近年来，绍兴市委、市政府坚决扛起传承弘扬阳明文化的
历史使命，推动保护利用、展示传播、融合发展等工程，全力打造具有强
大影响力的心学圣地。我们将以学习贯彻党的二十大精神为契机，切实按
照以文塑旅、以旅彰文的要求，深入实施新时代文化绍兴工程，高水平办
好阳明心学大会，依托阳明故里等文化设施，推动文商旅融合发展，促进
优秀传统文化创造性转化、创新性发展，吸引更多人走进绍兴、瞻仰先贤，
了解心学、汲取智慧、修身立德，更好地践行社会主义核心价值观。[①]

（五十五）"纪念王阳明诞辰550周年暨王阳明江右事功座谈会"在江西崇义举行

2023年10月31日，江西省崇义县举行"纪念王阳明诞辰550周年暨王
阳明江右事功座谈会"。会前举办了王阳明雕像揭幕仪式。赣南师大国学院
院长、江西省王阳明研究会会长周建华，崇义县委副书记唐祎泾出席揭幕
仪式并为雕像揭幕。县领导吴晓慧、梅新华、陆芳锋出席座谈会。

会议就"探王阳明江右事功 启新时代建设发展"主题进行座谈，来自
江西省内的阳明文化专家、学者分别做了"王阳明崇义乡村治理之方略与
成效""明中叶吉安府县之江右王门书院讲会略考""稳定乡村：王阳明的
事功之续"等10个主题发言。会议期间，阳明文化专家、学者一行还深入
横水镇左溪村王阳明遗迹进行实地考察，并向左溪阳明寨捐赠《王阳明乡
村治理思想的理论和实践》《一盏千古不灭的心灯——王阳明家训三字经》

---

① 信息摘录自《我市举行王阳明诞辰550周年纪念暨阳明故里开放仪式》，《绍兴日报》
　2022年11月1日。

（少儿版、幼儿版，绘本）等王阳明书籍。

（五十六）"纪念王阳明诞辰550周年暨日新正蒙国学公益读经活动"在江西吉安举办

"种树者必培其根，种德者必养其心。"2022年10月31日，是"明第一流人物"王阳明诞辰550周年纪念日，江西省吉安市青原区阳明书院开展"纪念王阳明诞辰550周年暨日新正蒙国学公益读经活动"。众多阳明爱好者和小小圣贤带着仰慕圣贤的心，齐聚青原阳明书院，在五贤祠举行了礼贤仪式，诵读《王阳明家训》，向圣贤鞠躬献花，深深追思感怀圣贤的荣光。

随后在阳明书院研学活动室开展了"日新正蒙国学公益读经活动"。活动现场，一个个可爱的小朋友身穿汉服，端身正意，行汉礼，跟着老师学习经典篇目《增广贤文》。抑扬顿挫有韵律地诵读声仿佛把我们带入那个"风声雨声读书声声声入耳，家事国事天下事事事关心"家国天下的宋明时期，内心油然升起自豪感和自信心。弘扬中华优秀传统文化全面深入落实"立德树人"根本任务的重要路径是学习经典，弘扬中华文化、纪念圣贤最好的方法是诵读经典，让经典的味道、经典的力量浸润童心，从小增强文化认同和文化自信。[1]

（五十七）"纪念王阳明先生诞辰550周年活动暨王阳明教育思想研讨会"在广西南宁举行

2022年10月31日上午，由中国东方文化研究会阳明文化委员会、南宁青秀山风景名胜旅游区管委会共同举办的"纪念王阳明先生诞辰550周年活动暨王阳明教育思想研讨会"在广西南宁市青秀山举行。中国东方文化研究会阳明文化委员会会长王梅林，来宾市人大委员会副主任吴孝斌，南宁市青秀山风景名胜区党工委书记、管委会主任张振宇，青秀山旅游公司

---

[1] 信息来源于《青原区阳明书院开展"纪念王阳明诞辰550周年暨日新正蒙国学公益读经活动"，青原区人民政府官网，2022年11月1日。

党委书记、董事长秦志成等以及来自南宁市和区内的专家、学者共60余人参加活动。

在青秀山阳明先生过化之地前，举行了王阳明先生纪念仪式。仪式现场首先由王梅林会长、吴孝斌副主任和张振宇书记向阳明先生献花；其次由吴孝斌副主任领读阳明先生四句教；最后由王梅林会长和张振宇书记分别做发言。王梅林会长在发言中表示，广西作为阳明心学的运用之地，终极实践之地、大成之地和成道之地，更是其教育思想的终极体现之地。今天我们纪念这样一位伟大的思想家，是礼敬、是缅怀、是传承、是学习。我们纪念先生，就是要学习他立大志、成大事、做成事的远大理想和经世致用的务实精神；我们纪念先生，就是要学习他敢于追求真理、敢于面对现实、敢于寻找出路的勇气、信心和决心；我们纪念先生，就是要学习他知行合一、致良知的实践论、方法论和道德人文实践，就是要学习他社会治理、民族团结的成功经验和助力筑牢中华民族共同体意识。

张振宇书记在发言中表示，全区上下正在深入开展学习宣传贯彻党的二十大精神的重要时刻，我们举行王阳明先生诞辰550周年纪念活动，对于传承先贤精神，修炼好新时代共产党人的"心学"，具有十分重要的意义。党的十八大以来，习近平总书记多次在讲话中援引阳明先生经典名句，并指出："王阳明的心学正是中国传统文化中的精华，是增强中国人文化自信的切入点之一。"1527年，阳明先生到达广西，注重教化，在南宁、武鸣、宾阳等多地设立学校、书院，倡导读书习文，发展教育，教化黎民，其中以南宁的敷文书院最负盛名。希望社会各界多为青秀山阳明先生遗迹保护以及敷文书院重建工作建言献策，多为南宁市历史文化的挖掘、研究做出新的更大贡献。

随后，参与活动的领导和嘉宾在青秀山书院举行了纪念王阳明先生诞辰550周年暨王阳明教育思想研讨会，王梅林会长、吴孝斌副主任、南宁职业技术学院国际学院书记张治中、广西农科院葡萄所书记韦哲、宾阳县委党校副校长韦益修等分别做了发言。王梅林会长以"从阳明先生过化之地谈王阳明的教育思想"为题，以"过化"作为开始，整体阐述了王阳明先生的教育思想，特别是对广西文化教育所产生的积极影响。吴孝斌副主任以"良知致用——自信自立"为题，从王阳明的亲民思想在广西的终极实践、广西的阳明文化特点、利用心学思想丰富人们的精神世界，复建敷文书院的特别意义等方面进行了分享。张治中书记、韦哲书记和韦益修副校长等分别从"四句教"对阳明文化的认知、南宁宾阳县阳明文化及其教育意义等方面进行了分享。①

（五十八）"旅日华侨纪念阳明先生诞辰550周年"在日本高岛市举行

2022年10月31日，在余姚市举行"纪念王阳明诞辰550周年礼贤仪典"之际，在日本高岛市阳明园，旅日华侨、日本京都中国书画院理事长谢春林等旅日华侨通过到访位于日本高岛市的阳明园，学习阳明文化，了解阳明生平，以念一代先贤。

位于日本高岛市的阳明园，是为了纪念王阳明先生，加强余姚市与日本安昙川町之间的友好交流，在两地共同努力下，在日本建立起来的一座中国式阳明庭园，它架起了余姚与日本安昙川町相互交流的桥梁。②

（五十九）"纪念王阳明诞辰550周年：阳明文化沙龙"在贵州修文举办

2022年10月31日，时值王阳明先生诞辰550周年之际，贵州龙场王阳明研究院、修文阳明书院举办"阳明文化学术沙龙"，就王阳明"龙场悟道"始末及阳明先生的龙场时光进行研讨交流，以此纪念王阳明诞辰550周年。

与会人员纷纷发言，畅谈对王阳明先生、对阳明文化的认识和理解，

---

① 信息摘录自《纪念王阳明先生诞辰550周年暨王阳明教育思想研讨会在青秀山风景区举行》，南宁市青秀山风景名胜区管委会官网，2022年11月7日。
② 信息来源于《旅日华侨纪念阳明先生诞辰550周年》，浙江省归国华侨联合会官网，2022年11月1日。

交流分享学习心得，讨论阳明文化在生活中、工作中的运用。修文县文联主席、贵州龙场王阳明研究院院长李小龙主持学术沙龙，修文县政协文史委主任袁曜，修文阳明书院院长王修权，修文县文联副主席、县书协主席张仕山，县文联副主席唐孝驹，县作协副主席姜继恒，龙场茶驿书吧山长王林等参加了活动。

（六十）"阳明学与朱子学交涉工作坊"在中山大学举办

2022年11月5日，值王阳明先生诞辰550周年之际，由中山大学哲学系中国哲学研究所、中山大学禅宗与中国文化研究院、广东省中国优秀传统文化普及教育研究中心联合举办的"阳明学与朱子学交涉工作坊"以线上的方式顺利举行。来自北京大学、清华大学、复旦大学、中国人民大学、浙江大学、同济大学、华东师范大学、浙江省社会科学院、台湾东海大学、中山大学等10余所大学及研究院的学者热情与会。此次工作坊分为上、下半场：上半场的主题为"朱子学与阳明学会通"，下半场则为吴震教授新著《朱子学与阳明学》专场研讨。

工作坊开幕式由中山大学哲学系教授张卫红主持，北京大学哲学系教授张学智与中山大学哲学系教授陈立胜分别致辞。

张学智教授首先从哲学和哲学史的角度对朱子学和阳明学进行了定位，认为朱子学和阳明学是中国哲学发展的最高峰，二者虽然代表着相当不同的反思方式，但阳明学处处有朱子学的影子，它是从朱子学出发，发现朱子学的问题，在个人遭际和当时的社会背景下深刻反思并试图解决其问题；其次，张教授认为，中国哲学应该有立足于新的时代背景、运用新的研究方法和新的写作方式的著作出现。吴震教授《朱子学与阳明学——宋明理学纲要》是这方面的一部探索性著作。它将哲学史与哲学的方法交织在一起，"力图打破哲学史按人头或学派来安排叙述过程的线性处理方式，而突出哲学史的问题源流及义理脉络"，并兼顾了问题意识和知识点两方面内容，是近年来关于朱子学与阳明学的一部优秀著作。

陈立胜教授指出，与朱子学的对话在阳明学的诞生与发展中的重要地位，并总结了阳明学（陆王心学）与朱子学交涉历史中的三个流派。第一，严辨派。此派基于朱子学立场对陆王心学进行批评，并将其作为异端加以排斥，如陈建、张烈等。第二，早异晚同派。该派乃基于陆王心学来会通朱陆异同，如程敏政、王阳明等。第三，调停派。此派乃对两家异同进行了肯定，如李二曲等。陈教授认为，朱子学与阳明学的会通不仅仅是哲学史的问题，也深入到现代新儒学的开展，如熊十力、梁漱溟、唐君毅、牟宗三、冯友兰等都有对理学心学进行会通的立场与工作。而这方面的最新研究成果是吴震教授刚刚出版的《朱子学与阳明学》，该书跳出了传统的朱陆门户之见，基于广义的理学视野，基于问题源流和义理脉络相结合，全面阐述了朱子学与阳明学的哲学基础，为学界更加深入地探讨朱陆、朱王异同问题提供了一个新的平台。最后，陈立胜教授代表中山大学中国哲学研究团队对吴震教授新书的出版表示祝贺，并向所有与会学者表示感谢，期待这次的工作坊能够在朱子学与阳明学会通的议题上为学界呈现出最前沿的成果。

第一场报告由中山大学哲学系副教授李长春主持。浙江大学哲学系教授董平做了题为"朱陆同异的再认识"的报告。不同于传统的朱陆对分，董教授将南宋的主要思想分为三家：朱熹、陆九渊、吕祖谦。朱熹的思想是从人的后天经验出发，通过即物穷理、格物致知的知识实践之积累，向先天进展，经过豁然贯通，实现先天和后天的浑然一体的通达；而陆九渊采取的是"先立乎其大"的路径，即先确立人的先天本源状态，以此统摄后天经验；吕祖谦则把人放在整个历史过程中去考察，人是历史世界中的人，历史和现实的贯通就代表人的先天和后天的贯通。三者的不同，在于其关于人的存在及其意义世界的逻辑建构的起点不同。但正是这种不同，才体现出思想建构本身的丰富性。

北京大学哲学系教授张学智的发言题目是"朱熹、王阳明的天人情怀"。他首先指出王阳明实际上是从朱子学进入，通过自己毕生的磨砺和体验，实现对朱子学的一个转进；其次，张学智教授提出一个"'大'良知"的概念，认为传统所谓的良知只是指人的天赋道德意识，但王阳明通过其一生中"百死千难"的实践活动，使良知的内容得到极大扩充，即从天赋道德意识扩充为一种由人的理性、情感、直觉和意志等各种精神活动内涵互相依持、激发、辅助而共同构成的一个良知的总体。由此，王阳明将朱子所说的一般性的"理"落实到活生生的、当下敞开的心上，从而能够与具体的事物对接起来。

台湾东海大学哲学系教授蔡家和的报告题为"由'知行合一'谈中国文化之特色——以孔子至阳明为例"。蔡教授一面考察了中国哲学中从孔子到朱子再到阳明一直延续的一种"重行而不废知"的文化精神，它偏重个人的道德圆成、伦理秩序之建立；另一面则梳理了西方哲学中从古希腊哲学到康德再到黑格尔的"重知轻行"的主流传统，它易于开出科学法治精神。双方各有所长，中国未来哲学之发展应当在不忘"知行合一"之本的基础上，充分学习西方哲学之所长，实现相互间的淬炼与激发。

中山大学哲学系教授张卫红做了题为"朱子心论与阳明心论之比较"的报告。她指出，朱子所讲的心具有超越于气的意涵与功能，是形上形下之间者，并不完全是经验认知心。但若就朱子与阳明心论之比较来看，朱子之心虽然不完全是经验认知心，但也不是本体之心，不是"即理""即性"之心，朱子的心与理之间仍有间隔。朱子之所以让心与理、性始终保持间隔，是因为他更注重通过工夫实践将经验心加以转化提升的必要性，他的工夫论就是以经验心为着力点，走主敬穷理、以心合性的渐进路径，以此将经验心向本然心渐进地转化。

第一场发言结束后，张学智教授就线上师友提出的良知与恻隐之心的关系问题做出了解答，并进一步阐发了"大良知"的具体内涵。中山大学博雅学院副教授傅锡洪就如何理解朱子的心与理之间的间隔问题做了补充，他认为心终究是经验层面的，因而是有限的；相对而言，理则是超越层面的，因而是无限的。张卫红教授就线上师友提出的王阳明所谓"心外无理"的心与作为"形上之气"的心之间的区别问题做出了回应。

第二场报告由中山大学哲学系宋健主持。中山大学哲学系副教授郑淑红以"'两极'与'一体'：理解朱子学与阳明学的一个视角"为题，她认为朱子的哲学体系并不是一个二元架构，而是一体之两极相互涵摄、依存，通过两极来言说一体，而非对一体境界进行直接描述。其义理结构为动静交织的两条主线——动态的生成变化与静态的结构秩序之间的对立统一。此种言说方式体现着宇宙秩序与道德秩序的相互依存、渗透的"二"结构，为儒学保留了一个充满张力与丰富性的形上的理世界。

清华大学哲学系副教授高海波的报告题为"高攀龙的格物说"。他指出，高攀龙的格物说强调格物与知本、修身（修身为本）关系密切，格物就是"反求诸身"的工夫，而格物工夫的目的则在于体认至善的性体（求至善、复性）。这一方面是为了修正阳明后学"无善无恶"说的传播及其所导致的道德虚无化的流弊；另一方面也进一步阐发朱子格物论，救正朱子学末流支离之弊，回应阳明学对朱子学的批评，因此具有融合心学与理学的特点。

山东大学哲学与社会发展学院教授翟奎凤的报告题为"阳明良知说与朱熹虚灵不昧明德论"。他认为朱子用"虚灵不昧"表征明德，并常以"明珠""火光"等譬喻之，展现出明德的灵动性。阳明也常用"灵昭不昧""昭明灵觉"等描述良知，实际上是接续了朱子晚年的思想逻辑，但他更强调本体虚灵与主体虚灵的一体性，而这个一体性则落实于良知本体。此后的明清儒者则倾向于将朱子"虚灵不昧"的明德与阳明的"良知"贯通起来讨论，甚至认为二者之间完全等同。综上，透过对"虚灵不昧"的历史诠释，我们可以看到朱子学与阳明学融合的一个有趣视角。

华南师范大学哲学与社会发展学院副教授雷静的报告题为"刘宗周独体论的思想历程与义理建构"。她详细梳理了刘宗周"独体"概念建构的思想历程：52岁始提"独"为"好恶一机"，54岁明确提出"独体"概念，66岁指出"好恶之性发为喜怒哀乐"，在体用流行语境中，以"好恶一机"界定"独体"之为主宰流行的枢机、本体之含义，确立"独体"作为心性相即的统体，呈现出其"本体—流行—境界"的思想论域之推进与交相阐发的过程。

随后，陈立胜教授与高海波副教授就王艮的"淮南格物说"对高攀龙格物说的影响问题进行了讨论，并认为郑淑红副教授用相互贯通的、动态的"两极"关系取代陈荣捷现成的、并列的、静态的"两轮"关系来解说朱子学，可能展示出其义理系统的新面向，非常具有启发意义。另外，高海波副教授与雷静副教授就刘宗周如何调和心宗与性宗的问题进行了深入交流。

第三场报告由华南师范大学哲学与社会发展学院副教授雷静主持。中山大学哲学系张洪义报告的题目为"朱陆之辨视界中的朱子'良心'说"。报告认为，朱、陆二人各自构成对方的边界，将两者进行比较，既有利于厘清朱子"心"概念的多义统一，也有利于剖开象山心概念的实指。

中山大学哲学系副教授赖区平报告的题目为"论工夫与心灵的同构性"。赖区平以心灵与工夫作为媒介与途径，来理解本体与工夫。心灵与工夫具有结构上的对应关系，其原因在于心灵与工夫在一定意义上是同一物事的不同面向，这使得我们可以进行某种视域融合的工作。工夫论与心性论的疆界乃是论说上的分别，而心灵与工夫的相通是心灵和工夫世界中的事实，这种相通可以被一般性解释。他以《大学》《孟子》为例，对心灵与工夫的同构现象进行了剖析，并指出工夫是一种自觉追求完善的心灵活动，心灵有多少部分，工夫也就相应有多少部分，心灵呈现为怎样的结构，工夫也就相应有怎样的结构，因此两者可以相互诠释。

清华大学哲学系副教授赵金刚报告的题目为"理学的通贯诠释——读吴震教授《朱子学与阳明学》"。报告指出，吴震教授的新著不是单纯地以人物为纲，也不是简单地按照问题叙事，而是以核心人物贯穿核心哲学问题。有人物，故活泼泼，以思考哲学问题的思想者带出问题；有问题，故推动思考，以贯穿理学史的核心问题提升哲学性；有比较，故彰显思想特色，在朱子、阳明的双轮驱动下，带出全幅理学，展现理学的内在张力。此书的突出价值在于：一是注重对材料、概念的哲学分析；二是在问题的导引下，比较阳明、朱子；三是扬弃新儒家，特别对牟宗三、冯友兰的说法进行反思；四是充分吸收世界性研究成果；五是具备两创的意识；六是以哲学材料的概念分析为基，广泛吸收各领域研究。

　　浙江省社会科学院研究员钱明报告的题目为"鲁中王门的形成与展开"。他的报告围绕鲁中王门展开，以田野调查与资料收集为出发点，从地域的角度对鲁中王门进行了总体性的介绍。通过王阳明与山东的人缘、学缘及文缘三个方面对阳明与山东的关系展开论述，并从阳明周边弟子与门户两个方面考察了鲁中王门的形成。王阳明讲学教化及其门人后学传播王学的重点地区，大都集中在几个水系的沿岸及附近流域，并且又因这些水系所形成的"网络"具有地域、跨地域的特性，从而使得这些水系的沿线文化表现出具有共同体特征的开放性、包容性和沟通性。

　　在讨论环节，赵金刚与张洪义就朱子思想中"良心""明德"概念与道心的关系、前者能否还原到"道心/人心"的结构进行了讨论。张洪义表示，两者都指向义理对心规范的状态，其概念内涵有一定的相似性，但在论题上有所差异，需要分别进行讨论。赵金刚认为，道心仅强调心与天理相合的状态，而"明德""良心"则直接发自天性，前者的范围更广。与会学者还就"心灵与工夫是同一事物的不同面向"的具体内涵等问题进行了讨论。

　　第四场报告是吴震教授《朱子与阳明学》专场研讨，由中山大学学报编辑部全广秀主持。复旦大学哲学学院教授何俊报告的题目为"象山为什么攻斥朱子——兼评吴震著《朱子学与阳明学》"。何教授指出，吴教授新著在形式上打破了以人物为聚焦的旧模式，但又不把问题意识变成没有边界的泛泛之论，而是将人物汇聚在朱子学与阳明学两大思想脉络之中进行处理。用朱子学与阳明学的视野来谈宋明理学，在一定程度上是吸收了日本学者的成果。但吴震教授指出，朱子学与阳明学之视角的发明权不在日本，而是古已有之，可以说是通过日本学者研究的刺激，回过头注意到自身学术传统中潜在的智慧。最后，何俊教授结合吴震教授书中的论述，对"象山为什么攻斥朱子"这一问题进行了分析。

　　华东师范大学哲学系教授方旭东报告的题目为"走向一种文化论的宋明理学观——吴震《朱子学与阳明学》横议"。方教授指出，吴震教授对文化概念的使用是非常值得关注的主题，体现出吴教授突破从哲学角度讨论宋明理学的惯有模式，揭示出新儒学作为一场文化运动的性质。将哲学与文化进行对比，体现出文化叙述对吴教授的重要性。将新儒学置于哲学与文化的视域进行考察，是吴震此书比较特别的看法。方教授认为，对于精神性文化与作为见体或见道的实践智慧这一界定与前述的文化论述存在张力。

北京师范大学哲学学院教授许家星报告的题目为"'作为思想运动的宋明理学'如何可能——简评吴震教授新著《朱子学与阳明学》"。许家星教授认为，吴震教授此书"以思想运动为纲""以哲学问题为领"，与国内同类的宋明理学史著作注重时代、人物、派别的写法不同，而是以朱子学与阳明学为中心，从思想运动的视角来展开论述。由此突出哲学史中的问题源流与义理脉络，更好地凸显了宋明新儒学的哲学性，突出了研究的哲学性、问题性和综合性。同时，吴震此书教学与研究的兼顾，充分体现了吴震教授的比较视野、反思意识、时代关怀。最后，许教授就书中的一些具体问题提出了自己的困惑与进一步的思考。

同济大学哲学系教授陈畅报告的题目为"'作为思想运动的宋明理学'如何可能——简评吴震教授新著《朱子学与阳明学》"。陈教授主要围绕"'刺激—回应'模式的问题省思"和"阳明心学与气学的思想异动"两方面展开分析和讨论。陈教授说，吴震教授提出了"广义宋明理学"这一独特的研究视野，即把宋明理学视作一场整体性的思想运动，将不同阶段的理论建构视作前后相继的思潮，由此将理学放置于中国文明内在发展的脉络中做出定位，呈现为一种思想文化运动乃至社会生活重建运动。在此分析框架中，理学的心性形上学建构主要是由儒学自身的思想资源起着促进作用，而非单纯地受佛老刺激而做出的回应，其目标是重建一整套的文化—社会秩序。

中国人民大学哲学院副教授刘增光报告的题目为"理学、心学与经学——读吴震教授《朱子学与阳明学》"。报告指出，吴震教授极为注重宋明理学的文化与文明意涵，而"新儒学"一词能够涵括文明、文化与社会政治思想等多个面向，对该词意义的激活体现了吴震教授的文化情怀。

中山大学博雅学院副教授傅锡洪报告的题目为"《朱子学与阳明学》

对今后宋明儒学研究的若干启示"，就吴震教授著作中对气学的定位进行了梳理，并对该书在朱子学与阳明学研究方面的创获进行了讨论。

在讨论总结环节，全广秀认为，吴震教授著作中关于"宋代新儒学与经典理学化"的阐发，有助于我们理解从汉唐经学向宋明理学的思想转型。宋儒以经典的义理诠释作为理学建构的具体方式，跳出汉唐章句注疏之学的范式，对经典做了全新的义理化诠释，由此形成了承先启后的宋代新经学样态。新经学与经典解释学或许可以成为我们未来研究着力的方向。与会学者还对中国思想与西方哲学的关系，哲学思想的普遍性与文化形态的特殊性之间的张力等问题进行了讨论。

工作坊闭幕式由中山大学哲学系教授杨海文主持，吴震教授致闭幕辞。吴震教授对中山大学哲学系操办此次会议以及与会者的积极参与表示了感谢，表示自己在这一天的讨论中受益匪浅。吴震教授主要从朱子"理一分殊"思维模式的角度，对于哲学的普遍性与文化形态的具体性这一问题进行了阐发。吴震教授指出，不能脱离文化视野对哲学进行抽象的讨论，必须落实在具体的文化形态上。吴震教授还就《朱子学与阳明学》一书的性质与写作缘起进行了介绍，并就教材与讲义的关系进行了说明，认为讲义是按照研究者关于课程的心得想法，在没有固定框架约束的情况下所进行的写作，因此用讲义来定义此书或许是更合适的。①

（六十一）"王阳明与南宁专题读书会"在广西南宁举办

2022年11月10日，中国东方文化研究会阳明文化委员会、广西王阳明研究会在南宁市举办了"王阳明与南宁专题读书会"。阳明文化研究者、学者、爱好者等30多人参加了读书会。中国东方文化研究会阳明文化委员会会长、广西王阳明研究会会长王梅林首先对大家积极参与读书会活动、深入学习阳明文化的热情表示了赞赏。

王梅林会长从两个方面阐释了"王阳明与南宁"的含义：一是指阳明

---

① 信息来源于《"阳明学与朱子学交涉"工作坊纪要》，搜狐网，2022年11月16日。

先生自嘉靖六年（1527）十二月至嘉靖七年（1528）期间在南宁所做的事情及相关影响；二是指自阳明先生到南宁至今，近495年间，所有与阳明先生有关的、可考的历史事件、相关遗址遗迹等及其影响。王梅林会长还谈到，南宁在当时是广西三个重要中心之一（两广总督府的梧州中心，管辖右江道区域的宾州中心，管辖左江道区域的南宁中心），我们所说的南宁是一个大南宁的概念，不仅指南宁市区，还包括宾阳、隆安、武鸣、马山、上林、横州等县市区。

南宁孔庙博物馆副馆长张伟从"南宁文物遗迹中的阳明印记"的角度，对南宁现存的与阳明先生相关的石碑及遗址遗迹跟大家做了分享。对于《重修王文成公敷文书院碑记》碑、《左江道修复王文成公敷文书院》碑和《王阳明老先生遗像》碑三方石碑的碑刻内容及重要价值做了详细讲解，如《左江道修复王文成公敷文书院》碑碑文记载："敷文书院，公旧所题名也，手泽犹存焉尔。中为仪门，又中为大堂，堂扁曰：耀德堂，公所敷文降虏处也……面为对越亭，旁各翼以精舍，如前廊式，后为公石像。"这对在青秀山重建敷文书院提供了重要的依据和参考。

广西王阳明研究会秘书长董苏煌以"从总书记关于文物工作系列重要论述谈南宁阳明文化遗产的利用"为主旨，对于如何全面贯彻"保护为主、抢救第一、合理利用、加强管理"十六字工作方针，如何活化利用南宁丰富的阳明文化资源，提出了意见和建议，包括总结推广各地创造性转化、创新性发展阳明文化的成功经验，比如宾阳中学和智恒公司以及推动校园以阳明文化和精神为主题的课本剧蓬勃开展。

中国东方文化研究会阳明文化委员会委员、广西王阳明研究会监事王若贤以"王阳明与南宁——卢王'投城'，思田靖宁"为主旨，把阳明先生如何与卢苏王受斗智斗勇使其受降的故事向大家娓娓道来。阳明先生恩威并施，不戮一兵，不折一矢，招抚七万余众，保两府之城，救生民于水火。神武不杀，不战而屈人之兵，和平地解决了思田之乱，还地方平安，完成了他广西之行的首要任务。

南宁职业技术学院国际学院书记张治中、广西人民出版社编辑邓韬、资深电影制作人罗振林、宾阳县阳明文化研究者胡衍山、上林县阳明文化学者韦桥林和华尊书院创始人张铭华等分别从不同的角度分享探讨了南宁阳明文化的内容。

王梅林会长对读书会做了总结。他认为，广西阳明学的特色是倡导身体力行和经世致用。我们要发挥自身优势，紧紧抓住南宁丰富的阳明文化资源，深入挖掘阳明文化内涵，传承、弘扬阳明思想和精神，在阳明文化的创造性转化、创新性发展中做得更好，更具广西特色，并积极推动南宁阳明文化遗产保护、开发和活化利用工作，使阳明心学在新时代展现更多的时代价值，在阳明文化助力强首府战略中提供源源不断的精神动力。

参加此次读书会的人员还有广西地方志办公室原副主任邓敏杰、南宁市地方志办公室副主任覃庆梅、广西人民出版社志鉴出版中心副主任韦洁琳等。①

（六十二）"王阳明在广西历史资源保护与利用研讨会"在南宁学院举办②

2022年11月18日，南宁学院与广西历史学会联合举办"王阳明在广西历史资源保护与利用研讨会"。

此次研讨会分为两个环节：一是现场考察王阳明在广西展示馆，由广西历史学会专家对展示馆布展内容及形式进行考察研究，提出修改及完善意见；二是组织召开学术研讨会，由南宁学院和广西历史学会专家从不同的学术研究领域对阳明文化及其历史资源保护与利用进行探讨，碰撞思想，汇聚智慧。其中，学术研讨会采用线上和线下相结合的方式进行，通过腾讯会议平台向广西师范大学、广西民族大学、玉林师范学院等院校历史专业的部分师生及南宁学院部分师生直播。

此次学术研讨会由广西社科院历史所所长、广西历史学会副会长兼秘

---

① 信息摘录自《"王阳明与南宁"专题读书会在南宁举行》，搜狐网，2022年11月13日。
② 信息摘录自《南宁学院与广西历史学会联合举办王阳明在广西历史资源保护与利用研讨会》，南宁学院官网，2022年11月23日。

书长冼少华主持，南宁学院副校长陈雄章、广西民族大学民族学与社会学学院教授郑维宽、广西师范大学历史文化与旅游学院副院长蓝武、广西民族大学民族学与社会学学院教授王柏中、广西师范大学历史文化与旅游学院教授范玉春、南宁二中历史特级教师罗晓聪、玉林师范学院教授潘玉爱、广西历史学会会长唐凌分别做了主题发言。此外，原广西社科院副院长、广西历史学会会长、研究员黄铮还以书面形式向研讨会表达了意见和建议，传递了期望和祝福。

陈雄章副校长在发言中对各位专家到南宁学院指导人才培养工作表示感谢，向参会人员介绍了南宁学院办学基本情况及王明阳在广西展示馆项目建设情况，特别是关于王阳明史料研究与田野调研的一些发现。他指出，一是王明阳在广西留下了丰富的历史文化资源，但资源的保护与开发利用有待加强；二是一些文献对王阳明在广西的史迹记载错误亟待纠正；三是学校在王明阳思想文化的传承中具有重要的作用。他提出，南宁学院将深化王阳明在广西历史文化资源的保护与利用研究，一是将建设一个以中国传统文化通识教育为主的"邕水敷文"书院，强化对学生的中国传统文化教育，提升学生的人文素养；二是成立王阳明历史文化研究所，加强对王阳明在广西的历史研究，打造一个研究团队；三是在南宁学院建设扩大版的王阳明在广西展示馆。他强调，推进王阳明历史文化资源保护与开发利用，一是必须走产教融合、校校融合、校会融合、校馆（博物馆）融合之路；二是必须深化学术研究，编撰《王阳明在广西》《王阳明在广西史料辑录》等基础性论著；三是必须深化应用研究，突出学术研究的成果向课堂转化、向决策咨询转化、向产品商品转化。

（六十三）"纪念王阳明诞辰550周年座谈会暨第六届中国阳明心学高峰论坛新闻发布会及启动仪式"在北京举办

2022年11月19日，由中国传媒大学、中华社会文化发展基金会王阳明文化基金、中国亚洲经济发展协会咨询委员会共同主办，中共赣州市委宣传部、中共上犹县委、上犹县人民政府联合主办，三智书院等单位承办的"纪念王阳明诞辰550周年座谈会暨第六届中国阳明心学高峰论坛新闻发布会及启动仪式"以网络云论坛形式在北京举办。

中央和国家机关工作委员会原副书记、中国社会工作联合会会长陈存根，中央统战部原副部长陈喜庆，民革中央原副主席何丕洁，中国亚洲经济发展协会咨询委员会主席申占华，中国传媒大学阳明书院院长周月亮，北京大学教授、三智书院院长王守常，中共中央党校哲学部教授刘余莉等嘉宾在现场出席活动。

论坛组委会秘书长、三智书院理事长高斌宣布，第六届中国阳明心学高峰论坛落地赣州上犹县，将于2022年12月17—18日举办，主题为"中国智慧与人类命运共同体——共创新时代"。围绕这一主题，将展开八场分论坛，分别为"阳明心学与马克思主义中国化时代化新境界""阳明心学与共产党人心学""阳明心学与两岸文化交流""阳明心学与现代企业文化""阳明心学与推动构建人类命运共同体""阳明心学与心理服务健康体系""阳明心学与社会治理""阳明心学与社会主义核心价值观"。

南京大学教授徐小跃、赣南师范大学国学学院院长周建华、稻盛和夫（北京）管理顾问有限公司董事长曹岫云、北京四海孔子书院院长冯哲等嘉宾在线上进行了交流探讨。[①]

（六十四）"纪念王阳明诞辰550周年：锥迹光明——阮解篆刻、壶铭、砚铭作品展"在浙江余姚举办

2022年11月21日，由中共宁波市委宣传部、宁波市文学艺术界联合会、中共余姚市委、余姚市人民政府主办，中共余姚市委宣传部、余姚市文化和广电旅游体育局承办的"纪念王阳明诞辰550周年：锥迹光明——阮解篆刻、壶铭、砚铭作品展"在余姚市公共文化中心举办。

阮解，号天目山人，现为中国书法家协会会员、浙江省书法家协会篆

---

① 信息摘录自《纪念王阳明诞辰550周年座谈会暨第六届中国阳明心学高峰论坛新闻发布会在京举办》，新华网客户端，2022年11月23日。

刻委员会委员、宁波市书法家协会篆刻委员会副主任。近年来，阮解潜心钻研，以王阳明的经典心学金句、诗词、故事、典故等为内容，刻制了100多方印章、100多把紫砂壶、100多方砚台以及300多幅传拓作品。此次他精选出550件篆刻、壶铭、砚铭作品，分"莘莘学子，圣学为任""仕途蹉跎，龙场悟道""破贼靖乱，百死千难""知行合一，刚系大成""公明正大，此心光明"五个篇章向大众展出，以纪念王阳明先生诞辰550周年。同时，他将展出的550件作品捐赠给余姚市政府，以实际行动践行"知行合一"的阳明思想，延承历史文脉，弘扬文化正道，展示新时代的文艺新气象。①

（六十五）"思想与文学：阳明文化的当代价值——第二届全国大学生知行合一传习论坛"在浙江绍兴举行

2022年11月22—24日，由绍兴市委宣传部、绍兴文理学院和浙江省稽山王阳明研究院主办，绍兴文理学院人文学院、越文化研究院和人文社科处承办的"思想与文学：阳明文化的当代价值——第二届全国大学生知行合一传习论坛"在浙江绍兴举行。此次论坛的举办旨在进一步挖掘阳明心学的丰富内涵和时代意义，推动阳明文化的创造性转化、创新性发展，推进知行合一思想在当代大学生群体当中的传承。

论坛期间举办了一系列丰富的活动，包括第三届全国大学生知行合一传习论坛和第二届全国大学生"阳明诵"决赛，大学生阳明研究辑刊《思想与文学：走近王阳明的精神世界》首发仪式，大学生原创话剧《吾心光明》汇报演出，"全国大学生知行合一传习论坛联盟实践基地"（阳明故里）揭牌仪式等。

此次论坛聚焦阳明文化遗产的当代价值主题，全国近40所高校120多名文史哲专业的博士生、硕士生和本科学生从思想与文学两个视角，探究王阳明留下文化遗产的当代价值，全面系统地开掘阳明文化资源，积极推

---

① 信息来源于《"锥迹光明"阮解作品展开展》，《余姚日报》2022年11月22日。

进阳明文化的创造性转化、创新性发展。

此次论坛共收到会议论文集128篇，其中，绍兴市以外高校学生提交论文73篇，绍兴文理学院学生提交论文53篇。博士生论文15篇，硕士生论文57篇，本科生论文49篇，博士生和硕士生参与数量大幅增加。论文作者代表来自北京大学、清华大学、中国人民大学、浙江大学、南京大学、武汉大学、北京师范大学等全国知名高校。论文选题范围涉及王阳明心学思想研究、王阳明诗文创作研究、王阳明题材戏剧研究、王阳明题材小说研究、王阳明文学传记研究、阳明后学研究以及阳明文化传播研究等，真正做到文史哲打通和全覆盖。

开幕式上还举行了"全国大学生知行合一传习论坛联盟实践基地"揭牌仪式，为王阳明研究与交流搭建了更好的平台。此前，绍兴文理学院已先后成立王阳明研究中心、阳明剧社、大学生阳明文化传承基地、全国大学生王阳明研究论坛联盟，助推阳明文化资源"活起来"，推动中华优秀传统文化创造性转化、创新性发展。[①]

（六十六）"全国大学生'阳明诵'大赛决赛"在浙江绍兴举行

2022年11月22日晚，"全国大学生'阳明诵'大赛决赛"在绍兴举行，一篇篇美文，一首首好诗，表达了大学生们对一代心学大师王阳明的崇敬之情。"全国大学生'阳明诵'大赛决赛"由绍兴文理学院发起，2022年是第二届。此次大赛自2022年6月启动后，在全国大学生中引起强烈反响，截至9月初，共收到来自北京、上海、江西、四川、贵州等9个省市、全国18所高校团队的76件作品。经组委会初评，共有15件作品进入决赛。

大学生们或通过对王阳明诗文的诵读，感悟王阳明诗文中的情感和思想；或通过王阳明人生中重要节点的演绎，沉浸式体验和理解阳明思想的形成；或以原创诗文的诵读，表达对王阳明的敬意和大学生们践行知行合

[①] 信息来源于《我校联合主办第三届全国大学生知行合一传习论坛》，绍兴文理学院官网，2022年11月24日。

一理念的决心。浙江海洋大学学子诵读的《君子亭记》、江南大学学子诵读的《泛海之行，终见阳明》、绍兴文理学院学子诵读的《心传阳明》、乐山师范学院学子诵读的《传习录节选》等，都展示了当代大学生对阳明文化的感悟。

11月22日当晚，绍兴文理学院学子还表演了原创话剧《吾心光明》。这部绍兴文理学院阳明剧社学生创作、编排、表演的话剧，由绍兴文理学院人文学院中文系主任、王阳明研究中心主任卓光平博士担任指导老师。话剧聚焦王阳明在平宁王之乱后所遭遇的百死千难，展示出一代心学大师的人格魅力，展现阳明先生"吾心无我，无愧良知，此心光明，亦复何言"的境界，让阳明文化在大学生中"活"了起来。这部话剧在2022年11月获得浙江省大学生艺术节二等奖。①

（六十七）"世界阳明学大会"在浙江余姚、绍兴举行

2022年是王阳明诞辰550周年。

2022年11月23日，由浙江省人民政府主办，中共浙江省委宣传部、宁波市人民政府、绍兴市人民政府承办，国际儒学联合会、中国哲学史学会、中国历史研究院、中国明史学会等予以支持的"世界阳明学大会"在浙江余姚、绍兴两地举行。两地分别以"人类命运共同体的文化共鸣"和"阳明心学与共同富裕"为主题，邀请海内外文化领域、哲学社会科学领域的专家、学者，通过线上、线下的方式相聚在一起，共同探讨阳明文化的历史意义、当代价值和世界影响。②

23日上午"世界阳明学大会"的会场设在宁波余姚市，研讨主题是"人类命运共同体的文化共鸣"。十三届全国政协副主席、九三学社中央常务副主席邵鸿通过视频致辞，十三届全国政协常务委员、民族和宗教委员会主任王伟光做视频主旨发言，浙江省委常委、市委书记彭佳学，浙江省

---

① 信息来源于《明月映真心 青春扬激情 全国大学生"阳明诵"大赛决赛举行》，浙江新闻客户端，2022年11月23日。
② 信息来源于《世界阳明学大会在浙江召开》，《光明日报》2022年11月25日。

委常委、宣传部部长王纲致辞。浙江省人民政府党组成员刘忻主持。宁波市领导张文杰、金彦、朱欢等出席。

邵鸿在致辞中说，在百年未有之大变局加速演进的大背景下，推动阳明学创造性转化、创新性发展，具有重要意义。习近平总书记在党的二十大报告中指出，坚持和发展马克思主义，必须同中华优秀传统文化相结合，只有植根本国、本民族的历史文化沃土，马克思主义真理之树才能根深叶茂。浙江是中华文明的重要发源地，拥有厚重的历史沉淀、灿烂的文化创造和丰富的文化资源。多年来，浙江宁波遵循习近平总书记重要指示，依托阳明故里，延续历史文脉，弘扬阳明文化，自觉将阳明文化融入城市发展血脉，取得了不菲的成绩。希望浙江宁波再接再厉，进一步加强阳明文化的研究阐释，推动阳明文化研究成果宣传、普及、转化，更好地发挥以文化人、以文育人的作用，为新时代高质量发展提供文化支撑和精神力量。

彭佳学指出，中华优秀传统文化是中华民族的根和魂，是我们在世界文化激荡中站稳脚跟的根基。党的二十大系统部署建设文化强国的战略任务，强调要坚守中华文化立场，传承中华优秀传统文化，不断提升国家文化软实力和中华文化影响力。作为阳明先生的出生地和成长地、阳明文化的发祥地和重要传习地，宁波将以党的二十大精神为统领，牢记习近平总书记"繁荣港城文化"的殷切嘱托，倡导"立大志""知行合一""致良知""克己成己"等价值理念，推动全市上下把优秀传统文化传承转化为干事创业的具体行动，为强国伟业不懈奋斗。做好阳明文化深度研究、浸润滋养、出海传播的文章，推动阳明学研究、阐释、传播工作再上新台阶，使其彰显更加璀璨的时代价值。

王纲表示，王阳明是中国历史上集立德、立功、立言于一身的圣贤，在灿若星河的历史文化中留下了不可磨灭的印记。习近平总书记曾多次提到王阳明"知行合一""破心中贼"等理念，并将其贯通于治国理政的实践中，深刻印证了阳明心学穿越时空的思想价值和实践价值。对浙江而言，阳明心学既是一座历久弥新的思想富矿，也是一张自信自强的文化名片，更是一架沟通世界的文化桥梁。我们将以此次世界阳明学大会举办为契机，传承和弘扬"良知即天理"的道德自觉、"明德亲民"的民本思想、"知行合一"的实践品格、"万物一体"的天下情怀，汇聚各方智慧，讲好中国故事，为深化文明交流、增强中华文化传播力和影响力做出浙江贡献。①

在主旨演讲环节，湖南大学岳麓书院国学院院长朱汉民指出，中国是有着五千年延续文明的国家，今天的中国之所以能提出和倡导"人类命运共同体"的理念，以应对、解决现代世界面临的政治分裂、经济分离、军事对抗等一系列问题，是因为中国传统文化思想中有中和、共生、仁道的传统，特别是"一体之仁"的深刻哲学。厦门大学历史系教授、国学院院长陈支平认为，1517年王阳明赴赣履职，剿匪平乱，在维序有法、治乱有方、安民有度的执政实践的同时规范伦理道德、昌明心学、教化移俗，仅用一年多时间就基本完成戡乱靖绥，王阳明的理政视域中，"治心"始终是第一要务，是"治世"的基础和前提，他在南赣巡抚任上的政教行为，对当今社会发展、构建人类命运共同体有良好的参考借鉴和批判吸收的作用。②

23日下午"世界阳明学大会"的会场设在绍兴，研讨主题是"阳明心学与共同富裕"。国际儒学联合会会长刘延东委派专人向大会召开表示祝贺。浙江省委常委、宣传部部长王纲，中国哲学史学会会长杨国荣，国际儒学联合会副理事长朱汉民，市委书记盛阅春分别致辞。浙江省委宣传部副部长盛世豪，绍兴市领导谭志桂、魏伟等参加。

王纲指出，阳明先生及其创立的阳明心学一直被后世推崇，影响十分深远。从文脉传承来看，阳明心学是经久不衰的璀璨明珠；从文以化人来看，阳明心学是培育核心价值的宝贵资源；从文化先行来看，阳明心学必将成为实现共同富裕的精神力量。我们要善于从以阳明心学为代表的优秀传统文化中不断汲取养分、获取力量，厚植全省人民文化自信，为持续推进"两个先行"提供强大内驱力。这次大会是一次文化的盛宴、成果的分

---

① 信息摘录自《世界阳明学大会在甬举行》，《宁波日报》2022年11月24日。
② 信息来源于《新时代传承弘扬阳明文化——世界阳明学大会综述》，姚界客户端，2022年12月28日。

享、智慧的集聚，相信一定能碰撞出璀璨思想火花，形成丰硕的智慧结晶，深度发掘出阳明心学时代价值，推动阳明心学在传承中创新、在创新中发展，真正把阳明文化打造成为代表国家形象、体现东方智慧的文化标识，为弘扬中华优秀传统文化做出新贡献。

杨国荣说，作为在中国文化史上产生重要影响的阳明心学，包含了"致良知""万物一体""知行合一"等独特价值取向，也包含了"意之所在便是物"等中国哲学的重要观念，体现了中国哲学新的独特的理论视域，对今天中国哲学的研究发展具有重要启示作用。我们在建构当代中国文化、建构当代中国哲学之时，需要回顾反思以往传统，阳明心学为我们进一步推动文化创造和哲学建构提供了重要理论资源，要不断深化对阳明心学的理论研究和阐释。[①]

朱汉民说，绍兴是阳明心学发源地、成熟地、传播地。近年来，绍兴积极承担弘扬阳明文化历史使命，在保护利用、展示传播、融合发展等方面做出了重要成绩。阳明心学深深刻印在中华民族文化基因之中，对中华传统文化的发展和传播产生了深远影响。我们要从包括阳明心学在内的中华优秀传统文化中，提炼展示中华文明精神标识和文化精髓，传承最动听、最真实的中国声音，讲述最丰富、最精彩的中国故事，与世界各国一道为人类文明进步而不懈努力。

盛阅春说，甬、绍两地协同举办大会，共同传承弘扬阳明文化，以文化力量促进甬绍一体化发展，具有深远意义。这些年来，我们坚持高起点谋划布局、深层次活化利用、多媒介阐释传播、全方位推广践行，全力打造集拜谒、瞻仰、学习、研究、交流、体悟、践行为一体的阳明心学圣地图景。我们要以此次大会为新起点，从阳明心学中探寻精神富有之源、体悟社会善治之方、锤炼勇毅斗争之魂、汲取团结奋进之力，更好地运用阳明心学智慧建设共同富裕美好社会。

在主旨演讲环节，华东师范大学资深教授、人文社会科学研究院院长

[①] 信息摘录自《世界阳明学大会在甬举行》，《宁波日报》2022年11月24日。

杨国荣指出，心学和共同富裕看似是两个无关的话题，但是从"致良知""心即理""知行合一""万物一体"四方面来说，心学和共同富裕还是具有现实联系的。心学以良知为主要观念。良知之中包含的人性关切，这种观念不同于人的物化、工具化，要求将每一个人都视为目的，具体的价值层面，则表现为肯定人人都应当有良好的物资境遇。从精神层面来说，共同富裕就是每个人都应当获得人之为人的尊严。而这样的尊严需要一定的财富作为支柱。从这个意义上说，良知当中包含的人道观是为共同富裕提供内在理论依据。心学所提出的心即理，蕴含个体意识与普遍规范的统一。与心相关的理，在宽泛意义上包含普遍的责任意识和对社会、群体的责任。从注重个体利益、先富起来，到关注群体价值的共同富裕；心即理所内含的个体意识和普遍之理的统一，从一个方面为此提供了内在的哲学基础。以心为体所隐含的意义关切与良知所内含的责任意识相结合，进一步引向天下的情怀。这种天下情怀具体表现为万物一体的观念，进一步引向和谐的存在形态。所以，万物一体观念指向的，便是人的共同发展。"以心为体"的意义关切、"良知"的责任意识、"万物一体"的天下情怀，同时面临具体落实的问题。在王阳明心学中，这一问题便是"知"与"行"的关系。在价值层面，知行合一意味着共同富裕需要全体人民的共同参与。

浙江大学求是特聘教授、浙江省稽山王阳明研究院院长董平指出，"共同富裕"包含着中国文化的根本价值诉求。中国的传统文化作为一种文明形态而形成一种价值体系的传承以来，共同富裕便已经包含在公共价值诉求当中。比如，管仲提出的"仓廪实而知礼节，衣食足而知荣辱"，也就是说，普遍的道德必须建立在物质富足的前提之上。所以共同富裕理念是中国传统文化或者以儒家为代表的中国传统文化一种内在的、具有本质意义的价值诉求。"心即理"是实现共同富裕的理论基础。阳明先生认为传统或者道统必须建立在心的基础之上。"知行合一""致良知"是共同富裕的实现方式，"明德""亲民"是实现共同富裕的本源动力。阳明心学对共同富裕有诸多启示，我们可以把他的思想精髓转化为现实中解决实际问题的方法遵循。在实现共同富裕的道路上，我们应当知行合一，建立健全相关体制机制，为真正实现共同富裕提供更多制度保障。

华东师范大学终身教授、复旦大学上海儒学院副院长高瑞泉认为，阳明心学无论是哲学风格还是传承途径，都带有平民化的特色，王阳明把"人人可以为尧、舜"扩展为致良知学说。阳明及其后学，将思想普及到了商人、樵夫等下层百姓之中。共同富裕，不仅要求物质资料的富裕，也要有精神上的富足。而在绍兴，以阳明心学为代表的士人很好地达成了这一目标。利用充沛的文化资源，接续优秀的人文传统，进行文化推广与科普工作，取得了丰硕的成果。阳明的立德、立功、立言，为传统文化的创造性转化与发展做出了卓越贡献，蕴含了丰富的经世精神。浙江经济发展走在了全国前列，浙江商人所创造的积极进取的企业文化，都受到了阳明心学中"经世致用"精神的影响。阳明心学及其弟子所形成的学派，也是一个具有高度内在凝聚力的学术共同体。它是以人际间的信任作为基础的。当今社会，人际间的信任事实上成为一个很大的挑战，而他对于社会进步、企业发展又有着不可忽视的影响。因此，今日我们要将阳明心学的学术成果普及到民间去，以建立一个高信任度的社会，对于实现共同富裕和精神文明建设都具有积极意义。

华东师范大学哲学系教授、尼山世界儒学中心学术委员会副主任陈卫平强调，怎样使老百姓都能够过上美好的生活，这是国家治理当中比较突出的问题。王阳明常讲怎么治理社会，"诚爱恻怛之心，财者民之心""以开导民心为本"，要让老百姓富裕起来，才可以赢得老百姓的拥戴。阳明心学的根本思想就是万物一体、万物同体，从这样的指导思想出发，就可以亲身感受到老百姓的痛苦、忧愁，由此才有可能把"财者民之心"作为自己为官的追求，这是王阳明治理社会很重要的方式。王阳明还著有《南赣乡约》，《南赣乡约》就是那个时候的"枫桥经验"。王阳明强调乡村治理，社会要走向共同富裕，就要以百姓的共治共理作为基础。在互联网时代，没有乡村振兴，就没有中国式现代化。中国的现代化道路是具有示范化意义的，是人类文明的新形态。中国是要在农业人口占绝大多数的情况下走向现代化，工业文明与传统农业文明融合在一起的新文明，必须通过乡村

振兴来实现。^①

（六十八）"王阳明教育思想及当代价值主题活动"暨"2022年度阳明教育联盟工作会议"在绍兴职业技术学院举行

2022年11月24日上午，"王阳明教育思想及当代价值主题活动"在绍兴职业技术学院举行。此次活动由浙江省稽山王阳明研究院、绍兴职业技术学院主办，绍兴职业技术学院阳明学院承办，阳明教育联盟各单位协办。来自全国的专家、学者、阳明教育联盟各单位代表、在绍高校师生代表齐聚一堂，共同研讨阳明教育思想，感受阳明文化魅力。

绍兴市委宣传部副部长俞正英对此次活动予以了高度肯定。她在致辞中表示，阳明心学的传承与弘扬，贵在品质和创新。由绍兴职业技术学院牵头成立的阳明教育联盟探索了共建、共促、共赢的研究实践新模式，为创造性转化、创新性发展中国优秀传统文化贡献了智慧，形成了"绍职方案"，为各单位优势互补、资源共享、协同发展提供了平台。

绍兴职业技术学院纪委书记、副校长陈建芳介绍了学校对阳明文化传承与弘扬的探索与实践，表达了对未来持续推动王阳明教育思想体系和时代价值的发掘与研究，形成"研创并举、知行合一"的阳明教育思想育人范式的期许。

活动现场举行了"阳明教育思想实践基地"授牌仪式，浙江省稽山王阳明研究院执行院长潘建国为绍兴职业技术学院阳明学院授牌。随后，绍兴职业技术学院党委书记沈丽华为阳明教育思想论文征集优秀作者颁发了获奖证书。

此次活动特别邀请了北京大学教育学院院长文东茅教授与绍兴职业技术学院阳明学院理事长汪柏江教授做主题报告。文东茅教授畅谈"王阳明

---

① 信息摘录自《传统文化研究者共话思想的力量 从阳明心学汲取共富智慧》，《浙江日报》2022年12月14日。

教育思想及其当代价值"，介绍了基于阳明心学思想的幸福教育探索与实践。他指出，幸福是不断向上向善的心安，教育应当通过"勤学向上、仁爱向善、自强不息、明道心安"来助人不断向上向善。我们应向阳明先生学习"致良知，知善知恶、为善去恶"，修己安人，让自己幸福，也让他人幸福，提升获得幸福的能力。汪柏江教授从教育方法论的角度，通过"云板三声""童子歌诗""岩中花树""诸生静坐僧寺"等一系列事例，介绍了王阳明教育思想中书院教育法、书信解疑法、随地开示法、静坐体悟法等十种教育方法。他认为王阳明教育思想是阳明心学的重要组成部分，是极为丰富又生动活泼的教育遗产，深刻影响着人们的思想观与价值观，对现实教育有着超凡的指导意义。

活动期间，还安排优秀论文作者进行了学术交流分享。贵州大学阳明学院教授刘凤霞以《王阳明与贵州文化》课程实践为例，分享了国学教育知与行的经验。陕西省阳明学会会长、终南阳明书院院长王海峰以线上的形式，阐释了王阳明教育思想对推进文化自信自强的重要意义和价值，点明要用良知影响社会。江西南昌市光明学校书记罗先凤则结合"双减"背景，阐明"致良知"为主线的教学整体优化、教育本义追问。余姚市丰北小学校长王红专从"溯源""新读""融通"出发，剖析了阳明文化教育思想对小学生道德养成教育的重要价值。绍兴文理学院金宁同学以扎实的调研为基础，汇报了浙江省中小学及高校的阳明文化育人实践现状。

11月24日下午，"2022年度阳明教育联盟工作会议"在绍兴职业技术学院文化中心合宜厅举行。阳明教育联盟各单位代表、绍兴职业技术学院执行校长黄柏江及阳明教育思想研究团队成员参加了会议。会上，联盟秘书长鲍贤杰汇报了阳明教育联盟5年来开展的相关工作；吴世玲院长交流了阳明学院"研、学、演、行"一体的文化育人体系及取得的成果。随后，联盟各单位审议通过了秘书处人事调整，由绍兴职业技术学院阳明学院院长吴世玲接任秘书长。大家集思广益，共商联盟未来发展新思路。

在此次活动开始之前，与会人员参观了绍兴职业技术学院阳明教育思想文化基地，观看了舞台剧《此心光明》（节选）的首演。该剧以艺术的形式生动地呈现了阳明先生讲学论道、畅游越地山水的故事，与会嘉宾对阳明学院在阳明文化传承和实践方面取得的成果予以了积极评价。[①]

（六十九）"宁波市中华文化海外传播联盟成立仪式暨阳明文化海外传播主题论坛"在宁波余姚举行

2022年11月25日上午，"宁波市中华文化海外传播联盟成立仪式暨阳明文化海外传播主题论坛"在宁波余姚举行。浙江传媒学院党委书记杨立平，浙江省委统战部副部长吴炳芳，浙江省社会主义学院（浙江中华文化学院）副院长沈慧虹，宁波市委常委、统战部部长卞吉安，宁波市委统战部副部长、侨办主任傅岳炳，余姚市委书记傅贵荣等领导出席了论坛。

现场播放了《宁波文化海外传播宣传片》，举行了"阳明心 故里情"全球短视频大赛颁奖典礼和《异域"心"声》《心学智慧》两本新书发布，进行了中华优秀文化海外传播联盟启动仪式，宁波市各县市区侨办主任用按手印的形式宣告这一全新机构的正式成立。

余姚市委书记傅贵荣现场致辞表示，2022年恰逢王阳明先生诞辰550周年，我们要进一步推进阳明文化全球化传播和世界性表达，提升阳明文化的表现力和影响力，展示余姚深厚的文化底蕴与优良的创业环境，激发海外华人华侨守望相助、血浓于水的民族根脉意识，增进文化认同，画出最大同心圆，团结海内外侨胞同圆共享中国梦。

宁波市委常委、统战部部长卞吉安指出：我们在阳明故里成立宁波市中华文化海外传播联盟，旨在进一步弘扬以阳明文化、河姆渡文化、弥勒文化、海丝文化、商帮文化为代表的宁波优秀传统文化，以文化人、以侨为桥，推动中华优秀传统文化海外传播，加快构建中国话语和中国叙事体系，展现可信、可爱、可敬的中国形象。

浙江省委统战部副部长吴炳芳对此次活动的举办表示热烈祝贺，同时

---

① 信息摘录自《2022阳明心学大会文化月——"王阳明教育思想及当代价值"主题活动圆满落幕》，绍兴职业技术学院阳明学院网站，2022年11月25日。

他提出三点希望：要进一步认清中华文化海外传播的重要意义；进一步发挥海外侨胞在中华文化海外传播中的独特作用；进一步加强平台品牌建设不断扩大中华文化海外传播覆盖面、影响力。同时吴炳芳还说，要建立省市县侨务部门共建共拓的工作机制，拓展与海内涉外媒体、海外媒体、海外华文媒体、社交媒体的协作网络，打造多主体、高效率的国际传播矩阵，共同弘扬主旋律、传播正能量，不断激发海外侨胞的文化自信心和民族自豪感，为实现中华民族伟大复兴汇聚侨界磅礴伟力。[1]

（七十）"天涯无日不思归——论王阳明诗文中的家国情怀：关爱海外侨胞和留学生直播活动"在浙江日报报业集团举行

2022年11月29日16时，由浙江省侨办、省侨联、浙江日报报业集团联合主办，浙江省侨界中外文化艺术交流协会、宁波市侨办、宁波市侨联、宁波市阳明文化海外传习基地协办，《浙商》杂志社、侨音融媒体中心承办的"天涯无日不思归——论王阳明诗文中的家国情怀：关爱海外侨胞和留学生直播活动"在浙江日报报业集团准时开启。

中华孔子学会阳明学研究会理事、浙江省书法家协会学术委员计文渊以"天涯无日不思归——论王阳明诗文中的家国情怀"为主题，就阳明文化思想、阳明诗文、家国情怀等内容进行讲解，并连线新加坡、蒙古国、法国、美国、柬埔寨等国家（地区）的海外浙籍侨胞和留学生，在线解答相关问题。一个多小时的直播中，计文渊详细讲解了阳明文化的内涵和底蕴、王阳明的书法成就与造诣。针对大家提出的如何对阳明心学进行理解、引用以及阳明先生思乡情结、家国情怀的延伸等方面的问题，他一一给予耐心解答。[2]

---

[1] 信息来源于《浙江宁波聘"阳明文化海外传播大使"促阳明文化全球化传播》，新华网，2022年11月29日。
[2] 信息摘录自《云端共话阳明文化 浙江省举办关爱海外侨胞和留学生直播活动》，杭州网，2022年11月30日。

（七十一）"纪念王阳明诞辰550周年暨第七届'知行论坛'全国学术研讨会"在贵州贵阳举办

2022年12月9—12日，由贵阳学院阳明学与黔学研究院主办，贵阳孔学堂文化传播中心、贵州省阳明学学会、贵州大学中国文化书院（阳明文化研究院）、贵州财经大学阳明廉政思想与制度研究中心、贵州阳明文化研究院、阳明文化（贵阳）国际文献研究中心、贵州龙场王阳明研究院、贵阳市文物局（阳明祠）协办的"纪念王阳明诞辰550周年暨第七届'知行论坛'全国学术研讨会"以线下＋线上的方式在贵阳举行。

12月9日，线下会场在贵阳学院阳明学与黔学研究院仁文厅召开。来自南京大学、东南大学及省内贵州大学、贵州师范大学等各高校的90多名专家、学者线上参会。贵阳学院阳明学与黔学研究院院长赵平略教授主持大会。

贵阳学院副校长汪建初教授致开幕辞。他指出，必须把阳明文化研究及阳明文化建设与党的二十大关于中华优秀传统文化守正创新、以中国式现代化推进中华民族伟大复兴等精神结合起来，在习近平新时代中国特色社会主义思想引领下推进王阳明心学在当代的传承、创新和发展。

在贵阳学院阳明学与黔学研究院副院长刘继平教授、任健教授先后主持下，两个阶段主题发言顺利展开。南京大学教授李承贵等14名专家、学者围绕"本体工夫""知行合一""龙场悟道""诚意正心""心学治理""阳明文化传播"等多个面向进行主题发言。

主题发言第一阶段，南京大学教授李承贵以"王阳明'知行合一'说的特质"为题，贵州省委党校教授敖以深以"贵州阳明文化传播的五大重镇"为题，贵州师范大学教授张春香以"王阳明龙场悟的什么'道'？"为题，贵州大学教授黄诚以"王阳明龙场悟道及其在黔影响略谈"为题，贵阳孔学堂高研院副研究员曾顺岗以"阳明学的歧解：基于'言'与'意'关系的讨论"为题，贵州财经大学研究员邓立以"论王阳明'养'的工夫与伦理意义"为题分别进行了发言。

主题发言第二阶段，东南大学教授陆永胜以"阳明学诠释理论体系刍议"为题，贵州师范大学教授王进以"'心体之同'与'才能之异'——王阳明'拔本塞源论'发微及其政治哲学意蕴"为题，贵州大学教授邓国元以"'诚意'与'正心'——王阳明工夫论的双重向度及其在阳明后学中的衍化"为题，贵州省委党校教授伍小涛以"阳明身学与党员干部党性修养及党性锻炼"为题，贵阳学院教授任健以"心学治理思想之内容、特质及其检视"为题，贵州师范大学副教授谢群洋以"论泰州学派的狂者气象"为题，贵州师范学院副教授王天桥以"内容与方法——宇野哲人、子安宣邦、钱穆对《论语》之'学'命题之理解辨析"为题分别进行了发言。

12月12日，"知行论坛"学术研讨会第三阶段进行，同时举行贵阳学院阳明文化馆开馆仪式及学术研讨会"研究生专场"。贵阳学院副校长汪建初，贵阳学院阳明学与黔学研究院院长赵平略、副院长刘继平，贵阳学院阳明学与黔学研究院教师和学生代表参加了研讨会。贵阳学院阳明学与黔学研究院教授任健主持学术会议，李玉奇等14位研究生提交了论文，分别以"诗化哲学：王阳明哲理诗的四维解读""戴震对王阳明思想的三重反思——一种由'道问学'推动的思想事件""聂双江与王阳明思想之比较研究——以'良知''寂体'为例""王阳明对'心''气'一体化的整合""阳明心学在当代社会的传播及其价值""论李贽'童心说'的两个维度""从'四句教'看个体自由的实现""王阳明责任意识与现代启示""王阳明理欲观浅析""恢复本心何以可能？——以《抚谕贼巢》为中心的分析""王阳明政治思想与万物一体思想之内在贯通""王阳明'性'与'气'的'变化气质'略论""立志用功，如种树然——王阳明立志思想研究""罗念庵工夫论的学理考察"为题分别做了主题发言。

总之，"纪念王阳明诞辰550周年暨第七届'知行论坛'全国学术研讨会"对阳明文化进行了全方位、深层次挖掘，为王阳明诞辰550周年献上一份精神盛宴，为推动贵州阳明文化的研究和传播做出了积极贡献。①

---

① 信息来源于《纪念王阳明诞辰550周年暨第七届"知行论坛"全国学术研讨会举行》，贵州大学中国文化书院官网，2022年12月17日。

（七十二）"阳明文化的时尚表达主题展暨分享会"在浙江余姚举行

2022年12月12日是余姚市第12个公共文化日。当天上午，"阳明文化的时尚表达主题展暨分享会"在余姚举行。

2022年是王阳明先生诞辰550周年。作为阳明故里，余姚积极探索优秀传统文化创造性转化、创新性发展的实现途径，"阳明文化的时尚表达主题展暨分享会"作为"阳明文化季"的重点活动，旨在多元展示"阳明文化"如何"飞入寻常百姓家"，特别是让年轻人亲近阳明思想的智慧和内涵，融入市民生活，点亮城市角落；同时，通过深入探讨"阳明文化的时尚表达"如何为文化赋能，促产业发展，激发创造性转化的动力，滋养创新性发展的内涵。

活动中，由日本学者冈田武彦先生著、吴光先生策划审校、徐修竹女士翻译，浙江人民出版社出版的《王阳明纪行》中文译本也在现场举行全国首发仪式。余姚市委常委、宣传部部长沈小贤，阳明文化学者计文渊为《王阳明纪行》中文译本进行揭幕，并向5家首批"阳明书房"单位捐赠《王阳明纪行》一书。

分享会上，"红传服饰"负责人现场解读和分享了企业如何将阳明文化深入活化、传承和融合的具体做法。城市文化专家陈民宪围绕"阳明文化的时尚表达、阳明文化在时尚产业中的活化应用、阳明文化助推文化产业提档升级"等话题进行了主旨演讲。①

（七十三）"新编历史京剧《阳明悟道》"在贵州省国际会议中心剧场开演

2022年12月12日晚，"新编历史京剧《阳明悟道》"在贵州省国际会

---

① 信息摘录自《"阳明文化的时尚表达"主题展暨分享会举行》，搜狐网，2022年12月13日。

议中心剧场开演。在120分钟的国粹京剧艺术表演中，该剧不仅向观众生动讲述了我国明代著名哲学家、教育家、政治家和军事家，"知行合一"哲学命题的首倡者王阳明在贵州龙场"悟道"的故事，呈现出更鲜活、更厚重的王阳明形象。

随着《杖刑贬逐》《长亭送别》《亡命天涯》《荒山瘴旅》《龙场悟道》《讲习布道》《此心光明》等七场戏的轮番上演，观众们跟随阳明先生的心情此起彼伏。在贬谪遭遇中愤慨，在与挚友分别时惋惜，为危急时刻紧张，在贵州龙场阳明洞中哀叹。舞美、灯光、音乐等多种元素的碰撞在舞台上擦出火花，舞蹈诠释着朴素人民的生活，灯光为舞台注入灵魂，音符的跳动渲染演员们亮丽的声线，青黛色的崇山峻岭、雾气缭绕的阳明洞、清冷的玩易窝等酷似实景的舞台布景，充分展现了独具贵州地域特色的诗意之美，给人以唯美的视觉冲击。①

（七十四）""'吾心光明'——纪念王阳明诞辰550周年中韩书法交流展"在赣南师范大学举办

2022年12月26日，由赣南师范大学、韩国京畿大学、韩国青年书坛会、江西省书法家协会、河南省青年书法家协会、赣州市书法家协会等单位联合主办的""'吾心光明'——纪念王阳明诞辰550周年中韩书法交流展"在赣南师范大学举办。

王阳明出生在浙江余姚，成婚在江西南昌，悟道在贵州龙场，立德、立功、立言在江西赣南。他的"致良知""事上练""破心中贼""知行合一"等心学思想深深地影响了整个东南亚地区。在王阳明诞辰550周年之际，来自中、韩两国的书法家以书法的形式来纪念他，书写他的诗词，学习他的精神，书写内容均来自《王阳明诗歌选译》。

此次展览邀请了中国书协秘书长、分党组副书记郑晓华，中国书协副

---

① 信息摘录自《新编历史京剧〈阳明悟道〉在贵阳精彩上演》，多彩贵州网，2022年12月15日。

主席、江西省书协主席毛国典，韩国国际书法家协会主席郑道准题写展标。参展人员以中韩当代年轻书家为主，也不乏当代领军人物。其中有高校博导硕导、书法教师、书学博士、国家画院与国家博物馆研究员、媒体编辑、兰亭奖获奖书家、国展精英，也有各级书协翘楚和自由艺术家。韩国方面也邀请了在书法专业领域成绩十分突出者参展。①

（七十五）"钱绪山学派、龙溪学派与近溪学派文献整理及思想研究开题论证会"在武汉大学举行

2022年12月28日上午，2022年度国家社科基金冷门绝学专项学术团队项目"钱绪山学派、龙溪学派与近溪学派文献整理及思想研究（项目批准号：22VJXT001）开题论证会"在武汉大学以线上形式举行，来自武汉大学、中山大学、四川师范大学、安徽大学、南昌大学、湖北大学、浙江省社会科学院、日本北九州大学等海内外高校和科研机构的30余位学者出席了会议。项目的首席专家是武汉大学阳明学研究团队负责人、武汉大学中国传统文化研究中心教授欧阳祯人。

开题报告会由武汉大学中国传统文化研究中心副主任余来明主持，四川师范大学资深教授蔡方鹿、武汉大学中国传统研究文化中心名誉主任郭齐勇、武汉大学人文社会科学研究院副院长张发林分别致辞。

蔡方鹿教授就欧阳祯人教授团队斩获这一项目表示热烈祝贺，并就项目立项的学术意义进行了深度评析。蔡方鹿教授指出，此课题对于抢救性校勘、整理已经沦埋400多年的文献、研究明末清初哲学思想的发展、弄清阳明学内部迂回曲折、自我反省、融合创新的事实、厘清长期以来学界对阳明学特别是阳明后学的误解等，都具有重大的意义。同时，蔡方鹿教授指出，武汉大学在郭齐勇教授带领下成立了阳明学研究中心，编辑出版有《阳明学研究》杂志；欧阳祯人教授长年主持开展象山学、阳明学、朱子学

---

① 信息来源于《"吾心光明"——纪念王阳明诞辰550周年中韩书法交流展》，网易网，2022年12月28日。

等会读活动，成效有目共睹。此次项目的获批筑牢了武汉大学作为全国阳明学研究的学术重镇地位。

郭齐勇教授高度评价了欧阳祯人教授多年来在阳明学研究方面的努力，充分肯定了武汉大学阳明学研究团队所取得的成就，对欧阳祯人教授团队获批这一重大项目表示衷心祝贺。武汉大学对于中国心学的研究由来已久，阳明心学是中国心学的高峰，应当给予充分的重视与深度的挖掘。欧阳祯人教授担任首席专家的这个团队项目是厚积薄发、水到渠成的事。郭齐勇教授深情回顾了萧萐父先生等老一辈珞珈学人对哲学文献的重视与使用，并就各位专家莅临会议表示感谢，对课题团队在未来的研究中取得更好的成绩寄予了深切的希望。

张发林副院长在致辞中代表学校向武汉大学阳明学研究团队表示热烈祝贺，这是武汉大学首个冷门绝学团队重大项目，于学校而言具有里程碑意义。希望这个项目的加持，能够助推武汉大学阳明学研究向纵深发展。期待课题组更好地借鉴国内外阳明学研究最新成果，不仅出成果，而且出人才，尤其是早日生成老中青衔接、多学科交融的学术团队，进一步光大武汉大学阳明学研究，让冷门不冷、绝学不绝，做到在研究中整理、在整理中研究，推出独树一帜、自成一派的阳明学研究成果。

在开题报告环节，项目首席专家欧阳祯人教授对课题申报过程、团队建设与研究计划和预计成果进行了系统的汇报，陈述了申报该课题的缘由，回顾了国内外相关的研究成果，介绍了该课题的基本情况。欧阳祯人教授说，阳明学作为一个专门的研究领域，已经形成了一个专门的学科。整体研究、个案研究、地域研究、学派研究等都已经全面展开，尤其是在文献整理方面已经取得了空前的成绩，阳明学的研究目前正在向纵深发展。自辛亥革命以来，中国现代意义上的阳明学研究，可以划分为1911—1949年、1949—1979年、1079—2001年、2001—2022年四个阶段，各个阶段都有各自的特色和特别的贡献。特别是第四个阶段，阳明学作为一门专个的研究领域，已经形成了一个专门学科。整体研究、个案研究、地域研究、学派研究等都已经全面展开，尤其是在文献整理方面已经取得了空前的成绩，阳明学的研究目前正在向纵深发展。过去，学术界对阳明后学，尤其是对明代晚期的阳明学，由于阳明学内部的思想分歧、朱子学派与阳明学派的殊死斗争，还有清朝政府对阳明学刻意的打压等原因，误解太深。用泰州学派中某些人的空谈心性、放荡不羁来概括整个阳明后学的特征，并且把明王朝的覆灭都归罪在阳明学的身上，这是失之公允的。此课题确立了钱绪山学派、龙溪学派和近溪学派三个研究对象，对阳明学谱系中这三个学派的弟子、再传弟子，有的甚至是第四传弟子之文献、思想进行挖掘和研究。此项目试图对已经沦埋了 400 多年的 10 多部阳明后学的经典性著作（善本、孤本等）进行抢救性点校、校勘、整理，使这些珍贵的著作重见天日。整个点校的字数高达 400 多万字，而且同时还有针对这三个学派的 3 部研究型专著将在 5 年之后出版。

该项目的完成，将使学术界对阳明后学有颠覆性的认识。第一，钱绪山的后学学识极其广博，他们中有的人与利玛窦有深度的交往，其著作收藏于东亚日本和欧美各大图书馆，影响极大。第二，钱绪山学派与龙溪学派，工夫派与本体派已经出现了彼此交融的态势，盘根错节，沟渠连环。我们在一些特别的地方志、家谱和冷僻的著作中发现了很多相关文献。第三，泰州学涉及的代表人物地域广阔，思想复杂，个性分明，在很大程度上不是用"放浪形骸，堕入枯禅"来一言以蔽之的。第四，对"二溪"（王龙溪、罗近溪）思想的实际状态该课题将有深度的辨析，基于新近发现的文献，对其弟子的著作与思想也有相应的研究和突破。第五，该课题的本质是对中晚明学术的挖掘与研究。这不仅可以对阳明学在晚明和清代的遭遇与相关事实有重要的发现与研究，而且对进一步探知中国文化现代转型的内在理路也有进一步的清理和重大突破性的研究。

随后，中山大学哲学系教授陈立胜、南昌大学哲学系教授杨柱才、日本北九州大学教授邓红、武汉大学文学院教授陈文新、湖北大学哲学学院教授姚才刚分别进行了课题点评。陈立胜教授充分肯定了项目组的整体研究实力、文献整理上的积极意义，以及课题成果在纠正学界对于晚明思潮固化认知上的积极作用。杨柱才教授和姚才刚教授就自己目前主持的阳明学人和甘泉学人的文献整理工作进行了扼要介绍，并就研究过程中需要注意的文献整理工作经验进行了分享。邓红教授和陈文新教授分别从日本学者对于阳明后学的重视与研究、注意从集部文献中寻觅相关文献、从东亚文化的多样性与统一性的视角重视文献的搜集等角度进行了补充和点评。[①]

（七十六）"爽爽贵阳·文昌云岩2022年'良知行'系列活动——你好！2023·围炉煮茶迎新年"在贵州贵阳举行

2022年12月31日，在辞旧迎新之际，由中共贵阳市云岩区委宣传部主办、贵州天眼传媒有限责任公司承办的"爽爽贵阳·文昌云岩2022年'良知行'系列活动——你好！2023·围炉煮茶迎新年"在贵阳市云岩区南国花锦购物中心六楼去茶山举行。

天眼新闻客户端和视频号、云岩区融媒体中心客户端等平台对该活动进行了全程直播，吸引了众多网友在线观看。贵州文化界多位知名人士与儿童短视频剧《花儿·传习录》主创团队一起，围绕"赏《花儿·传习录》品阳明心学"这一主题进行了一场特别的迎新茶话会。

《花儿·传习录》由中共云岩区委宣传部、贵州省话剧团、云岩区少年宫小花艺术团、贵州天眼传媒有限责任公司联合出品制作拍摄。该剧从孩子的视角来解读王阳明先生"心学"，近期正在各大网络平台热播，收获了广大网友和专家的好评。

在现场观看了《花儿·传习录》后，嘉宾们对该剧给予了极高的评价。贵阳孔学堂文化传播中心副主任周之江表示，这部剧最大的特点是打破了传统的严肃戏剧观念，孩子们纯天然的表演，自然地流露情感，为这部剧增添了活力，这样的形式很有创意，给观众带来非常新颖的观剧体验，让人回味无穷。

"《传习录》是集中体现王阳明哲学思想的语录体著作，反映了王阳

---

① 信息来源于《国家社科基金冷门绝学团队项目"钱绪山学派、龙溪学派与近溪学派文献整理及思想研究"举行开题报告会》，武汉大学中国传统文化研究中心官网，2022年12月31日。

明整个生命历程的思想探索。《传习录》不好演，看了孩子们的演绎觉得特别好，没想到能以这么生动的方式演出来。"贵阳学院阳明学与黔学研究院院长、贵州省阳明学会副会长兼秘书长赵平略说，王阳明主张"蒙以养正"，从孩子的童年开始就要进行教育，《花儿·传习录》不管是在内容上还是在形式上，都表达了王阳明的思想主张。

在贵州省委党校哲学教研部副教授崔树芝看来，这部剧不仅对孩子有启发，为广大家长也提供了启示和帮助。王阳明认为，对儿童的教育必须顺应孩子的天性，家长要保护他们的求知欲，让孩子自己去探索自己的天性。

贵州大学阳明学研究中心主任、贵州省阳明学会副秘书长张明，从"王阳明与贵州的渊源""致良知"等方面，深入浅出地对王阳明哲学的思想体系进行了剖析，台下的观众们听得意犹未尽。

《花儿·传习录》的主创方是贵州省话剧团。贵州省话剧团董事长、总经理常晖对5个贵阳孩子在剧中的表现给予了高度评价。他表示，通过孩子们的精彩演绎，拉近了观众尤其是青少年观众群体与王阳明之间的距离。

贵州省话剧团国家二级导演、副教授、《花儿·传习录》总导演郑玲感谢观众对这部剧的认可和喜爱。为了塑造新的王阳明形象，主创团队花了10个月时间反复推敲、琢磨，希望这次创新呈现，不仅能塑造阳明先生的崭新形象，还能让大家感受到阳明心学的永恒魅力。

据介绍，云岩区结合"爽爽贵阳"城市品牌，确定"人文其昌"全新城市定位，推出"爽爽贵阳·文昌云岩"城市品牌。2022年，贵阳市云岩区对传统区域文化品牌"良知行"系列活动进行了全面升级。"爽爽贵阳·文昌云岩2022年'良知行'系列活动——你好！2023·围炉煮茶迎新年"是其七大系列活动之一。①

---

① 信息摘录自《你好！2023·围炉煮茶迎新年茶话会举行，和你一起辞旧迎新》，网易网，2023年1月1日。

二、2022年阳明学研究论著索引

著作类

（一）阳明学文献

[1] 王强、彭启彬汇校：《王文成公全书汇校》（5册），广陵书社2022年11月版。

[2] 苏成爱校注：《王阳明军事著作校注》，中华书局2022年11月版。

[3] 计文渊编：《王阳明书迹》（3册），国家图书馆出版社2022年7月版。

[4] 张宏敏主编：《阳明行迹方志文献选刊》（528册），北京燕山出版社2022年4月版。

[5] 邹建锋、王学伟主编：《阳明心学文献丛刊》（400册），北京燕山出版社2022年10月版。

[6] 邹建锋、王学伟主编：《阳明心学书院文献丛刊》（13册），巴蜀书社2022年12月版。

[7] 首都师范大学图书馆整理：《阳明先生文录续编》，广西师范大学出版社2022年11月版。

[8] 王巨明编校：《王阳明诗歌集》，中国文史出版社2022年10月版。

[9] 赵永刚：《王阳明诗集编年校注》，台北花木兰文化事业有限公司2022年9月版。

[10] 郝永评注：《王阳明诗全集》，崇文书局2022年10月版。

[11] 李庆：《王阳明诗校注》，上海古籍出版社2022年10月版。

［12］连玉明主编：《王阳明诗集全编》，商务印书馆2022年10月版。

［13］向辉、彭启彬点校：《阳明先生年谱》（毛汝麒本），北京燕山出版社2022年10月版。

［14］向辉、彭启彬点校：《阳明先生年谱》（天真书院本），北京燕山出版社2022年10月版。

［15］展龙、王珏主编：《季本文献辑刊》（20册），巴蜀书社2022年7月版。

［16］程育全、程朱昌编校：《程文德集》，上海古籍出版社2022年6月版。

［17］展龙、王学伟主编：《王宗沐文献辑刊》（20册），巴蜀书社2022年7月版。

［18］王宗沐：《海运志》，文物出版社2022年6月版。

［19］陈寒鸣编校：《王艮全集》，上海古籍出版社2022年12月版。

［20］邹建锋、刘丹主编：《罗近溪文献辑刊》（10册），巴蜀书社2022年6月版。

［21］傅秋涛点校：《李卓吾批评阳明先生道学钞》，中国社会科学出版社2022年10月版。

［22］胡传淮、李宝山点校：《元山文选》，中国华侨出版社2022年8月版。

［23］义文辉点校：《愧庵遗集》，四川大学出版社2022年1月版。

（二）阳明学著作（包括论文集）

［1］张宏敏编著：《2021阳明学研究报告》，浙江工商大学出版社2022年10月版。

［2］曾顺岗、谢群洋、陆永胜主编：《阳明学研究年鉴2019》，孔学堂书局2022年10月版。

［3］曾顺岗、谢群洋主编：《阳明学研究年鉴2020》，孔学堂书局2022年10月版。

［4］肖立斌、曾顺岗、谢群洋主编：《阳明学研究年鉴2021》，孔学堂

书局2022年10月版。

[5] 向淑文、李承贵主编：《阳明学研究新论》（第5辑），中国社会科学出版社2022年8月版。

[6] 浙江省稽山王阳明研究院、中华孔子学会阳明学研究会编：《中国心学》（第2辑），商务印书馆2022年8月版。

[7] 顾久主编：《阳明心学与中华文化的骨气和底气：2022"阳明心学·龙场论坛"论文集》，贵州人民出版社2022年9月版。

[8] 徐方主编：《大道人心：纪念王阳明诞辰550周年论文集》，宁波出版社2022年10月版。

[9] 丁为祥：《实践与超越：王阳明哲学的诠释、解析与评价》（增订版），孔学堂书局2022年10月版。

[10] 朱承：《治心与治世——王阳明哲学的政治向度》（增订版），孔学堂书局2022年10月版。

[11] 钱茂伟等合著：《阳明心学与浙东文化研究》，人民出版社2022年8月版。

[12] 蔡仁厚：《王阳明哲学》，浙江教育出版社2022年8月版。

[13] 周志文：《阳明学十讲》，中华书局2022年7月版。

[14] 丁为祥：《中国哲学通史·明代卷》，江苏人民出版社2022年6月版。

[15] 郝永：《王阳明致良知之教》，中华书局2022年8月版。

[16] 周建华编著：《王阳明乡村社会治理思想的理论和实践》，江西高校出版社2022年6月版。

[17] 本书编委会：《图说阳明》，浙江教育出版社2022年5月版。

[18] 本书编委会：《寻迹阳明》，浙江教育出版社2022年5月版。

[19] 本书编委会：《感知阳明》，浙江教育出版社2022年5月版。

[20] 本书编委会：《品读阳明》，浙江教育出版社2022年5月版。

[21] 高利华主编：《思想与文学：走进王阳明的精神世界》，浙江大学出版社2022年11月版。

［22］陆永胜：《心学何为？阳明学与当代中国文化建设》，孔学堂书局2022年10月版。

［23］连玉明主编：《跟王阳明学修心》，商务印书馆2022年10月版。

［24］王永昌主编：《阳明心学与企业家精神》，中国社会科学出版社2021年12月版。

［25］吴震：《朱子学与阳明学：宋明理学纲要》，北京大学出版社2022年6月版。

［26］郑泽绵：《诚意关——从朱子晚年到王阳明的哲学史重构》，人民出版社2022年6月版。

［27］张海燕：《王阳明心学与西方思想研究：启蒙视域下的主体性精神》，人民出版社2022年8月版。

［28］倪梁康、张任之主编：《现象学视域中的东西方心性思想研究》，商务印书馆2022年7月版。

［29］孙栋苗、黄懿编著：《圣学流徵：余姚中天阁史述》，西泠印社出版社2022年9月版。

［30］张建华书法作品集：《王阳明语录》，西泠印社出版社2022年3月版。

［31］慈子编著：《圣人之道——阳明心学绍兴基因解码》，九州出版社2022年10月版。

［32］周建华、陈定云主编：《良知法书百载传承：王阳明南赣家书》，西泠印社出版社2022年6月版。

［33］周建华、王修权编著：《立德立言立功：王阳明在赣州》，广东旅游出版社2022年6月版。

［34］黎业明：《王阳明传习录校笺》，上海古籍出版社2022年6月版。

［35］郦波：《郦波评点〈传习录〉》，人民出版社2022年10月版。

［36］邱旭光：《传习录章句发微》，江西人民出版社2022年10月版。

［37］辛红娟主编：《心学智慧——〈传习录〉中英双语精粹》（漫画插图版），商务印书馆2022年10月版。

[38] 吴震、孙钦香：《王阳明的智慧》，岳麓书社2022年9月版。

[39] 奔跑：《在庐山遇见王阳明》，作家出版社2022年1月版。

[40] 向辉：《枝条再荣：阳明学书籍世界的研究》，台北花木兰文化事业有限公司2022年9月版。

[41] 许蔚：《豫章罗念庵、邓定宇二先生学行辑述》，中西书局2022年2月版。

[42] 彭树欣编著：《刘元卿年谱》，江西教育出版社2022年1月版。

[43] 常德市鼎城区地方志编纂室、湖南应用技术学院编：《王阳明与常德》，岳麓书社2022年11月版。

[44] 王传龙：《明代福建阳明学对朱子学的批评与融摄》，厦门大学出版社2022年12月版。

[45] 张山梁：《闽中王学研究》，厦门大学出版社2022年12月版。

[46] 周群：《泰州学派研究》，商务印书馆2022年5月版。

[47] 唐东辉：《泰州学派"觉民行道"的哲学省察》，广西师范大学2022年1月版。

[48] 陈寒鸣：《罗汝芳学谱》，孔学堂书局2022年10月版。

[49] 王格：《溯求正统：周汝登与万历王学》，上海人民出版社2022年1月版。

[50] 文炳、潘松、刘吉文等著：《阳明心学海外传播研究》，浙江大学出版社2022年10月版。

[51] 徐倩：《日本明治时期的阳明学研究》，中国社会科学出版社2022年5月版。

[52] 荒木见悟：《阳明学的位相》，江苏人民出版社2022年7月版。

[53] 邓红、欧阳祯人主编：《日本阳明学研究名著翻译丛书》（8种），山东人民出版社2022年1月版。

[54] 冈田武彦：《王阳明纪行：探访王阳明遗迹之旅》，浙江人民出版社2022年10月版。

[55] 高濑武次郎：《王阳明传》，青岛出版社2022年11月版。

[56] 伊来瑞：《阳明学之欧美传播与研究》，学苑出版社 2022 年 3 月版。

[57] 辛红娟、费周瑛主编：《异域"心"声：阳明学在西方的译介与传播研究》，浙江大学出版社 2022 年 10 月版。

论文类

（一）王阳明研究

[1] 计文渊：《〈王阳明七代遗像〉及相关世系考述》，《赣南师范大学学报》2022 年第 4 期。

[2] 钱明：《王华迁居与山阴王府——兼述阳明学之创设》，《人文论丛》2022 年第 1 期。

[3] 高丽娜：《王阳明诗书传家》，《宁波通讯》2022 年第 13 期。

[4] 李为学：《王阳明和大礼议》，《读书》2022 年第 5 期。

[5] 润声：《王阳明经世致用经历概要》，《互联网周刊》2022 年第 3 期。

[6] 姚刚：《旁引曲谕　开陈善道——王阳明〈谏迎佛疏〉评论》，《秘书之友》2022 年第 5 期。

[7] 龙辉：《王阳明平定宸濠之乱》，《文史天地》2022 年第 1 期。

[8] 王群红：《王阳明的困境人生探析》，《文化创新比较研究》2022 年第 13 期。

[9] 赵连赏：《王阳明爵位服像考识——以朝服为例》，《文史杂志》2022 年第 4 期。

[10] 张菁洲：《仪式与赞文：王阳明像赞的历史文化功能》，《华中学术》2022 年第 3 期。

[11] 刘青衢：《论王阳明悟道的三重体证——兼辨"神秘主义"论》，《安徽大学学报》（哲学社会科学版）2022 年第 1 期。

[12] 刘妮、曹维琼：《论龙冈四规与龙场悟道及阳明心学的关系》，《贵阳学院学报》（社会科学版）2022 年第 5 期。

[13] 陈泽恺、金亮：《新编历史京剧〈阳明悟道〉》，《中国戏剧》2022年第10期。

[14] 王程强：《王华、王阳明父子与徐爱的科举之路》，《文史天地》2022年第4期。

[15] 徐道彬、姜波：《程敏政"道一"论与阳明心学的形成》，《船山学刊》2022年第1期。

[16] 童飞：《李梦阳诗文中"职方王子""王子"新考——兼论王阳明自京赴谪路线》，《明清文学与文献》辑刊，2022年卷。

[17] 张山梁：《王阳明手下"儒将"李增》，《文史天地》2022年第8期。

[18] 张小琴：《阳明心学方法的现象学解读》，《江苏师范大学学报》（哲学社会科学版）2022年第1期。

[19] 周磊：《心学批判：基于气学的立场》，《文史哲》2022年第6期。

[20] 谢桃坊：《王阳明"良知之学"辨原》，《中华文化论坛》2022年第2期。

[21] 杨国荣：《中国哲学中的王阳明心学》，《孔学堂》2022年第2期。

[22] 吴震：《何为阳明学的文化研究?》，《孔学堂》2022年第2期。

[23] 王青青：《阳明心学的生命哲学发微》，《安顺学院学报》2022年第1期。

[24] 杨泽波：《论阳明心学存在的偏颇》，《哲学研究》2022年第3期。

[25] 苏晓冰：《王阳明哲学是道德相对主义吗?——从"侃去花间草"一段文字看》，《中国社会科学报》2022年4月19日。

[26] 伍红军、毛建卫：《阳明实学：思想内涵、传承谱系与学派生成》，《人文天下》2022年第4期。

[27] 孙明柱：《实行、实知、实用：传统实学的历史展开》，《人文天下》2022年第4期。

[28] 梁博宇：《其说非出于苏，而血脉则苏也——论阳明心学与苏氏蜀学之关系》，《宁夏大学学报》（人文社会科学版）2022年第5期。

［29］许家星：《精一之传——王阳明道统思想探幽》，《中州学刊》2022年第4期。

［30］傅锡洪：《简易与真切的互蕴：王阳明工夫论的内在理路》，《西南民族大学学报》（人文社会科学版）2022年第4期。

［31］张茂泽：《论王阳明的学术观》，《贵阳学院学报》（社会科学版）2022年第3期。

［32］沈顺福：《阳明心学与人类主体性》，《贵阳学院学报》（社会科学版）2022年第5期。

［33］阮春晖、周飞蓉：《君子意象与良知学的构建：王阳明哲学的人格维度》，《邵阳学院学报》（社会科学版）2022年第5期。

［34］曾海军：《重估王阳明"心外无物"论的价值——读丁纪〈鹅湖诗与四句教〉所思所得》，《天府新论》2022年第6期。

［35］龚晓康：《"物"之呈现、聚集与诚明——基于阳明心学的考察》，《孔学堂》2022年第3期。

［36］乔建宇：《王阳明"心"概念研究》，山东大学硕士学位论文，2022年5月。

［37］唐春艳：《〈传习录〉中"心"的蓄意隐喻研究》，《文学教育》（上）2022年第6期。

［38］张振：《论王阳明的"格物"思想》，《西部学刊》2022年第13期。

［39］尉学斌：《论王阳明"格物"说的演变及其困境》，《中华文化论坛》2022年第6期。

［40］杨富斌：《对阳明心学"心外无物"学说的过程哲学诠释》，《河北师范大学学报》（哲学社会科学版）2022年第5期。

［41］陈胜飙：《武术修炼视角的王阳明"心外无物"思想研究》，《武术研究》2022年第8期。

［42］关欣：《德性知识论视域下的"知行合一"——兼论对"良知"的新诠》，《江西社会科学》2022年第1期。

[43] 曾国锋：《王阳明"知行合一"中的道家思想》，《九江学院学报》（社会科学版）2022年第1期。

[44] 李承贵：《王阳明"知行合一"说之特质》，《江海学刊》2022年第2期。

[45] 龚晓康：《"知行合一"：复归本体的明觉与能动》，《南昌大学学报》（人文社会科学版）2022年第5期。

[46] 高海波：《王阳明"知是行之始，行是知之成"新诠》，《国际儒学》（中英文）2022年第3期。

[47] 马萍萍：《工夫与知行——论王阳明"知行合一"与朱熹知行观的关系》，《汕头大学学报》（人文社会科学版）2022年第10期。

[48] 罗伯友：《浅析王阳明的"知行合一"研究》，《汉字文化》2022年第23期。

[49] 谭笑：《道德与非道德知行合一之分殊》，《首都师范大学学报》（社会科学版）2022年第6期。

[50] 杨大龙：《王重阳功行思想与王阳明知行观的比较研究》，《学术探索》2022年第4期。

[51] 姜晓宇：《对"知行合一"与"致良知"的关系探析》，《今古文创》2022年第47期。

[52] 张高阳：《从"理本"向"心本"演化路径探究——以陆王心学"格物致知"思想为中心》，《阜阳师范大学学报》（社会科学版）2022年第3期。

[53] 熊小俊：《王阳明"为学"观探究》，《汉字文化》2022年第12期。

[54] 刘万鹏：《"良知"与"见闻之知"——阳明心学思想中的知识批判之维》，《贵阳学院学报》（社会科学版）2022年第6期。

[55] 李振纲：《心外无教、心外无经、心外无学——王阳明"乙酉三记"发微》，《贵阳学院学报》（社会科学版）2022年第3期。

[56] 高地勇：《良知的主体性展开与康德的道德自律》，《绵阳师范学

院学报》2022年第3期。

[57] 胡振夏:《良知与理气——基于"精一""精神""精灵"的分析论》,《贵阳学院学报》(社会科学版)2022年第2期。

[58] 习细平、张新国:《追寻实践智慧——王阳明"良知"论的精神旨趣》,《哲学分析》2022年第6期。

[59] 路传颂:《良知既非能力之知亦非动力之知——与郁振华、黄勇商榷》,《社会科学文摘》2022年第1期。

[60] 林丽、马寄:《本真之"情"——"良知"知"是"知"非"的内在机理与其普遍达成探析》,《贵阳学院学报》(社会科学版)2022年第5期。

[61] 乐爱国:《王阳明会认为"盗贼也有良知"吗?》,《江南大学学报》(人文社会科学版)2022年第1期。

[62] 康晓瑛:《"良知"与"致良知":王阳明个体道德建构研究》,西北师范大学硕士学位论文,2022年5月。

[63] 雷静:《王阳明"致良知"工夫心曲考察:以正德年间散曲诗歌为例》,《上海交通大学学报》(哲学社会科学版)2022年第1期。

[64] 张锦枝:《王阳明良知教确立后意论的变与不变》,《中国哲学史》2022年第6期。

[65] 刘悦笛:《良知与认知的中国之辩——从"以真导善"与"以善启真"的互动观之》,《管子学刊》2022年第1期。

[66] 郑泽绵:《王阳明的"良知见在"说与儒家时间意识的突破》,《文史哲》2022年第2期。

[67] 张兴:《从孟子"良知"到〈大学〉"诚意""致知"——论王阳明"致良知"思想的来源与内涵》,《山东省社会主义学院学报》2022年第3期。

[68] 何红娟:《"良知"与"致良知"逻辑关系分析》,《牡丹》2022年第20期。

[69] 傅锡洪:《王阳明工夫论演进的内在线索》,《上饶师范学院学报》

2022年第5期。

[70] 李幼蒸：《"致良知"为仁学伦理实践学之"新三纲"——从历史符号学—解释学角度解析》，《重庆交通大学学报》（社会科学版）2022年第1期。

[71] 崔钰洁：《王阳明致知工夫论探析》，华东师范大学硕士学位论文，2022年4月。

[72] 王天歌：《"致良知"与"心态秩序"：王阳明与费孝通思想之相通及其当下启示》，《河北学刊》2022年第3期。

[73] 颜可达：《王阳明致良知及其道德实践研究》，长沙理工大学硕士学位论文，2022年6月。

[74] 汪学群：《王阳明的立志说》，《贵阳学院学报》（社会科学版）2022年第2期。

[75] 刘宇蒙：《王阳明的志论研究》，华中师范大学硕士学位论文，2022年5月。

[76] 李月华：《以身成志——王阳明立志思想研究》，华东师范大学硕士学位论文，2022年5月。

[77] 邵友伟：《从"立志"到"致良知"——王阳明道德修养的工夫进路》，《理论界》2022年第2期。

[78] 杨谦：《"有过"，还是"无过"？——王阳明圣人有过无过辨析》，《中国哲学史》2022年第2期。

[79] 刘艳：《从良知学看王阳明的圣人观》，《唐都学刊》2022年第4期。

[80] 周艳菊：《王阳明"狂者胸次"与"圣人气象"的趋融》，《宁波大学学报》（人文科学版）2022年第6期。

[81] 王进文：《王阳明"万物一体"说的义理疏释与道德实践——致良知视角下的本体论、工夫论与境界论》，《贵阳学院学报》（社会科学版）2022年第1期。

[82] 谭振江：《阳明心学"万物一体"观的独特内涵探析》，《学理论》

2022年第11期。

[83] 吴根友、刘思源：《宋明儒的"一体之仁"与儒家式的"共生主义"》，《孔学堂》2022年第3期。

[84] 陈立胜：《"大抵心安即是家"：阳明心学一系"家"哲学及其现代影响》，《开放时代》2022年第6期。

[85] 王闻文：《阳明"理欲"关系窥探——基于对〈拔本塞源论〉的考察》，《学理论》2022年第7期。

[86] 牛伟：《宋明理学的"拔本塞源论"——以二程、朱熹、王阳明为考察中心》，《朱子学研究》辑刊，2022年卷。

[87] 周新宜：《王门"四句教"之我见》，《百科知识》2022年第21期。

[88] 杨泽波：《"隐默说"："无善无恶心之体"新解读》，《中国哲学史》2022年第2期。

[89] 孙迎贵：《渐悟与静坐——阳明工夫论的两条路径》，山西师范大学硕士学位论文，2022年5月。

[90] 步小东：《存在视域下王阳明致良知思想的心理研究——以"四句教"为线索》，吉林大学博士学位论文，2022年5月。

[91] 都兰雅：《阳明思想中"恶"之问题研究》，武汉大学硕士学位论文，2022年5月。

[92] 黄仕坤：《王阳明"心气一体"思想论析》，《海南大学学报》（人文社会科学版）2022年第6期。

[93] 刘彦鑫：《王阳明气论研究》，兰州大学硕士学位论文，2022年5月。

[94] 傅锡洪：《论王阳明的"动静合一"——从一元两层本体工夫看》，《孔学堂》2022年第1期。

[95] 吕经纬：《生命现象学视域下的王阳明论"诚"》，《衡水学院学报》2022年第3期。

[96] 于晓玥：《阳明学"寂"范畴研究》，河北大学博士学位论文，

2022年5月。

[97] 闫伟：《王阳明的中和思想：以〈传习录〉为中心》，《宏德学刊》2022年第2期。

[98] 大卫·巴拓识、杨彬：《王阳明之"真己"修养观：全球共同体视域下发展开放性的自我认同》，《当代中国价值观研究》2022年第2期。

[99] 杨嘉妍：《王阳明"精一之功"探微》，《名家名作》2022年第26期。

[100] 杨抒漫：《论王阳明对"何思何虑"的解读》，《平顶山学院学报》2022年第6期。

[101] 龚晓康、史英达：《"太极元无极"：阳明心学视域下的太极无极之辨》，《周易研究》2022年第5期。

[102] 傅锡洪：《良知即已发而为未发——王阳明的未发已发论探析》，《哲学评论》2022年第2期。

[103] 郭淑新、汤小宾：《"洒落"与"敬畏"：阳明心学蠡测》，《东岳论丛》2022年第3期。

[104] 吴益生：《不动心与不动气——中年王阳明的静定工夫论》，《宁波大学学报》（人文科学版）2022年第1期。

[105] 马寄、方玲琴：《从"主静"到"动"中用功——宋明理学工夫趋向及内在逻辑探析》，《贵阳学院学报》（社会科学版）2022年第3期。

[106] 帅萌、牟永生：《王阳明忍耐思想及其当代启示》，《哈尔滨学院学报》2022年第3期。

[107] 王占彬：《论王阳明"为己""克己""成己"的修养论》，《山东青年政治学院学报》2022年第3期。

[108] 黄家庭、崔海东：《王阳明的经学思想》，《贵阳学院学报》（社会科学版）2022年第4期。

[109] 程旺：《从〈大学〉学重思阳明良知教的建立》，《贵阳学院学报》（社会科学版）2022年第4期。

[110] 张兴：《〈大学〉学史研究》，《国际儒学论丛》2022年第1期。

[111] 刘亚明：《王阳明恢复〈大学〉古本"亲民"意图考论》，《内江师范学院学报》2022年第9期。

[112] 谢青松：《发现"吾心之良知"——对王阳明〈大学问〉的一种解读》，《人文杂志》2022年第10期。

[113] 陈怡：《关于"如何读〈大学〉"的浅见》，《国际儒学》（中英文）2022年第3期。

[114] 毛朝晖：《〈孟子〉〈大学〉与阳明心学的经学奠基——基于发生学视角的分析》，《中州学刊》2022年第10期。

[115] 唐明贵：《王阳明〈论语〉诠释的"浙学"特色》，《中华经典研究》2022年第2期。

[116] 毕景媛：《王阳明〈论语〉诠释的心学立场及本体意蕴》，《东岳论丛》2022年第3期。

[117] 朱承：《何以正名——王阳明对"孔子正名"的理解》，《贵阳学院学报》（社会科学版）2022年第4期。

[118] 邓彭晖：《王阳明对"克己复礼"的心学化诠释——兼论与朱熹诠释的区别》，《贵阳学院学报》（社会科学版）2022年第3期。

[119] 谢金良：《〈周易〉对阳明心学美学思想的影响》，《复旦学报》（社会科学版）2022年第3期。

[120] 温海明：《文与悟："良知即是易"的意本论解读》，《孔学堂》2022年第2期。

[121] 刘万鹏：《从"龙场三卦"看王阳明对价值世界的理解》，《周易研究》2022年第6期。

[122] 余怀彦：《谈谈王阳明的政治思想》，《中华文化与传播研究》2022年第1期。

[123] 欧迪、刘强：《唯物史观视阈下王阳明政治思想探究》，《今古文创》2022年第33期。

[124] 郭杨：《南赣乡约与王阳明乡村治理思想》，《楚雄师范学院学报》2022年第5期。

[125] 陈海斌：《从王阳明与海瑞赣南施政看明代基层社会治理》，《云南民族大学学报》（哲学社会科学版）2022年第2期。

[126] 陈立胜：《如何与天地万物成"一家之亲"——王阳明亲民说发微》，《孔学堂》2022年第2期。

[127] 曹树荣：《明德亲民：王阳明的治道思想研究》，贵州大学硕士学位论文，2022年6月。

[128] 李杰：《王阳明良知法效理论研究论纲》，《文化学刊》2022年第9期。

[129] 陆永胜：《良知与廉行——阳明心学对当代廉政建设的启示》，《廉政文化研究》2022年第5期。

[130] 姜晓宇：《破心中贼　明觉未来》，《宁波通讯》2022年第19期。

[131] 刘荣茂：《俎豆与军旅非二事：阳明学人的用兵实践与工夫修炼》，《广西大学学报》（哲学社会科学版）2022年第1期。

[132] 韩西雅、杨静：《王阳明军事"攻心术"及其实践应用》，《今古文创》2022年第43期。

[133] 王密密：《叶适与王阳明兵学思想比较——基于宋明兵儒融合视域》，《孙子研究》2022年第4期。

[134] 王清竹：《立志　勤学　改过　责善——读王阳明〈教条示龙场诸生〉有感》，《旗帜》2022年第6期。

[135] 王敏：《王阳明〈教条示龙场诸生〉之教育观探微》，《汉字文化》2022年第18期。

[136] 桑东辉：《阳明学的传播及当代启示——以书院为中心》，《思想理论战线》2022年第3期。

[137] 贺志韧：《王阳明之书院教育思想》，《金陵科技学院学报》（社会科学版）2022年第3期。

[138] 刘杰、蔡亮：《王阳明师徒交游的历史图景及其现代育人价值》，《教育文化论坛》2022年第6期。

[139] 刘子格：《王阳明心性思想及德育价值研究》，山东师范大学硕

士学位论文，2022年5月。

[140] 桑东辉：《阳明学的传播及当代启示——以书院为中心》，《思想理论战线》2022年第3期。

[141] 李春强：《王阳明口传心授讲学策略谫论》，《文学教育》（下）2022年第5期。

[142] 杨道宇：《论阳明教学思想的历史地位与当代价值》，《教育文化论坛》2022年第1期。

[143] 陈艳萍、雷成耀：《蒙以养正：〈社学教条〉对当代小学教育的启示》，《安顺学院学报》2022年第1期。

[144] 秦晓：《蒙以养正：王阳明儿童教育思想探析》，《绍兴文理学院学报》2022年第3期。

[145] 穆栩樟：《王阳明童蒙教育思想探究》，《教育界》2022年第10期。

[146] 于慧：《王阳明具身哲学视角下的师德养成》，《中小学德育》2022年第3期。

[147] 武海军：《皆有一段圣贤义理在其中——选本批评视野下的散文家王阳明》，《光明日报》2022年7月18日。

[148] 童飞：《论王阳明对"辞章之学"态度的演变——基于文学交游的视角》，《绍兴文理学院学报》2022年第7期。

[149] 杨旭辉：《晚明心学思潮下的"民间发现"》，《天水师范学院学报》2022年第6期。

[150] 艾冬景、郭万金：《心学哲思下的诗情关怀：王阳明诗歌态度论》，《北方论丛》2022年第2期。

[151] 杨蕙冉、卓光平：《王阳明诗歌中"凤"意象探微》，《文化学刊》2022年第3期。

[152] 杨蕙冉：《王阳明诗歌中"浮峰情结"的探析》，《芒种》2022年第5期。

[153] 董豪：《"初心"与王阳明的成圣之道》，《天水师范学院学报》

2022 年第 6 期。

[154] 徐艳：《经典镜像中的知音——王阳明眼中的陶渊明》,《光明日报》2022 年 7 月 18 日。

[155] 张学松：《〈思归轩赋〉与王阳明的乡愁》,《光明日报》2022 年 7 月 18 日。

[156] 黄敦兵：《宋明儒者性理诗的家国情怀——以王阳明〈登阅江楼〉为中心》,《名作欣赏》2022 年第 4 期。

[157] 雷恩海、董豪：《王阳明〈次韵毕方伯写怀之作〉释证及其学术史意义》,《天水师范学院学报》2022 年第 1 期。

[158] 林玮：《王阳明诗歌创作的哲学分野——以 34 首居越诗为例》,《中国美学》2022 年第 2 期。

[159] 马雯彬彬：《论王阳明诗中的悲苦色彩》,《广西科技师范学院学报》2022 年第 3 期。

[160] 蒋琴青：《"狂者胸次"——王阳明〈月夜〉覆议》,《名作欣赏》2022 年第 23 期。

[161] 张婷婷：《王阳明的戏曲观及晚明传奇对阳明形象的塑造》,《南京艺术学院学报》（音乐与表演）2022 年第 5 期。

[162] 薛婷、张大军、殷玲玉：《王阳明"乐本人心"音乐观的逻辑进程与意义》,《丝绸之路》2022 年第 4 期。

[163] 潘立勇：《宋明理学休闲审美哲学的内在张力》,《文艺研究》2022 年第 4 期。

[164] 吴树波：《心学美学的禅宗色彩及其嬗变》,《江南大学学报》（人文社会科学版）2022 年第 5 期。

[165] 章辉：《简论理学美学三大流派的独特贡献》,《马克思主义美学研究》2022 年第 1 期。

[166] 李萍：《论阳明心学伦理思想之现代性困境及转换》,《北方工业大学学报》2022 年第 2 期。

[167] 沈雨航：《王阳明"知止"思想的道德诠释》,《许昌学院学报》

2022年第4期。

　　[168] 于树博：《王阳明道德哲学研究》，西北大学硕士学位论文，2022年6月。

　　[169] 刘悦笛：《良知与良觉，性觉与心觉——兼论王阳明思想的儒佛之辨》，《孔学堂》2022年第2期。

　　[170] 李万进：《王阳明对佛教心性论的吸收与改造》，西北大学博士学位论文，2022年5月。

　　[171] 李建飞：《王阳明心学中的佛教思想研究》，云南师范大学硕士学位论文，2022年5月。

　　[172] 丁建华：《伦理视域下的王阳明禅学批判研究》，《五台山研究》2022年第2期。

　　[173] 祁从舵：《阳明心学思想的禅学语源探微》，《汉字文化》2022年第16期。

　　[174] 欧阳祯人、张旭：《王阳明的良知之学对〈老子〉思想的继承与发展》，《老子学刊》2022年第1期。

　　[175] 曹正同、黄俊青：《阳明心性论与道家性命观对比研究浅论》，《今古文创》2022年第27期。

　　[176] 黄振萍：《明清之际王学"清谈误国"论质疑》，《清华大学学报》（哲学社会科学版）2022年第3期。

　　[177] 张克伟：《清初阳明学者彭定求及其〈明贤蒙正录〉》，《赣南师范大学学报》2022年第1期。

　　[178] 廖华洁：《太虚法师对阳明学的判释与融合》，贵州大学硕士学位论文，2022年5月。

　　[179] 殷国涵：《佛教视域下的阳明心学——以太虚为中心》，《宗教学研究》2022年第2期。

　　[180] 邓国光：《心统性理：唐文治先生重建儒学经世之道统大义》，《天水师范学院学报》2022年第1期。

　　[181] 朱光磊：《论唐文治对阳明学与朱子学的会通》，《朱子学研究》

辑刊，2022年卷。

[182] 胡吉振、胡典顺、陶然、李永桃：《陶行知教育理论对中国传统知行观的继承与发展》，《丽水学院学报》2022年第3期。

[183] 高瑞泉：《隐显之间：心学历程中的"自由意志"》，《学术月刊》2022年第11期。

[184] 朱光磊：《现代新儒家的阳明学研究》，《江苏师范大学学报》（哲学社会科学版）2022年第1期。

[185] 韩强：《王阳明心性论对现代新儒家的影响》，《河北师范大学学报》（哲学社会科学版）2022年第2期。

[186] 梁瑶：《浅析贺麟阳明学论述》，《汉字文化》2022年第24期。

[187] 吴震：《从本体到仁体——熊十力哲学及其与宋明理学的交汇》，《甘肃社会科学》2022年第4期。

[188] 杜倩：《熊十力心本思想及其道德意蕴》，《今古文创》2022年第47期。

[189] 张贝：《新唯识论：心学的本体论重建》，《当代儒学》2022年第1期。

[190] 陈昊：《良知与知识的四种关系——唐君毅对王阳明良知学说的新发展》，《贵阳学院学报》（社会科学版）2022年第4期。

[191] 马士彪：《儒家境界体验中的抽象置定与具体表现——以牟宗三对阳明与二溪的诠释为中心》，《中国哲学史》2022年第5期。

[192] 尚文程：《牟宗三的阳明学》，华侨大学硕士学位论文，2022年5月。

[193] 龚晓康：《良知"坎陷"抑或"呈现"？——兼论阳明学对道德主体与认知主体的开出》，《湖北大学学报》（哲学社会科学版）2022年第6期。

[194] 马士彪：《工夫实践与圆融化境——牟宗三对龙溪"四无句"的判教诠释》，《孔子研究》2022年第5期。

[195] 段新莉：《"阳明学"研究的新视角新开拓——〈文艺复兴时代

的王阳明〉评介》，《山东社会科学》2022年第4期。

[196] 查建国、陈炼：《探寻明代心学丰富内涵》，《中国社会科学报》2022年5月16日。

[197] 王中江：《一等事和一等人：王阳明的魅力》，《衡水学院学报》2022年第6期。

[198] 万明：《新旧之间：王阳明与明代早期近代化进程》，《贵州社会科学》2022年第7期。

[199] 薛丽丽、张亚军：《论中国共产党人"心学"的内涵与价值》，《江南社会学院学报》2022年第2期。

[200] 宋相呈：《破心贼　行方圆　致良知：王阳明廉政思想的当代借鉴》，《廉政文化研究》2022年第2期。

[201] 雷恩海、张方星懿：《"不忘初心"对阳明心学之传扬》，《天水师范学院学报》2022年第6期。

[202] 雷泳仁：《习近平关于阳明心学重要论述探析》，《绍兴文理学院学报》2022年第5期。

[203] 阮极：《亲密关系中"因爱生恨"的原理与化解——基于阳明心学视角》，《贵州民族大学学报》（哲学社会科学版）2022年第4期。

[204] 舒曼：《阳明心学与现代心理疏导——写在王阳明诞辰550周年之际》，《南京师大学报》（社会科学版）2022年第6期。

[205] 蒙莉橼：《多元与同质之矛盾的调适——论阳明的良知对都市文化内在紧张的消解》，《贵阳学院学报》（社会科学版）2022年第2期。

[206] 尚锦辉：《王阳明知行合一思想及对思想政治教育的启示》，《河北北方学院学报》（社会科学版）2022年第1期。

[207] 周宇、刘伟：《王阳明知行思想的当代价值转化及育人体系研究》，《汉字文化》2022年第3期。

[208] 颜可达：《刍议王明阳"知行合一"理论及现代价值》，《品位·经典》2022年第7期。

[209] 李文方：《答时代之问：知行合一观在高校德育工作中的实践向

度》,《公关世界》2022年第18期。

[210] 朱旭、苏国红:《王阳明"知行合一"思想融入高校德育工作新思路》,《宿州学院学报》2022年第4期。

[211] 刘腾子:《"知行合一"观对大学生理想信念教育的启示》,《教书育人》(高教论坛) 2022年第9期。

[212] 焦佳禾:《王阳明"知行合一"思想在初中〈道德与法治〉教学中的应用研究》,信阳师范学院硕士学位论文,2022年5月。

[213] 纪文荣:《王阳明的知行合一思想及其当代价值》,《今古文创》2022年第23期。

[214] 魏鸿雁:《王守仁"知行合一"思想在现当代的实践研究》,《名家名作》2022年第17期。

[215] 张宇霞:《习近平对中国传统知行观的超越》,大理大学硕士学位论文,2022年5月。

[216] 赖晨:《王阳明"致良知"哲学思想对当代医学生医德教育规范化的启示》,《中国标准化》2022年第4期。

[217] 周一楷、张才圣:《王阳明"致良知"与诚信人格培育》,《人文天下》2022年第8期。

[218] 张勇:《"何当闻此鼓,开尔天聪明"——王阳明良知心体智慧说的理论特质与现实价值》,《阿坝师范学院学报》2022年第3期。

[219] 李西顺:《教师专业道德建构——以王阳明"致良知"学说为分析工具》,《教育研究》2022年第1期。

[220] 马璐:《王阳明教育思想对高职通识教育的启示研究》,《教育教学论坛》2022年第24期。

[221] 李淼:《道德·秩序·和谐——王阳明心学德育思想的价值研究》,东南大学硕士学位论文,2022年5月。

[222] 郭景琪、雷成耀:《〈社学教条〉"栽培涵养之方"对小学地方课程开发的启示》,《兴义民族师范学院学报》2022年第5期。

[223] 廖玉林、刘聪:《"事上磨练":王阳明的德育方法及其当代价

值》，《内江师范学院学报》2022年第9期。

[224] 袁溧：《王阳明道德自觉论及其现代价值》，《吉林工程技术师范学院学报》2022年第5期。

[225] 姜璠：《王阳明家训思想及其当代价值》，《名作欣赏》2022年第12期。

[226] 李承贵：《心学色调的君子——王阳明对儒家君子人格内涵的发展及其当代启示》，《孔学堂》2022年第2期。

[227] 胡朝阳：《王阳明心学融入"思想道德与法治"课教学探索》，《贵州开放大学学报》2022年第2期。

[228] 钟志容：《应用王阳明"心学"对本科学前教育专业学生生命教育的探索研究——以广东工商职业技术大学为例》，《中国多媒体与网络教学学报》（中旬刊）2022年第3期。

[229] 芦美丽、李炜、万树巍：《"行学至善"高校文化育人探究——以浙大宁波理工学院阳明学堂为例》，《教育文化论坛》2022年第6期。

[230] 任立伟、涂璇、吕育财、龚大春：《阳明心学融入思想政治教育的思考与实践——以地方高校工科研究生为例》，《教育教学论坛》2022年第21期。

[231] 徐美净：《思想政治教育如何"安心"——基于王阳明心学理论》，《知与行》2022年第3期。

[232] 杨楠：《论阳明心学对当代大学生思想政治教育的意义》，《教育文化论坛》2022年第5期。

[233] 李海涛：《王阳明心学对提升大学生思想政治教育实效性研究》，东北农业大学硕士学位论文，2022年6月。

[234] 谢茂圪：《阳明心学对人格修养的现实作用》，《宁波通讯》2022年第7期。

[235] 王永昌、王磊：《阳明心学与企业家精神汇通的内在机理探究》，《浙江社会科学》2022年第6期。

[236] 邓彭晖：《王阳明对"克己复礼"的心学化诠释——兼论与朱熹

诠释的区别》,《贵阳学院学报》（社会科学版）2022年第3期。

[237] 钟治国、刘牧寒:《朱子与王阳明的"良知"说合论》,《生命哲学研究》2022年第1期。

[238] 朴炫贞:《朱熹与王阳明的体用与中和》,《中国哲学史》2022年第6期。

[239] 金世贞:《朱子理生态主义与阳明心生态主义比较分析》,《朱子学研究》辑刊2022年卷。

[240] 王磊:《王阳明"误读"朱熹格物论之重思——基于心性之理与万物之理关系的考察》,《船山学刊》2022年第5期。

[241] 翟奎凤:《本天与本心:宋明时期的儒佛之辨与朱王之争》,《江西社会科学》2022年第1期。

[242] 华建新:《朱熹理学对王阳明前期思想进路的影响》,《教育文化论坛》2022年第3期。

[243] 陈旭泽:《从对"格物致知"的不同诠释看知识与道德的关系——从朱熹、王阳明到熊十力》,《新楚文化》2022年第11期。

[244] 傅锡洪:《朱陆王工夫论的结构差异》,《中南大学学报》（社会科学版）2022年第5期。

[245] 方旭东:《王阳明对湛若水的最后论评》,《中国哲学史》2022年第3期。

[246] 王路平、石祥建:《明代江门学派在贵州的传播》,《贵州民族大学学报》（哲学社会科学版）2022年第1期。

[247] 孟曌楠:《王阳明与湛若水的"心学"比较》,《青年文学家》2022年第21期。

[248] 赵阳:《王夫之对"见在良知"说的批判与转化》,《船山学刊》2022年第1期。

[249] 赵阳:《王夫之与阳明学"主意"论思潮》,《中国思想史研究》辑刊2022年卷。

[250] 陈力祥、汪美玲:《船山对朱子后学及阳明知行观之解构与重

构》，《燕山大学学报》（哲学社会科学版）2022年第1期。

[251] 赵阳：《王夫之对宋明理学的批判与发展》，西北大学博士学位论文，2022年6月。

[252] 杨超逸：《伦理世界中致知与力行的合一——道德的能力之知或动力之知争论的王船山方案》，《思想与文化》2022年第1期。

[253] 康宇：《明末儒学工夫论的转向及意义》，《南通大学学报》（社会科学版）2022年第4期。

[254] 韩雪：《"即用以求体，致和以致中"——刘蕺山对阳明工夫论的评述》，《中国哲学史》2022年第3期。

[255] 范一波：《"蕺山四句"的思想内涵与理论特征研究》，云南师范大学硕士学位论文，2022年5月。

[256] 曹峻玮：《王阳明哲学与西方浪漫主义对比分析》，《名家名作》2022年第1期。

[257] 杨慧林：《从福柯重读爱比克泰德、利玛窦、王阳明之间的"知"与"行"》，《世界宗教研究》2022年第5期。

[258] 张依萱：《"物"的解析：以黑格尔与王阳明为中心》，《湖北社会科学》2022年第7期。

[259] 杨婉莹：《"务虚"与"求真"：陆王心学与伊本·阿拉比修心学说比较》，《中国穆斯林》2022年第4期。

[260] 朱俊百：《心学与实用主义的对话——王阳明与杜威知行关系比较研究》，华侨大学硕士学位论文，2022年5月。

[261] 赵超君：《王阳明与蒙田教育思想之比较》，《教育文化论坛》2022年第6期。

[262] 李辉：《阳明文化对绍兴城市文化影响力提升策略研究》，《文教资料》2022年第3期。

[263] 陈寒鸣：《阳明居越讲学和越中弟子群的形成》，《中共宁波市委党校学报》2022年第1期。

[264] 卓光平、周玉儿：《"越文化视野中的王阳明与鲁迅"青年学术

工作坊》,《绍兴鲁迅研究》辑刊,2022年卷。

[265] 李晓方:《赣南阳明文化的历史解读》,《中国社会科学报》2022年6月20日。

[266] 许怀林:《"茶寮碑"与崇义建县时间的辨识》,《赣南师范大学学报》2022年第2期。

[267] 张志鸿:《褒忠崇礼:明代南赣巡抚修建儒学与祠庙研究》,《赣南师范大学学报》2022年第2期。

[268] 黄平芳、林远方:《赣南阳明文化旅游资源评价及开发利用》,《赣南师范大学学报》2022年第4期。

[269] 陈甜:《"与传统文化IP相结合"的阳明文化园发展研究》,《对联》2022年第24期。

[270] 赵冰冰、杨佳怡、李雨诺、舒玉玲、杨景云:《阳明祠文旅研学现状与对策》,《新课程导学》2022年第18期。

[271] 黎业明:《陈荣捷及其〈王阳明传习录详注集评〉》,《儒家典籍与思想研究》辑刊,2022年卷。

[272] 朱承:《〈传习录〉是一部什么书?》,《走近孔子》2022年第1期。

[273] 邵明慧:《浅析一以贯之的王阳明心学》,《今古文创》2022年第5期。

[274] 刘兆伟、胡永成:《王阳明与其〈传习录〉之要义》,《理论界》2022年第4期。

[275] 张菁洲:《王阳明文献的多重系统与诠释研究》,贵州师范大学博士学位论文,2022年5月。

[276] 李洁:《阳明文献的获取方法——基于OCLC WorldCat日文版阳明文献书目数据视角》,《内蒙古科技与经济》2022年第21期。

[277] 沈天姿:《王阳明诗文集版本考》,河北大学硕士学位论文,2022年5月。

[278] 雷恩海、董豪:《王阳明〈次韵毕方伯写怀之作〉释证及其学术

史意义》，《天水师范学院学报》2022年第1期。

[279] 李汇：《〈朱子晚年定论〉研究》，江西师范大学硕士学位论文，2022年6月。

[280] 谢桃坊：《理学史公案〈朱子晚年定论〉平议》，《西华大学学报》（哲学社会科学版）2022年第1期。

[281] 朱亚青：《王阳明〈朱子晚年定论〉探赜》，《延安职业技术学院学报》2022年第4期。

[282] 欧阳祯人、张旭：《王阳明〈朱子晚年定论序〉思想再探》，《朱子学研究》辑刊，2022年卷。

[283] 张茂泽：《从〈朱子晚年定论〉看阳明学和朱子学的历史联系》，《中原文化研究》2022年第6期。

[284] 刘利：《明清小说中的王阳明形象书写》，扬州大学硕士学位论文，2022年6月。

[285] 万晴川：《盖棺论未休：明清小说中的王阳明形象塑造》，《学术界》2022年第10期。

（二）阳明后学研究

[1] 谢桃坊：《试析明儒关于良知之学的辨难》，《人文论丛》2022年第1期。

[2] 方旭东：《从同化到自闭——论湛若水对阳明后学的因应》，《复旦学报》（社会科学版）2022年第1期。

[3] 周俊凡、邓芝韵：《阳明学讲会的对话意蕴探析》，《长沙民政职业技术学院学报》2022年第3期。

[4] 徐倩：《〈明儒学案〉之阳明后学的分派》，《今古文创》2022年第33期。

[5] 梁愿：《王学左派对晚明艺术精神的影响论略》，《惠州学院学报》2022年第1期。

[6] 陈畅：《格物与礼法：论阳明学的礼法转向》，《中山大学学报》（社会科学版）2022年第4期。

[7] 袁宪泼：《阳明后学"游艺"演变及其文艺思想的形成》，《南通大学学报》（社会科学版）2022年第4期。

[8] 廖璨璨：《至善统善恶：方以智与晚明无善无恶之辨》，《中山大学学报》（社会科学版）2022年第6期。

[9] 魏志远：《阳明后学对"克己复礼"意涵的新诠释》，《长春师范大学学报》2022年第5期。

[10] 乐爱国：《阳明学派对〈孟子〉"人皆可以为尧、舜"的解读》，《贵阳学院学报》（社会科学版）2022年第4期。

[11] 牛磊：《重估告子——论阳明学派对告子思想的诠解》，《温州大学学报》（社会科学版）2022年第2期。

[12] 朱泳蓉：《阳明心学视域下的明末清初书法思潮》，南京艺术学院硕士学位论文，2022年5月。

[13] 诸凤娟、钱明、宣绍龙：《明清时期两浙儒学的演变与定位》，《浙江社会科学》2022年第7期。

[14] 王程强：《王华、王阳明父子与徐爱的科举之路》，《文史天地》2022年第4期。

[15] 张昭炜：《良知精微之体的喻指与表达——王阳明与王龙溪对〈中庸〉要义的诠释》，《武汉大学学报》（哲学社会科学版）2022年第3期。

[16] 杨婷：《王龙溪"无"思想研究》，山东大学硕士学位论文，2022年5月。

[17] 蒋佳俊：《王龙溪"见在良知"说探究》，贵州大学硕士学位论文，2022年5月。

[18] 范碧璐：《王龙溪对王阳明"四句教"的诠释》，山东大学硕士学位论文，2022年5月。

[19] 樊星似：《王龙溪生死观研究》，贵州大学硕士学位论文，2022年5月。

[20] 李富强：《王龙溪对〈周易〉乾卦义理的心学化诠释》，《周易研究》2022年第2期。

［21］付红杰：《王龙溪志论研究》，西南政法大学硕士学位论文，2022年5月。

［22］孟新：《王畿儒佛会通思想研究》，中国计量大学硕士学位论文，2022年11月。

［23］程水龙：《循考亭旧规而述王学思想——评〈说理会编〉的学术思想》，《船山学刊》2022年第4期。

［24］毛珩宇：《季本对"河图""洛书"的阐释》，《鲁东大学学报》（哲学社会科学版）2022年第6期。

［25］李想：《论季本的"龙惕说"及其争论》，《人文论丛》辑刊，2022年卷。

［26］孙德仁：《从博学、养生到致良知——陆原静为学进路的展开及其意义》，《宁波大学学报》（人文科学版）2022年第1期。

［27］许建一：《儒学、阳明心学交织视域下的徐渭写意精神》，《荣宝斋》2022年第1期。

［28］左杨：《题跋文多元价值探论——基于王世贞与徐渭的比较研究》，《清华大学学报》（哲学社会科学版）2022年第6期。

［29］王宁：《徐渭的"狂禅"思想研究——〈四声猿〉为例》，吉林艺术学院硕士学位论文，2022年5月。

［30］朱候渝、张献忠：《举业中对"北虏"的思考与想象——以袁黄万历五年会试策答为中心》，《山西大同大学学报》（社会科学版）2022年第3期。

［31］梁巧云：《〈了凡四训〉的劝善思想及其对社会主义核心价值观培育的启示》，《领导科学论坛》2022年第4期。

［32］邓琦：《〈了凡四训〉研究综述》，《嘉兴学院学报》2022年第2期。

［33］邓琦：《明代嘉善袁氏教子箴言研究》，曲阜师范大学硕士学位论文，2022年3月。

［34］焦堃：《宋应昌朝鲜讲学活动考——阳明心学在域外的一次"外

王"实践》,《文史哲》2022年第1期。

[35] 范根生:《"痴情"与"绝情":张岱情欲思想之重探》,《绍兴文理学院学报》(人文社会科学)2022年第5期。

[36] 张宇、武道房:《张岱心学"本心说"与其文学思想的关系》,《浙江海洋大学学报》(人文科学版)2022年第6期。

[37] 李国跃、李圣华:《明中期浙中士人对阳明学的批判——以孙扬学案为例》,《浙江师范大学学报》(社会科学版)2022年第3期。

[38] 李诗远:《葛寅亮〈四书湖南讲〉思想探析》,山东大学硕士学位论文,2022年5月。

[39] 唐媛媛:《良知为体,身心为用——明代虞淳熙〈孝经〉学探析》,《中国思想史研究》辑刊,2022年卷。

[40] 黄强:《再论李渔哲学观点源于王阳明心学》,《江南大学学报》(人文社会科学版)2022年第4期。

[41] 李承贵:《江右王学之冠——邹守益对阳明心学传播与发展的独特贡献》,《江西师范大学学报》(哲学社会科学版)2022年第1期。

[42] 唐青州:《心学视域下邹东廓"克己复礼"诠释及工夫论辨析》,《温州大学学报》(社会科学版)2022年第2期。

[43] 赖区平:《回归古典与常情——张卫红教授〈敦于实行:邹东廓的讲学、教化与致良知学思想〉读后》,《新经学》辑刊,2022年卷。

[44] 张兰兰:《〈欧阳南野先生文选〉版本考略》,《名作欣赏》2022年第26期。

[45] 朱思羽:《欧阳德年谱》,贵州大学硕士学位论文,2022年5月。

[46] 刘晓颖:《聂双江"归寂"思想研究》,贵州大学硕士学位论文,2022年5月。

[47] 何文:《寂静与致知——罗洪先心性思想的现象学探微》,中南大学硕士学位论文,2022年5月。

[48] 李伏明:《安福阳明弟子对阳明学的理解和接受——以刘晓、刘文敏、刘邦采为例的考察》,《赣南师范大学学报》2022年第4期。

［49］李伟龙：《刘元卿心学思想研究》，延安大学硕士学位论文，2022年5月。

［50］陈瑾：《胡直诗歌研究》，华东交通大学硕士学位论文，2022年12月。

［51］温世亮：《胡直"神韵"说的心学因缘及诗学意义》，《中国文学研究》2022年第2期。

［52］刘倩：《胡直诗学观及其诗歌创作研究》，汕头大学硕士学位论文，2022年6月。

［53］郭俊豪：《〈月令广义〉研究》，河北大学硕士学位论文，2022年5月。

［54］刘桂娟：《邓元锡〈皇明书〉研究》，淮北师范大学硕士学位论文，2022年5月。

［55］邱美琼：《论郭子章〈黔记〉中的人物传记》，《现代传记研究》辑刊2022年卷。

［56］李璐楠：《李材的"知止"思想及其定位》，《厦门大学学报》（哲学社会科学版）2022年第1期。

［57］李璐楠：《明宗与辨异：李材对何为儒学的思考》，《中国哲学史》2022年第1期。

［58］韩登明：《"南中王门"心学地域传衍研究》，淮北师范大学硕士学位论文，2022年5月。

［59］陈寒鸣：《阳明讲学滁州和留都与南中弟子群的形成和分化及其意义》，《贵阳学院学报》（社会科学版）2022年第1期。

［60］金小方：《传承中华优秀传统文化的典型案例——评〈水西书院志〉》，《贵阳学院学报》（社会科学版）2022年第1期。

［61］宗立东、夏欢：《薛应旂思想研究——官员、学者、诗人的杰出代表》，《作家天地》2022年第29期。

［62］刘梦楚：《薛应旂〈宪章录〉的记事特点》，《常州工学院学报》（社科版）2022年第2期。

[63] 芮赵凯：《唐顺之视师东南考论》，《中国区域文化研究》2022年第1期。

[64] 刘尊举：《在天机和无欲之间——论唐顺之的脱洒与小心》，《明清文学与文献》辑刊，2022年卷。

[65] 黎昇鑫：《论唐顺之诗中的"文武互动"现象——以〈杨教师枪歌〉〈峨眉道人拳歌〉〈日本刀歌〉为考察对象》，《常州工学院学报》（社科版）2022年第3期。

[66] 李德锋、鞠星：《论明中叶唐顺之批选〈史记〉〈汉书〉》，《廊坊师范学院学报》（社会科学版）2022年第1期。

[67] 张慧琼：《编纂整理〈唐顺之全集〉的学理思考与建构》，《阜阳师范大学学报》（社会科学版）2022年第6期。

[68] 刘鲜鲜、朱冶：《中晚明士人陆树声的学术倾向探析》，《郑州航空工业管理学院学报》（社会科学版）2022年第6期。

[69] 刘鲜鲜：《晚明松江名士陆树声学术与思想研究》，华中科技大学硕士学位论文，2022年5月。

[70] 肖啸：《蒋信的心学思想与师门归属再探》，《湘学研究》辑刊，2022年卷。

[71] 黄建眉：《杨朝亮〈北方王门学案研究〉评介》，《运河学研究》辑刊，2022年卷。

[72] 钟治国：《阳明学"万物一体之仁"说析论——以河南王门后学王以悟、张信民为例》，《中州学刊》2022年第6期。

[73] 马龙飞：《北方王门孟化鲤良知学研究》，河北师范大学硕士学位论文，2022年5月。

[74] 曾桂林：《杨东明与虞城同善会——兼论同善会在江南地区的流播》，《安徽史学》2022年第6期。

[75] 华建新：《王阳明笔下的绍兴知府南大吉形象》，《贵阳学院学报》（社会科学版）2022年第1期。

[76] 李承贵：《南大吉对阳明心学的四大贡献——兼论对复兴优秀传

统文化的启示》，《贵阳学院学报》（社会科学版）2022年第6期。

[77] 赵泽明：《鹿善继〈四书〉学研究》，贵州大学硕士学位论文，2022年6月。

[78] 许卉：《明代北学谱系中的心学——以〈北学编〉为中心》，《中国哲学史》2022年第2期。

[79] 苏何诚：《〈薛侃家训〉家庭教育教学法探析》，《文学教育》（下）2022年第12期。

[80] 唐哲嘉：《林兆恩"三教合一"论与阳明心学关系考辨》，《绍兴文理学院学报》（人文社会科学）2022年第1期。

[81] 唐东辉：《从"致良知"到"良知致"——论泰州学派对王阳明良知学的日用实践》，《孔子研究》2022年第6期。

[82] 朱义禄：《论泰州学派的民生思想——以王艮、颜钧、罗汝芳的欲望观为中心的考察》，《贵阳学院学报》（社会科学版）2022年第6期。

[83] 常新：《泰州学派研究的省思与定位》，《船山学刊》2022年第3期。

[84] 徐泽平：《泰州学派的身体观探究》，大连理工大学硕士学位论文，2022年6月。

[85] 陈源：《王艮政治哲学研究——从心到身的转换》，华东师范大学硕士学位论文，2022年5月。

[86] 朱义禄：《论王阳明与王艮、王襞之乐论研究》，《赣南师范大学学报》2022年第1期。

[87] 朱晨蕾：《王艮身本思想研究》，苏州科技大学硕士学位论文，2022年5月。

[88] 张爱萍：《王艮大人人格论的个体性向度研究》，新疆师范大学硕士学位论文，2022年6月。

[89] 宋婉玉：《王艮平民教育哲学研究》，山东大学硕士学位论文，2022年5月。

[90] 胡发贵：《王艮"明哲保身"说的历史叙事》，《社会科学战线》

2022年第8期。

[91] 徐春林、袁栖迟：《明儒徐樾生平与学术思想初探》，《贵阳学院学报》（社会科学版）2022年第5期。

[92] 钟华：《颜钧性命践履之学探析》，《朱子学研究》辑刊，2022年卷。

[93] 钟华：《颜钧性命践履之学研究》，湖南大学博士学位论文，2022年3月。

[94] 赵金刚：《何心隐"友伦"诠释的哲学维度及其现代意义》，《哲学动态》2022年第4期。

[95] 张春楼：《何心隐思想与实践对当代中国乡村治理的启示》，《淮阴工学院学报》2022年第2期。

[96] 张新民：《"求仁"实践工夫的社会化开显与落实——〈罗汝芳学谱〉序》，《东南大学学报》（哲学社会科学版）2022年第2期。

[97] 周进：《调适上遂与破除光景——圆教模式中的罗近溪思想研究》，华东师范大学硕士学位论文，2022年5月。

[98] 鹿博：《明末王学"人"的走出与"学"的分流——以近溪一脉师承流变为中心的考察》，《贵州大学学报》（社会科学版）2022年第1期。

[99] 张蒙：《罗汝芳道德修养思想及其对加强大学生品德修养的启示研究》，天津师范大学硕士学位论文，2022年6月。

[100] 唐东辉：《罗汝芳的乡约思想及其当代价值》，《原道》辑刊，2022年卷。

[101] 陈时龙：《周汝登与徽州府讲学》，《中国区域文化研究》2022年第1期。

[102] 龚开喻：《陶望龄生死观的五个面向》，《价值论与伦理学研究》辑刊，2022年卷。

[103] 周雨：《陶望龄文论研究》，扬州大学硕士学位论文，2023年5月。

[104] 徐倩：《刘元卿对耿定向"天台一派"的承继与传扬》，《扬州教

育学院学报》2022年第3期。

　　[105] 陈恩维：《李贽、利玛窦的交友与晚明中西友道互鉴》，《东南学术》2022年第5期。

　　[106] 刁雪：《李贽"童心说"研究》，大连理工大学硕士学位论文，2022年4月。

　　[107] 房霖原：《李贽"童心说"与孟子"性善论"比较分析》，《作家天地》2022年第17期。

　　[108] 郝艳燕：《试论李贽散文的语言风格》，《文化创新比较研究》2022年第2期。

　　[109] 于婧：《李贽"以狂释真"的文学创作观念与实践》，《黎明职业大学学报》2022年第4期。

　　[110] 苏利海、孙纪文：《李贽的"大人"之学与"快乐"诗学——兼议李贽诗学的"现代性"特质》，《晋阳学刊》2022年第4期。

　　[111] 杨遇青：《晚明诗学中的主体质素论述及其演生过程——从李贽的"二十分识"到公安派的尚趣重学》，《四川大学学报》（哲学社会科学版）2022年第4期。

　　[112] 毛长森：《李贽文学创作论与其文学实践的关系研究》，青岛大学硕士学位论文，2022年6月。

　　[113] 张谦谦：《荣格分析心理哲学"自性化"视域下的李贽思想研究》，山东大学硕士学位论文，2022年5月。

　　[114] 刘颖思：《吉田松阴对李贽生死观的接受研究》，西华大学硕士学位论文，2022年4月。

　　[115] 王宝峰：《侯外庐学派的李贽思想研究》，《宝鸡文理学院学报》（社会科学版）2022年第4期。

　　[116] 陈晓杰：《李卓吾的女性观与明代社会——以"出世丈夫"为线索》，《文史哲》2022年第5期。

　　[117] 方新蓉：《李贽评选〈坡仙集〉平议》，《西华师范大学学报》（哲学社会科学版）2022年第3期。

[118] 李旭洲：《李贽〈道古录〉研究》，西北大学硕士学位论文，2022年6月。

[119] 黄芳：《焦竑对晚明王学的修正及其思想史意义》，《重庆师范大学学报》（社会科学版）2022年第6期。

[120] 周启荣、朱仙林：《明代儒学：杨慎与焦竑的文献训诂学及其阐释原则》，《国际儒学》（中英文）2022年第1期。

[121] 代玉民：《从三教互释到三教一贯：论晚明焦竑的三教观》，《东方哲学与文化》辑刊，2022年卷。

[122] 蒋鹏举：《〈国朝献征录〉的删润与焦竑的史观》，《古籍研究》2022年第2期。

[123] 陈畅：《方学渐心学的理论特质及其困境——兼论黄宗羲〈明儒学案·泰州学案〉的思想主旨》，《同济大学学报》（社会科学版）2022年第1期。

[124] 燕华：《徐光启与利玛窦对〈几何原本〉的翻译及影响》，《书屋》2022年11期。

[125] 周志文：《谈徐光启》，《读书》2022年第8期。

[126] 苏凤：《汤显祖谪岭南历程考》，《学术交流》2022年第12期。

[127] 罗畅：《汤显祖南京时期诗歌创作的地域文化特色》，《文学教育》（上）2022年第5期。

[128] 柳旭：《汤显祖山水诗的灵音梵唱》，《长春师范大学学报》2022年第11期。

[129] 徐芷莹：《以〈牡丹亭〉论析汤显祖"至情观"》，《牡丹》2022年第14期。

[130] 翟颢：《显祖贵生思想的形成与内涵》，《文学教育》（上）2022年第6期。

[131] 王镱苏：《公安三袁对荆楚佛教寺院的文学书写与信仰实践》，《法音》2022年第12期。

[132] 韩焕忠：《袁宗道对儒家四书的佛学解读》，《普洱学院学报》

2022年第4期。

[133] 马昕：《袁宏道性灵文学中的"边缘人心态"及其理论弊端》，《苏州大学学报》（哲学社会科学版）2022年第6期。

[134] 颜思齐、刘松来：《庄学与袁宏道的山水文学》，《江西师范大学学报》（哲学社会科学版）2022年第2期。

[135] 阮晓佳：《当阳玉泉——袁中道笔下的"居家"景观与文化场域》，《湖北职业技术学院学报》2022年第3期。

[136] 张新民：《过化与施教——王阳明的讲学活动与黔中王门的崛起》，《孔学堂》2022年第2期。

[137] 戴婵：《龙冈山上一轮月，仰见良知千古光——贵州阳明学探微》，《周口师范学院学报》2022年第4期。

[138] 郦波：《论黔学之于心学的伴生意义》，《贵州社会科学》2022年第7期。

[139] 黄诚、黄书：《返本与开新——"贵州阳明学研究40年历史回顾与未来展望"学术研讨会综述》，《贵阳学院学报》（社会科学版）2022年第4期。

[140] 黄丽梅、龙仕平：《贵州阳明祠碑刻疑难词考释》，《贵州师范学院学报》2022年第1期。

[141] 王路平、石祥建：《王阳明黔籍再传弟子李渭"幼蒙庭训"考》，《贵州社会主义学院学报》2022年第1期。

[142] 郑晶燕：《论孙应鳌诗歌对"仁本"心学的艺术阐释》，《新余学院学报》2022年第3期。

[143] 刘艳：《明末清初徽州心学的衰落》，《齐鲁师范学院学报》2022年第2期。

[144] 朱冶：《明中期徽州学者汪循的思想志业与乡邦精神重塑》，《安徽史学》2022年第5期。

（三）海外阳明学研究

[1] 陈艳、陈利权：《安远驿嘉宾馆：阳明文化传往东瀛的原点和见

证——写在王阳明先生诞辰五百五十周年之际》,《宁波经济》（三江论坛）2022年第12期。

[2] 张菁洲:《图书的回环：王阳明文献在日本明治时期的传刻》,《新世纪图书馆》2022年第1期。

[3] 姚辰宇:《江户时代与明治维新时期的日本儒学研究》,苏州科技大学硕士学位论文,2022年5月。

[4] 张捷:《中江藤树对恶的解读》,《道德与文明》2022年第3期。

[5] 王佳卉:《中江藤树道德教育观的研究》,哈尔滨师范大学硕士学位论文,2022年5月。

[6] 陈石军:《读书便是致良知——池田草庵与幕末日本阳明学》,《贵阳学院学报》（社会科学版）2022年第6期。

[7] 陈晓隽:《话语批评视野下井上哲次郎"日本儒学史"的建构与虚构》,《福州大学学报》（哲学社会科学版）2022年第3期。

[8] 欧阳祯人、慕洲:《岛田虔次的"近代思维说"探析》,《中华文化论坛》2022年第3期。

[9] 崔亮亮:《浑一与单一：荒木见悟的湛、王关系论》,《新疆社会科学》2022年第5期。

[10] 刘颖思:《吉田松阴对李贽生死观的接受研究》,西华大学硕士学位论文,2022年4月。

[11] 赵熠玮:《西田哲学中的阳明心学影响考释——以〈善的研究〉为中心》,《南京理工大学学报》（社会科学版）2022年第5期。

[12] 施敏洁:《"身教"与"身学"——中日阳明学的教育启示》,《继续教育研究》2022年第10期。

[13] 黄丽华:《翻译转换理论指导下的〈朱熹与王阳明——物、心、理的比较思想论〉日译汉翻译实践报告》,浙江工商大学硕士学位论文,2022年12月。

[14] 焦堃:《宋应昌朝鲜讲学活动考——阳明心学在域外的一次"外王"实践》,《文史哲》2022年第1期。

［15］李学堂：《朝鲜朝中期的阳明学辨——以退溪、西厓、栗谷为中心的讨论》，《中国哲学史》2022年第6期。

［16］李伟、代大为：《试论朝鲜王朝茶山丁若镛对王阳明"心学"之融合与发展》，《延边大学学报》（社会科学版）2022年第5期。

［17］李兆曦：《壬辰倭乱时期汉文化东渐朝鲜王朝研究》，延边大学博士学位论文，2022年5月。

［18］蔡亮：《阳明思想在欧美的传播研究》，《浙江社会科学》2022年第2期。

［19］云龙：《作为现象学的阳明学如何可能——兼论耿宁对阳明心学的现象学研究》，《北京理工大学学报》（社会科学版）2022年第1期。

［20］刘孔喜、胡琴：《作为教育行为的〈传习录〉英译与传播》，《西安外国语大学学报》2022年第3期。

［21］李扬、张婷婷：《框架语义学视域下〈传习录〉陈荣捷英译本翻译策略研究》，《海外英语》2022年第22期。

［22］李焕然、李晔子：《普林斯顿大学王阳明国际会议》，《国际儒学》（中英文）2022年第4期。

［23］杨镇源：《阳明心学视阈下"向内而求"的元理论建议——针对西方译学界"凝滞于物"的学理风险》，《外国语文研究》2022年第4期。

［24］钱衡、彭若男：《阳明学说的英译及其在西方世界的传播与研究》，《语言与文化研究》2022年第2期。

后　记

《2022阳明学研究报告》一书由浙江国际阳明学研究中心组织编辑，系对2022年阳明学界关于阳明学研究论著、学术活动的全面梳理与系统总结。

编写框架与体例为：（1）总结梳理出当代中国"阳明学热"的十大标志，对当代阳明学研究现状进行概述，作为本报告的"导言"；（2）主体部分设上、中、下三篇，介绍2022年度"王阳明与阳明心学研究""阳明后学研究""海外阳明学研究"的学术成果；（3）"附录"两种，分别为"2022年阳明学主题会议综述""2022年阳明学研究论著索引"。

本报告在编写过程中，通过"中国知网"检录了与"王阳明""阳明学"有关的大量论文，摘录了学界同仁关于"阳明学"研究的理论与观点，为保护论文作者的知识产权，本报告在正文及"2022年阳明学研究论著索引"中均一一标识说明。同时，"2022年阳明学主题会议综述"的摘编，更是参考了不少新闻媒体、学术网站的报道，为保护新闻撰稿人、学术动态编写者的知识产权，本报告以"页下注"的形式一一标注出相关会议讯息、学术动态的来源或出处。在此，我们谨对阳明学界同仁以及新闻理论工作者的辛苦努力，表示诚挚的感谢！你们的辛苦付出，才是这部《2022阳明学研究报告》完成的保证。论文作者与新闻记者朋友，如需本报告，请您与本书编者张宏敏联系，他的电子邮箱是zhanghongmin2008@126.com。

本报告在编写过程中，得到了杭州市社会科学院刘航先生、临海市文史学者杨新安先生的审阅、校对；本报告在编辑出版过程中，得到浙江工商大学出版社责任编辑张晶晶女士及该社领导的业务指导。在此，谨对上述女士、先生的悉心帮助，表示衷心的感谢！

由于编者本人的学力、精力有限，本报告若在编写上存在疏漏，均由编者本人负责。由于出版经费筹措困难，原计划于2023年10月出版的书稿，拖到2024年才与读者朋友见面，实在抱歉！

编者

初记于2023年4月16日，再记于2024年9月6日